珍藏本·增订本

纪念版

汉译世界学术名著丛书

法理学与哲学论文集

（修订译本）

〔英〕H. L. A. 哈特　著

支振锋　叶子豪　译

商務印書館
SINCE 1897
The Commercial Press

H. L. A. Hart
ESSAYS IN JURISPRUDENCE AND PHILOSOPHY
First Edition

Oxford University Press Inc., New York, 2001
本书据牛津大学出版社 2001 年版译出

汉译世界学术名著丛书
（120 年纪念版·珍藏本）
增订本出版说明

2017 年 10 月，为纪念商务印书馆创立 120 周年，本馆推出“汉译世界学术名著丛书”（120 年纪念版·珍藏本），计七百种。近五六年来，仰赖学界同人倾力支持，订正旧译，增补新译，拓展新著，积累日多。为满足读者需要，本馆在七百种的基础上，继续推出“汉译世界学术名著丛书”（120 年纪念版·珍藏本·增订本）三百种。至此，“汉译世界学术名著丛书”累计出版已达千种。

今后，本馆将继续推进丛书的翻译出版工作，在积累单本名著的基础上陆续分辑刊行，汇印出版。为促进中外文明互鉴、推动我国学术发展，使“汉译世界学术名著丛书”这项对我国学术文化有基本建设意义的重大工程发挥更大作用，诚望海内外学术界、翻译界继续给予支持，帮助我们把这套丛书出得更好。

商务印书馆编辑部

2024 年 2 月

汉译世界学术名著丛书
（120年纪念版·珍藏本）
出版说明

2017年2月11日，商务印书馆迎来120岁的生日。120年前，商务印书馆前贤怀揣文化救国的理想，抱持“昌明教育，开启民智”的使命，立足本土，放眼寰宇，以出版为津梁，沟通中西，为中国、为世界提供最富智慧的思想文化成果。无论世事白云苍狗，潮流左右激荡，甚至战火硝烟弥漫，始终践行学术报国之志，无改初心。

逐译世界各国学术名著，即其一端。早在20世纪初年便出版《原富》《天演论》等影响至今的代表性著作，1950年代后更致力于外国哲学和社会科学经典的译介，及至1980年代，辑为“汉译世界学术名著丛书”，汇涓为流，蔚为大观。丛书自1981年开始出版，历时三十余年，迄今已推出七百种，是我国现代出版史上规模最大、最为重要的学术翻译工程。

丛书所选之书，立场观点不囿于一派，学科领域不限于一门，皆为文明开启以来，各时代、各国家、各民族的思想与文化精粹，代表着人类已经到达过的精神境界。丛书系统译介世界学术经典，引领时代思想，为本土原创学术的发展提供丰富的文化滋养，为推动中国现代学术和现代化进程做出了突出的贡献。

为纪念商务印书馆成立120周年，我们整体推出“汉译世界学术名著丛书”120年纪念版的珍藏本，寄望既利于文化积累，又便于研读查考，同时向长期支持丛书出版的译者、编者和读者致以敬意。

两甲子后的今天，商务印书馆又站在了一个新的历史时间节点上。我们不仅要铭记先辈的身影和足迹，更须让我们的步伐充满新的时代精神。这是商务人代代相传的事业，更是与国家和民族的命运始终紧密相连的事业。我们责无旁贷，必须做好我们这代人的传承与创造，让我们的努力和成果不仅凝聚成民族文化的记忆，还能成为后来人可以接续的事业。唯此，才能不负前贤，无愧来者。

商务印书馆编辑部

2017年10月

目　　录

第五部分　四位法律理论家

第六部分

导　　言 1

一

这里收录的十七篇文章，写作上跨越了二十八个年头（1953—1981），覆盖了广泛的主题。我将其中的十六篇做了大致的分类，情况如下：第一部分，一般理论；第二部分，美国法理学；第三部分，斯堪的纳维亚法理学；第四部分，自由、功利与权利；第五部分，四位法律理论家。这里收录的最后一篇文章（第十七篇《英国议会上院论不能犯未遂》）与众不同，因为它探讨的不是通常所认识到的哲学或法理学问题，而是在1981年被成文法废止之前，英国刑法的一种特殊学说。关于犯罪未遂概念，有一个长期困扰大西洋两岸法律人的困惑；我收录这篇文章的理由是，它能在这一困惑的解决或消解之间，带来一种以现代哲学语义学理论为基础的区分。但愿在这篇文章中，我对哲学的运用能够支持我在大部分研究中所坚守的信念，即如果有某种哲学观点能够澄清或解决非哲学家所发现的有问题的议题，那么它总能为非哲学家们详细阐述这种哲学观点的同时，将其用于这个目的。

在写作这些文章的漫长岁月里，我的一些观点发生了变化。

尽管我仍然坚持在这些文章中所主张的核心要义(central themes),但是现在我也认识到,这些观点里面肯定存在一些错误。另外有一些观点,我未能与更宽泛的重要问题联系起来,或者以过于简单化或含混的形式来表达了。在这期间,我从许多批评者那里受益匪浅,其中一些人,包括德沃金(Dworkin)教授、拉兹(Raz)博士和菲尼斯(Finnis)博士,以及已故的朗·富勒(Lon Fuller)[①]教授,以我的著作为批评的主要靶标而提出了自己的理论。

在写作这些文章期间,我也从哲学的新进展中学到了许多东
2 西。举一个我接下来还会进一步讨论的例子,如果我在1953年撰写第一篇文章时,没有运用言说(utterance)的"意义"(meaning)与"力量"(force)这一重要区分,以及由奥斯汀(J. L. Austin)奠定基础的"言语行动"(speech acts)理论,我就不可能主张法律权利和义务(duties)*的陈述不是"描述性的"(descriptive);也不可能像我称它们为"法律的结论"或"法律计算的结果"一样,认为这些陈述总是由他们的提出者作为推论而提出。然而,尽管我承认这些文章的错误,但我还是不作改动,而是在大多数文章中添加一份附录,向读者介绍由它们所引发的最为重要的批评或反对意见。

回看我在这些文章中的错误,也许下面的评述(但愿不会太过自矜)能充分表明和说明这些错误的特点和程度。1953年,当我被选为牛津大学法理学讲席教授时,从资历来看,我并非科班出

① 参见,本书部分文章后所附之对他们著作的参考。

* 在本书中,哈特似乎对"legal obligation"与"legal duty"未作明显区分,都是"法律义务"的意思。根据语境,译者有时将前者译成"法律义务"而将后者译成"法律责任",有时则不作区分,全部译成"法律义务"。至于确否,请方家批评。——译者

身。我没有法学学位，但在“二战”前的八年我是一名出庭律师(Chancery Barrister)，“二战”后我则在牛津大学教了七年哲学。这七年正是被称为“语言哲学”(linguistic philosophy)的哲学进路在牛津和剑桥影响力最大的时期。在这种哲学的形式上，以奥斯汀为代表的牛津学派和以维特根斯坦(Wittgenstein)为代表的剑桥学派，无论是在侧重点还是目标上都有重大差异。尽管如此，两者都因为认识到人类的话语(discourse)和有意义的交流存在多种形式而得到启发。随着这种认识的产生，人们坚信，长期存在的哲学困惑不能通过运用某种一般性理论的展开来解决，但是通过对人类使用语言的不同方式进行抽丝剥茧的辨别(discrimination)和表征(characterization)却可以得到解决。在人类语言的这些使用方式中，有些反映了人类生活的不同形式。根据这种哲学观念，过去许多哲学思想都犯了一种明显的错误，即认为只有少数话语形
式(经验的“事实陈述性”话语或者对必然真理的定义性或逻辑性 3
陈述)是有意义的，而其他所有对语言的使用，例如一些形而上学陈述或道德判断，不能表现为少数受认可的话语类型中的伪装(disguised)形式或复杂形式，都是没有意义的，或者只不过是一种感觉的表达。在这种哲学思想中，最近和最明显的就是“二战”前数年的逻辑实证主义。

因此，语言哲学被视为一种对语言的多元形式和不同功能的阐释，而且它的主题是没有界限的。它的见解和启迪不仅可用于澄清日常生活的话语，还可用于澄清任何因被相同的语法形式所掩盖，而有理由认为无法掌握一种话语的形式与另一种话语的形式之间的差异，从而导致产生了许多困扰或混淆的话语领域。第

一篇文章就是在这些观念强大而令人振奋的影响下完成的。因此,在文中,我力图证明这种语言哲学形式与法学或法哲学的相关性。因为在我看来(现在依然如此),关注语词(words)与不同类型的法律规则一起发挥作用的多样且复杂的方式,将有助于消除混淆。例如,那种导致了关于法人团体(corporate bodies)和法人人格(corporate personality)之性质的模糊不定和相互矛盾的理论的混淆,这些混淆长期困扰着法理学,甚至导致一些严肃的法学家认为,那些指涉想象或者拟制之物的关于法律权利的陈述"与现实毫无关系",或者恰不过是对司法活动的预测。的确,像"权利""义务"或"有限公司"的名称这样的法律名词,它们所代表的或意味的,好像在世上并没有什么明显的对应物,而且这一直以来就是人们持续困惑的一个根源。正如边沁(Bentham)所发现的,脱离了这些表述正常起作用的句子和语境,试图通过种属来对其进行定义的努力,已被证明徒劳无功。但是,正如我在该文中论证的那样,我们需要仔细研究陈述——例如关于有限公司的法定权利或义务的陈述——和法律规则结合在一起与世界产生联系的方式。而首当其冲的重要一步就是去问,在什么条件下,这类陈述具有真值并且为真。

在其他文章中(第三篇和第十二篇),我提请大家注意其他一
4 些与法理学格外相关的语言哲学命题,其中包括对语言"述行性"(performative)使用——也即在与惯例或规矩(conventions)相结合的背景下使用语词——的辨识;这些规则或规矩能够改变个体的规范性状况(normative situation),并因此具有规范性后果,而不仅仅是因果关系(causal effect)。因此,正如我寥寥数语想要表

明的那样，这种语言的使用不仅涉及法律制定（常常被人混同为更为简单的命令观念），而且还涉及各种法律事务或所谓的法律行为。关注语言的各种述行性使用方式，有助于我们澄清法律权力、合同和财产转让等概念，并有助于解决长期存在的、相互竞争的合同意志论（will-theories）与客观论（objective theories）何者为真的问题。它还让人们看清楚了这些重要法律现象与“以言行事”（doing things with words）的不太正式方式——如洗礼仪式、盟誓和承诺（这一点仍有争议）——之间的有趣联系。

因此，正如我在第三篇和第十二篇文章中试图表明的那样，哲学家对语言的“开放结构”（open texture）和对自然语言分类性术语的一般性讨论，可能证明对司法裁判和法律推理的研究会伴随着不确定性。相似地，他们坚持认为，对在相同的一般性术语下进行细分的证成（拥有共同特性）并不只有一种形式；这种坚持有助于将思索（speculation）从一种狭窄的偏见中解放出来，这种偏见导致对法律性质的一般性论述和对诸如占有之类的特定法律概念的阐释都变得复杂了。

二

现代语言哲学的这些与其他洞见，我认为具有永恒的价值，法律的分析性研究也因其得到了推进，但是就我早期文章中对这些认识的运用而言，我确实看到了大量缺陷。因此，关于“语言运用”概念没有我曾以为的那么简单；它本身就需要澄清，而“运用”也有许多不同含义。因此，在第一篇文章中，我未能考虑到以下两者的 5

重大区别:由语言惯例所确定的一个句子相当一贯的意义或含义,以及随作者或讲者在不同场合提出时,这个句子所具有的各种“力量”(force)或方式。对于“田里有一头牛”这个句子来说,无论作者想把它视为对信息需求的回答,还是作为警告或猜测,它都具有相同的意义或内容。忽视这一区别(我会在第三篇文章中提请大家注意),会削弱我在第一篇文章中对关于法律权利或法人的陈述之意义的部分论述。这种说法是错误的:该陈述**是**从法律规则中推断出来的结论;因为无论讲者或作者是否把它们作为自己的推断提出来,这些句子在不同使用场景中都具有相同的意义。如果他确实把这一陈述当成推断提出来,那么这就是该场合下言说的力量,而不是句子意义的一部分。虽然我说这种句子能够为真或为假,但却否认它们是“描述性的”,就像这一点被我错误地赋予它们的法律结论的地位所排除了似的,这使我的错误更加严重;并且,我否认这种句子是“描述性的”,也掩盖了这样一个事实,即为了充分理解它们,我们必须理解一个行为规则(rule of conduct)在要求、禁止或允许某种行为时是在做什么。

我早期在法理学中援用语言哲学的一个更具一般性的缺陷,就是未能解释清楚对语言运作的理解,无论多么复杂或深奥,都只能在这些情况下对法理学产生具有重要意义的后果:由于未能辨识某些偏离了默认范式的语言使用方式,导致很多困难出现的情况;或者某些截然不同的表达形式,被错误地等同于某种常见形式的情况。一些误导性的法理学理论,比如旨在说明法人团体、法律权利或法律事务(例如合同)等概念的理论,部分通过这些方式产生;但我应该强调的是,那些法律概念——语言哲学最能帮助这些概念摆脱误解或混淆——的一个重要特征在于，即便它们在具体情形中的应用没有争议，甚至对于那些在日常使用领域内完全掌握这些概念的人来说也是如此，但它们仍然构成了困惑的来源。语言哲学的方法在道德原则和政治原则之间保持中立，对可能赋予法律现象的一个特征而不是另一个特征以重要意义的不同观点保持沉默，这种方法适合于上述那些情形。因此，它们并不适合于解决或澄清这些争议，即与法律哲学的许多核心问题一样，它们由部分重叠的概念之间的分歧所引起，反映了基本观点、价值观或背景理论之间的分歧；或者，这些争议是由法律规则的冲突或不完整引起的。对于这种情况，我们首先需要识别潜在的、导致了不同概念的选择或形成的冲突观点，其次是进行合理的论证，以确定冲突理论的优点、不同概念或规则，或说明如何通过对它们的范围进行某种适当的限制，使这些概念能够互相兼容。 6

三

第二篇文章在哈佛大学的“霍姆斯讲座”上发表，它包含了许多论证的萌芽，在五年后出版的《法律的概念》（*The Concept of Law*）中，我用这些论证为某种法律实证主义形式辩护。这本书引发了大量二手文献（subsidiary literature）对其进行讨论，其中许多文献对第二篇文章的两个主题提出了批评：一是我否认法律与道德之间存在任何重要的必然联系；二是我坚持认为，在任何现代法律体系中，一定存在许多根据既定法律都无法作出裁判的情况，因此，如果法院必须对这些案件作出裁判，他们就必须行使有限的

“填补性”造法权，或者“自由裁量权”。

我依然坚持这些现在备受批评的立场，希望这并不仅仅是因为我天性的固执或年龄方面的原因。但我当然承认，我在此文对这两个问题的处理，有些地方过于简单，有些地方则晦涩难懂。因此，关于第二个问题，从我在第二篇文章中写下的内容来看，我似乎在主张，当法官遇到无法根据现行的既定法律确定地裁判时，就
7 会简单地把他们的法典推到一边，开始为手头的案件重新立法，而非进一步引用法律。事实上，这从来都不是我的观点。我在第三篇和第四篇文章中多次表明，区分司法造法与立法造法的特征在于，在对现行法律未予规定的案件作出裁判时，法院特别重视以类推的方式进行造法，以确保他们创制的新法符合已经根植在现行法律中的原则或根本理由。法院在裁判这类案件时，往往会引用一些一般性原则、一般性目标（aim）或目的（purpose），而这些原则、目标和目的在现行法律的相当大的范围内，都可以被理解为案件的例证（exemplifying）或推进（advancing），并指向本案的确定答案。但是，承认这一点并不意味着承认一般性整体法律理论（a general holistic theory of law）作为一个无缝隙（gapless）的资格体系（system of entitlements）的正确性，例如德沃金所提出的、我在第四篇文章中论证的“高贵的梦”，它与“噩梦”说一样远离真理，“噩梦”说认为法官从来不去发现而总是制定他们在特定案件中适用的法律。因为尽管寻找和利用法律背后的原则会延迟司法造法时刻的到来，但不能消除司法造法的需要，因为在任何疑难案件中，支持相互竞争之类推的不同原则都有可能出现，法官将不得不在它们之间作出选择，像一个有良知的立法者一样，依靠他对什么

是最好的感觉行事，而不是依靠法律已经为他规定好的，在不同原则之间已经确定的优先顺序行事。如德沃金的理论所暗示的那样，对于所有这些案件，只有在现行法律中总能发现一些独特的高阶原则，为相互竞争的低阶原则分配相对的权重或优先次序，这样，司法造法到来的时刻才不仅仅被推迟，而是能得到消除。

但是，在这个问题上，我的论点还有一个更严重的缺陷，因为这是一个实质性（substance）问题，而不仅仅是阐释性（exposition）问题。第三篇文章把法律规则的不确定性永远视为纯粹的语言学问题，也就是说，它仅仅是构成词（constituent word）之不确定性的功能，这些构成词在表达特定规则时使用。事实上，正如我后来看到并在第四篇文章中所说的那样，一条**规则**是否适用于某种特定事实情况的问题与另一个问题不同，这一问题是，根据语言的既定 8
惯例，规则由该规则的语词所决定还是通过规则的语词留有空间。因为一个法律体系除了表达规则时使用的语词外，往往还有其他渊源，这些渊源在特定情况下足以决定其内容或意义。因此，正如第二篇文章所说，一项规则的明显或约定俗成的目的，可以用来使一条在适用时会在语言惯例下留有空间的规则变得确定，并且足以表明，法律规则语境中的语词，其意义可能不同于它们在其他语境中的意义。我未能把这一点说清楚，正如富勒在回应第二篇文章时所主张的那样，这相当于一个有缺陷的制定法解释理论，我在后面（第三篇文章中）讨论是什么使清晰的案例变得清晰时，会对此进行一些修正。当然，我的论点在这一点上既需要进一步阐发，也需要纠正。但是，纠正它们并不是支持这样的主张，即法律是一个永远完整的无缝隙体系，该体系包含了每个法律问题的答案，即

使在最为棘手的疑难案件中也是如此,因此在现行法律留下的空间中选择备选答案时,法官永远不必行使造法权。

四

然而,我在第三篇文章中的主要关切,是捍卫边沁和奥斯丁的明智主张,他们坚持区分法律是什么和法律在道德上应该是什么,并反对主张法律与道德之间存在概念上的必然联系而非偶然联系的种种学说。尽管边沁和奥斯丁的一般法律理论在其他方面不尽如人意,我在这篇文章中也指出这一点,但是试图通过他们所不断强调的“法律是什么”与“法律应当是什么”的区分来展现这种不足是具有误导性的,这本身就建立在我试图澄清的问题的混淆上,尤其是建立在带有道德目标和价值的法律可能拥有的“目的”或功能的错误识别(misidentification)上。然而,我肯定没有充分讨论,法律与道德之间存在概念性联系的不同主张,这些主张与实然法(law as
9 it is)和应然法(law as it ought to be)的区分相容。它们包含了诸如富勒提出的理论(我在第十六篇文章中进行了批评),即法律的道德评价标准隐含在法律概念中(“法律的内在道德性”),即使法律往往不能满足这种标准。同样,还需要考虑这样的理论,它断言即使法律远远没有达到道德上的应然标准,以至于在通盘考虑后不存在遵守法律的道德义务,但不管怎样,我们总是有遵守法律的初步(prima facie)道德理由,哪怕它可能会被特定法律的道德劣处胜过。我们还要考虑另一种理论,法律总是**宣称**具有道德权威,因此当法院主张个人有法律义务采取违背其利益的行为时,这种主张必然构成一种

道德判断的形式，即便它是错误或不真诚的［后一种理论并不严格主张法律与道德之间存在概念联系，而是主张法律与某些自称的道德信念（professed moral beliefs）存在概念联系］。

上述理论的一些重要变体，构成了我在第二篇文章中所阐述的新综合法律理论（new comprehensive theories of law）的一部分，它们固然值得认真考虑，但是在这里我只能简要地指出我对它们的反对意见。因此，德沃金主张，一个法律概念具有优越的充分性（superior adequacy），除了一个明确的既定法律体系外，它还包括一套按等级结构排列的隐含原则（“最合理的法律理论”），它既能说明既定法律，又能展示其最佳的道德证成；并且，当明确的法律不能提供一个确定答案时，原则就会产生一个确定的答案。除了其他困难（其中一些我会在第四篇和第五篇文章中简要指出）之外，这种法律理论虽然声称与“正统的自然法理论”不同，但在我看来，它在以下情况似乎遇到了难以克服的困难：它试图说明为什么会有（如德沃金所承认的）道德上邪恶的法律体系。在这种体系中，法律上正确的东西与道德上正确的东西相去甚远，以至于法官有道德义务撒谎，而不是说出法律的真实情况。

另一方面，就整体而言，拉兹的理论具有强烈的实证主义色彩（因为它要求在识别任何体系中的法律时，无须参照任何道德标准或论证，并反对任何遵守法律的一般性道德义务），但他却向主张 10
法律与道德存在重要概念联系之人伸出橄榄枝。因为他反对他称为实证主义语义学的理论，该理论认为权利、义务或责任的陈述，在法律和道德语境中具有不同意义；然而他对这种语义学论点的反对，并不意味着法律权利和义务等陈述总是构成其作出者所认

同(commit)的法律的道德判断(moral judgement)或道德认可(moral endorsement)。因为按照拉兹的说法,这些陈述可能是“超然的”(detached)。也就是说,这种陈述好像由一个主张我们有道德义务去做法律要求之事的人作出,但其实这个人并不分享这种观点。这种超然的陈述说明了法律人用来描述法律内容的规范性语言,但却没有认同法律要受道德束缚。在这种观点下,法律与道德的主要概念联系就化约为以下事实:在法律体系生效的地方,法官宣称法律具有道德权威,并对法律权利和义务作出认同性陈述(committed statements),因此他们也必须相信或至少假装相信存在遵守法律的道德义务。但是,由于根据这一理论,不存在遵守法律的一般道德义务,那么这好像就是法律与道德之概念联系的最小限度形式。当然,这一理论也没有为否认实然法与应然法的区分提供任何根据。然而,尽管是最小限度形式,但在我看来,假定法官在作出法律义务陈述时,**必须**始终相信或假装相信存在守法义务的错误理论是不现实的。我认为,这种陈述最好被理解为以下表述:根据法官接受为设定法律裁判和法律执行之正确标准的法律,什么才是对其受治者(subjects)行为的恰当**要求**。

从多方面来看,菲尼斯对自然法的灵活解释是对实证主义法律理论的补充而不是挑战。因为他把重心放在阐述一种自然法观念上,即“实践理性”(practical reason)原则构成自然法的一部分。
11 这些“实践理性”原则以实现某些所谓不言自明的客观价值或善的形式为目的,来安排人类生活和社会秩序,然后表明,为了实现这些原则,我们需要权威的人类法律并尊重这种权威。如果人类的法律不符合这种实践理性原则,那么法律就存在不同程度的缺陷或不正当(perverse),但不会像某些版本的自然法(菲尼斯认为那是扭曲的)那样,剥夺它们的法律地位,尽管在这种论述下,它们会因此被认为是“不那么合法”(less legal)。这种观点承认了实然法和应然法的区分,法律和道德的主要概念性纽带体现在:一个以客观的共同善(common good)为导向,并完全符合实践理性要求的法律体系观念,不仅为实际法律体系提供了基本的批评形式,还构成了最有启发性的视角,这种视角有助于理解法律体系的实际运作、法律推理形式,以及理解根据权利、责任和义务描述法律的规范性力量。这种观念可以说是法律的“焦点”意义(“focal” meaning)和核心情形。然而,相对于这一理想观念,实在法具有相对自主性或独立性,因此为了法律体系的内在目的,法律人恰当地讨论法律及其义务,就好像它与实践理性“流出来”的法律道德价值毫无联系。

这种自然法进路表明了在其他学科的语境下研究法律的需要,并培养未言明的假设(unspoken assumptions)、常识和道德目标影响法律并进入裁判之方式的意识,这是该进路最为主要且重要的优点。但是,这些宝贵经验可以通过其他方式教授。我反对以自然法理论复兴的形式来呈现这些经验(还不包括我对其潜在的不言自明的客观价值哲学的反对),就是它强调一种满足实践理性要求的理想的法律形式是法律的“核心情形”或“焦点意义”,而把道德上的恶法视为“不那么合法”,这将复活法律与那些用于批评法律的标准之间的旧有混乱。因此,为了捍卫古典自然法理论免受歪曲[菲尼斯认为实证主义批评者(包括我)要对这种歪曲承担责任],必须详细说明诸如阿奎那所说的“法律无非是对共同善 12

的理性安排”[②]这样的名言，为何与他所说的“人们制定的法律要么是正义的，要么是不正义的”[③]相当吻合。这是因为在后一句名言中，“法律”指的是实在法，而在第一句中的“法律”，指的是满足实践理性所有要求的法律，并因此具有道德约束力。将法律的“核心情形”与法律的理想形式视为一体，恐怕会招致令人混乱的复杂性的回归。与之相反的，实证主义强调对法律概念的清晰阐明，而无须援引道德价值，在我看来，这似乎为清晰的思想提供了更好的保证。但除此之外，因为法律被定位于共同善，就将法律的核心与道德上的正当性视为一体，考虑到法律被邪恶地用于镇压的骇人记录，在我看来，这似乎是一种失衡的视角，就像与其相反的马克思主义将法律的核心情形与统治阶级对利益的追求视为一体那样，歪曲到了极致。

五

在第六篇文章中，我重点关注了现代斯堪的纳维亚法学的一些主题，它们延承于阿克塞尔·哈格斯特罗姆。这些都是法学领域中富有教益、也有些令人震惊的例子，说明具有相当影响力的哲学家同样没有领会到可理解的人类话语（intelligible human

② *Summa Theol*. Ⅰ－Ⅱ, Q. 90, art. 4. “Definitio legis nihil est aliud quam quaedam rationis ordination ad bonum commune ab eo qui curam communitatis habet promulgate.”（此文采用的是马清槐先生的译法。参见〔意〕阿奎那：《阿奎那政治著作选》，马清槐译，商务印书馆1963年版，第106页。——译者）

③ Ibid., Q. 96, art. 5. “Leges positae humanitus sunt vel justae vel injustae.”

discourse)的广泛形式，这导致逻辑实证主义者将它们污蔑为毫无意义的形而上学陈述和道德判断。哈格斯特罗姆比他的前辈更清楚地认识到，与人们通常所假设的语言的正常功能相比，法律上对语言的某些运用是非常不同的。因为他看到，无论在古代还是现代的法律体系中，为实现诸如财产转让、提出要约、设立遗嘱或订 13
立合同等法律事务而使用的言语形式(verbal forms)，并不像它们的指示性语法形式经常表明的那样，仅仅是从事此类事务之人的意图或意志的报告，并且将此种言语形式视为“意图声明”(declarations of intention)的传统法学分类，则未能说明其在改变当事人法律地位方面的动态作用。[④] 但是，哈格斯特罗姆通过“神秘纽带”的信念和语言在权利与义务的超自然世界中产生变化的“魔法”力量来说明这种现象。这种说明放弃了认真分析语言的一个重要维度(语言的运用并不局限于法律语境)的任务，并把他的追随者引进死胡同。

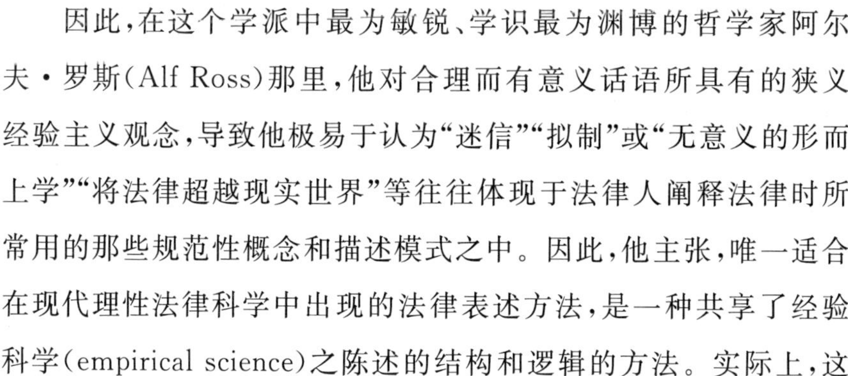

因此，在这个学派中最为敏锐、学识最为渊博的哲学家阿尔夫·罗斯(Alf Ross)那里，他对合理而有意义话语所具有的狭义经验主义观念，导致他极易于认为“迷信”“拟制”或“无意义的形而上学”“将法律超越现实世界”等往往体现于法律人阐释法律时所常用的那些规范性概念和描述模式之中。因此，他主张，唯一适合在现代理性法律科学中出现的法律表述方法，是一种共享了经验科学(empirical science)之陈述的结构和逻辑的方法。实际上，这

④ *An Inquiry into the Nature of Law and Morals* (Uppsala 1953), pp. 5ff. and ch. 5.

导致一种法律命题——如关于法律效力、法律义务或法律权利的陈述——的解释，本质上这是一种对司法行为的预测，这种司法行为伴随着被法律指令(legal directives)约束的感觉。

我对这种压制法律命题规范性面向的还原论主要反对意见是：它没有揭示和说明人类单纯的规律性行为与规则之下的行为之间存在的关键区别。因此，不仅是对于法律的理解，而且对于任何规范性社会结构的形式的理解而言，它都抛弃了一些至关重要的东西。为了理解这一点，经验科学的方法论是无用的；真正需要的是“诠释学”(hermeneutics)方法。这种方法涉及描绘规则治理的行为，就像其参与者所看到的那样，这些参与者会把这种行为视为对某种共同标准的遵守或违背。我借助“接受”和“内在观点”的
14 观念说明此处的关键性区别。“接受”是把偏好的行为模式视为指引和批评的标准来接受；“内在观点”是关于这些行为的态度。在《法律的概念》中，这些观点得到进一步阐述，尽管我本人或我的批评者对这些观点并不完全满意。他们对我论述各个详细方面有所抱怨，但普遍欢迎我将这些观点引入法理学，认为这构成了一种适当的诠释学方法。

然而，在第六篇文章中，我在说明包含在罗斯的分析中的“仅仅是被约束的感觉”与接受规则之人的内在观点的重要区别时，说了一些误导性的话。我区分了内部陈述(internal statement)和外部陈述(external statement)：内部陈述表现了提出者对规则的接受，而外部陈述则仅仅陈述或预测某些行为的规律性，不管这种行为是否受规则治理。但我错误地认为，“应该”“必须”“义务”“责任”这些规范性词汇好像只在这种内部陈述中才会得到恰当的使

用。这是一个错误。因为,毫无疑问,这些术语在其他形式陈述中也可以得到恰当使用,特别是在法律人的法律义务或责任的陈述中,这些陈述描述了法律体系(可能是本国的或外国的法律体系)的内容;而他们自己绝不会认可或接受这些体系的规则作为行为标准。在这样做时,法律人以规范性的形式,从那些确实接受规则之人的立场来报告法律的内容,而他们自己却不认同这种立场。根据上文提到的拉兹的区分,这种对法律义务或责任的陈述是“超然的”,而接受相关规则之人所做的相同陈述则是“内在承诺的”(committed)。当然,作出这种“超然性”陈述之人必须理解接受规则之人的观点,因此他们的观点很可能被称为“诠释性”的。这种超然的陈述构成了我所区分的两种陈述(内部陈述和外部陈述)之外的第三种陈述。为了说清楚这些问题,我还要强调,除了区分单纯的行为规律性和规则治理的行为外,我们还需要区分对规则的接受和其他人对他们接受的识别。

对内在承诺的规范性陈述和超然性的规范性陈述的区分,以 15
及对诠释性观点的澄清,阐明了凯尔森(Kelsen)对于法律命题的表征中,很多人感到晦涩的地方;这些命题是由法律理论家在把法律论述为“描述意义上的规则”时作出的。我在第十四篇文章中讨论了凯尔森对“应然陈述”(ought-statement)[即法律理论家表现(represent)规范]的论述,认为它“仅仅具有描述性意义”,但是,尽管我当时对内在承诺的陈述和超然陈述之间的重要区别有些许了解,但我却没有清楚地意识到凯尔森实际上就在做这种区分。

在第七篇文章中,我遇到另一个完全不同的情况,即罗斯声称在法律人的思维中发现一种对“魔法”(magic)的信念。他认为,这是因为他们承认“自我指涉性”(self-referring)条款，这些条款是某些宪法性法律为了保证自身的废止或修改而制定的，具有法律上的效力和实效。当这些条款被用于“确保”基本的宪法性法律，以免它们被普通程序修改时，英国的宪法学家熟悉这些条款。然而，罗斯显然认为，任何命题(他把法律命题也涵盖进去了)都不可能合乎逻辑或有意义地指涉自身，以《美国宪法》第5条为例，这是关于修宪的条款，如果它能被法律人认为适用于宪法自身，并能够通过自己规定的程序被修改，那么这种观点只是“一种社会心理事实”，而且对其法律效力中的信念，也只不过是“对不能理性地表达而只能用魔法术语来表达之观念的表述”而已。

在反驳这种奇谈怪论时，我对**纯粹的**自我指涉性法律和部分自我指涉性法律做了区分，前者确实因为缺少指涉其他法律而空洞无物，而后者既指涉其他法律，又指涉自己，例如有关的宪法性条款。我力图说明，这些法律为何不会引起恶性的无限倒推(infinite regress)或其他逻辑困境，而是会引起合理适用的无限系列。由于我作为形式逻辑学家的资格不足，因此我很乐意看到约翰·麦基(John Mackie)先生在以富有启发性的方式处理逻辑悖
16 论时，[5]接受并确定了这种区分。虽然我认为我的论点成功地驳倒了罗斯的怀疑论(也成功驳倒了凯尔森的论点，他认为奥斯丁的主张——所有法律都必须拥有法律规定的制裁——使他陷入恶性的无限倒推的困境)，但是罗斯进一步提出了一个观点，虽然还是错误的，但正如我现在所看到的，它确实表明罗斯认为有问题的地

[5] In *Truth, Probability, and Paradox* (Oxford, 1973), ch. vi, pp. 285 ff.

方仍然有应予说明的东西。他认为，当一项法律授权创制其他法律时，如此创造的法律的持续有效性在逻辑上就必须取决于授权其创制的母法的持续存在。这是一个错误。尽管在一些司法管辖区（一度还包括英国普通法），废止一项授权制定规则的成文法，当然也被认为是废止了据其制定的所有规则。但是，这不是一个逻辑必然性问题，而且相反的原则已经得到了广泛接受。然而，真实的情况是（可能已经被罗斯的错误主张混淆），如果法院在母法被废止后确认下位法继续有效，而不援引任何具体法律规定作此要求，那么他们必须默认接受这样的一般性原则：在创设时根据法律合法制定的法律会一直有效，直到根据其失效条款规定的有效期届满，或者根据声称的终止日期而合法地失效。所以，尽管母法已经被废止，但下位法的持续有效性取决于该原则，而不是罗斯所主张的取决于母法的持续存在。主要是由于菲尼斯对这一话题讨论[⑥]的结果，我现在意识到，我应该在第十六篇文章中回答富勒的抱怨时应该指出这一原则。富勒抱怨说，我的法律理论没有说明革命爆发前制定的大量法律，为何在革命后会继续存在。

六

在第八篇到第十一篇文章中，我考虑了不同形式的自由个人主义（liberal individualism），它们是在基本人权或基本自由的理

⑥ In "Revolutions and Continuity of Law", *Oxford Essays in Jurisprudence*, Second Series (1973), 61-65.

论中提出的，或是在自由优先于其他价值的断言中提出的，或者是在对以下主张的抵制中提出的：需要通过法律强制执行社会的传
17 统道德，而且作为保护社会不至于“解体”的手段，它是正当的。我最早涉足这个一般性领域是在1955年发表文章《存在自然权利吗？》(Are There Any Natural Rights?)，尽管它曾经引起过关注，但我没有在本书中收录。因为在我看来，它的主要论点似乎是错误的，而且该错误也没有足够启发性，所以现在没有理由在此重印。在我看来，该文中唯一值得考虑的部分，是我引用后来被称为“公平游戏原则”的东西作为政治义务之根据(ground)。在第三篇文章中，我简要地总结了这一原则，并提请大家注意我最初对这一原则的阐述所招致的批评。

在第八篇、第九篇和第十篇文章中，我考虑了三种为基本权利或自由提供基础的尝试。在其中的第一篇文章中，我讨论了约翰·斯图亚特·密尔(John Stuart Mill)为这种权利提供功利主义基础的努力。我在这里主张(更详细的论证在后面关于边沁和密尔的自然权利的文章中)，[7]事实上，“一般功利”(general utility)在密尔的理解中没有起到重要作用。相反，他的论证指向这样一个结论：基本个人权利的理论必须建立在对人类个体的具体观念之上，也建立在行使和发展独特的人类能力所需要的东西的具体观念之上。我也认为，从诺齐克和德沃金的努力中我们可以学到同样的教训。我在第九篇文章中考察了这一点，他们试图将权利理论建立在个体的人的分离性或个人要求得到平等尊重这些相对没有争

⑦ In *Essays on Bentham* (Oxford, 1982), ch. Ⅳ.

议的观念之上。当罗尔斯(Rawls)教授回应我在第十篇文章中的论点时,[8]我确认了这一信念,他为了满足我的反对意见而修改了自己理论的原始陈述,通过参照个人的观念以及行使和发展所谓的道德力量(moral powers)所必需的东西的观念,他似乎既确定了他所主张的基本自由,也确定了这些自由相对于其他价值的优先性。在这一版本的理论中,"原初状态"的选择在确定基本自由方面的作用似乎大为减弱。

七

在专门论述个别法律理论家的五篇文章中(第十二篇到第十 18
六篇),有两篇涉及凯尔森的著作。我和其他人一样,一直认为他的工作既迷人又令人费解。我和他一样坚信,法律哲学的中心任务是说明法律命题的规范性力量,这些命题既出现在法律学术著作中,也出现在法官和律师的话语中。尽管如此,我们各自的理论方向完全不一样,我在这两篇文章中力图表明,参考心理事实和社会事实(凯尔森过度纯粹的理论会排除这些事实),对于理解法律的许多不同方面而言不可或缺。这些事实包括"法律过错""法律义务""法律制裁"和"法律体系"等概念。如果排除了这些事实,就无法对不同法律体系的存在或国内法和国际法之间的关系作出令人接受的说明。

---

⑧ "The Basic Liberties and Their Priority", in *Tanner Lecture on Human Values*, iii (1982), 1.

我希望，在我和富勒之间的第二次友好辩论中（第十六篇），我对其法律内在道德性观念的批评是公正的；但我现在认识到，主要是由于莱昂斯（Lyons）教授《论形式正义》（Formal Justice）一文的结果，一个类似于我反对富勒的论点可能被用来表明，我在第二篇文章中提出的并在我的《法律的概念》中重复的论点是错误的。这个论点认为，一个最低限度的正义形式是一个一般性法律规则的概念本身所固有的，该规则根据其主旨适用于其所有实例。我不确定是否如此，但我很清楚，我的主张需要进行相当的修改。

第一部分

一 般 理 论

第一篇　法学中的定义与理论 21

一

法律和其他许多领域一样，我们可以了解(know)但却并不理解(understand)。阴影常常遮蔽我们的知识，这些阴影不仅强度不同，而且在光线下投射阴影的障碍物也不一样。我们不可能用同样的方法完全消除这些阴影，在确定这些困惑的确切特征(precise character)之前，我们无法知道我们需要什么工具。

我拟讨论的诸多困惑是在分析法学的问题中提出的，这些问题通常具有要求定义(request for definition)的特点：法律是什么？国家是什么？权利是什么？占有是什么？我之所以选择这个题目，是因为在我看来，常见的定义模式不适合法律，并且会导致对法律阐释的复杂化。我认为，定义模式的使用有时导致了法理学与现有法律研究的脱节，并助长了这种印象：有些确定的基本概念(fundamental concepts)，如果不进入哲学论证的禁忌丛林，法律人就不要指望能够阐明它们。但我想说的是，事实并非如此，无论多么基本的法律概念，都可以通过适合其特殊性的方法加以阐明。我们的前辈偶有涉及这些方法，但只有到了今天，我们才对这些方法有了充分的理解和发展。

像我提到的那些问题——“国家是什么?”“法律是什么?”“权利是什么?”——都具有很大的模糊性。同样形式的语词(word)可以用来探求一个法律或政治制度的定义、原因、目的、证成或起源。但是,如果为了避免它们混淆其他问题的危险,我们把这些要求定义的内容转述为“‘国家’这个词的意义(meaning)是什么?”“‘权利’这个词的意义是什么?”,那么提问的人就容易感到不安,好像这样就把他们的问题看轻了。因为他们无法从字典中获得想
22 要的东西,而他们对问题的转变却表明这是可以的。这种不安是一种值得尊重的本能表现:它强调了一个事实,即那些提出问题的人并没有要求人们教他们如何正确地使用这些语词。他们知道这一点,但却仍然疑惑不解。因此,对于这类问题,仅仅举例说明什么能正确地被称为“权利”“法律”或“法人”,并告诉提问者,如果他仍然感到疑惑不解,还可以自由地放弃共同的惯例,并随心所欲地使用语词。但是,这不是对这类问题的回答。① 因为疑惑产生于

① 格兰维尔·威廉斯(Glanville Williams)教授在一篇有益的文章《国际法和关于“法律”一词的争论》(“International Law and the Controversy Concerning the Word Law”, *British Year Book of International law*, 1945, 148)中,回答那些问“国际法是不是法律”的人,就采用了这种简洁的回答方式,但是这种回答方式实在是太简洁了。因为困惑的产生并不总是或仅仅是关于语词或本质的迷信,也不是他所抨击的“言语”(verbal)与事实问题的混淆。这里的困惑产生于三个因素:(1) 有充分理由相信,“法律”一词在用于国内法和国际法时,并不只是一个同义词;(2) 错误地认为(不仅对于复杂的法律和政治表达方式如“法律”“国家”“民族”等来说是错误的,而且对于“游戏”等较普通的表达方式来说也是错误的),如果一个语词不只是一个同义词,那么它所适用的所有实例(instance)就必须具有单一的品性(quality)或共有的一系列品质;(3) 夸大了国内法和国际法的区别,因为没有看到主权的“命令”只是一般性特征的一种特殊形式,而这种特征在法律制度中无疑是合乎逻辑的,即某种一般性的检验或标准,据此确定该制度的规则。当然,适当地注意这三个因素只会(通过揭示问题的复杂性和暴露一些偏见)表明,尽管国际法与国内法不同,但称其为“法律”并不是任意的——正如称单人纸牌游戏(patience)为“游戏”不是任意的,尽管它与马球游戏不同。但是,对于那些于此等差异印象深刻的人来说,没有结论性的答案。

这样一个事实：虽然这些词的通常用法已经众所周知，但它们仍未得到理解。而它们不被理解的原因在于，与绝大多数日常语词相比，这些法律语词在不同方面是异常的（anomalous）。例如“法律”这个词本身，有时候它的异常情况是适用的情况各不相同，这也导致了起初试图从该词的适用中抽象出任何原则的做法受到阻碍。但是我们相信，即使在这些表面差异的背后，也有一些原则而非任意的惯例。因此，要求说明不同的人为什么都叫汤姆这个现象所依据的原则是什么，很明显是荒唐的，但是在国内法中，我们去问为什么各种不同类型的规则都被称为法律，则不会令人感到荒唐；同样的，我们去问为什么国内法和国际法存在显著差异，却都被称为法律，也不会让人觉得荒唐。

但是，在此种情况和其他情况下，我们对一种不同的却更令人 23
不安的异常现象感到困惑。在首次定义“公司”“权利”或“责任”等语词时，我们发现这些语词与事实世界中的对应物并没有直接联系，而大多数日常语词都有这种联系，我们在定义日常词语时也是以这种联系为依据的。没有任何东西可以简单地“对应”这些法律语词，当我们试图对它们进行定义时会发现，我们在定义中提出的，用来具体说明人、物、身份、事件和程序之种类的表达方式，无论它是物质的或精神的，从来没有精确地等同于这些法律语词，尽管它们经常以某种方式与法律语词联系在一起。这一点在表述法人团体时最为明显，通常的说法是，公司不是自然人的系列或集合。但是，其他法律语词也是如此。虽然一个拥有权利的人通常意味着拥有某种预期或权力，但即便我们加上“基于法律”（based on law）或“受法律保护”（guaranteed by law）的定语，“一项权利”

(a right)这个表达方式与“预期”(expectation)或“权力”(power)等语词也不是同义词。同样地,虽然我们说人有义务(duty)去做或不做某些行为,但“义务”一词并不像普通语词那样代表或描述任何东西。它具有完全不同的功能,这使得现有的定义形式(“义务是……”)看起来相当不妥。

这些都是真正的困难,并在一定程度上解释了某些值得注意的方面:从这些对基本法律概念的定义的天真要求中,竟然产生了大量相互冲突的理论,因此不仅仅是整本著作,而且整个法学思想学派都可能根据它们对“什么是权利”“什么是法人团体”等问题的答案类型来确定它们的特征。我想,仅此一点,就说明定义的方法出了问题。难道我们真的不能不假设这种理论梦魇的重负,来阐明每一个发达的法律体系都能老练地、以同样方式处理的语词的意义吗?某些地方出了问题,许多诸如此类的理论家所具有的特征,也印证了这一怀疑。第一,他们常常令人不安地坠入一种熟悉的三重态(triad)。[②] 因此,美国的现实主义者力图用朴素的事实
24 给我们一个答案,他们告诉我们,“权利”是一个术语,我们用它来

② 这种反复出现的三重态的一般形式可以概括如下:第一类理论告诉我们,一个语词代表着熟悉事物的一些意想不到的变体(variant)——一个复杂的事实,在这里我们可以期待着统一而简单的东西;一个未来的事实,在这里我们期待着现在的东西;一个心理的事实,在这里我们期待着外在的东西。第二类理论告诉我们,一个语词代表着某种意义上是拟制(fiction)的东西。第三类理论(现在已经不流行了)告诉我们,一个语词代表着与其他事物不同的东西,仅仅在于我们无法触摸它、听到它、看到它和感觉到它。

描述我们对法院或官员可能行为的预测。[③] 斯堪的纳维亚法学家在对现实主义理论进行很可能被认为是致命的打击（如果这些问题经受了严格评判的话）之后认为，权利根本不是什么真实的存在，而是一种理想的、虚构的、想象的权力，[④]然后他们与反对者一起抨击旧式的理论，这种理论认为权利是一种“客观现实”(objective reality)——一种脱离了人的行为而存在的无形实体(invisible entity)。这些理论在形式上类似于公司人格的三大理论，每一种理论都给予对方致命的打击。在那里，我们同样被轮番告知，像有限公司这样的法人团体或像国家这样的组织，它们的名称，其实只是关于普通人的一些复杂但仍是朴素的事实的统称或缩写，或者说是一个虚构之人的名称，或恰恰相反，它是一个真实之人的名称，具有真实的意志和生命，但没有自己的躯体。而即使在面对相对次要的概念时，这些理论相似的三重态也严重妨碍了

③ W. W. Cook, *The Logical and Legal Basis of the Conflict of Laws*(Cambridge, Mass., 1949), 30.（这里写道：）“‘权利’与‘义务’(duty)……并非（是可以脱离官员的行为而独立存在的）切实的物体(objects)或实体(entities)的名称，这些物体或实体可以脱离官员行为而独立存在；相反，它们是一系列专有名词，通过它们，我们可以相互表述某些事件可能发生的特定后果——官员的行为……因此，我们必须经常地抵制……使抽象的权利具体化……的倾向……”

④ Karl Olivecrona, *Law as Fact*(London, 1939), 90.（这里写道：）“当我们将权利定义为某些种类的权力时，可谓一语中的。但是，这种权力在现实的世界中并不存在……它不同于其拥有者的实际控制……也不同于其拥有者（设定）利用(set)运转中的法律机制(legal machinery)的实际能力。”另参见：A. Hägerström, *Inquiries into the Nature of Law and Morals*(Broad, Stockholm, ed., 1953), 4.（这里写道：）“在寻找与我们关于权利的观念相对应的事实时，我们面临着一个无法克服的困难。这就迫使我们假定不存在这些事实，并且我们这里关注到的是那些与现实无关的理念。”在第六页中，（作者写道：）“因此，它表明了我们所质疑的那些观念不能被简化为任何现实中存在的东西。理由就是，它们植根于传统的那些关于神秘力量或凝合的理念之中。”

25 法学家。例如，看看奥斯丁对“法律资格”⑤的讨论就会发现，他在以下说法中作出选择：或者说它只是一系列特殊权利和义务的集体名称，或者说它是这些权利和义务的“理想”或“虚构”的基础，或者说它是拥有法律资格之人的一种“神秘的品质”，它既可与权利和义务相区分，也可与引发这些权利和义务的事实相区分。

第二，虽然这些理论产生于定义法律概念的努力（这些概念实际上涉及法律体系的实践），但是它们很少能阐明它们在那里所做的确切工作。在法律人看来，它们好像都是胡思乱想，至少是虚无缥缈而难以实现；因此，在一个法律体系中，很多时候，这些术语的使用在相互竞争的理论之间是中立的。因为这种使用“可以与任何一种理论相调和，但对任何一种理论来说都不是权威”⑥。

第三，在这些理论中，很多问题往往混杂在一起，应该对它们加以区分。当然，公司法人是真实之人的主张，以及公司法人是法律拟制的相反主张，往往不是分析法学家的争论焦点。它们是主张或否认有组织团体要求国家承认的声称方式。但是这种声称总是与“什么是法人团体”这个令人费解的分析性问题混为一谈，因此，将这类理论划分为拟制主义、现实主义或折中主义（Concessionist），是逻辑标准和政治标准的十字路口。所以，在司法程序的价值方面，以及司法程序在预设前提的演绎中可能发挥的作用有多小的方面，美国现实主义理论提供了诸多教诲。但是，当它被作为“法律”或“一种权利”的定义问题提出来时，这个教诲

⑤ *Lectures on Jurisprudence*, 5th edn. (London, 1881), ii. 609-700.

⑥ P. W. Duff, *Personality in Roman Private Law* (Cambridge, 1938), 215.

就变得模糊了。不管是分析法学还是其他法学，都因为这种目标的混淆而吃尽了苦头。

因此，虽然理论是受欢迎的，但是在定义的基础上成长起来的理论却并不如此。这样成长起来的理论，在解释法律中许多令人困惑之事上，的确付出了可贵的努力；其中包括法律语言的巨大异常现象——我们无法用普通事实的对应物来定义它的关键语词，[7]但在这里，我认为它们在很大程度上是失败的，因为尽管它 26
们相互敌视，但其攻击方法却使它们都致力于一种回答形式，这种回答形式扭曲了法律语言的独特特征。

二

很久以前，边沁就告诫说，法律语词需要一种特殊的阐释方法，同时他阐明了一项原则，这项原则是解决这个问题的智慧起点而非终点。他说，我们绝不能孤立地看待这些语词，而是要考虑这些语词在其中发挥独特作用的整个句子。我们不能仅仅考虑“权利”(right)这个**语词**，而是要考虑“你有一项权利”(You have a right)这句话；也不能仅仅考虑“国家”(State)这个**语词**，而是要考虑“他是这个国家的成员或官员”(He is a member or an official of

⑦　参见：Olivecrona, *op. cit.*, n. 4 *supra*, 88-89.（这里写道：）“想发现与权利的观念相对应的任何事实都几乎是不可能的。权利避开了每一个试图对它进行详细说明的努力，并且将之置于社会生活的事实之中。尽管与事实相连……权利在本质上仍是与任何事实都不相同的东西。”

the State)这句话。[8]在很大程度上，他的告诫为人们所忽视，法学家们继续使用着单字(single words)。这可能是因为他把其逻辑洞察力的产物，隐藏在他自己发明的“范型”(Archetypation)和“意义修补”(Phraseoplerosis)等技术术语后面；也可能是因为他的进一步提议没有很好地适应法律语言的特殊性，而法律语言作为“法官公司”(Judge & Co.)*工作的一部分，也许不合他的胃口。但事实上，在规则的阐明和适用中所涉及的语言构成了人类话语(discourse)中的一个特殊环节并具有独特性，忽视它们就会导致混乱。在这种类型的话语中，法律是一个非常复杂的例子，有时为了看清它的特点，我们需要把目光从法律移开，看一看更为简单的情况，这些情况尽管有非常大的差异，但都具有这些特点。经济学

⑧ 参见《政府片论》(*A Fragment on Government*)第五章第六节的注释：§(5)有关阐释义务(duty)、权利(right)、资格(title)等术语，以及其在伦理学和法理学中大量存在的同类型术语，要么我被蒙蔽了，要么只有这里所列举的方法才能传达任何指示。按照这种方法构思的论述，我将其称为释义法(paraphrase)。§(6)当这个语词不是被单独翻译成其他语词，而是被翻译成它所构成的一些整句时，这个语词就可以说是由释义来阐释的。§(7)逻辑学家们所称的定义方法——种属和种差的方法，在许多情况下根本不回答意图的问题。另参见：Bentham, *An Introduction to the Principles of Morals and Legislation*, ch. XVI, para 25; *Of Laws in General*, Appendix C, para 17; *Chrestomathia in Works*, viii, 126n. (Bowring edn., 1838 - 1843); *Essay on Logic in Works*, viii, 246-281.

* 此为边沁所杜撰的一个词语。边沁主张法律应该为所有的市民所知晓，因此应该简单而易于理解。而实际上在英国，法律往往是由法官与律师所掌握，他们在某种意义上形成一个利益共同体，就像公司一样。因此，边沁才反对布莱克斯通对英国普通法的推崇。后来，美国法学家庞德教授也有类似言说：正义并不是法官所造，而是由法官公司(Judge and Company)所造。也即法官经常依赖律师所提供的诉讼资料以及辩论，以维护正义，故法官(检察官)与律师，如鸟之双翼，车之两轮，他们同为法官公司之成员，不能偏废。但是，在边沁与庞德间这个说法的相似性到底有多大，译者尚不敢断定。——译者

家或科学家经常用一个简单的模型来理解复杂的事物，法律也可 27
以借鉴此道。因此，在下面的内容中，我将用游戏规则作为一个简单的类比，在许多关键点上，这些游戏规则与法律规则具有同样令人困惑的逻辑结构。我将描述四个明显的特征，这些特征会表明我们在阐释法律时应该适用的方法，以及为什么通常的定义模式会失败。

1. 首先，我们不单独拎出“权利”“义务”或“公司名称”等语词，而是举例说明这些语词发挥作用的典型语境。当法官或普通律师在特定场合中作出陈述时，请考虑这些陈述。这些陈述可能是“A 有权利得到 B 给付的 10 英镑”“A 有义务将他的机器围起来”“A 公司与 B 公司之间有一个合同”，等等。很明显，这些句子的使用，潜在地假定了一个特殊且复杂的环境，即一个法律体系的存在，以及由此带来的普遍服从、法律体系制裁的运作，以及这种情况将继续下去的普遍可能性。但是，虽然在使用这些权利或义务的陈述时假定了这种复杂情况，但这些陈述并没有**说明**（*state*）该情况的存在。在游戏中，有一种类似的情况。在板球比赛过程中，“他出局了”的适当语境是在比赛进行中，这意味着球员和比赛官员在过去、现在和未来都要普遍遵守。然而，一个人说“他出局了”，并不能**说明**比赛正在进行，也不能**说明**球员和比赛官员会遵守规则。“他出局了”是一个诉诸规则、提出要求或作出决定的表达；它不是一个**关于**规则实效的陈述，即在特定情况下规则将被强制执行或实施，也不是**关于**规则的任何其他类型的陈述。作为预测的权利陈述与义务陈述的分析忽略了这一区别，然而说“A 有权利”是对法院或官员将以某种方式对待 A 的预测，与说“他出局

了”是预测裁判员很可能命令击球手离场或记分员将其标记为出局一样，都是错误的。无疑，当某人拥有一项法律权利时，相应的预测通常也会得到证成，但我们不应该把这两种形式完全不同的陈述混为一谈。

28　2. 如果我们以“A 有权利得到 B 给付的 10 英镑”为例，我们就可以看到这种形式陈述的独特功能是什么。因为，很明显的是，除了预设法律体系的存在外，这种陈述的使用还与该体系的某一规则有着特殊联系。如果我们问“为什么 A 有这项权利”，这点就会明确起来。因为适当的回答只能包括两部分：一是对某种规则或法律规则（例如说合同规则）的陈述，根据这种规则，给定某些事实就会产生一定的法律后果；二是这些事实在这里就是如此的陈述。但同样重要的是，我们要看到，一个说“A 有权利”的人并没有**说明**相关的法律规则；虽然在给定的某些事实下说“A 有权利”是正确的，但是说这话的人并没有说明或描述这些事实。他所做的事情与以下两种情况中的任何一种都不一样：第一，他从相关的但未说明的规则得出结论；第二，他从相关的但未说明的案件事实中得出结论。因此，“A 有权利”和“他出局了”一样，是一个简单的法律计算的结尾：它记录了一个结果，完全可以称其为法律结论。因此，它并不像美国现实主义者所说的那样，用来预测未来；它是指现在，就像他们的反对者所说的那样。但与通常的陈述不同的是，它并不是通过描述现在或持续的事实来做到这一点。正是这一点——这个原则问题——而不是存在疯子或婴儿等例外情况——阻碍了用期望或权力等事实术语对权利的定义。一个瘫痪的人眼睁睁看着小偷的手伸向他的金表，作为对抗小偷的手段，他可以恰

当地说他有权保留金表，尽管在这些语词的通常意义上，他既没有期望也没有权力做到。之所以能够做到这一点，只是因为在这种情况下，“权利”一词并不描述或代表任何期望或权力，或者实际上的任何其他东西，而只是作为句子的一部分才具有意义，而这个句子的整体功能是为了从特定法律规则中得出法律结论。

3. 第三个特点是：法官在裁判案件时说的“史密斯有权得到10英镑”的断言，与在庭外的言说（utterance）具有不同地位，在庭外，它可能被用于提出要求、许可等。法官的话语是官方的、权威的，而且我们假设它是终局的；而另一种情况则没有这些方面，尽 29
管有诸多差异，但这些句子都是同一类的：它们都是法律结论。尽管存在差异，但我们可以把这种相似性与下述情况进行比较：裁判员在作出决定时说的“他出局了”和球员提出要求时说的“他出局了”。毫无疑问，非官方的话语可能要根据后来的官方话语而撤回，但这并不是把前者当作后者之预言的充分理由，因为显然不是所有的错误都是错误的预测。当然，法官裁判的终局性不需要与绝无错误（infallibility）混为一谈，也不需要诱使我们把法律**定义**为法院的所作所为，尽管有许多法律必须先由法院进行解释方可适用。我们可以承认，记分员说的话具有终局性；但我们仍然不能把得分的概念定义为记分员所说的话。尽管在裁判员犯错时规则没有给我们任何补救措施，也尽管可能有一些可疑的案件，裁判员必须在规则的帮助下（虽然帮助很小）作出决定，但我们可以承认，裁判员的决定也可能是错误的。

4. 在任何体系中，无论是不是法律体系，规则都可能出于极好的实践理由，将同样的后果附加到一组非常不同的事实上。在

板球运动中，板球规则对击球手被投球手击中门柱(bowled)、被后捕手击中三柱门(stumped)或被投球方队员接住球(caught)的后果是相同的。* 而“出局”一词在根据规则作出决定、提出主张以及在规则的其他口头应用中都会使用。在这里很容易看出，这些不同的出局方式中，没有一种方式比其他方式在本质上更接近语词的意义，而且所有这些出局方式除了属于同一规则外，没有任何
30 共同点，尽管它们之间**可能**具有相似性或可类比性。⑨ 但是，在那些重要的情况下，规则以统一的方式处理一个**序列**(sequence)中不同的行动或事态，我们就不太容易看到这一点。在比赛中，一条规则可能只是给一组不同的人的连续行动(successive actions)附加了单一后果——例如说一支队伍赢得一场比赛。一个更复杂的规则可能规定，在一个序列的某一时刻该做什么，应取决于此前做

* 其后果均是击球手出局。——译者

⑨ 然而，仅仅忽视规则语言这些特征，就使占有概念的论述变得复杂起来。当然，这个词在以下两种情况下是模棱两可的：(1)某些种类的事实所附带的某些法律后果和(2)那些种类的事实。但当我们以第二种方法来定义这个词时，我们很可能会认为，有一种东西真正的或本质上的“事实上的占有”，它独立于任何法律体系之外，如果一个法律体系不把它对“占有”一词的使用限制在这点上，那么它的术语就会有一些不合逻辑的地方(见：Paton，*Jurisprudence*，2nd edn.，461)。但是，“占有”的唯一独立于法律体系规则的意义，是通常非法律用法中的模糊意义，无视这一点，也并非逻辑上的缺陷。或者，我们也可以假设，在所有被规则同等对待的不同案件中，必定有某种单一的共同因素。这将导致我们要么像经典理论那样，选择一个有影响力的情况作为典范，将其余情况降格为“例外”；要么通过说明性手段(“建构的”或“拟制”的占有)来掩盖事实的真正多样性。无论处于哪种情况下，专注于寻找某种共同特征都容易使我们偏离重要的问题，这些问题是：(1)对于任何特定的法律体系来说，在什么条件下获得和丧失占有权利；(2)特定体系的一般特征是什么，以及什么实践理由导致不同的案件在这方面被同样对待。参见：Kocourek，*Jural Relations*(Indianapolis，1927)，ch. XX，*passim*，on “continuous possession” and “legal possession”.

了什么或发生了什么；而且，只要序列中的有关人员符合特定的定义条件，就可以不考虑他们的一致性（identity）。这方面的一个例子是：一支被比赛规则允许拥有不同成员的球队，在第三轮才因为第一轮的行为被惩罚，而它早已更换了这些队员。在所有的情况中，一序列的行动或事态仅仅因为落在某些规则之下而被统一起来；它们在其他方面**或许**还可以随你的意愿而不同。这里可以看出法人团体这种语言的本质要素。因为在法律上，十个人的生活重叠但不重合，它们可以处于不同的规则之下，根据这些规则，他们有各自的权利和义务，那么在法律上，他们就是不同个体的集合；但他们的行动可以属于不同的规则，这些规则决定什么事情是任何人都可以做的，什么事情是其中大部分人可以做的，而这取决于此前所做的事情或发生的事情。然后，我们可以用适当统一的方式来谈论也这么统一的序列，通过使用类似公司法的术语，表明我们适用于事实的正是**这种**规则。但在，当我们试图定义这个术语时，规则的统一性可能会误导我们。它可能会投下阴影：我们可能会在序列中，寻找一个具有一致性且持续的事物、人或特性（quality）。我们可能会找到它——在“公司精神”中。这已足够真实了，但它是成功的秘诀而不是一致性的标准。

三

法律语言的这四个一般特征既说明了为什么像“权利”“义务” 31
和“公司”这类语词的定义会因为缺乏某种对应物来“对应”而感到困惑，也说明了为什么那些被巧妙设计出来的不明显的对应物——未来的事实、复杂的事实或心理的事实——原来并不是我们可以用来定义这些语词的东西，尽管已经通过复杂或间接的方式与它们联系在一起。根本的一点是，这些语词[⑩]的主要功能不是代表或描述任何东西，而是具有独特的功能；这就使得我们必须注意到边沁的告诫，即我们不应该像传统定义方法那样，从只有在其中才能看到语词全部功能的句子中，抽象出“权利”“义务”“国家”或“法人”这样的语词，然后对这些被抽象出来的语词的种属与差别提出要求。

让我们看看使用这种传统定义方法的前提是什么，其效果的局限在哪里，以及为什么它可能会产生误导。当然，这是定义的最简单形式，同时也是特别令人满意的形式，因为它给我们提供了一组语词，每当我们使用被定义的语词时，总能用这些语词来替代；它给我们困惑的语词提供了一个可理解的同义词或翻译。当这些语词具有代表某种事物、身份、人、程序或事件的直接功能时，它尤为合适，因为我们不是对主题的一般特征感到神秘或困惑；相反，我们要求一个定义，只是为了在熟悉的一般种类或纲（general kind or class）中找出一些特殊的从属种类或纲。[⑪] 因此，既然我们

---

⑩　法律人也许最能理解“他有权利”（He has a right）这种表述和其他我在此讨论的其他表述的独特功能，方法是将它们与让与（conveyance）这样的操作性语词（operative words）进行比较，以区别于朗诵（recitals）这样的**描述性语词**。它们的相似点在于：“他有权利”和“X 特此让与财产”一样，都是用来对应（operate with）法律规则而不是说明或描述事实。其中当然有很大的区别：说“他有权利”是通过从规则中推出结论的方式来对应规则，而一个在让与中使用有效的词汇的人则有着一些行为，规则从而将某种法律后果附于其上。

⑪　边沁反对采用通常的法律语词定义方法的理由是：“在这些抽象的术语中，我们很快就会发现，这些术语并没有更高级的属。当应用于这些术语时，通过种属与差别的定义显然不能取得任何进展……简而言之，如果以这种方式定义一个前置词（preposition）或连接词（conjunction）……‘通过’（through）是一种……‘因为’（because）是一种……等方式继续定义它们。”参见：*A Fragment on Government*，ch. V，n. 6，§§7-8.

对家具或动物的一般概念没有疑惑，我们就可以拿“椅子”或“猫” 32
这样的语词来给出它的使用原则：首先明确它用来描述的东西所属的一般纲，其次再去界定标志它在此纲中与其他种（species）的具体区别。当然，如果我们不是对法人的一般概念感到疑惑，而只是想知道一个种（比如说一个学院）与另一个种（比如说一个有限公司）有什么不同，我们完全可以使用这种形式的单字定义（definition of single words）。但是，正因为这种方法只适合于这个层次的探究，因此它难以解决我们更深层次的困惑。原因在于，如果我们的问题，就像基本法律概念一样，是因为我们对“某物所属的一般类别（category）”以及“某种一般类型（type）之表达方式与事实的关系”感到困惑，而不仅仅是对该类别中的位置感到困惑，那么在这个困惑得到澄清之前，这种形式的定义在最好的情况下是没有启发性的，而在最坏的情况下却有深刻的误导性。它之所以不具启发性，是因为其旨在将一些次级种属限定在某一熟悉类别中的定义模式，不能阐明一些异常类别（anomalous category）的特征；而它之所以具有误导性，是因为这种定义形式暗示事实上是异常类别的东西，只不过是某种常见的种。因此，如果应用于“权利”“义务”“国家”或“公司”等法律语词上，那么常见的定义模式表明，这些语词与普通语词一样，代表或描述了某种事物、人、身份、程序或事件；当找到这些的困难变得明显时，因不同品味而不同的发明之物（contrivance）就会被用来说明或搪塞异常情况。有人说不同之处在于，这些法律语词所代表的事物是真实的而非感觉上的；也有人说，它们是拟制的实体；还有人说，这些语词代表了朴素的事实，但这种事实却是复杂的、未来的或心理上的变体。所以，这种定义的标准模式迫使我们熟悉的理论三重态，作为一种解释法律语词异常特征的混乱方式而存在。

33 那么我们该如何定义这些语词呢？如果定义是提供一个不会使我们感到同样困惑的同义词，那么这些语词就不能被定义。但是我认为有一种相当普遍适用的阐明方法，如果我们愿意，我们可以称之为定义。边沁等人虽然没有鼓吹过这一点，但曾经践行过。但是在将它应用于高度复杂的法律案件之前，我先通过一个简单的游戏例子来说明它。拿牌局中的一圈牌（a trick）的概念为例。有人问："什么是一圈牌？"而你会回答："我来说明一下。当你参加一个牌局，而在牌局的规则中，其有一条规定，当我们每个玩家出牌后，打出最大牌的玩家得一分，在这种情况下，这个玩家就被说成是'赢了一圈牌'。"这种非常自然的说明并没有采取定义"trick"这个单字的形式，即没有为它提供同义词。相反，我们用了一个句子，在其中，"trick"一词发挥了它的特征性作用，并通过两方面进行说明：首先是具体说明整个句子为真的条件，其次是说明在特定情况下如何使用它从规则中得出结论。假设现在经过这样的说明，你的提问者还要追问："很好，这说明了'赢了一圈牌'，但我还是想知道'trick'这个词本身是什么意思。我想知道'trick'的定义；我想知道每当我使用'trick'时，有什么词可以替换它。"如果我们屈服于这个要求，为他寻找一个单字的定义，我们可能会回答："'trick'只是四张牌的统称（collective name）。"但有人可能会反驳："'trick'不只是四张牌的名称，因为这四张牌并不总是构成一个'trick'。因此，它必须是这四张牌所属的某个实体（entity）。"第三种人可能会说："不，'trick'是一个拟制的实体，玩家们假装它存

在，并通过拟制的方式，把牌归属于游戏的一部分。"但在如此简单的情况下，我们仍然难以容忍这些理论，因为它们充满了神秘，而且对于在牌局中使用这个语词而言，无法提供任何指导：我们将坚持原初的双重说明（two-fold explanation），因为当它说明了"他赢了一圈牌"的陈述为真的条件，并向我们展示了如何在特定情况下使用它从规则中得出结论时，它肯定给了我们所需要的一切。

如果我们回头看边沁会发现，当他对法律概念的说明很有启 34
发性时——正如它经常表现的那样，它符合这种方法，尽管只是大致地符合。然而奇怪的是，他让我们做的却是另一回事：它是把像"权利""义务"或"国家"这样的语词，糅合进诸如"你有权利"这样它在其中发挥了特征性作用的句子中，然后再把这些语词**转化**（*translation*）成我们所谓的事实性术语（factual terms）。[12] 他把这种方法称为**转译法**（*paraphrase*）——以短语置换短语，而不是用语词置换语词。现如今，这种方法适用于许多情况中，并给人们带来了许多启发；但它歪曲了许多法律语词，如"权利"或"义务"，它们的特征性作用不是在事实陈述中发挥，而是在法律结论中发挥。用事实性术语来转译这些语词是不可能的，当边沁提出这样的转译时，结果发现根本不是一回事。

但在更多时候对我们有利的是，他并不声称要转译：但他为了阐明这些语词，提出了另一种说法——例如这些说法："你有权让我做的事情是根据法律规定，我为你的利益而为某种行为的要求

⑫ 实际上，他提出了更严格的要求，即转化应计算出能引起"实质""观念"的形象的术语。这与边沁的经验主义形式是一致的，但转译方法（这与现代的"使用中的定义"相一致）的效用与这一要求无关。

(requisition),如果我不做就会受到惩罚”,[13]或者是“要想知道如何说明一项权利,就要注意在有关情况下会侵犯该权利的行为;法律通过禁止该行为来创造权利”[14]。尽管有缺陷,但这些思路是正确的。它们不是转译,而是指明了“你有权利”这种形式句子为真的一些必要条件。边沁向我们展示了这些条件如何包括一项向其他人施加义务的法律的存在;此外,它是这样一项法律,它规定了如果你或代表你的人选择违反义务,那么制裁就会随之而来。这有许多优点。通过拒绝将“权利”一词的意义与任何心理或客观事实相联系,它未能解决在任何特定场合下,一个拥有权利的人事实
35 上是否有任何期望或权力的问题;因此,它使我们可以自由地将人们的期望或权力视为一般人在存在权利体系的情况下将拥有的东西,并视为权利体系在一般意义上要保障的一部分。在边沁努力的基础上,一些应该改进的地方是显而易见的。与其根据惩罚来表征一项权利,许多人会根据补救措施来表征权利。但我宁愿不提及补救措施,而是提及有权利的人可以选择是否履行相应的义务,以此来显示有权利的人的特殊地位。我认为,授予权利的法律(有别于只规定义务的法律)的特点是,法律规定履行相应责任的义务,取决于据称拥有权利的个人的选择,或取决于某些被授权代表他行事之人的选择。

因此,我提出以下几点,作为对“一项法律权利”这一表述的阐释:(1)如果满足以下条件,“X 有权利”这种形式的陈述为真:

---

⑬ *A Fragment on Goverment*, *ubi sup*.

⑭ *An Introduction to Principles to Morals and Legislation*, ch. XVI, para. 25.

(a) 存在一个法律体系。

(b) 根据该体系的一项或多项规则,在已经发生的事件中,其他一些人 Y 被迫(be obliged to)去做或不做某些行为。

(c) 这种义务由法律规定,取决于 X 或其他一些被授权代表之人为 X 的利益作出的选择,因此,只有在 X(或被授权的人)选择时,或者只有在 X(被授权人)选择其他行动之前,Y 才有义务(be bound to)去做或不做某种行动。

(2)以"X 有权利"为形式的陈述,是用来在特定案件中得出法律结论的,而该案件属于该规则的范畴。[15]

四

很多人说,法学上关于法人人格性质的争论已经消亡。如果 36
是这样,我们就得到了一具尸体,并有机会在解剖它的过程中学

⑮ 这种仅仅对第一种意义上的权利(与义务相关)进行处理的方法,由霍菲尔德(Hohfeld)进行了区分。但是,也可以对"自由""权力"以及"豁免"等情况采用同样形式的阐释。而且,我想这表明了那些通常未被给予解释的情况,也即为何这四种变体(varieties)尽管各不相同,但却都被指涉为"权利"。统一它们的要素好像是这个:在所有四种情况中,法律都特别地认可个体的**选择**,这种认可的形式或者是通过消极地不予阻止或阻挠(自由或者豁免),或者采取积极的姿态为它赋予法律后果(主张或权力)。在消极的情况下,无论该个体选择为某种行为还是不为某种行为(自由),抑或是保持其自身的法律地位不变(豁免),都不会有法律进行干预;在积极的情况下,法律为该个体的选择赋予法律后果,这种后果可能是某个其他的人应该为或者不为某种行为,也可能是该其他人的法律地位应予变更。当然,当我们说无论在这四种可能的哪一种情况下,某人都具有权利时,我们所指的并非他**实际**作出的选择,而毋宁说是这样的一种情况:要么,相关的法律规则是这样的,如果他作出了选择,特定后果的就会随后发生;要么,如果他作出了某种选择,法律不会阻止他。如果存在不能放弃的法律权利的话,这些都需要分别去对待。

习。让我们想象一下，一个聪明的法律人对法人人格的理论一无所知，因为他在一个法律的“桃花源”(Arcadia)* 里接受教育，在那里，权利和义务只被归属于(ascribed to)个人，所有的法律理论都被禁止。然后，我们向他介绍我们自己的制度和其他的制度，他了解到在实践中，权利和义务是如何归属于像牛津大学这样的机构，归属于国家、偶像以及尚未继承的财产(hereditas jacens)，也归属于某个一人避税公司。他将和我们一起了解到，在日常使用的陈述形式中，将权利归属于史密斯有限公司的情形和后果，与将权利归属于史密斯个人的情形和后果有部分相似之处，也有部分不同之处。他将看到，这种类比往往是单薄的，但是鉴于公司法和一般法律规定的情况，“史密斯有限公司欠小白10英镑”的说法和“史密斯欠小白10英镑”的说法一样，经过自己使用后直接适用于事实。渐渐地，他会发现，许多普通的语词在使用“有限公司”时，都是以一种特殊的方式在使用。因为他很早就知道，即使公司的所有成员和雇员都死了，但在某些条件下，说公司依然存在仍是正确的；如果他生活在1936年的英国，他就能理解，说一个外国公司虽然已经解散了但它依然存在的说法是正确的；如果他一直待到1944年，他也能理解，在某些情况下，说一个公司有意行骗的说法也是正确的。在他返回“桃花源”时，他会介绍那些为个人制定的规则延伸到法人团体的情况，并介绍在延伸过程中所涉及的类比和普通语词的调整。所有这些事情他都要做，而且可以不提拟制、

* 古希腊的一个山牧地区，以境内居民生活淳朴与宁静著称，有点像我国传说中的世外桃源，为使译文更为流畅，故译成“桃花源”。——译者

集体名词、简称（abbreviations）或总括（brackets），也不提现实主义理 37
论中的集体法人（Gesammtperson）和共同意志（Gesammtwille）。关于公司的法律人格，他不是已经说得很清楚了吗？那么，在什么时候才会觉得需要一种理论呢？会不会是当有人问“当史密斯欠小黑 10 英镑是真的，这里有‘史密斯’这个名字，也有史密斯这个人，但是当史密斯有限公司欠小黑 10 英镑时，与‘史密斯有限公司’相对应的是什么？正如史密斯这个人对应‘史密斯’这个名字一样。什么是史密斯有限公司？它是什么，谁拥有权利？毫无疑问，它只能是无数个体的集合，或者是一个真实个体或一个拟制个体”。换句话说，我们仅仅诱导单纯的“桃花源人”问“什么是史密斯有限公司”，就能让他感受到理论家的痛苦。在回答中我们不承认描述法人团体的名称在实践中是如何使用以及在什么条件下使用，而是开始探寻一个名称被使用时所描述的是什么，**它**代表什么，**它**意味着什么。[16]

从文献中的许多著名段落中可以证明，以这种方式提出问题对理论的发展至关重要。让我试举一例。梅特兰（Maitland）在他的伟大思想中确实感觉到，选择不一定像看起来那样存在传统理论之间，最终某种分析模式可能会提供一个不同的答案。我不明白为什么他被称为现实主义者（Realist），[17]或者被认为接受了他所

[16] “说他们（早期罗马法法律学家）曾问及或者被问及这个问题，几乎完全是不可能的。”Duff，op. cit.，n. 6 *supra*，134. 但是，虑及它所提出之答案的形式，这个问题却是错误的，并且认识到这一点很重要。

[17] 比较：Duff，op. cit.，209 and 216 n. 3. 留意一个对梅特兰与基尔克之《团体理论》（*Genossenschafttheorie*）的准确的歧异之处的讨论。J. A. Mack，“Group Personality: Footnote to Maitland”，*Philosophical Quarterly*，ii（1952），249.

阐述过的基尔克(Gierke)的学说，因为尽管他确信拟制和集体名称理论“使事实变质”，但他在这里留下了一个终极问题，而他当时无法给出答案。但请观察这个问题所采取的重要形式：他想象了一个主权国家，并虚构了一个偏远国度，称为纳斯夸米亚(Nusquamia)。对此，他说：

> 就像许多其他主权国家一样，它也负债累累，我假设你也
> 38 是它的债权人之一……
>
> 现在，我想提问的是，真正欠你钱的人是谁？纳斯夸米亚吗？即便如此，你能把纳斯夸米亚欠你钱的主张，转化为如下一系列主张吗：这些主张能把还债的义务归于某个现实存在的人身上吗？谈何容易。很明显，你不会认为每个纳斯夸米亚人都平均分担你的债务。也不会有人认为，委内瑞拉的债务不能归属于张三、李四等不特定的人。我想，我们也不会从“集合地”(collectively)这个词中得到什么好处，它是英语中最模糊的词，因为最大的“零的集合(collection)”只不过是零而已。我不想说我提出了一个不可能完成的任务，承担了权利与义务的集合(the right-bearing-and-duty-group)对哲学家来说，必须是一个终极的、不可再分析的道德单元。只有当这一任务能够被执行时，我认为，为了法理学和道德哲学的利益，它才是值得谨慎执行的。[18]

⑱ “Moral Personality and Legal Personality”, *Collected Papers* (Cambridge, 1911), iii, 318-319.

梅特兰的问题就是这样：当纳斯夸米亚欠你钱的时候，到底是谁欠你这个钱？应该怎样回答呢？毫无疑问，不要仅仅死抠“纳斯夸米亚”这个词。强调问题“纳斯夸米亚欠你 1000 英镑的时候，是谁或什么东西欠你的？”就像绝望地问：“当你输掉那场比赛时，你输掉的是什么？”对于如此的逼问，唯一的答案就是重复说“一场比赛”。至于另一个问题，唯一的答案就是重复说“纳斯夸米亚”。当然，严格来说，这没有告诉我们什么，但至少它既不神秘也不虚假。为了把它阐释清楚，我们必须遵循边沁最初的劝导：我们必须把“纳斯夸米亚欠你 1000 英镑”的说法视为一个整体来看，并且可能要用如下方式描述它：

1. 在纳斯夸米亚的领土上，有一个现行的法律体系；根据该体系的法律，某些人在遵守某些条件的情况下，被授权为某些目的接受一笔款项，并采取类似于私人之间订立借贷合同所需的其他行动。

2. 当这些人作出这些行为时，特定后果就会随之而来，类似于附着在私人相似行为所附带的后果，包括法律规定的人有责任从法律规定的资金中偿还款项。

3. “纳斯夸米亚欠你 1000 英镑”的表述并没有说明这些规则的存在，也没有说明这些情况的存在，但在特定情况下，当这些规 39
则存在时，这个表述就是正确的，并且用于在特定情况下根据这些规则推出法律结论。

到底应该提供多少细节，取决于提问者的困惑程度。如果他所困惑的只是他无能力说出谁是或什么是纳斯夸米亚，以及说明这个问题的理论不足，那么他可能会对上面的做法感到满意。但当然,他可能会对存在于不同人生活中的同一种法律体系概念而感到困惑,因为这种对“纳斯夸米亚”的阐释,就是以这种方式提出的。[19] 如果是这样的话,那么就必须反过来对其进行阐释,就像它可以用同样方式所做那样。

当然,这种方法并不妨碍它应用于短暂的技术性一人公司上,而现实主义者认为这种公司是他们理论的一个困难。[20] 为了说明什么是有限公司,我们必须参考相关的法律规则,这些规则决定了像“史密斯公司欠小白 10 英镑”这样的特征性句子在什么条件下为真。然后,我们必须说明有限公司的名称是如何作为法律结论的一部分发挥作用的,该法律结论既用于适用特殊的公司规则,也用于适用最初为个体制定的合同规则。当然,有必要强调的是,在特殊规则界定的特殊条件下,其他规则被适用于个体的行为,其方式虽然与这些规则适用于不在这种特殊条件下的个体的方式完全不同,但仍有类似之处。这一点我们可以通过重述公司法中人们熟悉的原则来表达,“一家公司是一个不同于其员工的实体”,即“有限公司的名称被用于法律结论中,该法律结论在特殊情况下适用法律规则,其方式虽然与这些规则适用于不在这种情况下的个体的方式不一样,但仍有类似之处”。这一重述将会表明,我们要做的与异常的或拟制的实体无关,而是对法律规则及其所涉及的

---

[19] 也即是说,我们必须通过表明对于此一论题之陈述的真实性来说,有哪些比较充分的条件,从而阐释“同样的法律体系”这个表述。“现在,在英国,正在起作用的法律体系,与 1900 年的法律体系没有什么两样。”在这里,一个根本性的问题是,对“同样的规则”之表述的阐释。

[20] 参见:Wolff,“On the Nature of Legal Person”,54 *Law Quarterly Review*,494 at 504;Duff,op. cit.,n. 6 *supra*,218.

表达方式进行一种新的和扩展的使用，尽管也是一种类比性使用。40

五

如果我们现在看一看那些对常识很有吸引力的理论，它声称那些涉及公司的陈述是一些“简称”(abbreviations)，因此可以简化或转化成仅涉及个体的陈述，那么我们现在就可以看到他们的错误所在。他们的错误在于，寻求将指涉公司的陈述转译或转化成其他术语，而不是具体说明这些陈述为真的条件和使用方式。但是，在评估这些常识性理论时，必须注意到在法律规则的适用中所涉及的语言一个非常普遍的特点，而试图进行转译的做法掩盖了这个特点。如果我们举一个非常简单的法律陈述例子，如“史密斯与Y签订了一份合同”，我们必须把这个法律结论的意义从两方面加以区分：(1)区别要求之真实性的事实陈述，例如双方已经签署了一份书面协议，以及(2)区别于真实的法律后果陈述，例如Y有义务根据协议做特定事情。这里乍一看有一些令人费解的地方，似乎在使法律结论为真的事实和法律后果之间还有一些媒介性的东西。但如果我们参考游戏这种简单情况，我们可以看到这是什么。当我们说“他出局了”，是对一个击球手说(无论是球员还是裁判这么说)，这既没有作出球已经击中了三柱门的事实陈述，也没有说明他必须离开球门；这是一个语句(utterance)，其功能是要从一个特定的规则中得出一个结论，在这些情况中，在这条规则下，就会产生这样的后果，如果我们在试图转译时，说它的意义是事实本身或后果本身，甚至是这两者的结合，那么我们显然忽略了

其意义中的一些重要内容。“球击中了三柱门，他必须离开球门”的组合陈述未能给出“他出局了”的全部意义，因为它没有再现原
41 初陈述（original statement）的独特方式，即利用原初陈述从一个具体但未说明的规则中得出结论，根据该规则，在这样的条件下就会产生这样的后果。并且，任何转译都不能既阐明原初陈述，又重现这一特点。

我之所以抓住这点不放，是因为公司人格的常识性理论正是在此失败的。[21] 这一理论——指涉公司的陈述是关于个人权利和义务的陈述的变相简称——常常被阐述得如此简陋，因而不值得我们考虑。不难看出，关于有限公司权利的陈述并不等同于其员工拥有这些权利的陈述。史密斯有限公司向单一股东史密斯的转让行为，当然不同于史密斯向史密斯的转让。但也有少数理论家，其中包括霍菲尔德，以必不可少的精妙陈述了这类理论。霍菲尔德认为，如果说史密斯有限公司与 Y 签订了合同，我们当然不是说公司的员工与 Y 签订了合同：他认为这是在说公司中有关自然人的能力、权利、权力、特权和责任（liability）受到影响的方式不同，并且非常复杂。虽然该理论在这个幌子下更有说服力，但它还是失败了，因为虽然它告诉我们原初陈述给个体带来的法律后果，但它没有给我们提供该陈述本身的效力和意义。这种所谓的转译还不如原初陈述“史密斯有限公司与 Y 签订了合同”，因为它没有

---

[21] 也正是对“事实”与“法律后果”之间的第三种意义（tertium quid）的解释，困扰着对许多法律概念的分析，例如地位（status）。奴隶的地位并不仅仅是（以奥斯丁为先导）他的特殊权利和义务的集体名称：在一种意义（sense）上，这些都是他的地位的“后果”；这种意义告诉我们，离开球门的义务是被“淘汰”的后果。

给出原初陈述用来做什么的线索，即从有关公司的特殊规则中和从个体的情况类推延伸的规则中推出法律结论。因此，尽管这个转译虽然复杂而巧妙，但它给我们的东西太过有限；可是，在另一方面，它又给了我们太多太多。它消解了“史密斯公司与 Y 签订了合同”这一简单陈述的统一性，而代之以对众多个体的无数法律权利、义务、权力等的陈述，而我们在作出原初陈述时，从未想过也 42
不可能想到。[22] 因此，当那些被这种常识性的分析形式所吸引的人，更仔细地观察它时才会感到受骗。他们确实受骗了；但他们不应该在绝望中抓紧现实主义（Realist）理论或拟制（Fiction）理论。因为他们在转化中遗漏的要素性个体间类比、原初陈述的统一性，以及对事实的直接应用，都不能在这些理论或任何原初的转化中获得；它只能在详细描述这种形式的语句为真的条件，以及在特定情况下用它从特定规则中得出结论的独特方式中获得。

当然，我只讨论了公司的**法律**人格问题。我认为，如果我们充分表征法律体系中使用法人团体表述的独特方式，那么就不会存

[22] 参见：Hohfeld，*Fundamental Legal Conceptions*（New Haven，1923），198-200，220 ff. 虽然霍菲尔德有时写得好像他对权利、义务、能力等的复杂陈述与最初的关于公司的陈述的意思是相同的［“我们的意思无非是指，通过描述有关自然人的能力等……所能解释的东西”］，但我认为他也看到了关于公司的陈述不能“化约”（reduced）为关于个体的陈述，而是如他所说的“自成一格”（sui generis）（同书第 198 页）。这就是为什么拟制主义者、现实主义者和集体名称理论都扭曲了公司法人的概念。他没有看到的是，在使用这些特殊的表达形式时，我们并不是“**描述**……公司员工生产成本与利益的特殊过程”（同书第 199 页），而是从特殊的规则中得出法律的结论。这里忽略的是两种陈述的区别：**关于**法律规则的陈述，以及通过从中得出结论而**适用**法律规则的陈述［见本书第 27 页（此页码为原书页码，即本书边码，下同。——译者）］。忽视这一点，就模糊了对法人团体概念和权利概念的分析。

在"什么是公司"这种形式的残留问题。只有当我们坚持一种不恰当的定义或阐释形式时，**似乎**才会有这样的问题。传统形式的理论只能对公司法人的表达方式的意义进行扭曲的说明，因为尽管它们相互敌视，但都作出了共同的假设。即这些表达方式必须代表或描述某种东西，然后分别对其作为复杂的、深奥的或拟制的实体的特殊性，作出不相容的说明；而特殊性并不在此，而在规则的阐明和适用时，表达方式的独特特征。但当然，最令人困惑的不是
43 法律人格，而是有组织团体中的"道德"人格；这些存在于法律规则之外（一种关于"非拟制"的模糊感觉，只是为了断言这个事实），没有任何集体名称或简称的理论看起来是充分的；所以我们不禁会问："什么是教堂？什么是国家？什么是学校？""什么是协会或有组织团体？"但是，在这里，我们也应该用下面的问题来代替这些永远令人困惑[23]的问题形式："在什么条件下，我们把人的数量或者序列称为个体的集合体？在什么条件下，我们改由个体的类比延伸出来的统一短语(phrases)？"如果我们这样问，并探究使用这些特征性句子("国家遭受了五十年的苦难""大学表达了它的谢意""人群愤怒了")的条件，我们就不会再谈论团体人格(乃至个体人格)，就像它是一种单一特性或一组特性。因为我们将会发现，我们以这种统一的个人化方式进行讨论的条件(心理条件或其他条件)，有许多不同种类并且覆盖范围广泛。其中一些条件将被证明对法律或政治目的具有重要意义，另一些则不那么重要。毫无疑

[23] 困惑是指，只要我们为一些基本的东西所迷惑，而不是说我们仅仅关注某些特殊类型的有组织集体及其与其他事物的区别。参见本书第31—32页。

问，这是团体理论（*Genossenschafttheorie*）的感性一面，与在街上漫步的庸俗多数个人相比，统一正是**作为**统一才显得十分重要或值得尊重。毕竟单纯的统一性并不多，虽然它远比表面上看起来更多样。

六

如果我们搁置“什么是公司”这个问题，转而问“在什么条件下，法律会将责任归于公司”，就有可能澄清法律体系的实际运作，并在本不负责立法的法官把为个体制定的规则延伸到法人团体时，找出关键的问题。例如，最近将涉及明知和故意或其他主观因素的刑事责任延伸至公司，[24]如果一个自然人的佣人（servant）具 44
有必要的明知和故意，在受雇过程中实施了犯罪行为（*actus reus*），该自然人就不会承担刑事责任。有两种方式可以表现此处的关键问题，一种具有启发性，另一种则是误导性的：这两种方式是要说明“有限公司可能实施涉及明知和故意的犯罪吗”这个问题中的“可能”（can）一词？具有启发性的方法会展示这种延伸的障碍，即把法人团体纳入我们法律的一般结构时所遵循的那种类比。当然，这主要是与个体对其佣人在受雇过程中的行为承担责任的情况进行类比。正是利用这个类比，公司的责任从合同扩展到普通

[24] *DPP* v. *Kent and Sussex Contractors Ltd*. [1944] K. B. 146[“故意的欺骗行为援用了一个文献（document）而它实际上是有问题的”。并且，“做了一个他们认为在实际情况下（in a material particular）是错误的的论断”。]；*Moore v. Bresler*, *Ltd*. [1944] K. B. 551（“故意的欺骗行为援用了一个在实际情况下有问题的文献”）。

侵权行为，再扩展到恶意侵权行为；委托人和代理人法律的整套词汇也被调整为适应于有限公司的情况。但对于考量之下所涉类型的犯罪而言，这个类比是无用的，根本的问题在于，这是法院唯一可以利用的类比吗？在这个问题上，法律是封闭的吗？或者，是否有其他的标准将原来适用于个人的规则适用于公司？事实上，法官们已经感到他们没有受到这样的限制，当然也经常有人指出，在英国法中可以找到权威规定，将实质上参与公司业务之人的行为和精神状态归责于公司。当然，这种替代性的类比来源可以或应该在多大程度上加以利用，是一个值得商榷的法律问题，但重要的是看到，这个法律问题而非什么逻辑问题，才是问题的特征所在。那么，这里就是“公司可能承担涉及故意欺骗罪的责任吗”中“可能”一词的力量。[25] 相比之下，混乱的陈述问题方式是引入关于
45 “公司是什么”的定义，并从中推导出当前问题的答案。“公司只是一个抽象的、虚构的、形而上的实体。”“公司没有思想，因此不可能有意图。”这些陈述使问题更加混乱，因为它们看起来像是定义给我们提供的关于公司性质的永恒真理；所以，它表现得似乎所有关于公司的法律陈述如果不存在逻辑上的不一致，那么就**必须**与这些陈述相一致。因此，在法律体系中实际使用的类比之上，似乎有一些东西，它们被用于将为个人而制定的规则适用于公司，而这也限制或控制了这种适用。当然，被认真对待的拟制理论与现实主义理论一样，也会设置一些无关紧要的障碍：因为就像现实主义理

[25] 自然，也正是以这种方式，那个依然莫衷一是的问题“公司为一种超越权限(ultra vires)的越权行为负责是否可能”才应予考量。

论似乎告诉我们，一家公司“不能”(cannot)受以下协议约束，该协议授权另一家公司来指导业务和任命人员，因为这将是把一个具有真实意志的人[26]“降格为工具”，而拟制理论似乎也说，一家公司“不能”犯下某些罪行，因为它没有犯意。

事实上，在阐述这一法律分支时，使用“拟制”概念的虚假陈述(suggestio falsi)对我们的考量嘉惠良多。它特有的弊端是为了掩盖：当通常用于个体的语词被应用于公司及其涉及的类比时，还涉及现在使用这种表达方式的根本差异，因此也涉及意义的转变。即使在最简单的情况下，当我们说“X 是 Y 公司的雇员(servant)”时，证明使用语词“X 是一名雇员”的事实，与支持“史密斯是小棕的仆人”的事实也不尽相同。因此，任何日常的语词或短语在与公司名称相连时，都有特殊的法律用法，因为这些语词现在与事实相关联，不仅是根据日常英语规则，而且还根据英国法规则，就像我们在游戏的几圈牌中使用“赢得”(take)或“输掉”(lose)来延伸语词，它们根据游戏规则与事实相关联。现在，如果我们在这里谈论“拟制”，我们就不能公正地对待这种日常表达方式与公司名称连用时的根本差异；我们只会扭曲它。例如，当我们说起一家位于英 46
国的公司时——哪怕它的职员和雇员昨晚被炸弹炸死了，这些语词的意义只能通过检视法律规则才能找到，这些法律规则规定了在什么条件下这种陈述是正确的。但是，如果我们谈论“拟制”，就表明我们是在日常意义上的使用语词，我们仅在假装肯定有某种

[26] 参见：Wolff，op. cit.，n. 20 *supra*，54 *Law Quarterly Review*，501. 他在这里援引了德国最高法院的裁判。

东西存在，这些语词就是适用这些东西的。在小说——真正的虚构（fiction）*——中，我们**确实**保留了语词的日常意义，并假装有一群人，他们在日常意义上真实存在。这正是我们在法律上谈论公司时所不能做的。然而我觉得，曾经威胁要阻碍法律发展道路的最奇怪逻辑之一，却要把它的起源归因于此种拟制意义转变的混乱。[27] 有人曾经说过，公司没有真实的意志，只有法律赋予的拟制意志，既然这样赋予的意志只能影响合法的后果（lawful ends），那么如果我们是逻辑一致的，我们就不能说公司可以犯罪，甚至不可能实施侵权行为。当然，这种拟制理论的使用确实让人联想到一幅神话画面：法律将拟制意志吹入有限公司的鼻孔，但这就像它的造物者一样，是好的。但是这幅画面甚至比寓言还具有误导性，因为它掩盖了这样一个事实，即当我们把“意志”这个语词用在一家公司身上时，它的意义发生了转变：一家公司拥有意志的意义不在于它想做合法或非法的行为，而在于某些用于描述个体自愿行为的表达方式，可能在法律规则规定的条件下用到它的身上。而从法律确实对广泛的表达方式规定了这样的条件这一单纯的事实来看（这就是将意志归于公司的全部意义），不能推断出这些条件不包括犯罪或侵权行为的实施。与活人的类比和意义的转变是指涉法人团体之法律陈述模式的本质。但这些正好表明了它们是什么。类比不是相同（identity），因此，尽管我们现在可以（像法律人

---

* 上文译为“拟制”。——译者

[27] 在对于此一混淆惯常的可能性做一说明时，在对法律的这个分支所作的阐明中，我将不再使用“拟制”一词；尽管沃尔夫（Wolff）博士（前引书，第 505 页）依然打算将其“作为一个公式”来保持。

一样）说公司有欺诈的故意，但这并没有任何理论上的后果；而且 47
意义的转变不是拟制的，因此，与法律创造的纯意志这一无关紧要的概念在逻辑上保持一致的必要性，不需要增加法官的困难，因为在判例法体系中，法官必须决定法律中潜藏的类比在多大程度上允许他们将为个体制定的规则延伸到公司，而正义似乎要求这么做。

此次“验尸”用时良久。我只想补充一点。当然，如果认为在定义问题上法理学史是一个失败的记录——哪怕是有启发性的错误，那的确是太过狭隘陈腐了。恰恰相反，它充满了宝贵的线索，说明了应该如何做才能满足法律语言的独特品质并阐明其特殊概念方面。除了边沁的告诫和实践外，还有奥斯丁最擅长的实践和布莱斯（Bryce）富有意义的观察，[28]即基本的法律概念也许不能被定义，只能被描述。还有在很多方面，波洛克（Pollock）和梅特兰[29]展示了权利救济的相互影响如何产生了语词的特殊用法。在考科雷克（Kocourek）和凯尔森的思想中，也有很多有价值的东西。我所困惑的是，如果在《法学汇纂》（*The Digest*）的标题“论占有的得失”（De acquirenda vel de amittenda possessione）中看到，它回避了“什么是占有”这一毫无意义的问题，会不会是愚蠢的？因为它本能地承认一项基本原则，即只有考虑到某些陈述之下的条件才

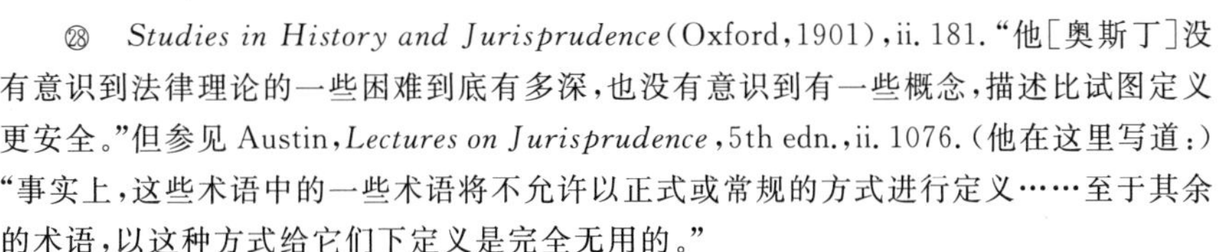

[28] *Studies in History and Jurisprudence*（Oxford，1901），ii. 181.“他［奥斯丁］没有意识到法律理论的一些困难到底有多深，也没有意识到有一些概念，描述比试图定义更安全。”但参见 Austin，*Lectures on Jurisprudence*，5th edn.，ii. 1076.（他在这里写道：）“事实上，这些术语中的一些术语将不允许以正式或常规的方式进行定义……至于其余的术语，以这种方式给它们下定义是完全无用的。”

[29] *History of English Law*（Cambridge，1895），ii. 31ff.

能阐明这些语词，这些陈述在具有其独特用法时才为真。虽然法律定义的主题有这样的历史，但只是自从哲学对语言的关注发生了有益的转向后，人类的思想和话语的整体风格才显现出一般特征，即关注规则及其对行为的应用。至少在同时代的人教我如何观察之前，我还看不出前辈的作品中有多少这样的内容。

48 附　　录

参看下列批评与评论：

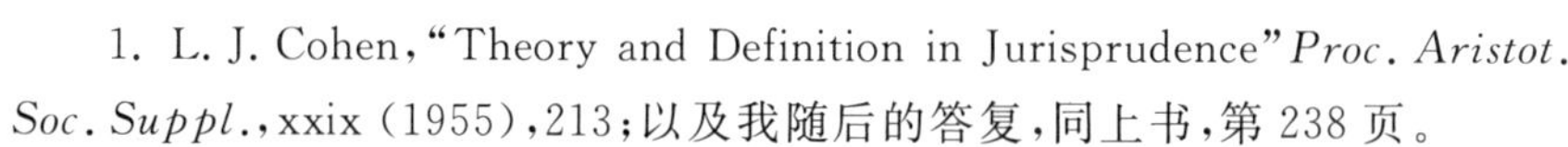
1. L. J. Cohen, "Theory and Definition in Jurisprudence" *Proc. Aristot. Soc. Suppl.*, xxix (1955), 213；以及我随后的答复，同上书，第 238 页。

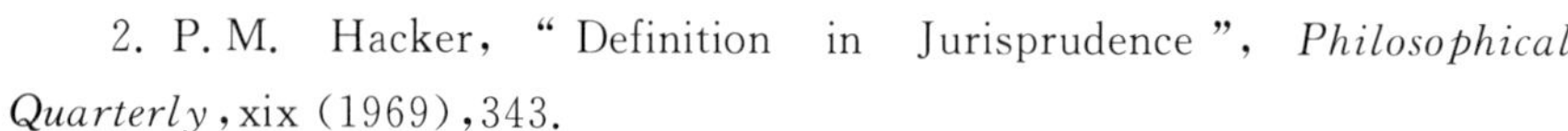
2. P. M. Hacker, "Definition in Jurisprudence", *Philosophical Quarterly*, xix (1969), 343.

3. J. Horwitz, *Law and Logic* (Springer Verlag, 1972), 156.

4. J. Ross, *Portraying Analogy* (Cambridge, 1981), 202-207.

第二篇　实证主义及法律与道德的分离* 49

本文中，我要探讨并且试图辩护的观点由霍姆斯法官（Mr. Justice Holmes）等人所持有，他们因为这一观点而饱受批评。但是，我首先想要指出，为什么我认为不管霍姆斯在美国的声誉经历了何等的人世沉浮，对于英国人来说他都是法理学领域中的泰山北斗。原因在于，他神奇地集两种能力于一身：一种是想象力（imaginative power），这正是英式法律思维（thinking）所常常匮乏的；另一种是清晰性（clarity），这是英式法律思维通常所具备的。那些转而研究霍姆斯的英国法律人借此意识到，他们以前认为是固定不变的事情其实总是处于运动变化之中。通过霍姆斯得出这个发现就像通过一位向导一样，尽管他的话可能会让你不那么信服，有时候甚至还令你反感，但他从来不会让你迷惑不解。就像我们的奥斯丁一样——在很多理念与思想上，霍姆斯与他颇有共同之处——霍姆斯有时候也明显是错误的；但同样像奥斯丁的是，当错误发生时，他也总是错的明明白白。毫无疑问，这是法理学中的

* 本文翟小波教授也有一个译本，参见 H. L. A. 哈特：《实证主义和法律与道德的分离》（上），翟小波译，强世功校，《环球法律评论》，2001 年夏季号。以及 H. L. A. 哈特：《实证主义和法律与道德的分离》（下），翟小波译，强世功校，《环球法律评论》，2001 年秋季号。翟教授的译本对本文的翻译嘉惠良多，特此致谢。——译者

至上美德。我听说只有清晰性还不够；这也许是事实，但是在法理学中仍然有许多疑问(question)，由于其中的问题(issues)是以某种因其含混性而为霍姆斯所蔑视的方式讨论的，因此它们还是混乱不堪。也许这是不可避免的：法理学总是在许多学科的边缘上不确定地摇摆，以至于总是需要有人，用边沁的话来说就是，去“摘下其神秘的面具”[①]。本文的主题在很大程度上也是如此。当代的众声喧哗告诉我们，我们必须承认，有些什么东西已经被法律“实证主义者”——据说他们的时代已经完结——弄得含混不清了：尽管实证主义者死不承认，但存在一个“法律与道德(morals)
50 之间的交汇点”，[②]或者说**实然**(*is*)与**应然**(*ought*)之间有着某种融为一体的、不可分割的关系。[③] 这些措辞意味着什么？或者说，在它们**能够**意味着的许多事物中，**实际**意味着什么？其中哪些是为“实证主义者”所否认的，以及为何这种否认是错误的？

一

我将把这个主题作为观念史的一部分来介绍。在18世纪末19世纪初的英国，对法律与社会问题最诚挚的思想家以及波澜壮阔的改革设计师是伟大的功利主义者。他们中的两位——边沁与

---

① Bentham, *A Fragment on Government*, in Ⅰ *Works*, 221, 235(Bowring edn., 1838-1843)(preface, 41st para.). 以下所有对边沁著作集的援引，都是采用这个版本。

② D'Entrèves, *Natural Law*, 116(2nd edn., 1952).

③ Fuller, *The Law in Quest of Itself*, 12(1940)；Brech, “The Myth of Is and Ought”, 54 *Harv. L. Rev.*, 811(1941)；Fuller, “Human Purpose and Natural Law”, 53 *J. Philos.*, 697(1953).

奥斯丁——一贯主张要坚定地、在最大程度上清晰地去区分实然法(law as it is)与应然法(law as it ought to be)。这是始终萦绕在他们作品中的主题，并且他们旗帜鲜明地谴责自然法思想家，说他们弄混了这一虽然简单但却至为重大的区别。相比较而言，目前在这个国家*以及较小程度上在英国，法律与道德的分离却被认为是肤浅和错误的。有些批评家认为，这一区分使人们无视法律的真正性质及其在社会生活中的根基。④ 另外一些思想家则认为，它不仅在智识上具有误导性，而且在实践中也是有害的，在最坏的情况下，它有可能削弱人们对暴政与专制主义的抵抗，⑤在最好的情况下会使法律不受尊重。现在作为贬义词的“法律实证主
义”，像绝大多数在思想论战中被当作导弹的其他术语一样，也已 51
经渐渐成为大量不同罪状的代名词。其中罪状之一种便是——真正的或者所谓的——如边沁与奥斯丁所坚持的：实然法与应然法

* 由于本文初稿是作者于1957年4月在哈佛大学“奥利弗·温德尔·霍姆斯讲座”的讲演稿，因此这里的“这个国家”指的是美国。——译者。

④　参见：Friedmann，*Legal Theory*，154，294-295（3rd edn.，1953）。弗里德曼(Friedmann)也评说奥斯丁道，“通过区分立法科学与法律科学”，他“开辟了一个法律实证主义和法律自足的时代，这使得崛起中的民族国家能够不受法学家质疑而维护其权威”。同书第416页。然而，“宣称主权及其公民无条件服从的高度组织化国家的存在”据说又是“使得分析实证主义成为可能的政治条件”。同书第163页。因此，在这个论述中，如欲分清楚(分析实证主义与政治条件)谁是鸡谁是蛋是有许多困难的。除此之外，似乎缺乏证据表明，那些在1832年[《法学范围之确定》(*The Province of Jurisprudence Determined*)初版时]或此后崛起的民族国家能够通过奥斯丁的作品或者他所“开辟”的“法律实证主义时代”来主张其权威。

⑤　参见：Radbruch，“Die Erneuerung des Rechts”，2 *Die Wandlung*，8（Germany，1947）；Radbruch，“Gesetzliches Unrecht und Übergesetzliches Recht”，I *Süddeutsche Juristen-Zeitung*，105（Germany，1946）[reprint in Radbruch，*Rechtsphilosophie*，347（4th edn.，1950）]。在本书第72-78页对拉德布鲁赫(Radbruch)的观点有讨论。

的分离。

那么,这种倒退是怎么发生的?此区分在理论上的错误是什么?像边沁与奥斯丁那样强调这种区分是否会导致实践的恶果?我们现在应该抵制它还是坚持它?在考虑这些问题时,我们应该回顾一下赞同功利主义者坚持此种区分的社会哲学。他们立场坚定,只不过是坚定站在自己的功利主义立场上,支持法律和政府的所有自由主义原则。从未有人像功利主义那样集沉着冷静与明智稳健于一身,将改革的热情与对法律的尊重结合在一起,同时恰当地承认控制权力滥用的必要性,哪怕这些权力掌握在改革者手中。但是,在边沁的作品中,你可以逐一识别法治国(*Rechtsstaat*)的要素以及自然法术语在我们时代被接受之后所捍卫的全部原则。这些原则是:言论与出版自由原则,结社权,⑥法律在生效之前应该公布并且应被广为知晓的必要性,⑦控制行政机构的必要性,⑧对无过错即无刑责的坚持,⑨以及合法性(legality)原则(即罪刑法

⑥ Bentham, *A Fragment on Government*, in I *Works*, 221, 230 (preface, 16th para.); Bentham, *Principles of Penal Law*, in I *Works*, 365, 574-575, 576-578 (pt. Ⅲ, c. ⅩⅪ, 8th para., 12th para.).

⑦ Bentham, *Of Promulgation of the Laws*, in I *Works*, 155; Bentham, *Principles of Civil Code*, in I *Works*, 297, 323 (pt. I, c. ⅩⅦ, 2nd para.); Bentham, *A Fragment on Government*, in *Works*, 221, 233, n[m] (preface, 35th para.).

⑧ Bentham, *Principles of Penal Laws*, in I *Works*, 365, 576 (pt. Ⅲ, c. ⅩⅪ, 10th para., 11th para.).

⑨ Bentham, *Principles of Moral and Legislation*, in I *Works*, I, 84 (c. ⅩⅢ).

定)的重要性。[10] 我知道,有人认为功利主义的政治与道德见解非常简单,但我们不应该误将简单当成肤浅;也不要忘了与其他思想家的深刻相比,他们的简单是如何地有益。试举一个边沁论奴隶制的例子。他说,问题的关键不是那些被当作奴隶的人是否具有 52
理性能力,而仅仅在于他们是否遭受痛苦。[11] 有些人认为,奴隶制问题实际上是,是否有人天生就只适合作为其他人有生命的工具;与这一问题相比,前者难道不是更为高明吗?我们之所以不再以那种形式来讨论这种或者相似的社会政策问题,更多的是归功于边沁而不是其他人。

所以边沁与奥斯丁并非玩弄语词区别的枯燥分析家,在火烧城市的时候还作壁上观;相反,他们是热情如火的社会变革的先驱者,在争取一个更为美好的社会与法律上取得了更大的成功。那么,为何他们会坚持实然法与应然法的分离呢?他们想要说明什么?让我们先看他们说了什么。奥斯丁阐发了这一学说:

> 法律的存在是一回事,其优缺点则是另一回事。它是否存在是一个问题,而它是否能与某种预设的标准相一致则是另外一个问题。一个法律,只要它真正地存在着,它就是法律:哪怕我们碰巧不喜欢它,或者它与我们的标准不一致——我们通过这些标准来赞同或非议它。当这个真理作为一个抽

---

⑩ Bentham, *Anarchical Fallacies*, in 2 *Works*, 489, 511-512 (art. Ⅷ); Bentham, *Principles of Moral and Legislation*, in Ⅰ *Works* Ⅰ, 144 (c. XIX, 11th para.).

⑪ Ibid., at 142. n. § (c. XIX, 4th para. n. §).

象的命题得到正式宣布时，它是如此的简单和醒目，以至于坚持它看起来是一件无甚意义的事。但是，尽管简单而醒目，但如果通过抽象的表述来阐述时，列举出它被遗忘的实例却可以写上一部大书。

比如，威廉·布莱克斯通爵士(Sir Willian Blackstone)在其《释义》(*Commentaries*)一书中说，在履行义务上，上帝法(the laws of God)优于所有其他法律；任何人法(human laws)都不得与它们相冲突；否则，人法是无效的；所有有效法律的效力都来自该神圣的起源(Divine original)。

这里，他的意思可能是所有人法都应该与神法(Divine laws)相一致。如果这就是他的意思的话，我将毫不迟疑地赞同它……也许他的意思又是说人类的立法者(lawgivers)自身都受到神法的约束，自觉地用终极的标准来形塑其所实行的法律，否则上帝就会惩罚他们。对于这点，我也毫无保留地赞同……

然而，布莱克斯通这些篇幅的意思——如果它具有什么意思的话——毋宁说是这样的：任何与神法相冲突的法律没有义务性(obligatory)与约束力(binding)。易言之，任何一种与神法相冲突的人法都不是法律……[12]

对于混淆实然法与应然法之区分的做法，奥斯丁的抗议是概

[12] Austin, *The Province of Jurisprudence Determined*, 184-185(Library of Ideas edn., 1954).

括性的：无论我们的应然标准是什么，也无论“我们据以调整赞同 53
或非议的文本(text)”是什么，这种混淆都是一种错误。然而，他举的例子却经常混淆实然法(law as it is)和道德原则所要求的法律(law as morality would require it to be)。必须牢记，对他而言，那些基本的道德原则就是上帝的命令，功利只是实现道德原则的“指引”(index)：除此之外，还有被社会群体实际接受的道德或“实证的”道德。

边沁坚持这种区分，但他不是参照上帝来表征道德，而仅仅是参照功利原则来表征道德。两位思想家对这种坚持的首要理由是：它能够使人们沉着地看待因道德上恶法的存在所带来的确切问题，并且理解法律秩序之权威的具体特征。如何在法律的统治下生活？对此，边沁的方子很简单：“**严格地遵守，自由地批评**(*to obey punctually, to census freely*)。”[13]但是，作为法国大革命焦虑不安的观察者，边沁更是注意到这并不足够：任何社会都有可能进入这样一个时代，即法律的命令是如此的邪恶，以至于人们不得不面对抵抗这些命令的问题；并且它是一个至关重要的问题，既不能过分简化也不能含糊其辞。[14] 然而，这正是法律与道德之间的混

---

[13] Bentham, *A Fragment on Government*, in Ⅰ *Works* 221, 230 (preface, 16th para.).

[14] 参见：Bentham, *Principles of Legislation*, in *The Theory of Legislation*, Ⅰ, 65 n. *(Ogden edn., 1931) (c. Ⅻ, 2d para. n. *).“这里，我们触及了那些最为困难的问题。如果法律不是它应该是的；如果它公开地与功利原则相冲突，那么我们应是遵守它呢，还是违犯它？是否我们依然应该在发布邪恶命令的法律与禁止此种邪恶的道德之间保持中立呢？”也参见：Bentham, *A Fragment on Government*, in *Works*, 221, 287-288(c. Ⅳ, 20th-25th paras.).

淆，而且边沁发现这种混淆在两个不同的方向上对称发展。一方面，边沁想到的是无政府主义者的主张："这不应该是法律，因此它不是法律；我不仅有批评它的自由，而且还有无视它的自由。"另一方面，他也考虑了反对者的主张："这是法律，因此它是应然的法律。"所以，在法律诞生之初就遏制了批评。边沁认为，这两种错误都能在布莱克斯通那里发现：他轻率地说，如果人法与上帝法相冲
54 突，那么人法无效，⑮并且"我们的作者好像充盈了寂静教(quietism)的顺从精神"，这"使得他几乎意识不到"实然与应然的"那种差别"。⑯ 在边沁看来，这的确是法律人的职业病："在法学家们眼里，而非他们的受骗者眼里——大部分非法律人眼里——**是与应当**……是一个整体，并且不可分割。"⑰因此，这产生了两种危险：第一种危险是，在人们关于法律应该是什么的观念中，法律及其权威可能会被消解；第二种危险是，现行法律(the existing law)可能会取代道德而成为行为的最终检验标准，从而逃避批评。而对这种区分的坚持将有助于我们控制这两个危险。

考虑到下面一些批评，还必须区分功利主义者在坚持法律与

---

⑮ I Blackstone, *Commentaries*, 41. 边沁批评道："这个危险的言说"表达了"这个学说的一种自然而然的倾向，从而根据良心迫使一个人举起武器任何碰巧他所不喜欢的法律"。Bentham, *A Fragment on Government*, in I *Works*, 221, 287 c. Ⅳ, 19th para.)；也可参见：Bentham, *A Comment on the Commentaries*, 49(1928)(c. Ⅲ). 关于对此一学说可能导致的无政府状态的担忧，结合这样一种认识：根据功利，抵抗可能会被正当化，可参见：Austin, op. cit., n. 12 *supra*, at 186。

⑯ Bentham, *A Fragment on Government*, in I *Works*, 221, 294 (c. Ⅴ, 10th para.).

⑰ Bentham, *A Commentary on Humphrey's Real Property Code*, in 5 *Works*, 389.

道德相分离时未能顾及的一些方面。毫无疑问，他们承认有许多方面属于"法律与道德之间的交汇点"。首先，作为一个历史事实，他们从未否认法律体系的发展曾受到道德观点的强烈影响；反过来说，道德标准也深刻地受到了法律的影响，因此许多法律规则的内容也反映了道德规则或原则。事实上，追溯这种历史因果关系并不总是一件容易的事，但边沁当然乐于承认它的存在；同样，奥斯丁也曾谈及实在法与道德的"频繁的巧合"，[18]并把法律是什么与法律应该是什么的混淆归咎于这个事实。

其次，边沁及其追随者都不否认：借助明确的法律规定（legal provisions），许多道德原则也许可以在不同方面被引入法律体系
之中，并构成法律规则的一部分，法院在法律上有义务按照他们所 55
认为的正义或者最佳来作出裁判。的确，边沁承认（奥斯丁不承认），即使最高立法权力也可能受到宪法的法律限制，[19]但他不会否认类似第五修正案（the Fifth Amendment）这样的道德原则可能构成此类宪法性法律限制的内容。奥斯丁则有所不同，他认为法律对最高立法权力的限制不具有约束力，而只能是政治或道德的制衡才能限制最高立法权力；[20]当然他也会承认，例如，一部制定法（statute）可能会授予一种委托的立法权，并参照道德原则限制其行使的范围。

边沁和奥斯丁都急于主张以下两个简单的方面：其一，在没有

---

⑱ Austin, op. cit., n. 12 *supra*, at 162.

⑲ Bentham, *A Fragment on Government*, in Ⅰ *Works*, 221, 289-290 (c. Ⅳ, 33rd-34th paras.).

⑳ Austin, op. cit., n. 12 *supra*, at 231.

明确的宪法与法律规定的情况下，不能仅仅从一项规则违反道德标准的事实中推断出这个规则不是法律规则；其二，反过来说，也不能仅仅从因为一项规则在道德上是值得拥有的事实中推断出它是一项法律规则。

这一简单学说在 19 世纪的历史太过悠长且太过错综复杂，我在此不作追溯。让我总结一下：自从这种学说被奥斯丁带到世界上，它就主导了英国法理学，并且构成了那些奇特的英国式的以及也许并不能令人满意的那些成果——整个法理学领域的精彩评述——的大部分框架结构的一部分。在 1863 年奥斯丁演讲的足本最终出版之后，关于这一领域的一系列成果相继面世。在这些成果中，功利主义式的法律与道德分离，被视为某种使得法学家能够获得新的清晰性的东西。奥斯丁的一位后继者阿莫斯(Amos)说他："将法律从依然紧紧束缚着它的道德僵尸中释放了出来。"[21]
56 而且，即使在许多方面对奥斯丁持批评态度的梅因(Maine)，也未曾质疑奥斯丁的这部分学说。在诸如格林(N. St. John Green)[22]、格雷(Gray)以及霍姆斯等美国人看来，对这种分离的坚持，使我们将法律理解为一种社会控制手段的认识，能够有一个更富有成果

㉑ Amos, *The Science of Law* 4(5th edn., 1881). 也可参见：Markby, *Elements of Law*, 4-5(5th edn., 1896).(作者在这里写道：)"通过确立在实证法与道德之间的分离，奥斯丁不仅为法律科学提供了基石，也从法律的概念中……清除了大量有害的后果……它已经被认定为法律科学的领导者。正如奥斯丁所表明的，虽然法律可能是非正义的，但实证法必须具有法律上的拘束力……他业已承认，法律本身也许是不道德的，此时，不遵守它便是我们的道德义务……"比较：Holland, *Jurisprudence*, 1-20(1880).

㉒ 参见：Green, Book Review, 6 *Am. L. Rev.*, 57, 61(1871)[reprinted in Green, *Essays and Notes on the Law of Tort and Crime* 31, 35(1933)].

的新起点；他们赞同这种理论，并认为它是不证自明且富有启发性的——就如一种揭示了真理的同义反复。当然，这一分离也是霍姆斯最为著名的论文《法律之道》(*The Path of Law*)[23]的主题要义，但是它在这些美国同行的评价中的地位，最集中地体现在格雷在世纪之交所撰写的《法律的渊源与性质》(*The Nature and Sources of the Law*)中。他说：

> 就其基本概念而言，上个世纪法理学的最重大的成就就是承认了这样一个事实，即国家法(the law of state)……并非一种理想之物，而是某种实际的存在。……它并非“应该是什么”，而是“实际是什么”。在普通法的法理学中明白无误地确定这一点，是奥斯丁打的一场漂亮仗。[24]

二

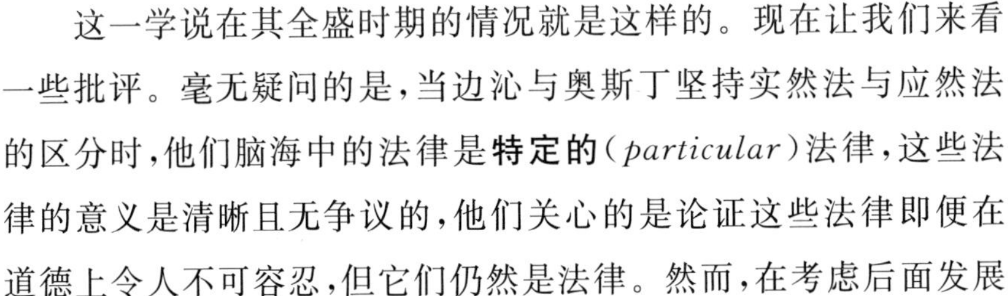

这一学说在其全盛时期的情况就是这样的。现在让我们来看一些批评。毫无疑问的是，当边沁与奥斯丁坚持实然法与应然法的区分时，他们脑海中的法律是**特定的**(*particular*)法律，这些法律的意义是清晰且无争议的，他们关心的是论证这些法律即便在道德上令人不可容忍，但它们仍然是法律。然而，在考虑后面发展

㉓ 10 *Harv. L. Rev.*, 457 (1897). (中译文请参见〔美〕O. W. 霍姆斯：《法律之道》，许章润译，《环球法律评论》2001年秋季号。——译者)

㉔ Gray, *The Nature and Sources of the Law*, 94 (1st edn., 1909)(§213).

起来的批评时，如果我们要从根本上解决人们的不满，就有必要考虑更多的东西，而不只是那些针对这些特定方面的批评；我们还必须考虑下述反对意见：即使功利主义者在这些特定方面是正确的，但是，他们对分离命题的坚持——用术语来说就是在实然法和应然法之间存在普遍的裂缝——掩盖了这一事实，即在其他方面，法律和道德之间存在本质性的接触点。因此，在下面内容中，我不仅考虑了功利主义者已经思考过的那些对特定方面的批评，而且还考虑这样的主张：如果我们考察法律（其意义存在争议）如何在具
57 体案件中被解释和适用的，那么在法律与道德之间就会出现一种本质性联系；而且，如果我们拓宽自己的视野，去问完全做不到这点的规则体系是否能够成为一个法律体系，而不是问每一项特定的法律规则是否必须满足最低限度的道德要求才能成为法律，那么这种联系就会再次出现。

然而，有一种主要的初始复杂性使这些批评变得十分混乱。我们必须记住，功利主义者在坚持法律与道德相分离的同时，还结合了另外两种同样著名但却不相同的学说。其一是一种对法律概念进行纯粹分析性研究的重要真理（truth），即对法律独特词汇的意义进行研究，对于我们理解法律本质而言，它与历史或社会学的研究一样至关重要，尽管它并不能取代后两者。另一学说即著名的法律命令理论（imperative theory of law），它认为法律本质上是一种命令（command）。

这三种学说构成了法理学中的功利主义传统，但它们又是不同的学说。我们完全可能在赞同法律与道德相分离、重视对法律概念的意义进行分析性探究的同时，认为法律在本质上是一种命

令的观念是错误的。在批评法律与道德相分离的过程中,造成巨大混淆的根源之一是这样一种信念:在功利主义传统的三种学说中,任意一种学说为假,就表明另外两种学说为假;更为糟糕的是,他们没有看到这一传统中存在着三种相互独立的学说。不加区别地使用“实证主义”这个标签来笼统地指称这三种独立学说中的任一种(加上一些功利主义者从未承认过的其他学说),也许比任何其他单一因素都更容易使问题混淆。[25] 然而,一些早期批评奥斯丁学说的美国学者,在该问题上却出奇地清晰。例如格雷,在我已 58
经引用过的他对奥斯丁的赞扬后面,还写了这样一些话:“在将国家法视为主权者命令的这一点上,他也许是错误的。”[26]而且他还

---

[25] 界定出当代法理学中“实证主义”被频繁争论的五种意义(或许还有其他意义),也许是有益的:

(1) 认为法律是人类命令的观点;参见本书第 58—62 页。

(2) 认为在法律与道德之间,或曰在实然法与应然法之间并不存在必然联系的观点;参见本书第 50—56 页。

(3) 一种这样的观点,认为:对法律诸概念的分析(或者对其意义的研究)是(a)值得追求的,并且(b)区别于对法律的原因或起源的历史性探究,区别于对法律与其他社会现象相联系的社会学探究,区别于对法律的批评或赞扬——无论是以道德、社会目标、“功能”(functions),还是其他术语而做的批评或赞扬;参见本书第 64—66 页。

(4) 这样的一种论点,认为法律体系是一个“封闭的逻辑体系”,在其中正确的法律决定可以通过逻辑方法而从预定的法律规则中推出,并且无须借助于社会目标、政策、道德标准;参见本书第 64—66 页。

(5) 这样的一种论点,认为道德判断与对事实的陈述不同,它不能靠理性推理、证据或者证明等来获得或者辩护[伦理学上的“非认知论”(noncognitivism)];参见本书第 82—83 页。

边沁与奥斯丁持有(1)(2)(3)中所述的观点,但不包括(4)(5)。(4)往往被认为是分析法学家的观点;参见本书第 64—66 页。不过,据我所知,没有什么“分析家”持有这种观点。

[26] Gray, *The Nature and Sources of the Law*, 94-95(2nd edn., 1921).

敏锐地触及了许多命令理论存有缺陷的地方。但是其他批评家就不具有这样清晰的头脑了，他们认为命令理论逐渐暴露的缺陷已经足以证明法律与道德相分离的虚假性了。

这是一个错误，但却是必然会犯的错误。如果要了解犯错有多么地正常，我们就需要更仔细去观察命令观念。著名的“法律是一项命令”理论只是一个更宽泛也更富野心的主张的一部分。奥斯丁说命令概念是“理解法学科学与道德规范的**关键**”，[27]当代一些以“命令性”(imperative)或“规定性”的言说去阐述道德判断的努力，就是这种极富野心的主张的回响。但被视为确定法律精髓(quintessence)之努力的命令理论，看起来过于简单且相当不充分，更毋论确定道德的精髓了。有太多的东西，即使在最为简单的法律体系中，如果以命令的形式出现，也会遭到歪曲。然而功利主义者认为，如果用服从习惯(the habit of obedience)补充命令概念的话，法律体系的本质就可以得到理解。简单的方案是这样的：什么是命令？它只不过是一个人对另一个人应该为或者不为某种行为的欲望的表述，伴随它的则是对不服从进行惩罚的威胁。如果满足下面两个条件，那么命令就是法律：第一，它们必须
59 是一般性的；第二，这些命令(如边沁与奥斯丁都主张的)必须是由每个政治社会(无论其宪法形式是什么)中都存在的东西来发布的，即一个人或一群人从社会的大多数人那里获得习惯性服从，但这个人或这群人从不服从其他人。这些人就是大多数人的主权者。因此，法律就是社会中不能被命令的命令者的命令——是不

[27] Austin, op. cit., n. 12 *supra*, at 13.

受法律限制的主权者意志的创造，而根据定义主权者处于法律之外。

不难看出，这种对法律体系的说明是陈旧的。人们也可以看到，它的缺陷似乎是由于它忽略了某些与道德的本质联系。如果你完全了解命令、制裁与主权这简单三部曲要描述的情况，就会发现它描述了一个抢匪情境：一名抢匪对他的受害者说："交出钱来，否则要你的命！"唯一的差别在于，在法律体系中，抢匪这话是向一大群人说的，这些人已经习惯了敲诈与勒索，并且习惯对之忍气吞声。法律显然不是典型的抢匪情境，法律秩序当然也不能因此简单地等同于强迫。

尽管制定法与命令之间有明显的相似之处，但这种方案忽略了法律最典型的要素。我在此处试引。将成员不断变动的立法机关（更不用说是全体选民）视为一群被习惯性服从的人，这是错误的：这种简单的观念只适合于君主的情况，这个君主还必须足够地长寿以便"习惯"的养成。即使我们抛弃这点，立法者做的任何事都不能制定法律，除非他们遵守了已经得到接受的基本规则，而这些规则规定了根本的法律创制程序。即使在像英国这样只拥有单一宪法的法律体系中也是如此。这些被接受的基本规则规定了立法机关必须做什么才能立法，但这些规则既不是被习惯性服从的命令，也不能表述为对他人的服从习惯。它们处于一个法律体系的根基位置，而功利主义方案最为重要的遗漏，就是对一个社会群体及其官员为什么会接受这些规则的分析。这个概念，而不是奥斯丁所说的命令概念，才是"法学科学的关键"，或者至少是关键之一。

再者，在民主制下，奥斯丁将立法者背后的选民看作是主权者

60 （在英国，他们是主权者的一部分）。他认为，在美国，对于州以及联邦立法机构而言数量庞大的选民就是主权者，他们通过立法机构中的“代理人”所发布的命令，就是法律。但是在这个基础上，必须完全抛弃处于法律之外的主权者被“绝大多数”人习惯性服从的整个概念：因为在此种情况下，是“绝大多数”服从绝大多数。也即是说，它们服从它们自己。显然，对法律制定程序之权威的普遍接受（无视制定法律的人时常变化），只有从大多数人对特定人的习惯性服从的角度来分析，才会被扭曲，而这些人根据定义处于法律之外，就像社会对一种规则的普遍接受，例如进入教堂要脱帽，这种同源但简单得多的现象，如果表述为大多数人对特定人的习惯性服从，就会被扭曲。

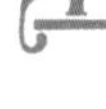

其他一些批评家模模糊糊地感觉到了命令理论中还有一个更重要的缺陷，但是他们假定这个缺陷是由于未能坚持法律与道德之间的某些重要联系而模糊了一种重要批评的边界。这种更为严重的缺陷如下所示。命令理论所描绘的在法律之下的生活图景，本质上只是一种简单的关系：一种在命令者与被命令者、上级与下级、高层与底层之间的关系；这是一种在被认为处于法律约束力之外的命令者或法律创制者与那些被命令者和法律之下的受治者之间的垂直关系。在这种图景中，没有任何地方（有也是偶然或者次要的）可以区分事实上截然不同的各种法律规则类型。有些法律要求人们以特定方式行事，或者要求他们不得做某种行为，而不管他们愿意与否。刑法主要由这类规则构成：就像命令一样，它们只能“被服从”或“被违反”。但其他法律规则以完全不同的方式呈现，并且具有完全不同的功能。它们为个人提供或多或少的便利，

使他们能够在法律的强制性框架内为自己的生活行为创制“权利义务结构”。这些规则使个人能够订立合同、遗嘱以及信托，并且在一般情况下构造他们与其他人的法律关系。这些规则与刑法不同，它们不是那种为了防止危害社会的意愿与选择的因素。相反，61
这些规则为人们实现意愿与选择提供了便捷工具。这些规则并不规定说（例如命令）“不管你愿不愿意，都要这么做”，而是规定“如果你想做这件事，那么就按照这种方式去做吧”！根据这些规则，我们行使权力、发布请求以及主张权利。这些措辞标记出授予权力与权利的典型特征；可以说，它们是以刑法所没有的方式对个体进行处置的法律。在将第二种法律“化约”为第一种法律的某些复杂变体的任务上，已经有了许多独创性智慧。凯尔森的许多作品都努力表明，授予权利的法律“实际上”只是有条件地规定了对最终承担法律责任的人的制裁。[28] 然而，大力主张这一点实际上只是表明了教条式的决心：为了维护像奥斯丁的命令理论那样“对制裁的规定表现了法律精髓”的理论，它压制了法律体系的一个面向。一个人也可以主张说，棒球规则“实际上”只是对得分手的复杂条件性指引，它表明了规则真正的或“本质上的”性质。

英国最早背弃奥斯丁传统的法学家之一的萨芒德（Salmond）抱怨说，以命令为基础的分析无法为权利概念提供一点空间。[29]

㉘ 举例来说，可参见：Kelsen，*General Theory of Law and State*，58-61，143-144（1945）. 凯尔森认为，所有法律都可视为规定了附条件制裁的这类“基本规范”（primary noms），而不仅仅是授予权利和权力的法律如此。

㉙ Salmond，*The First Principles of Jurisprudence*，97-98（1893）. 他反对“被称作英国学派的法理学的信条”，因为“它试图剥夺构成法律概念最重要部分之一的伦理上的重要意义”。同书第 9、10 页。

但是他混淆了问题的关键。他首先正确地认为，如果法律仅仅是一些命令，那么我们说法律权利与权力是由法律授予或者在法律之下产生的说法就会令人费解；但接下来他却得出了错误的结论，他说，法律体系的规则必然与道德规则或者正义原则相联系，而且只有在这个基础上才能说明法律权利的现象。另外，萨芒德认为，我们必须承认仅仅是一种“语词的巧合”就把法律的概念与道德权利联系了起来。同样，功利主义在欧洲大陆的批评家们始终清醒
62 地认识到主观权利观念的复杂性，坚持认为命令理论没有给它任何位置。哈格斯特罗姆坚持认为，如果法律仅仅是命令的话，那么个人权利的观念实在是令人费解，因为正如他所言，命令只能是一些我们要么服从它要么违反它的东西，它们不会授予权利。[30] 但是，他也同样得出结论说，在分析授予权利的复杂的法律结构时，必定会涉及道德或他所谓的常识与正义概念。[31]

然而，这些观点毫无疑问都是混乱的。尽管授予权利的规则不同于命令，但不一定是道德规则或者与道德规则相一致。毕竟，权利也存在于礼仪规则(rules of ceremonies)、游戏规则以及其他许多规则调整的领域之下，这些规则与正义问题或者法律应当是什么没有关系。授予权利的规则也不需要是正义的或者道德上是

[30] Hägerström, *Inquiries into the Nature of Law and Morals*, 217 (Olivecrona edn., 1953). 哈格斯特罗姆说：“私的个体的主观权利的整个理论是与命令说不相容的。”也可参见同书第 221 页：“将它们(要求法律保护)视为权利的描述，完全是从这样的一种观念中衍生的：即如果用流行的正义概念去理解法律，那么，与此相关的法律便是权利与义务的真实表达。”

[31] Ibid., at 218.

良好的规则。奴隶主对其奴隶所享有的权利便能表明这些。正如奥斯丁所言，“它们的优缺点”取决于权利在社会中如何分配，也取决于这些权利分配给何人或者他们如何行使。的确，这些批评家揭示了用命令与习惯两个简单概念分析法律的不足。在许多方面，社会对规则或者权威标准的接受（哪怕这种接受只是出于恐惧、迷信，或者建立在惯性上）必须经过认真细致的分析，而不可以化约为这两个简单术语。然而，这一切都没有表明，功利主义者坚持区分法律的存在与其“价值”（merits）是错误的。

三

现在我将转而讨论美国人对实然法与应然法的分离的独特批评。这种批评源于对司法过程（judicial process）的批评性研究，正是这种研究使得整个美国法理学受益匪浅。这些批评者中最持怀疑态度的——在 1930 年代被松散地命名为“现实主义者”——也许过于天真地接受了自然科学的概念框架，认为它足以对法律进 63
行表征（characterization），并对规则指导下的行动进行分析——一个现行法律体系至少部分由规则指导下的行动所构成。但是，他们让人们看到了法院判决案件时实际发生的事情，而且他们在司法裁判的实际情况和描述司法裁判的传统术语之间所形成的对比，仿佛它是一种完全合乎逻辑的运作。这些通常都富有启发性，因为尽管有些夸张，但现实主义者使我们敏锐地意识到人类语言和人类思想的一个主要特征，强调这一特征不仅对于理解法律至

关重要，而且对远远超出法理学范围的哲学领域也至关重要。我们可以通过以下的例子来呈现这个学派的洞见。例如，有一条法律规则禁止车辆（vehicle）进入公园。很显然，它禁止的是汽车（automobiles），那么自行车呢？又或者四轮溜冰鞋，抑或玩具汽车呢？那么飞机呢？它们是否如我们所说的那样，为了规则的目的而被称为“车辆”呢？如果我们要相互交流，并且如果我们要像最基本的法律形式一样表达我们的意图，即某种类型的行为要受规则的约束，那么我们使用的一般性语词——就像我所考虑的“车辆”一样——必须有一些标准实例（standard instance），在这些实例中，人们对语词的适用不会引发任何争论。因此这里必须有一个确定的核心意义（a core of settled meaning），但同时也可能会有一个有争议的暗区地带（a penumbra of debatable cases）。在暗区地带里，这些语词的意义既不能明确地被适用，也不能明确地被排除。这些情形与标准情形具有某些共同特征，但它们会缺少其他特征，或者伴有标准情形所没有的特征。人类的发明和自然过程都不断地在熟悉的事物上产生这样的变体，如果我们要说这些事实的范围是否处于现有规则之下，那么分类者就必须作出一个不是由他摆布的决定，因为我们用适应语言和适用规则的事实和现象就像是不会说话的哑巴。玩具汽车不会大声说“我是这条规则的目的所涵括的车辆”，同样四轮溜冰鞋也不会齐声高呼“我们不是车辆”。事实情况并不是整整齐齐地贴好标签、裁剪和折叠起来等着我们，也不是早已做好的法律分类，等着让法官简单地宣读出来。相反，
64 在适用法律规则的时候，必须有人负责任决定那些语词能否适用于

手头的案件，并且承担由此决定所带来的实践后果。

我们可以将这些出现在标准情形的核心意义之外的问题称为“暗区问题”(problems of penumbra)，无论是在公园的使用管理这样的微末小事上，还是在宪法的多层面概括性的问题上，这些暗区问题都会伴随着我们。如果所有法律规则都必然有一个不确定的暗区，那么这些规则对暗区内具体案件的适用就不是一个逻辑演绎的问题，因此世世代代被视为人类推理完美体现的演绎推理，就不能作为法官或任何人将具体案件置于一般规则之下时应当如何做的模式。在暗区地带，人们不能仅仅依靠演绎推理。由此可见，如果关于暗区问题的法律论证和法律裁判是合理的，那么其合理性只存在于某种与前提逻辑无关的东西上。因此，如果按照该规则的目的，“一架飞机不是车辆”的论证和裁判是理性的或“合理的”(sound)，那么这个论证之所以合理或理性，绝不是因为它是逻辑上的结论。那么，是什么使这种裁判正确的，或者至少比其他裁判更好呢？同样，如果说在这种情况下，使一个裁判正确的标准是关于法律应该是什么的某种概念，这似乎是对的；从这一点也很容易滑向下述说法，即法律应该是什么必然是一种道德判断。因此，在这里我们触及了“法律与道德的必然交汇点”，这表明了功利主义者所强调的“法律是什么和应该是什么相分离”的坚持具有虚假性或者说具有误导性的特征。当然，边沁和奥斯丁之所以这样写，只是因为他们误解或忽视了司法程序，原因在于他们忽视了暗区问题。

对司法程序的误解意味着忽略了暗区问题，也意味着视该程

序为绝对一致的演绎推理，这种误解往往被指责为“形式主义”(formalism)或者“本本主义”(literalism)的错误。我现在的问题是，对这种错误的证明是如何以及在多大程度上表明了功利主义者所坚持的分离是错误的或者具有误导性？这里，有许多问题被
65 混淆了，但我只能厘清其中一些。形式主义的指控既针对“实证主义”法律理论家，也针对法院，当然，在不同情况下，这些指控也有非常大的差别。针对法律理论家的指控，意味着他在法律裁判的特征上犯了理论错误；他认为推理存在于由前提出发的演绎之中，而法官的实际选择及裁判在此不起任何作用。要证明奥斯丁没有犯这个错误是很容易的；对什么是分析法学以及他为什么认为分析法学很重要的整体误解，导致人们认为他及其他分析家相信法律是法官由前提推导结论的封闭逻辑体系。[32] 相反，他非常重视语言的特征，重视其模糊性和开放的特征。[33] 他认为，在面临暗区

[32] 这种对分析法学的误解可在其他人身上发现，例如斯通(Stone)，他在其《法律的功能与界域》(*The Province and Function of Law*，141，1950)中说：“简言之，他(卡多佐)反对隐含的预设，即法律各部分的所有命题必须在逻辑上相互一致，且在一个单一的定义体系内展开……他否认法律实际上是分析法学家为其有限的目的所预设的东西。”也可参见同书第49、52、138、140页；Friedmann，*Legal Theory*，209(3rd edn.，1953)。这种误解似乎基于一种未经省察的错误信念，它认为，如果要在特定案件中作出正确的裁判，我们所需要的不仅是从明确清晰的预设前提出发进行形式逻辑推理的能力，那么，对法律术语的意义进行分析研究便是不可能或者说是荒谬的。

[33] 参见本篇注释12前引书，第202—205、207页奥斯丁对法律模糊性与不确定性的探讨。奥斯丁在该书承认，由于这种模糊性，往往只能通过“易错的检验”(fallible tests)来确定特定个案是否在普遍性表述的覆盖之下。

情景时，法官必须造法，[34]并且他用有时让人想起已故法官杰罗 66
姆·弗兰克(Jerome Franks)的口吻，斥责普通法法官在造法上的软弱无力与畏首畏尾，盲目依赖与过去案件的真实的或想象的类比，而不是使其裁判适应功利的道德标准所揭示的不断发展的社会需要。[35] 哪些坏人应该对视法官为自动售货机(automato)的观念负责呢？显然不能是功利主义思想家。如果硬要找人来负这种责任

---

[34] 参见：Austin，op. cit.，n. 12 *supra*，at 191.(作者在这里写道：)"我不能理解，任何考虑过这一主题的人怎么还会认为，社会能够在法官不造法的情形下继续下去……"作为对那种认为分析法学家肯定会视司法过程为"自动贩卖机"或者是"机械的"信念的矫正，有必要去注意奥斯丁所作出以下的意见：

(1) 每当法律必须被适用的时候，就会出现"对立类比的竞争"，因为，该案会与某些该规则过去曾经适用过的案子"在某些方面具有相似性"，而在某些方面，又与某些规则不能适用的案件具有相似性。2 Austin，*Lectures on Jurisprudence*，633(5th edn.，1885).

(2) 法官们常常裁判案件并且通过"依据"各种根据推出新规则，这些根据有时候(奥斯丁认为这种情况很罕见)也包括法官对法律应该如何的观点。最常见的是，他们根据"建立在类比之上的后果"(consequence founded on analogy)从原先存在的法律中推出法律，即他们已经依"适用于类似主体的相同规则的存在后果"，制定了一个新规则。2 ibid.，at 638－639.

(3) "如果一个法律体系中的每条规则都是完全确定或精确的话"，那么在适用法律时就不会产生这些困难了。"但是，事实上，我现在所设想的理想的完整性与正确性是不可能实现的……尽管当初该体系是以无可比拟的细心与技巧建立和安排的。"2 ibid.，at 997－998. 当然，他认为可以而且应该通过编纂法典来消除不确定性。参见：2 ibid.，at 662-681.

[35] 2 ibid.，at 641.(作者在这里写道：)"事实上，没有什么比立法者——无论是直接立法还是通过司法程序(特别是如果他们是才智有限、畏首畏尾或者手法生疏之人时)——应尽可能完全地或批判地依赖先例更为自然的事情了。"也可参见：2 ibid.，at 647.(作者在这里写道：)"但是的确非常令人遗憾的是，那些有能力、经验丰富且有影响的法官未能抓住一切机会出台新规则(有利于将来的规则)……我应该这样去批评艾尔登(Eldon)爵士……普通法法院的法官不会做他们本该做的事情，即依据社会日益增长的需求去制定他们的法律和程序规则，而只是蠢笨且郁闷地去坚守陈旧而野蛮的惯例。"

的话，那只能是诸如布莱克斯通之类的思想家，或者更早阶段的孟德斯鸠(Montesquieu)。这种谬误的根源是对权力分立思想先入为主的迷信，以及布莱克斯通的“幼稚幻想”(childish fiction)(如奥斯丁所言)，即法官只能够“发现”而永远不能“创制”法律。

但是我们关注的“形式主义”不是法学家的缺陷，而是法官的缺陷。那么，对于一个犯下此种错误而成为“形式主义者”“自动装置”与“自动贩卖机”的法官，这究竟意味着什么呢？令人奇怪的是，虽然文献中充斥着对这些缺陷的批驳，但却从来没有用具体的术语把这点说清楚；相反，我们只有一些不能说清楚它们表面意思的描述；据说，在形式主义的错误中，法院过度运用了逻辑，将事情带到了“枯燥无味的逻辑极端”，[36]或者他们过度使用了分析方法。但是，在成为一个形式主义者时，法官究竟如何过分运用逻辑？很明显，其错误的实质在于他为某些抽象的术语所作的解释无视社

67 会价值及其结果(或者以其他方式而言是愚蠢的，或者也许只是其他批评家不喜欢)。但是，逻辑并不提供对术语的解释，它不对任何表述作出愚蠢或明智的解释。逻辑只是假设性地告诉你，**如果**你赋予某一术语一种特定的解释，那么特定的结论就会随之而来。在如何对特殊情形进行分类方面，逻辑是静寂无声的——而这是司法裁判的核心。因此，对逻辑或者逻辑极端的引用是对其他东西的误读，即它掩盖了事情的真相。法官必须将某一规则适用于某一具体案件——也许规则是这样规定的：不得跨州转移被盗的

[36] *Hynes v. New York Cent*, *R. R.*, 231 N. Y. 229, 235; 131 N. E. 898, 900 (1921)；参见：Pound, *Interpretations of Legal History*, 123(2nd edn., 1930)；Stone, op. cit., n. 32 *supra*, at 140-141.

“车辆”，而在实际案件中，被转移的却是飞机。[37] 他要么没有发现要么装作没有发现，这条规则的一般术语易受不同解释的影响，而且他有一个不受语言惯习限制的选择。他忽略了处于暗区地带的事实或者对它视而不见，而且他处理的不是标准案件。法官不是根据社会目标进行选择，而是以完全不同的方式来确定意义。他要么采用该语词在日常的非法律语境中对普通人而言最明显的意义，要么采用该词在其他法律语境中被赋予的意义，更为糟糕的是，他想到一个标准案例，然后任意确定其中的一些特征——例如，在车辆的案件中，认为车辆指的特征是(1)一般在陆地上使用，(2)能够运送人员，(3)能够自动推进——并且视这三个特征为所有语境下使用“车辆”一词时所具有的始终必要且始终充分的条件，而完全不顾给予该词语这种解释所具有的社会后果。这种选择而非逻辑，将迫使法官将玩具汽车(如果它是电动的话)包括在车辆的范围之内，而将自行车以及飞机排除在外。在所有这一切中，可能存在极大的愚蠢，但是它与从某个确定的社会目的出发去决定一般法律条款的解释以及普遍规则在个案中的适用的做法一样，与逻辑关系不大。

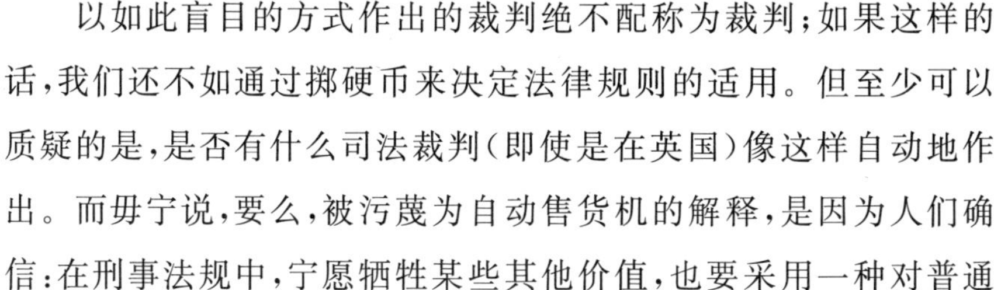

以如此盲目的方式作出的裁判绝不配称为裁判；如果这样的话，我们还不如通过掷硬币来决定法律规则的适用。但至少可以质疑的是，是否有什么司法裁判(即使是在英国)像这样自动地作 68
出。而毋宁说，要么，被污蔑为自动售货机的解释，是因为人们确信：在刑事法规中，宁愿牺牲某些其他价值，也要采用一种对普通

[37] 参见：*McBoyle v. United States*，283 U. S. 25(1931).

人而言最为常见的意义，这本身就是一种社会政策(尽管可能是一个比较坏的政策)；要么，在更为常见的情况下，那些被污蔑为"机械的"与"自动的"东西，实际上是根据某种社会目标而作出的决定性选择，只不过根据的是一种比较保守的社会目标。的确，本世纪初最高法院的许多备受指责的裁判，[38]都代表了为落实保守政策而在暗区地带作出的明确选择。在佩卡姆(Peckham)大法官界定警察权范围与正当程序的意见中，这一点表现得更为明显。[39]

然而，以自动的、机械的方式裁判案件的错误性和参照社会目的裁判案件的正确性，是如何表现功利主义者坚持区分实然法与应然法的错误呢？我认为，如果有人想用形式主义的缺陷来证明坚持区分实然与应然是错误的，那么他不会否认被污蔑为自动的裁判是法律；同样，他也不会否认作出这些自动裁判的法律体系是法律体系。他们当然会说，它们是法律，只不过是坏的法律；它们不应成为法律。但这只是在利用这种区分，而不是反驳它；并且，边沁与奥斯丁也利用它攻击法官们未能根据日益增长的社会需要来裁判处于暗区地带的案件。

显然，如果证明形式主义的错误是为了表明功利主义者的区分是错误的话，那么必须彻底重述这一点。问题的关键不仅在于，要想一个司法裁判是理性的，它就必须根据应然的观念而作出，而

---

[38] 参见：Pound，"Mechanical Jurisprudence"，8 *Colum. L. Rev.*，605，615-616(1908).

[39] 例如，可以参见：*Lochner v. New York*，198 U. S. 45(1905). 佩卡姆法官认为，没有正当理由不得规定面包工人的工作时间以干预契约自由，这确实是犯了保守主义的错误，但是它丝毫没有半点的机械与呆板。

且，如果法官们的裁判是理性的话，那么他们所应该援引的社会目标、社会政策或社会目的，本身就应该被视为某种适当的广泛意义 69
上的“法律”的一部分，这种“法律”比功利主义者所使用的法律更具启发性。这种对关键之处的重述将会产生以下后果：与其说暗区问题的反复出现向我们表明法律规则本质上是不完整的，当它们不能决定裁判时，法官必须进行造法，从而在各种选择之间进行创造性的选择，不如说指导法官们作出选择的社会政策，在某种意义上就在那里，要靠他们去发现；如果理解适当的话，法官们只是“抽出”规则中“潜在”的意义。称其为司法造法，就是遮蔽了规则所适用的清晰案例与暗区裁判之间的某种本质性的连续性。下文我会质疑这种讨论方式是否有益，但现在我将指出其他一些显而易见的方面，如果不说就会弄混问题。这并不意味着，由于以形式主义或本本主义的方式盲目作出的裁判的对立裁判，是参照某种应然观念而明智地作出的，因此，我们就在法律与道德之间找到了交界处。我想，我们必须警惕以一种钻牛角尖的方式去思考语词“应该”。这并不是因为在实然法与应然法之间没有区分。恰恰相反，而是因为应该区分实然与从许多不同观点来看的应然。语词“应该”仅仅反映了某种批评标准的存在，这些标准之一是一个道德标准，但并非所有标准都是道德标准。我们对我们的邻居说“你不应该撒谎”，这肯定是一个道德判断，但我们也应该记住，一个追悔莫及的投毒者也会说“我本该让她多服一剂的”。这里的关键之处在于，那些与机械的和形式的裁判相反的明智裁判，并不必然与那些能够在道德上得到辩护的裁判相同。我们可以这样谈论一个裁判：“是的，它是正确的，就像它应该成为

的那样。"我们的意思仅仅是某些被大家接受的目的或政策由此得到了推进，而不是意味着我们赞同该裁判或者政策的道德适当性。因此，在一个以追求邪恶目的为宗旨的法律体系中，机械
70 裁判与明智裁判之间的反差将会不断重现。只有在英国这样广泛承认正义原则和个人道德主张的法律体系中，这种反差才是不存在的。

我们可试举一例，让这一点更加明了。在我们看来，在刑事案件中的裁判任务好像是最需要法官运用道德判断的。非常明显，此处需要衡量的因素似乎都是道德因素：社会不能受到肆意的攻击；不能给受害人或者其他家属造成太多不幸；必须作出各种努力以使他能够过上更好的生活，并且在他所违反的法律的社会中重新获得地位。对于一名法官来说，在这些主张间取得平衡，加上所涉及所有自由裁量权和困惑，他的任务似乎是一个如其所能地行使道德判断的例子；这与无视在我们的体系中必须被衡量的道德主张而机械地根据判决适用刑罚等的做法可谓南辕北辙。所以，明智和理性的裁判也是由道德目标引导的，即使道德目标是不确定的。但是，我们只要变换例子就会发现，这并不一定必然如此，而且毫无疑问的是，即便并不一定如此，功利主义者的立场仍然没有被撼动。在纳粹政权下，人们往往因为批评该政权而被判决有罪。在这里，这种判决的选择完全以这种考量为指导：怎样才能有效地维持暴政。他们考虑的是，什么样的判决既能够威慑全体公众，又能使罪犯的家人及朋友有所挂念而心神不宁，从而使希望和恐惧共同成为使人屈服的因素？在这一体系下的囚犯只不过被视为追求这些目标的工具而已。然而，与机械呆板的裁判相比，基于

这些根据而作出的裁判可谓是明智与目的性的，而且从某种观点来看，该裁判会如其应然那样。当然，我并不是没有意识到，整个哲学传统都在试图证明一个事实：除非裁判或行为符合道德目标与原则，否则我们不能正确地称之为真正的理性。但在我看来，我已经用过的例子至少可以作为一个警告，即我们不能视形式主义的错误为下述的东西：它本身（*per se*）就表明了功利主义者坚持区分实然法与**道德上的**应然法的错误。

现在，我们回到主要问题上。对于暗区问题，一个明智裁判不 71
是机械地作出，而是要依据目的、效果和政策等方面作出，尽管并不必然依据任何我们所谓的道德原则；那么，为表达这一重要事实而主张抛弃功利主义在实然法与应然法之间的坚定区分，这样做明智吗？也许，一种认为它明智的主张难以从理论上进行反驳，因为它实际上是要我们去修正我们关于什么是法律规则的观念的**诱因**（*invitation*）。我们被诱使将各种各样的目标、政策包含进“规则”内，据此其暗区案件能够得到裁判，根据在于，这些目标由于其重要性，与那些意义已经确定的法律规则的核心一样，有权被称为法律。但是，尽管一种诱因不能被反驳（refuted），但仍然有可能被拒绝（refused），我将提出两条拒绝这种诱因的理由。其一，我们从司法进程中所了解到的一切都可以用其他不那么神秘的方式来表述。我们可以说，法律的不完整是不可避免的，因此我们必须通过参照社会目标理性地裁判暗区案件。我想，对“一般性命题不解决具体个案”有如此生动体会的霍姆斯也会这样做。其二，坚持功利主义者的区分，就是强调，在某种非常重要的意义上，意义确定的核心（hard core of settled meaning）就是法律；以及强调即使其意

义是有边界的，那也必须首先有分界线。如果情况不是如此，那么控制法庭裁判的规则概念则是毫无意义的，这正好与某些“现实主义者”——在他们处于极端情绪的时候，并且我想那是毫无道理的——的主张不谋而合。[40]

72 相反，为了软化这种分离，故弄玄虚地断言在实然法与应然法之间存在某种融合的特性则表明，所有的法律问题在根本上都像那些暗区问题。这是在断言，在规则所具有的核心意义之中，看不到实际存在之法的核心要素，在法律规则的性质中，没有任何东西与需要根据社会政策来重新考量的**所有**问题不一致。当然，致力于解决暗区问题是一件好事。它的问题正是法学院的衣食之本。但是，致力于解决暗区问题是一回事，而为它所纠缠则是另一回事。也许我可以说，在美国的法律传统中，纠缠于暗区是一个主要的混乱之源，这一点就如形式主义之于英国法律传统一样。当然，我们可以抛弃那种认为规则具有权威的观念；我们也可以停止将案件完全符合规则与先例这一主张赋予效力甚至意义。我们也许可以说这些推理是“机械的”或者“自动的”——这早已是对法院进行抨击的固定套路。但是，除非我们能够确定这就**是**我们想要的，

---

[40] 在此，有必要提及一放弃这种极端姿态而改弦易辙的事例。在《荆棘丛》（*The Bramble Bush*）的初版中，卢埃林（Llewellyn）教授完全沉浸于这样一种观点中，即“在我看来，法官针对案件纠纷的所作所为本身就是法律”，“规则之所以重要，只在于它们能够帮助你去预测法官的行为。这便是它们全部的重要性，除非其作为纯粹的玩物”。Llewellyn，*The Bramble Bush* 3，5（1st edn.，1930）. 在第二版中，他说，这些是“一些令人不快的话语，需做更详细的阐述，最多也只能是对全部事实的很片面的陈述。法律的职能之一是，在某领域控制官员；在彻底的控制不可能或不必要时，它便引导官员行为。这些措辞没能够正确描述法律制度所具备的有意识的形构（shaping）功能”。Llewellyn，*The Bramble Bush*，9（2nd edn.，1951）.

否则我们就不应该通过抛弃功利主义的区分而去助长其气焰。

四

第三种对法律与道德相分离的批评意见具有相当不同的特征；对于批评功利主义者这一分离主张而言，它不是以细致推理为基础的；相反，它是人们基于刻骨铭心的惨痛经历而产生的情感诉求。因为它们由那些由地狱生还之人的证词构成，这些人，如尤利塞斯（Ulysses）或者但丁（Dante）等，从地狱里给人类带回了警讯。只是在这里，地狱不是在黄泉之下或者九霄云外，而就在地球之上；它是由地球上一些人为其他人构建的监狱。

这种呼吁来自那些经历过纳粹政权并反思纳粹政权在法律体系中的邪恶表现的德国思想家。其中一位思想家——古斯塔夫·拉德布鲁赫（Gustav Radbruch）——在纳粹统治之前，他本是“实证主义”学说的信仰者，但是由于其经历，他改宗了；因此，他在呼吁别人放弃在法律与道德相分离学说上，更是具有 种特别的改弦易辙的辛酸意味。关于这个批评的重要性在于，它确实直面了边沁和奥斯丁在鼓吹实然法与应然法相分离时所具有的难题。这 73
些德国思想家坚持认为，应该将功利主义者所分离的东西重新结合起来，而以功利主义者看来，这种分离恰恰是最为重要的；因为，他们关注的是由道德恶法的存在所带来的问题。

在改弦易辙之前，拉德布鲁赫认为抵抗法律是个人良心问题，是对个人提出的道德难题，不能通过证明法律的要求在道德上是邪恶的，甚至不能通过证明遵守法律的效果会比不遵守的效果更邪恶来否定法律的效力。不妨回顾一下，奥斯丁断然谴责那些认为如果人类法律与道德的基本原则相冲突那么它们就不再具有效力的人，并斥他们为“十足的妄语”(stark nonsense)——

> 最为邪恶的法律，也就是那些最为违反上帝意志的法律，一直被法院视为法律加以履行，并将一直如此。假设有一种行为，这种行为是无害的甚至是有益的，但主权者用死刑作为威胁禁止它，如果我实行了这种行为，我将被审判并处刑，如果我反对此判决，说它违背神法……法院将依据效力被我抨击的法律判我绞刑，以此证明我的推理是无效的。抗辩、异议、申诉，从来没有听说过这些以神法为依据的权利曾经出现在现实的法庭中——自太初创世至此时此刻。[41]

这里的措辞可谓慷慨激昂而又撕心裂肺，而且也确实有点残酷。但是，我们必须记住，这种论述——在奥斯丁，当然还有边沁那里——伴随的是这样一种信念，即如果法律极不公正，那么抵抗与不服从显然便成为一种道德义务。当我们权衡是否服从和抵抗时，我们发现，由此而生的人类困境绝非三言两语可以道清。

然而，拉德布鲁赫轻易就从纳粹统治下的情况得出了结论。由于纳粹利用了人们对纯粹法律有益的服从——如他所认为的，用实证主义者的箴言表述就是“法律就是法律”(*Gesetz als*

㊶ Austin, *The Province of Jurisprudence Determined*, 185 (Library of Ideas edn., 1954).

Gesetz)——以及由于德国的法律界竟然未能抵抗以法律名义而为的万恶暴行，所以拉德布鲁赫认定“实证主义”(在这里的意思就是 74
对实然法与应然法相分离的坚持)起到的作用堪谓助纣为虐。他深刻的反思使他形成这样一种学说：人道主义道德的基本原则是法(Recht)或合法性(Legality)概念不可或缺的部分，而且任何实在法律规定或者制定法，无论它表述得如何清晰，也无论它多么清楚地符合特定法律体系有效性的正式标准，如果它与道德的基本原则相抵触，都将是无效的。只有把握了德语词汇“Recht”包含的精妙含蕴，才能充分理解这一学说。但很清楚，这种学说意味着，每个法律人或者法官应该谴责违反了基本原则的制定法，这些制定法不仅仅是不道德(immoral)或错误的，而且不具有法律的特征，在确定个人在特定情况下的法律地位时，不应考虑根据这一点而不具有法律特征的法律规定。很不幸的是，在对他的作品进行翻译时，拉德布鲁赫学说的前后巨大改变被忽略了。但是，对于所有意图重新考虑法律与道德之间内在关系的人来说，都应该读一读拉氏的作品。[42]

当我们读到拉德布鲁赫对德国的法律良知应满足道德要求的热切盼望，以及他对德国传统中太少这种情况的抱怨，任何人都不禁会掬一把同情之泪。从另一方面来讲，有人认为像德国人这样

㊷ 参见：Radbruch，“Gesetzliches Unrecht und Übergesetzliches Recht”，I *Süddeutsch Juristen - Zeitung* 105(Germany，1946)(reprinted in Radbruch，*Rechtsphilosophie*，347(4th edn.，1950))．我所使用的该文部分的翻译本，以及拉德布鲁赫的《法的更新》(Radbruch，“Die Erneuerung des Rechts”，2 *Die Wandlung*，8，Germany 1947)，是由哈佛法学院的朗·富勒(Lon Fuller)教授提供的，是法理学的补充阅读资料的油印本。

的民族对道德要求麻木不仁，以及对国家权力的卑屈服从是产生于这样一种信念：尽管法律不能满足道德最低限度的要求，但它仍然可以是法律，那可就真的是太过天真了。相反，这段惨痛的历史激励人们去探究，为何强调“法律就是法律”的口号以及法律与道德区分，竟在德国具有如此邪恶特征，而在其他地方，就像与功利主义者一起那样，它能够与最为开明的自由态度并行不悖。但是
75 在拉德布鲁赫对于这些问题的整体表述中，有一些比天真更为严重的潜在困扰，正是这些困扰导致了道德上邪恶的法律。我想，这样说也许并不会过于严苛：在他的观点中，他对他所欲传达给法律界的自由主义精神一知半解。因为他所说的一切，事实上都取决于对一项规则可以被说成一项有效法律规则这一明显事实的过度夸大，仿佛这一点一旦被宣布，就决定了对“应该服从这个法律规则吗”这个终极道德问题的回答。毫无疑问，对任何“法律就是法律”这一口号或法律与道德相区分的邪恶利用，真正自由主义的回答是：“很好，但这并没有最终解决问题。法律不是道德，不要让它取代道德。”

然而，为了评价拉德布鲁赫为重新看待法律与道德之间的区分所提出的请求，我们不能仅仅进行学术争论。“二战”后，拉德布鲁赫的法律观念包含着人道主义的道德原则，德国法院在某些惩治纳粹政权下的国内战犯、间谍与告密者的案件中，已经践行了这些观念。这些案件的独特重要性在于，那些被指控犯了那些罪行的人宣称，他们的行为根据当时的纳粹德国法并不是非法的。然而这种请求得到的回复是，他们所依据的法律因违反了基本的道

德原则而无效。让我简要地举一个这样的案例。[43]

1944 年，一位妇女希望除掉其丈夫，向德国当局告发说他在 76
离开德国军队时，发表了一些对希特勒不敬的言论。本来该妇女没有任何义务去告发他的行为，尽管依当时的德国法律，所有不利于第三帝国统治的言论及任何损害德国人民军事防御的行为都是违法的，而其丈夫的言论明显违反了此种法律。显然是为了执行这些制定法，丈夫被逮捕并被判处死刑，不过并没有执行，而是把他送上了前线。1949 年，这位妻子在联邦德国某法院受到追诉，理由是她非法剥夺了其丈夫的自由（rechtswidrige Freiheitsberaubung），该追诉依据是自制定至今仍然有效的 1871 的刑法典，这是应当受到惩罚的犯罪。这位妻子辩称说，监禁她丈夫的依据是履行纳粹德国的制定法，因此她没有犯罪。最终受理此案的上诉法院认为，这位妻子向德国法院告发其丈夫导致他的自由被剥夺的行为是有罪的，即便其丈夫是以违反制定法而被法院判刑的，

[43] Judgement of 27 July 1949, Oberlandesgericht, Bamberg, *Süddeutsch Juristen-Zeitung* 207(Germany 1950), 64 *Harv. L. Rev.*, 1005(1951). 参见：Friedmann, *Legal Theory*, 457(3rd edn., 1953). 该案例在本文中是作为原始文献而出现的，但澳大利亚国立大学帕普博士(Dr. H. O. Pappe)在文章《关于纳粹时期司法裁判的效力问题》("On the Validity of Judicial Decision in the Nazi Era")中指出，《哈佛大学法律评论》第 64 卷（64 *Harv. L. Rev.*）对案件的报道是具有误导性的。如帕普博士所表明的，在这个现实的个案中，德国法院承认有这种理论可能性：如果制定法违反自然法，它们就可能是不合法的；之后，该法院认为，争议中的纳粹制定法不能被认为违反了自然法；被告被判以非法剥夺其丈夫的自由之罪，乃是因为她本无义务去告发他，而她之所以如此，纯粹是为了个人目的。被告本应必须意识到，她在此种情况下这样做，"背离了所有正派人的良知和正义感"。相应地，本文中所讨论的案件必须被视为一个假设的案件。帕普博士关于德国最高法院对另一相似案件的判决的分析，也应当加以研究（前引书，第 268 页至末尾）。

但是用该法院的话说，这种制定法“背离了所有正派人的良知和正义感”。后来许多案件都遵循这个推理，这些案件被誉为自然法学说的胜利与实证主义法学被推翻的标志。在我看来，对这个结果毫无保留地欢呼有点歇斯底里了。我们很多人可能会为此鼓掌叫好，因为它实现了对作出极不道德行为的女子进行惩罚的目的。但这只不过是通过宣布一部 1934 年的制定法无效而达致这个结果的，至少这样做是否明智值得怀疑。而且，我们完全还有其他两种选择。一种是不惩罚该女子；人们可能会认为这是一件坏事。另一种是直面事实，即如果要惩罚该女子的话，就必须引入一部公开溯及既往的法律，并且充分意识到以此方式使她受到惩罚我们所要面临的代价。溯及既往的刑事立法与惩罚可能是可憎的，但如果在此案中这样做，至少具有坦率的美德。它将明确指
77 出，为了惩罚该女子，我们必须在两种邪恶之间进行选择：要么使该女子免受惩罚，要么放弃法不溯及既往这一大多法律体系都接受的珍贵道德原则。如果我们从道德史中学到什么的话，那就是遇到道德难题时不要隐藏它。就像面对棘手难题一样，当生活迫使我们面临两害相权取其轻的场合，我们必须清醒地知道难题究竟是什么。在某些限制点上，完全不道德的东西不可能是法律或不可能合法，这一原则的缺点是，它会掩盖我们所面临的问题的真实性质，从而鼓励浪漫的乐观主义。即认为我们所珍视的所有价值最终都融洽在一个单一体系中，其中任何一个价值都不必为适应另一个价值而牺牲或妥协。

一切不协，是你不理解的和谐；

一切局部的祸，乃是全体的福。*

任何让我们把两难问题的处理描述成普通案件的处理方式，肯定都是不真实的，也是不诚实的。

也许，强调处理这一棘手案件的一种方式与另一种方式相比，我们似乎过于注重形式，甚至可能过于注重文字，但就该女子而

* 这是英国诗人亚历山大·蒲柏(Alexander Pope，1688—1744)所作《论人》(*On Man*)一诗中的句子。《论人》是哲理诗的杰出范例，诗中全面反映了诗人的哲学、伦理观点。全诗1200多行，由四封书信组成：关于人在宇宙中的性质和地位；关于人作为个体时自己的性质和地位；关于人在社会中的性质和地位；关于人的性质和地位与幸福的关系。哈特此处所引用的，只不过是其中两句而已，前后相关的几句是：

All nature is but art，unknown to thee：
All chance，direction which thou canst not see；
All discord，harmony not understood；
All partial evil，universal good：
And spite of pride，in erring reason's spite，
One truth is clear：whatever is，is right.

对于这首诗，严复先生有一个非常精彩的译本，摘录相关语句如下：

元宰有秘机，斯人特未悟；
世事岂偶然，彼苍审措注；
乍疑乐律乖，庸知各得所；
虽有偏沴灾，终则其利溥。
寄语傲慢徒，慎勿轻毁诅；
一理今分明，造化原无过。

为便于读者理解，译者在正文中选择直译这两句诗，同时附上英文原句与严复先生的译本供读者参考。英文诗中的斜体与译文中的黑体为译者所改，以示强调。——译者

言，另一种形式可能导致完全相同的结果。那么，我们为什么要夸张化它们之间存在的差异呢？我们是可以用一部新的溯及既往的法律来惩罚这位女子，并且可以公然宣布，作为两种邪恶中程度较为轻微的一种，我们正在做的事情不符合我们的原则；或者，我们可以不必准确指明我们在此案的哪些环节上牺牲了该原则而敷衍过去。但是，在执行法律的许多次要美德中，坦率并不仅仅是其中一种——正如它不仅仅是道德上的次要美德一样。因为，如果我们接受拉德布鲁赫的观点，并且与他及德国法院一起以这样的方式抗议邪恶的法律：由于某些规则的道德不公正性，它们不能成为法律；那么，我们就弄混了一种最为重要的道德批评形式，因为它只是一种最为简单的形式。如果与功利主义者一样，我们就可以坦率地说法律是法律，但它太过邪恶了以至于不能得到服从。这
78 是一个人人都可以理解的道德谴责，并且它对道德关注提出了直接而明显的主张。另一方面，如果我们把我们的反对表述为这些邪恶的东西不是法律的断言，那么很多人根本不相信这个断言，如果他们愿意对这个问题进行认真的思考，那么，在接受这一观点之前，似乎会引起一大堆的哲学问题。因此，从这种否认功利主义区分的形式中，我们要吸取的最重要的一个教训，也就是功利主义者最想传授的一个教训：当我们对制度进行道德批评时，如果有足够明白易懂的语言，一定不要用争议性的哲学命题。

五

我将竭力证明，不管从功利主义者的著作发表以来人类经历

了多少磨难吸取了多少教训，也不管这个功利主义学说的其他部分有多少瑕疵，他们对混淆实然法与应然法的抗议既具有智识价值，也具有道德价值。然而，我们也可以认为，尽管这种区分应用于任何特定体系的具体法律中都是有效的、重要的，但如果将其应用到“法律”上，即将其应用于一个法律体系的概念，至少是具有误导性的，如果我们像我一样坚持较为狭隘的真理（或者不言自明之理），我们就会遮蔽一个更为广泛的（或更深刻的）真理。毕竟，可能有人认为，我们已经学到，如果我们将许多属于法律的事物拆开了孤立地看，它们将会是不正确的，但是如果将其放入一个法律体系之中作为一个整体去看，那么它就可能既正确又重要。例如，法律与制裁之间的联系，以及法律的存在及其“实效”之间的联系，都必须以更普遍的方式来理解。毫无疑问，说每一个国内法体系中的法律都必须包含制裁，不会引起争议（不能对“制裁”一词作极端的夸大，或者对“法律”一词的意义作人为的缩小），然而，如果主张说如果一个法律体系要成为法律体系，就必须为其某些特定的规则规定制裁，就有点似是而非了。因此，我们可以说，一项法律规则虽然只在少数情况下得到执行或遵守，但是我们可以说它是存在的；可是如果整个法律体系都只在少数情况下得到执行或遵守，那么就不能说它是存在的。也许，被拆开孤立考虑的法律与作为整体的法律体系之间的差异，也同样运用于应然法的道德（或其他）观念与这种广义的法律概念之间的联系。 79

这一支主张可以在奥斯丁的作品里发现（至少是其萌芽形式），他在那里提请人们注意，即每一个成熟的法律体系都包含某

些“必然的”并且“深深植根于人类的共同本质之中”的基本观念，[44]这种法律体系是值得追求的。我将简要地指出，为什么以及在多大程度上是这样的。

法律体系的概念具有多面性与模糊性，对于法律体系之整体和单个具体要素而言，什么是“实质”的特征或说是必要的呢？此问题上的争吵和没有“卒子”的象棋是否为“象棋”之争吵一样，难有定论，因此，如果可能的话，我们必须避免对法律体系进行枯燥无用而又并不适当的定义。有一种愿望是可以理解的，那就是用简单的事实陈述直接切入一个问题，即一个法律体系要成为一个法律体系，是否必须符合某种道德或其他标准：例如，在这方面完全失败的法律体系从来没有存在过，也不可能持续下去。法律体系旨在实现某种形式的正义这一通常已实现的假设，影响了我们在特定情况下解释具体规则的整个方式，如果这一通常已实现的假设没有实现，没有人有任何理由去服从，当然更没有任何道德义务去服从。因此，法律与道德标准和正义原则之间的联系，就像法律与制裁之间的联系一样，几乎没有什么任意性，而是具有“必然性”，而追问这种必要性是逻辑性的（法律“意义”的一部分）还是仅仅是事实性或因果性的，可以放心留给哲学家们作为一种无关紧要的消遣。

然而，我还想从以下两个方面作进一步思考（即便是这种分析可能会涉及哲学的空想），并展示法律体系中的某些规定是“必然

[44] Austin, “Uses of the Study of Jurisprudence”, in *The Province of Jurisprudence Determined* 365, 373, 367-369 (Library of Indeas edn., 1954).

的”这一主张可被理解为什么意思？我们生活在其中的世界，以及生活在这个世界上的我们，有朝一日也许会发生许多不同的变化；假如这个变化太过剧烈的话，不仅许多现在是正确的事实陈述将会变成谬误，反之亦然；而且构成我们现在概念工具的整个思维方式和交流方式——我们通过它来看待世界和彼此——将会失效。80
我们只需要考虑一下我们现在所理解的整个社会、道德以及法律生活是如何依赖于这一偶然性事实：尽管我们的身体可能会改变形状、大小，也可能会有其他物理上的变化，但它们不会如此剧烈地变化，也不会有水银泻地般立即无迹可循也无规律可循的剧烈变化，以至于我们在一段时期之后竟然认不出依然作为个体存在的你我。尽管这只是有朝一日会有所改变的偶然性事实，但目前我们的思维、行动原则以及社会生活的巨大结构就建立在这个基础之上。同样，让我们考虑以下可能性（并非因为它不仅是一种可能性，而是因为它揭示了为什么我们认为法律体系中某些东西是必然的，以及我们这样认识的意义）：假设人们变得刀枪不入且易于互相攻击了，也许他们就像巨大的陆地蟹那样披着坚固而又难以刺破的外壳，并且通过体内的某种化学过程而从空气中自动分离出食物。在这样的情形之下（其他细节就留给科幻小说吧），那些禁止随意使用暴力的规则以及那些构成最小形式上的财产权的规则——这些规则所规定的权利与义务，足以保证食物增长，并且保留到吃完为止——将不会拥有必然的非任意性地位，这些规则构成了一个与我们现在一样的世界。目前，在这种极端变化继续发生之前，这些规则是如此根本，以至于如果一个法律体系不包含它们的话，它就不可能拥有别的规则。这些规则与禁止杀人、使用

暴力以及盗窃等基本的道德原则有所重合。那么，我们可以在所有法律体系事实上与道德在这些关键之处相一致的事实性陈述之外，我们再加上这样的陈述：从这个意义上讲，这个陈述必然如此。可是，为什么我们不能说它是一个“性质上的”必然性呢？

当然，即使这在很大程度上有赖于以下情况：在问一个法律体系应该具有什么内容时，只有我们和同伴都珍视生存这个最低限度目标，这个问题才有价值。然而，自然法理论以其各种保护性的伪装，试图把争论向前推进一大步，断言人类同样致力于生存以外的目标，并在这些目标（追求知识，对同胞的公正）的观念下团结起
81 来，而这些目标指向法律体系进一步的必要内容（超过或者超越我最低限度的生存），没有这些内容法律体系就不得要领。当然，我们必须注意不能夸大人类之间的差异，但在我看来，在这一最低限度的目标之上，人们在社会中为了生存而持有的目的既互相冲突又变化多端，以至于不可能对在“此意义上，法律规则与道德标准之间某种更充分的重叠是‘必然的’”这一主张进行太多扩展。

这个问题的另一个方面值得关注。如果我们赋予法律体系最低限度的意义，即它必须由一些一般性规则构成——一般性既指一系列行为，而非单个行为，也指多人，而非单个个体——该意义隐含了同等情况同等对待的原则；尽管到目前为止，情况何时同等的标准只是规则规定的一般性要素。然而，有一点是正确无误的，那就是正义概念的**一个**本质要素就是同等情况同等对待的原则。这只是法律执行的正义，而不是法律的正义。因此，在由一般性规则构成的法律概念中，有某种东西阻止我们把它视为在道德上是中立的，与道德原则没有任何必然的联系。自然程序正义因此就

包含了在法律执行中的客观性与中立性原则，这两大原则正好体现了法律的这一方面，其目的是确保规则只能适用于该规则的真正案件，或者至少是为了把在此意义上的不平等降低到最低程度。

把法律与道德标准之间的某种重叠说成是必然的和性质上的两个理由（或者是借口），对于那些真正被功利主义者或“实证主义者”坚持法律与道德的区分所困惑的人来说，这当然不令人满意。原因在于，满足这些最低要求的法律体系仍然有可能会在受影响的人之间以最迂腐的方式不偏不倚地适用那些最为骇人听闻的压迫性法律，也有可能拒绝为大量毫无权利的奴隶群体提供免于暴力与盗窃威胁的最低限度的利益。终究，这个社会的臭味仍然会熏坏我们的鼻子，而说它们不具有（或者不曾具有）法律体系，却只能陷入对旧有观点的重复。只有当规则不能为任何人——即便是
奴隶主群体——提供这些根本的利益与保护时，最低限度的要求 82
才没有得到满足，并且这时法律体系就会完全沦为一堆毫无意义的禁令。当然，那些被剥夺了这些利益的人除非是出于恐惧，否则不会遵守法律，而且他们也有充分的道德理由去反抗。

六

最后，我要考虑一些最令那些对“法律实证主义”反应强烈的人感到困扰的东西，否则我就不太坦率了。强调实然法与应然法的区分，也会被认为依赖于并包含那些被称为“主观主义”“相对主义”或者“非认知主义”的理论，它们涉及道德判断、道德区分或者“价值”的本质。当然，无论功利主义的道德哲学现在看来如何令

我们不满意，其本身（与较后的诸如凯尔森等实证主义者不同）却不支持任何这样的理论。奥斯丁认为终极的道德原则就是上帝的命令，只有通过天启（revelation）或者功利的“指引”（index）才能为我们所知；边沁则认为，它们是关于功利的可证实的命题。尽管如此，我认为（尽管我不能证明），在“功利主义”的大帽子下，对实然法与应然法相区分的坚持，与下述道德理论相混淆。根据这种道德理论，对情况如何的陈述（“事实陈述”）被归入与对情况应该如何的陈述（“价值陈述”）截然不同的范畴或种类中。因此，必须消除此一混淆的根源。

这种类型的道德理论在当代有许多变体：在有些人看来，应然判断或者应该做什么的判断，要么是一些对“感情”“情绪”或“态度”或“主观偏好”等的表述，要么是将它们包括进来作为核心要素；在另一些人看来，这些判断不仅是对感情或情绪或者态度的表达，而且还责成他人分享它们。在其他变体中，这种判断表明，某种特定情况属于说话者“选择”或“承诺”的一般原则或政策，并且，它本身并不是对特定情况的承认，而是类似于对包括说话者本人在内的所有人发出的一般性“指示”（imperative）或命令
83 （command）。所有这些变体的共同点是坚持认为，那些关于应该做什么的判断由于包含了此类“非认知性”因素，因此不能像事实陈述那样通过理性的方法来论证或者确立，也不能从任何事实陈述中推出，而只能从与某些事实陈述相关联的其他应该做什么的判断中推出。根据这种理论，我们不能仅仅通过表明某种行动只是为了满足行为人的需要而故意造成痛苦，来证明该行为是错误的或本不应该这样做。只有当我们在这些可验证的“认知性”事实

陈述中添加一条本身不可验证或“认知”的一般性原则——在这种情况下施加痛苦是错误的或本不应该做——我们才能证明这是错的。除了实然陈述和应然陈述之间的这种一般性区分外，还有一种手段之陈述和道德目标之陈述的区分。我们可以理性地发现与辩论什么是实现目标应该采取的手段，但目标却不可理性地发现或辩论；它们是“意志的命令”(fiats of the will)，是对“情绪”“偏好”或者“态度”的表达。

与这些观点(这里的粗略描绘，很难触及到其更微妙更深奥的思想)相反的是，另一些人主张，在实然与应然、事实与价值、手段与目标、认知性与非认知性等诸多截然的区分都是错误的。在承认终极目标或者道德价值时，我们也认识到，有某种东西是我们生活于其中的世界的特点所强加的，就像关于情况是什么的事实性判断的真理那样，它们并不是选择、态度、感觉和情绪之类的东西。典型的道德争论，不是把当事各方化约为表达或激起感情或情绪，或向对方发出劝告或命令，而是当事各方通过这种争论，在仔细审视和反思之后，承认一个最初有争议的案件处在模糊认识的原则范围之下(它本身并不比任何其他分类原则更“主观”，也不比任何其他分类原则更属于“我们意志的命令”)，这与任何其他最初有争议的细节分类一样，有资格被称为“认知性的”或“理性的”。

现在假设一下，我们接受这种对“非认知性”道德理论的驳斥，
也接受在实然陈述与应然陈述在类型上所作的巨大区分的否定， 84
接受道德判断与其他种类的判断一样，可以理性地辩护。从这点上看，在对于实然法与应然法之间联系的性质上，会得出什么结果呢？毫无疑问，仅仅从这一点来看，什么都没有。法律，无论在道

德上多么邪恶，都依然是（至少到目前为止）法律。接受这种道德判断之性质的观点所造成的唯一差别就是，这些法律在道德上的邪恶是某种能够得到证明的东西；毫无疑问，仅仅从对规则要求做什么的陈述中，可以推出该规则在道德上是错误的，因此它不应成为法律，或者相反，它在道德上是值得称道的，因此它应该是法律。但是，这个证明不能表明规则不是（或者是）法律。能够证明我们评价法律或者谴责法律的原则是可以理性发现的，而非仅仅是“意志的命令”，这就没有触及这样一个事实：有些法律，即使它们具有任何程度上的邪恶或者愚蠢，但它们依然都是法律。反过来说，有些规则具有成为法律的道德资格，但却依然不是法律。

如果对伦理学中的“非认知主义”或类似理论的反驳要与实然法和应然法之间的区分有关联，并且在一定程度上导致人们放弃或弱化该区分，那么毫无疑问有必要进行更为深刻更为具体的分析。对于清晰地确定这一观点的边界而言，没有人比哈佛法学院的朗·富勒教授在其丰富的著述中贡献得更多。下面，我将以对这种观点中我认为核心的部分进行批评，并以之为本文作结。当我们考虑的不是那些意义明确且不会引起辩论的法律规则或其一部分，而是考虑在人们对规则的意义最开始感到怀疑并产生争论的具体案件中，对规则进行解释时，这个观点就会再次出现。在任何一个法律体系中，法律规则的适用范围都不限于立法者心目中所考虑的案件或曾经发生过的案件。这的确也是法律规则和命令的一个重要差异。然而，当规则被适用于超越了立法者已经考虑到或所能考虑到的范围的具体案件时，将其扩大到这种新案件往
85 往不是解释规则的人的有意选择或命令。这似乎既不是一个为规

则赋予新的意义或者扩展意义的裁判，亦非对那些立法者——也许他们在18世纪去世——如果活到20世纪将会说什么的猜测。而毋宁是，将新案件纳入该规则之内，是对该规则的自然阐述；就仿佛是为了实现某个可自然地归于（在某种意义上）规则自身而不是任何特定的活人或死人的目的。功利主义者将这种把旧规则加以解释性扩展以适用于新案件的做法描述为司法造法，未能公正对待这种现象；它没有注意到经深思熟虑的命令或判决与承认（recognition）之间存在的差异。所谓命令或判决就是以对待过去案件的相同方式来处理新案件；而承认（其中毫无深思熟虑甚至是自由意志可言）是规则涵括了新案件，它将实现或表达一个连贯的、相同的然而迄今为止很少被具体理解的目的。

在这种用语中，也许很多律师与法官可以发现某些能够精准契合其经历的地方；其他人则认为，它只不过是一种罗曼蒂克的光彩假象，其所依赖的事实，功利主义有一个更好的表述，那就是司法造法；或者用当代美国的术语来说就是“创造性选择”。

为了说明这一点，富勒教授用了哲学家维特根斯坦的一个非法律的例子，我认为这个例子很有启发性。

> 有些人告诉我：“做一个游戏给孩子看看。”于是我就教给他们掷骰子，然而其他人又说了：“我不是指那种这种游戏。”那么，在他给我下那个命令时，他心里就一定先产生了排除掷骰子这个游戏的想法吗？[45]

---

[45] Fuller, “Human Purpose and Natural Law”, 53 *J. Philos.*, 697, 700(1956).

在我看来，该例子已经触及了某些非常重要的问题。也许有以下（非常明显的）几点。第一，我们通常不仅会根据假定的人类共同目标来解释人们想做的事情，也会根据假定的人类共同目标来解释他们所说的话；因此，除非提出相反的指令，否则我们不会把带孩子玩游戏的指令解释为向他介绍赌博，即使在其他语境下，“游戏”一词会被自然地解释成这样。第二，经常性地，那位话语被如此解释的人可能会说：“是的，那就是我的意思（或者‘那一直是
86 我的意思’），尽管在你将这种具体情形指示给我之前，我从未这样想过。”第三，当我们这样认识到，也许是经过争论或与他人协商后，一个事先没有具体设想的特殊情况在某个含糊不清的指令范围内，我们可能会发现，把这种经验描述为仅仅是我们自己决定这样对待这个特殊情况，就会使这种经验变得不真实。我们只能把这种经验忠实地描述为我们认识到并表达出我们“真正的”想要的或我们的“真正目的”——富勒教授在同一篇文章的后面使用了这几个词。[46]

我相信，从关注富勒教授所举出的那类情况中，关于道德判断之性质的许多哲学讨论可得嘉惠良多。这种关注有助于纠正这样一种观点，即在“目标”与“手段”之间存有截然不同的区别，在讨论“目标”时，我们相互之间只能施加非理性的影响，而理性的讨论只是留给了关于“手段”的讨论的观点。但是我认为，对于是否应予坚持实然法与应然法之区分的问题而言，他的观点的确只具有很小的相关性。它真正的影响是，在解释法律规则时，我们经过反思

㊻ Fuller,“Human Purpose and Natural Law”,at 701,702.

后会发现，有些情形是规则很自然的详细说明和思想表达，因而，将此情形认为或当作我们自己的“立法”“造法”或“命令”是一种误导。因此，在这些情形中区分规则是什么与规则应该是什么是具有误导性的，至少在某种意义上，论点必定如此。我们认为它应该包括新情形，在经过反思之后发现，它果真如此。即使认可这种可承认的经历作为实然与应然之间融合的例证方式，我们也必须牢记两个警诫。第一个是，通过我们在第三部分已经说明过的理由，在这种情形里“应该”不需要与道德有任何关系：我们在解释游戏规则或者道德上极其邪恶而其不道德性又为解释者所欣赏的法典时，情形都是一样的，新的案件都会贯彻或表达规则的目的。在先前未曾正视的案件中，他们也能看到他们正在玩的游戏的精神所要求的某种东西。更为重要的是：在做完或说尽之后，我们必须铭 87
记，在法律中那被认为可以证成这种讨论方式的现象是何其稀少，一种裁判案件的方式作为某些规则自然而理性的阐发被施加于我们身上，这种感觉又是何其罕见。毫无疑问，在许多的解释情形下，在两种选择之间作出选择的语言，也即“法官造法”甚至是“命令”（尽管并非专断的命令），它们更能说明情况的实质。

在一个相对完备的法律框架里，总是会出现太多的选择且它们在吸引力上也堪称旗鼓相当，此时律师与法官必须在不确定的情况下撷取一些恰当的表述，以使法官造法这种说法在这里显得合适。当我们明白，自己不是在运用一个审慎的选择，而毋宁是承认某种等待我们承认的东西时，法律人或法官们所选择的这种表述，应该能够很好地描绘我们在解释自己或其他人的行为、意图或者愿望的原则时的那些体验。为了能够在对法律解释的描述中使

用，表明实然法和应然法之间有融合或者不能分离的术语只会有助于隐匿（像早期的那些传说，法官只能发现法律而不能制定法律）这些事实：无论在何处，我们都生活在必须对之作出选择的诸多不确定性之中；现行法限制的只是我们的选择行为，而这种限制本身并非选择。

附　　录

参看下列批评与评论：

1. L. Fuller, "Positivism and Fidelity to Law: A Reply to Professor Hart", 71 *Harv. L. Rev.*, 630(1958).

2. R. A. Duff, "Legal Obligation and the Moral Nature of Law", *Juridical Rev.*, 61(1980).

3. R. M. Dworkin, *Taking Rights Seriously* (2nd impression, 1978), ch. Ⅳ, and pp. xii, xiii, 105-108, 124-126, 326-327, 332-339, 341-343, 348-349.

4. J. Raz, *The Authority of Law*(Oxford 1979), 37-52, 146-149. "The Purity of the Pure Theory", *Revue Internationale de Philosophie*, 441(1981).

5. J. Finnis, *Natural Law and Natural Rights* (Oxford 1980), 26, 29, 50, 363 ff., 367.

6. N. MacCormick, *H. L. A. Hart* (London, 1981), 92-102.

7. D. Lyons, "On Formal Justice", 58 *Cornell L. Rev.*, 873 ff. (1973).

8. D. Lyons, "Moral Aspects of Legal Theory", 7 *Midwest Studies in Philosophy*, 223(1982).

第三篇　法哲学诸问题 88

各种法律体系的存在，即使是最初级的法律体系，也为不同学科提供了机会。在这些学科中，有些是经验性的，或声称是经验性的：它们包括对特定法律体系或具体法律学说和规则的历史研究，以及对法律的内容与实效和法律创制与法律适用的形式与程序进行社会学研究，这些研究既影响经济与社会环境，又会受到经济与社会环境影响，并服务于社会需求或特定的社会功能。但是，由于大多数社会的法律很快就会达到高度复杂的程度，它的执行需要受过专门训练的法官和职业律师。这又产生了一种特殊形式法律科学的需要，这种法律科学关注法律及其具体方法和程序的体系性或教义性阐述。为此，法律被划分为不同的分支（比如刑法、侵权法以及合同法），并引入一般性分类与组织概念，用于收集那些法律所创设的情境与关系中的共同要素（common elements）（诸如权利、责任、义务、法律人格、所有权和占有），或对许多单独法律规则所共有的要素（比如行为与意图）。

这些不同学科所面临的问题与法哲学问题之间没有什么一成不变的界限。尤其是法学学术研究为了阐释或教学而引入的分类、定义和分科（division）的概念体系，更是如此；但是，即使是一些关于法律的历史学或社会学陈述，也具有充分的概括性与抽象

性，需要哲学批评家的关注。然而，阐述法哲学、法理学（一般的或者具体的）和法律理论之间的传统区别却收获甚微，尽管人们常常把它们的重要性归于此。相反，与哲学的其他分支学科一样，更重要的是将某些属于法哲学的问题群区分开，即使上述对特殊法律
89 体系的经验性和教义性研究已高度完善和成熟，这些问题仍然有待回答。这类问题群可以区分为三组：定义与分析问题、法律推理问题和法律批评问题。然而，这种分类并非毫无争议，本文最后一部分我将考虑它的反对意见。

一、定义与分析问题

法律的定义　在哲学的其他领域，围绕着定义与意义等概念的所有晦涩与偏见，都引起了法律定义问题的无尽争论。在早先的论证中，探寻法律定义的任务被假设为识别和描述法律的“本质”（essence）或“性质”（nature），因此通过参照“法律”和“法律体系”等表述之使用（不管它如何形成）的适当性（propriety）而形成的唯一正确法律定义，便可以得到检验。我们通常很难从这种对法律本质的探寻中区辨出一个更适合的定义观念，尽管这种观念将任务视为识别或描述实际接受这些表述之用法的标准，但却假定只有一种“正确的”“严格的”或“适当的”使用方式，而且这种使用方式可以用一套单一的必要和充分条件来描述。各种不同的考虑表明，在法律的情况下，这个假设是如何不现实和毫无帮助，并且迫使人们放弃这种假设。在这些考虑中，人们认识到，尽管在一些核心的明确事例（instances）下，“法律”“法律体系”的表述可以

毫无争议适用于这些事例，但也有一些情况，比如国际法以及原始法，它们具有核心情况（case）的特定特征，但缺乏其他特征。此外，人们还认识到，将一般性表述适用于一系列不同情况的正当理由，往往不在于它们是否符合一套必要条件和充分条件，而在于将它们或其不断变化的关系与某种单个要素联系起来的类比。

以上是许多哲学领域普遍遇到的定义困难，但是法律的定义有其特有的困难。因此，关于法律的定义要么已经是要么应该是词源性（lexical）的假设，即涉及**任何**实际用法的表征（characterization）或 90
说明的假设，在许多方面遇到了挑战。所以，经常有人断言，就法律而言，实际用法的不确定性领域太大，涉及太多重要问题和有争议的问题，真正需要的不是对用法的表征或阐明，而是合理地将各种偏离常规和无可争议的例子纳入或排除在“法律”和“法律体系”的表述范围外。这些偏离情况不仅包括国际法与原始法，还包括发达国内法律体系中的某些内容，例如没有附带某些常见惩罚的规则、违反基本道德原则和正义的规则。

在上述情况下，有些理论家不承认任何对法律进行分析或定义的目的都是对用法的中立描述或说明，他们认为这必然具有欺骗性；相反，他们主张定义的任务应该是“规定性”（stipulative）、“实用性”（pragmatic）或“建构性”（constructive）的，即定义旨在为一个研究领域的划分和分类提供一种方案或模式。衡量这种实用性定义是否充分的标准，不是符合或能够解释任何实际用法，而是能够推进理论家的特殊目的，而这些目的可能大相径庭。因此，用于指导或帮助主要关注诉讼或审判程序结果之法律人的法律定义，不同于用于划分和统一历史研究这一富有成果的领域的定义，

也不同于社会批评家使用的定义——他们关注社会组织和控制模式在多大程度上促进人类利益，或因之遭受损失。

我们无须讨论实用性定义的正当性（legitimacy）或其刻意选择之目标的效用（utility）。但很清楚的是，它们逃避而非解决了许多长期存在的困惑，而正是这些困惑促使人们要求对法律进行定义，并使之成为一个哲学问题。产生这些困惑的因素可归纳如下：
91 尽管用法存在相当大的不确定性，但“法”（law）“一项法律”（a law）“法律体系”以及一系列衍生的或相互关联的表述（“立法”“法院”“法律适用”“法律裁判”）都具有充分确定性，使人们有可能就特定实例的适用达成普遍一致的判断。但是，对这些术语的通常用法所确定的内容进行反思，就会发现它们覆盖的范围具有巨大的内在复杂性；各种法律在内容和被创制的方式上都具有根本差异，然而尽管具有这种异质性，但它们仍然以各种复杂的方式相互联系，从而构成一个独特的结构或体系。对法律定义的许多要求就是希望获得一种关于该结构的融贯看法，并理解显然不同的要素如何统一起来。因此，这些都是法律结构的问题。

对法律体系运作的反思揭露了另一种问题，因为很清楚，法律作为一种对人们行为发生影响的模式，一方面它与使用强制或威胁使用强制有密切联系，而且依赖于强制的使用和威胁，另一方面，又取决于道德或正义。然而法律在某些方面不同于这两者，因此对这些联系之公认的说明不可接受：它们似乎不仅仅是偶然的，而且由于它们有时会失败，所以对这些联系的说明似乎不是任何容易理解的必然真理（necessary truth）的种类。这些紧张关系造成了对法律、强制与道德之间的关系进行稳定而连贯的定义的要

求；但是法律定义的部分目的只是为了使人类经验的这些重要领域更易于理解。长期以来，实践问题乃至政治问题都与理论问题纠缠难分；从自然法学说和法律实证主义的悠长历史可以看出，主张对法律采取顺从或批判态度，甚至是对法律采取服从或不服从的态度，往往是在法律与道德、法律与单纯的强制这两对关系中，以作出有说服力定义的形式表现出来的。

法律概念的分析　尽管法律规则有许多类型，可以根据不同观点进行分类，但它们有许多共同的构成要素；虽然法律为个人和
群体创制了大量不同的情境（situation）与关系，但其中有部分不 92
断重复出现，并且对社会生活的行为具有明显的重要性。不管法律人还是门外汉，都会经常提到这些共同的要素与情境，而且，为此目的，他们使用了通过词汇（vocabulary）来表述的分类与组织的概念，而这些词汇孕育了许多分析问题。这些问题的产生，部分原因在于，除了法律之外，该词汇或多或少还有既定的用途，而且法律和非法律用法之间的共识和分歧并不总是直接明了或容易解释的。此外，不同法律理论家对法律和法律情境中的共同要素进行分类的方式，也部分地反映一般性法律观念中存在的分歧，或者就是衍生于这种分歧。是故，尽管不同作者在提及相同的法律情境时都使用“权利”与“义务”（duty）等表述，但他们从这些情境中挑选了不同的要素或者方面。第三种需要澄清的因素是这样一种事实，即只有在理解了语言与实践规则相结合的某些独特功能方式后，才能解释许多用于提及法律现象的最常见概念。这些分析问题以下列概念为例加以说明：（1）法律义务（obligation）与义务（duty），（2）法律事务（legal transaction），以及（3）意图。（曾经在

法律义务和法律责任的概念之间作出的某些区分已不再重要，将不予考虑。）

一个人有法律义务（legal duty）为或不为某种行为的情境，是所有法律现象中最常见和最基本的；在定义权利、权力、法律事务或法律人格等其他法律概念时，都会涉及义务或无义务。只要一个有效法律体系中的法律规定了以特定方式行为或者不为之人的惩罚，那么就适用“义务”一词。由此，举一个简单的例子，如果法律规定适龄人员必须服兵役否则就会受到惩罚的话，那么这些适龄人员就有义务这么做，或者说是“处于”一项法律义务“之下”。因此无论理论家们对“义务”的分析或义务适用于不是由刑法而是由与侵权法或合同法相关的法律所创制的情境有多少争论，但很多事情是无可争议的。

93 无论如何，即使上述简单的情况，也可以从两种截然不同的立场来看待，这些立场导致了相互矛盾的义务分析。以其中的一种分析而言（预测论立场），服兵役之所以被归类为一种义务，仅仅是因为不这样做很可能会在官员手中招致某种形式的痛苦。从另一种立场来看（规范性立场），服兵役被归类为一种义务，是因为根据现行法，这是一种正确或正当的要求；而且，拒服兵役之所以重要，不仅仅是因为它会导致可能的痛苦，而且因为这种惩罚在法律上是正当的，即使惩罚并不总是伴随着不服从。

自杰里米·边沁以降，许多重要的作家出于理论和实践上的理由，主张对义务进行预测分析，把义务视为不服从法律时遭到惩罚的机会或可能。一方面，它好像将法律义务观念从形而上学的晦涩中解放出来，并剥离了其与道德间无关的联系；另一方面，它又为在法律下的生活提供了现实的指引。它区分了两种事实，即对于某些人来说什么是法律体系运作唯一重要的事实，以及对于所有人来说什么至少是一个重要事实：法律之运作会与他们利益相冲突的场合和方式。这不仅对于犯罪分子，而且对于法律的批评者与改革者来说，都至关重要；这些人希望平衡法律带来的收益与人类痛苦的代价。

相比之下，规范性观点没有确定道德义务与法律义务，也没有坚持任何共同的内容，而是强调道德义务与法律义务都具有某些共同的形式特征，因为它们都是规则-指引(rule-guided)行为的面向。这也是那些人的看法，尽管他们不认为法律是人们行为的最终裁判者，但普遍接受法律规则的存在，认为法律规则是行动的指南，是要求遵从、惩罚、强制赔偿或其他形式强迫的法律证成。注意到这些义务观念的特征，对于理解法律在社会生活中被想象与运作的方式至关重要。

尽管理论家们经常赋予这些不同观点以无可置疑的唯一正确性，但它们可以通过各种方式得到富有启发性的结合。因此可以 94
说，规范性说明正确地给出了诸如某人有法律义务去做特定行为之陈述的意义；而预测性说明则强调，作出这种陈述的重点或目的往往是警告说，不服从很可能会有痛苦随之而来。在不同语境下，一个陈述的意义与该陈述之断言所暗含或意在的东西之间的区别，在法哲学的许多领域具有相当的重要性。

颁布法律、订立合同，以及通过口头或书面语词(words)转移所有权或其他权利，都是法律事务的例子，是由于某类法律规则的存在它们才变得可能，而且，也正是由于这些规则，它们才可以被定义。对于某些思想家而言,这些事务(法律行为,或者法学意义上的行为)显得很神秘——有些人甚至说它们是魔法——因为它们的效果是改变一个人的法律地位,或者是创制和撤销法律。由于在许多现代法律体系中,这些改变往往是通过书面或口头的语词来实现的,因此好像是法律具有点石成金的魔力。但并不明显的是,仅仅使用诸如“它是据此订立的……”“特此以遗赠……”或“当事方特此同意……”这类表述,如何使变化发生。事实上,这种现象的一般形式并不仅仅专属于法律,尽管它最近才被相对清晰地分离出来并加以分析。普通承诺的语词,或洗礼仪式上给孩子取名所使用的语词,与法律的情况有明显类似之处。通常,法律人会把语言的这种独特功能标记为“操作性语言”(operative language)的使用。例如,在此分类下,他们区分了创制了租佃行为之租约的语词与单纯的描述性语言,即对合同当事人及其协议之事实的初步叙述。

语词(或特定情况下的手势,如投票或者其他形式的行为)要具有这样的操作性效果,就必须存在一些法律规则,它们规定如果有适格的人在恰当环境中使用语词(或手势),则个体的法律地位或一般性法律就会被视为改变。一方面,可以认为这些规则赋予所使用的语言以某种特定的强制力或效力,这在广义上是它们的
95 意义;另一方面,可以认为它们赋予了个体作出法律变更的法律权力。在欧陆法理学中,这些规则往往被称为“效能性规范”(norms of competence),以便将它们与那些较为简单的规范区别开,这些较简单的规范只是科予义务,并且未必附有相关权利。

正如“法律行为”(acts-in-the-law)以及“操作性语言”的表述

所表明的那样，在法律事务的执行与更为明显的人类行为情况之间，存在着重要的相似之处。这些相似点对于理解经常出现问题的事物具有特别的重要性——在这些事务的构成与效力上，有关当事方的精神与心理状态的相关性。在许多情况下，相关规则规定，意图法律事务生效的人精神错乱、在某些事项上认知错误，或者受到胁迫或不正当影响，该事务无效，或者至少可由不同的人选择将其撤销。这里有一个重要的类比，即根据刑法原则，类似的心理事实[犯罪意图(*mens rea*)]可以免除一个人对其行为的刑事责任。在这两个领域也都存有例外：在刑法中存在一些“严格”责任的情况，在那些情况下，无须证明是否有知情或者故意等情节；而且，在特定类型的法律事务中，证明一个人对他使用的语词有特殊意义，或者在使用这些语词在某些方面犯了错误，也不会使法律事务无效，最起码不能对抗那些善意依赖它的人。

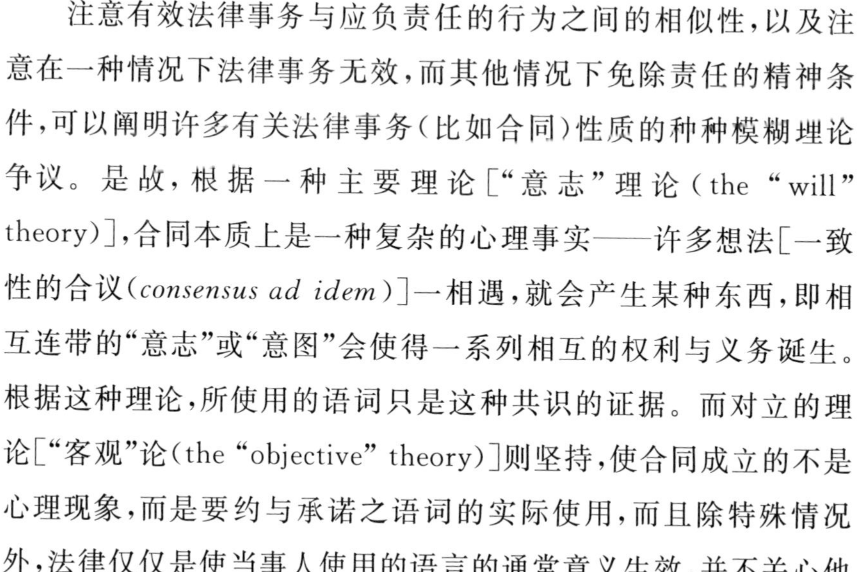

注意有效法律事务与应负责任的行为之间的相似性，以及注意在一种情况下法律事务无效，而其他情况下免除责任的精神条件，可以阐明许多有关法律事务(比如合同)性质的种种模糊理论争议。是故，根据一种主要理论[“意志”理论(the “will” theory)]，合同本质上是一种复杂的心理事实——许多想法[一致性的合议(*consensus ad idem*)]一相遇，就会产生某种东西，即相互连带的“意志”或“意图”会使得一系列相互的权利与义务诞生。根据这种理论，所使用的语词只是这种共识的证据。而对立的理论[“客观”论(the “objective” theory)]则坚持，使合同成立的不是心理现象，而是要约与承诺之语词的实际使用，而且除特殊情况 96
外，法律仅仅是使当事人使用的语言的通常意义生效，并不关心他

们的实际想法。很明显，争议的每一方都抓住了一些重要的东西，但是又过于夸大。的确，像普通的承诺一样，一项法律合同并不是根据心理事实订立的。合同与承诺一样，不是通过精神状态的存在，而是通过语词（某些情况下通过行为）来订立。如果它是口头合同，那么它通过语言的操作性使用来订立，并且许多法律规则也与需要一致性的合议之观念不一致。另一方面，仅仅因为语言的操作性使用是一种行为，法律就可以——在大多数文明的法律体系中的确如此——把责任和效力的学说延伸到自己身上，根据这种理论，某些精神要素就会变得相关。因此，合同虽然是通过语词订立的，但如果一方当事人精神错乱、对重大事项理解有误或者受到胁迫的话，就可能使合同无效或“可撤销”。隐含在“意志”论与“客观”论错误中的真理，因此可以在分析中汇总起来，使得通过语言的操作性使用而成立的有效法律事务与应负责任的行为之间的相似之处变得清晰。

法律往往把特定精神状态或心理条件视为法律事务的效力与刑事责任的根本因素，这个事实就把区分和分析诸如“意志”（will）“意图”（intention）以及“动机”（motive）等概念的任务推给了法律人。这些概念长期以来困扰着不以法律为主要研究对象的哲学家，这些概念在法律中的使用又产生了进一步的具体问题。这些问题的产生方式多种多样：这些概念在法律与非法律的使用中存在分歧，而这些分歧通常不是显而易见或者易于理解的；法律由于举证困难或者出于社会政策的考量，往往会采用一些所谓的外在标准或客观标准，将某些特定形式的外部行为视为精神状态存在的最终证据，或者将正常人在给定行为方式下会如何做的精

神状态归于某个人。尽管制定法偶尔也使用像“有恶意的”“知情的”或者“蓄意的”等表述，但在大多数情况下“有意地”及“自愿地” 97
等表述并不是法律规则的语言，而是在阐述这些规则时，用于总结不同方式。通过这些方式，如果做了某些事情——例如意外、过失或遭受胁迫——那么无论是刑事指控还是民事主张都无法实现。

以这些方式产生的问题，可以用意图的情况来阐述。法律理论家们已经认识到，意图是对法律具有核心重要性的精神因素。因此，在英美法中，做某些被法律禁止之行为的意图，通常是刑事责任的充分精神因素，而且也通常是责任的必要条件，尽管并不总是如此。由此，如果一个人有意去做法律禁止的某种行为，与他自制能力有关的其他因素通常是不相关的，尽管有时候胁迫、偶尔的激怒或由精神错乱而丧失控制行为能力等因素会变得相关。事实上，“意图”这一概念在法律中有三种不同的应用，在对此概念的任何分析中，都必须区分：(1)有意做法律禁止的事情的想法；(2)做某事时有进一步的意图；以及(3)做未来行为的意图。如果一个人被发现伤害或者杀害另外一个人，就会被问到他是否是有意这样做，这时就应用其中的第一种。当法律对某种行为给予特殊的重要性或更严厉的惩罚时，例如在被定义为“夜间闯入他人居所，意图实施重罪”的盗窃案中，实施这种行为是为了更进一步的目的，即使这进一步的行为并未实施，第二种应用就派上用场了。意图的第三种应用可以在以下情况看到：如果某种行为伴有特定意图，它就是犯罪。例如，带着绝不归还的意图承担债务。

在意图概念的三种应用中，第一种在法律中最为重要，但即使在这里，法律也只是近似于非法律，而忽略了其通常用法的特定因

素。因为在法律中，某人是否有意做某事的问题，几乎完全是一个关于他行为时的知识和信念问题。因此，在绝大多数的情况下，当属于某种描述的行为（比如伤害警察）被认定为犯罪时，就任何意
98 图问题而言，如果被告知道或者相信他的行为可能会对他的受害者造成伤害，并且受害者确实是一名警察，那么法律的要求就得到满足。这个几乎完全是认知性进路，是法律与日常的意图做某事的观念不同的独特方式，因为在日常观念中，并非所有行为的可预见性后果都被视为有意。

但是，我们可以找到这个分歧的根本原因。虽然在法律之外，只有结果是一个人有意追求的或者是由于他所采取的行动导致的，那么他才会被认为有意做了某事，但是这个通常被法律忽略的因素与以下的主要问题无关，即在决定导致一个人处于某些特定状态的法律责任时，法律所关心的主要问题。在刑事诉讼的阶段中，关键问题是一个人的外在行为及其后果符合犯罪定义，他在行为时，有没有作出能够决定这些后果是否发生的选择。如果他作出了选择，并且如果到他可以影响这些事件的发生时止，他做了这样的选择，那么在法律上以下两者是不相关的：他仅仅是预见到这些事件会发生；以及预见到它们不以他的目的发生。在评估一个人的责任的阶段，法律只关心他对结果的有意识控制，而不关心那些通常的意图概念中那些与控制观念无关的要素。但是，当刑事诉讼程序中定罪的程序一旦过去，那么问题就成了对该犯罪行为应该处以何种严厉程度的惩罚，许多先前未加注意的问题就变得相关了。在这个阶段，可以区分为了达到某种目的而行为的人，以及仅仅预见到会产生某种后果而行为的人。

意图概念的第二以及第三种应用（怀着进一步的意图做某事与做未来行动的意图）都更接近于非法律的用法，而且，在法律中也和其他地方一样，在这种情况下，会出现某些区分动机与意图的问题。

二、法律推理问题

自20世纪初以来，对法院裁判案件的推理形式进行批评性研究，成了法理学作家们，尤其是美国的法理学作家的主要关注点。99
在这个研究中，关于被称为（往往是含糊其辞的）“逻辑”的东西在裁判过程中的实际或恰当位置，出现了大量不同的理论。这些理论大多数都是怀疑论，它们旨在表明，尽管演绎推理与归纳推理是门脸担当，但它们都只有附属地位。但一方面在“逻辑”与“经验”之间（如霍姆斯的著名教谕说“法律的生命从来不在于逻辑，而在于经验”）或曰在“演绎主义”与“形式主义”之间，以及另一方面在“创造性选择”（creative choice）与“适当的直觉”（intuitions of fitness）之间，也总能形成对比。一般来说，这些理论倾向于坚持认为，在这些相反的表述中，后一组更能充分地表征法律裁判过程，哪怕它看起来有逻辑方法和形式的痕迹。根据这些理论的一些变体，尽管在演绎推理与归纳推理的含义上逻辑所起的作用很小，但还有其他法律推理过程或者理性标准，法院在裁判案件时应该遵循，他们也的确是这么做的。而根据更极端变体观点，法院的裁判本质上是任意的。

立法与先例　在英美法理学界，法律推理的特征主要参照法院对两类法律“渊源”的使用来讨论：(1)立法机构（或者被授予立法权的其他代理立法机构）制定的一般性规则，以及(2)法院的特定先例或者过去的裁判，它们被视为可以从中提炼出法律规则的材料，尽管这种提炼出来的规则并无什么权威性或者唯一正确的表述形式，这点与制定法不同。关于将制定法适用于特定案件的推理，传统看法往往将之描绘为排他性的演绎推理问题。法院的裁判被视为三段论的结论，其中大前提由规则构成，小前提由事实陈述构成，这些事实与案件一致或由案件确立。相似地，对于法院适用先例，传统看法将法院从过去的案件中抽取规则视为归纳推理，而把该规则适用于手头案件视为演绎推理。

100 怀疑论者在对司法推理之传统看法的攻击中，揭示了许多对于理解和批评司法裁判方法而言具有重要性的东西。在利用法律规则与先例裁判案件时，毫无疑问会有许多至关重要的阶段，这些阶段不仅仅由逻辑运作构成，而且长久以来都被法院在裁判案件时以及法学家描述此类法院活动时所采用的传统术语遮蔽。不幸的是，关于逻辑在司法过程中几乎没有或根本没有地位的一般性主张，尽管看起来简单且统一，但它既晦暗不明又模棱两可；它包含了一些各不相同、有时相互冲突的争论，因而必须分别考察。下文确定并讨论了其中最重要的问题。然而有两个哲学家和逻辑学家都特别关注的初步问题，任何认真表征法律推理形式的努力都需要特别注意该问题。

有人认为，对特定案件适用法律规则，不能将其视为三段论或者其他任何形式的演绎推理，理由在于，一般法律规则和特定法律陈述（比如赋予个体权利或义务的陈述）都不能用真或假来表征，所以在它们之间没有逻辑关系，它们与事实陈述之间也没有逻辑关系；因此，它们不能作为演绎论证的前提或结论。这种观点依赖于有效演绎推理概念的限制性定义，以及一致性或矛盾性等逻辑关系概念的限制性定义（从真和假的角度）。这不仅将法律规则或法律陈述排除在演绎推理的范围之外，也将命令和许多其他句式（sentential forms）排除出去，这些命令和句式通常被视为可以产生逻辑关系，以及被视为有效演绎逻辑的构成性要素。虽然涉及大量技术的复杂性，但逻辑学家还是对有效演绎推理观念做了若干更具一般性的定义，使这一概念适用于其构成性要素既非真也非假的推理。在下文中，正如当代绝大部分的法理学文献那样，假定了这种更具一般性的有效推理定义的普遍接受。

较为传统的法理学家们提出的主张，即在使用先例的司法裁 101
判中涉及归纳推理，这一主张也相当模糊。在这一联系中，通常提及的归纳推理是为了与演绎推理进行对比，后者涉及法律规则适用于特定个案中。“法官不是从一般性规则出发，而是必须转向相关的案件，发现其中蕴含的一般性规则……两种方式最显著的不同是大前提的来源——演绎的方法预设了大前提，而归纳的方法则是从特定实例中着手去发现它。”①

法院会经常援用过去的案件，既是为了从中发现规则，也是为了证成他们所接受的规则是有效的。这种说法当然成立。过去的案件被认为是从中“提炼”之规则的“权威”。很显然，如果过去的案

① G. W. Paton, *A Textbook of Jurisprudence*, 2nd edn. (Oxford, 1951), 171-172.

件要以这种方式在逻辑上证成对某一规则的接受，就必须满足一个必要条件：过去的案件必须是该规则的一个实例，即对该案件的裁判可以从对该规则的陈述和对该案件事实的陈述中推导出来。就满足这个必要条件而言，这里的推理事实上就是对演绎推理的一种逆向适用(inverse application)。但这个条件当然只是法院根据以往案例接受某项规则的必要条件，而非充分条件，因为对于任何给定的先例来说，在逻辑上，有无限多替代性的一般性规则可以满足这个条件。因此，从这些备选规则中挑选一条规则——就像先例被视为具有权威性的规则——必须基于限制选择的其他标准的使用，而且这些标准并非逻辑问题而是实质问题，它们可能因为法律体系的不同而不同，或者在同一个法律体系内因为时间的不同而不同。所以，一些先例的司法使用理论就坚持认为，先例被视作权威的规则必须由法院通过选择被视为案件的“实质性”事实，以明示或者暗示的方式指出。其他理论则坚持，先例被视为权威
102 的规则，是后来考虑先例的法院在权衡通常的道德与社会因素后，所做的合乎逻辑的选择。

尽管许多法学作家依然在讨论从先例中提炼一般性规则，但仍有一些人主张，他们使用先例所涉及的推理，本质上就是“利用例证”(by example)从案件到案件的推理：如果当下案件与一个过去的案件在“相关”方面具有“充分的”相似性，那么法院就会用裁判过去的案件的相同方式裁判当下案件，从而将过去的案件作为先例使用，无须先从中提取或者阐述任何一般性规则。然而，较传统的看法是，法院使用过去的案件来发现和证成他们对一般性规则的接受，这种说法广为普及和可信，因此在这方面对术语“归纳”

的使用也值得探讨。

使用“归纳”来指代演绎的逆向适用，涉及对一个过去的案件是某条一般性规则之实例的发现，这可能会产生误导：它暗示了比科学中所使用的概率推论(probabilistic inference)模式更强的类比，在这种情况下，事实的一般性命题或关于未观察到的细节的陈述，是从观察到的细节中推断出来的，或者被视为是由观察到的细节所证实的。“归纳”也可能会与被称为完美归纳法的演绎推理形式相混淆，或者与发现一般化(generalizations)的真实或所谓的方法相混淆，这种方法有时被视为直觉归纳。

然而，使用先例所涉及的演绎的逆向适用也是科学程序的重要部分，在这里，它被称为假设性推论(hypothetic inference)或假说-演绎推理(hypothetico-deductive reasoning)。因此，在观察与理论的相互影响和法院提炼规则的方式之间具有某种有趣的相似性。前者涉及对科学假设的不断提炼，从而避免相反实例所导致的歪曲；后者不仅是为了使其与广泛的不同案件相一致，也是为了避免一种不正义或不可欲之后果得到系统表述。

尽管具有这些相似性，但是在探寻事实的一般性命题——通过确认实例而成为可能，但仍然通过未来经验而证伪的事实——
与被用于裁判的规则之间，仍然存在关键性差别。一种关于司法 103
过程的经验科学当然是可能的：它可能包括对法院裁判的事实性概括，并可能是一种重要的预测工具。然而，区分这种经验科学的一般性命题和法院制定与使用的规则仍是重要的。

描述性理论与规定性理论　那种认为在案件裁判中逻辑只发挥着次要作用的主张，有时候被视为一种对司法过程的误导性描述的纠正，但是有时候是为了批评法院所使用的方法，这些方法被认为“极端逻辑的”(excessively logical)“形式的”(formal)“机械的”(mechanical)或“自动的”(automatic)。对法院实际使用的方法的描述可以与替代性方法的规定(prescriptions of alternative methods)区分开，而且必须分别进行评估。然而，值得注意的是，在许多关于法律推理的讨论中，这两者经常被混为一谈，这也许是因为，纠正司法过程之传统错误表述的努力与纠正司法过程本身的努力，都是由于人们认识到同样重要但常被忽略的事实而被激发：法律规则与先例的相对不确定性。这种不确定性源于这样一个事实，即在构建一般性规则时，不可能预测和规定每种可能的情况组合(combination of circumstances)，这些情况来自未来。对于任何规则来说，不管表述多么精确，总会存在一些事实情况(factual situation)，这些情况是否处于该规则的一般性分类术语的范围之内的问题，难以通过诉诸语义性规则或惯例，或诉诸成文法的解释规则来解决，甚至难以通过诉诸立法机关明示或预设的目的来解决。在这些案件中，我们发现规则可能含糊不清或模棱两可。当两条规则适用于一个既定事实情况，以及当规则明显地以“合理的”或“重要的”等不具体的术语来表述时，一种相似的不确定性就会发生。这些案件只能通过方法来解决，这些方法的合理性不依赖于结论与前提之间的逻辑关系。同样地，由于先例可以合乎逻辑地被归入数量无限的一般性规则中，因此，确认先例是权威的**那一**(*the*)规则，不能通过诉诸逻辑来解决。

104　对司法过程传统描述所作的这些批评，整体而言是有道理的。的确，在说明法律规则与先例在裁判过程中的使用时，无论法学家

还是法官，特别是在尊重分权的司法管辖区，往往会压制或尽可能减少其不确定性。另一方面，这些作家经常发出另一种抱怨，即司法过程中存在过度的逻辑与形式主义，这就很难让人理解或者证实了。批评者意在用这些术语来污名化法院在适用法律规则或先例时，没有利用规则或先例的相对不确定性来实现社会目标、政策和价值。根据这些批评家的观点，法院没有利用成文法规则的意义在某些地方是不确定的事实，而是仅仅因为在某些不同的法律语境中，类似的措辞通过某种方式得到解释，或者因为给定的解释是所使用的语词的“日常”意义，就认为其意义是确定的。

这种不承认法律规则的不确定性的失败（往往错误地归咎于分析法学，并污蔑为概念主义）有时候会得到辩护，理由是它最大限度提高了裁判的确定性与可预测性。它有时也因为促进法律体系的理想而广受欢迎，在这个法律体系中，分类的独立规则和范畴的数量是最少的。

此种适用规则方法的缺点在于，采用这种方法会预先判断在无法事先详尽了解构成的不同情况下应采取的行动：严格的划分或分科忽略了社会重要性与道德重要性的相似与相异之处。这就是抱怨司法过程中滥用逻辑的负担。但是，“滥用逻辑”的表述令人不悦，因为在解释法律规则和对特定事项进行分类时，忽视了社会价值及其重要性的区别，所作出的裁判并不比适当承认这些因素的裁判更符合逻辑：逻辑并不能决定对语词的解释或分类的范围。真实的情况是，在一个遵循严格解释模式的体系中，法官有更多机会把自己当作是面对一个意义已经预先确定的规则。 105

发现的方法与评价的标准　在考虑司法推理的描述性理论与

规定性理论时，必须区分：(1)关于思考的通常过程或习惯的断言，法官实际上通过它们作出裁判，(2)关于应遵循的过程的建议，以及(3)评判司法裁判的标准。以上三点中，第一点关注描述性心理学的问题，并且达到了这样的程度，在这个领域内的论断超越了被检验实例的描述，它们是经验性概括或心理学规律；第二点关注的是法律裁判的艺术或技艺(craft)，并且在此领域内的一般化都是司法技术的原则；第三点与裁判的评估与证成有关。

这些区分非常重要，因为有时候人们会主张，由于法官经常在没有经过任何计算或推论过程的情况下作出裁判，而法律规则或先例在其中具有重要地位，因此从法律规则中演绎出任何裁判的主张是错误的。这种论证令人困惑，因为一般而言，问题不在于法官以何种方式或者应该以何种方式作出裁判，而在于他们在证成裁判时所遵循的标准，无论是如何达致的。在对裁判的评价中，无论是通过计算还是直觉的跳跃(intuitive leap)作出裁判，逻辑的出场或缺席都可能成为一种现实。

清楚的案件与不确定的规则　当把上文指出的问题区分开，就会出现两组问题。第一组问题关注“清楚的”案件中法院的裁判，清楚的案件对单个法律规则的适用性及其意义没有疑问；第二组问题关注的裁判中，得到承认的相关法律规则与先例具有不确定性。

即使法院承认一条事先存在的法律规则单独决定了特定的结论，一些理论家仍然主张这是不可能的，因为法院总是“有得选择”，而且反过来说，这只能是事后追认（ex post facto）的合理化确认。这种怀疑主义，往往产生于发现方法问题和评价标准问题的混淆，上文已经提及。然而，有时它会通过援引一些事实来支持这一观点：即使法院未能通过适用一条清晰可适用的规则来得出确定的结果，这也不是应予处罚的过错，而且其所作的裁判仍然具有权威性，如果这是由最高法院作出的话，它还具有终局性。因此，有人主张说，尽管法院在裁判过程中会表现出某种程度的规律性，但它们从来没有被约束这样做；他们总是能自由地作出与之相反的裁判。最后这些论证依赖于对裁判的终局性和无误性的混淆，也依赖于对“被约束”尊重法律规则这个观念的有争议解释。

然而，不管这种特点的怀疑论多么难以令人接受，但它的确有助于强调，要想详尽说明是什么使一个“清楚的案件”清楚，或使一个一般性规则明显和唯一地适用于特定案件，都是一个颇有难度的问题。规则不会要求它们自己的实例，而事实情况也不会等待法官整齐地将适用于它们的规则标出来。规则不会提供它们自身的适用，即使在最为清楚的案件中也必须有人去适用它们。清楚的案件是指那些人们普遍同意它们处于一项规则的范围内的案件，而且人们很容易将这种同意简单地归结为这样一个事实，即在使用共同的语言习惯时，必然存在这种同意。但这可能过分简单化了，因为它没考虑语词的法律使用中的特殊习惯，这些习惯可能偏离了语词的通常用法，也没有考虑到这种方式，即语词的意义可以通过参照成文法的目的得到清晰把握；这些目的本身要么被明确陈述，要么被普遍接受。对这些问题的充分探讨，是法律解释研究的主题。

那些不能表现为从确定的法律规则中演绎出来的案件裁判，经常被描述为恣意裁判。虽然司法过程的经验研究仍有许多，但

如果这种描述以及逻辑演绎与恣意裁判的二分法被认为详尽无遗，那明显具有误导性。当法律规则不能决定唯一的结果时，法官一般不会强行加入他们的个人偏好或盲目地在备选中进行选择；
107 而且，当诸如“选择”与“自由裁量”这样的语词，或者诸如“创造性活动”与“填补性立法”(interstitial legislation)等短语被用于描述裁判时，这并不意味着法院在裁判时真的恣意裁判，而没有为他们的裁判阐明理由——更不意味着任何法律体系会认可此类裁判。

至关重要的是，有待裁判的案件绝非在真空中产生，而是产生于规则的工作机构的运作中，在这种规则的运作中，各种不同的考量因素不断被确认为裁判的好理由。这些考量包括各种各样的个人与社会利益、社会与政治目标以及道德与正义的标准；而且，它们被笼统地表述为原则、政策与标准。在某些案件中，可能只有一种考量是相关的，而且它可能像决定法律规则那样，毫不含糊地决定裁判。但在许多案件中，情况并非如此，法官为支持其裁判会整理出多种考量，他们认为这些考量联合起来足以支持他们的裁判，尽管每个单独的考量都无甚帮助。这些考量经常发生冲突，法院不得不去平衡和权衡这些考量，并决定它们的优先次序。当法院必须从供选择的规则中——这些规则能够从先例中提取——作出选择时，或者当法院考虑当下的案件在有关方面是否与过去的某个案件具有充分相似性时，相同的考量(它们互相冲突时，也需要相同的权衡)会影响先例的使用。

也许大多数现代作家到此为止都会同意这种关于法律规则不确定的司法判决的看法，但超出这一点，分歧就产生了。有些理论家主张，尽管与案件相关的那些因素种类各异且经常相互冲突，但

在任何一个案件中，若说一个裁判就是**那个**（*the*）唯一的正确裁判，并且法官的责任是发现它，仍然是有意义的。他们可能会主张，一项司法选择或偏好不会变得理性，因为只有在法官考虑了支持和反对它的各种因素后，它才会被采纳。

其他理论家可能会批评这样一种观念，即在此类案件中，总有一个唯一正确的裁判。尽管他们完全同意，很多裁判可以被明确地视为不正确而加以排除。他们可能会主张，在冷静公平地考虑 108
相关考量的过程结束时，法院所做的和法院所能做的，就是选择它们认为最能获得支持的备选选项，而且他们完全可以承认，另外一位同样熟练且公正无私的法官可能会选择另一个备选选项。这些理论问题与哲学上讨论道德论证时出现的许多问题并无不同。诸如“选择”“自由裁量”以及“司法造法”等术语，难以公正地反映深思熟虑裁判的现象学：它的非自愿（involuntary）感觉或甚至是不可避免的特征，往往标志着冲突考量之深思熟虑的终止。在决定将一个新的案件纳入规则范围或排除在外时，往往是出于这样的认识，即它们是一系列裁判的“自然”延伸，或者符合规则的“精神”。这同样为真。如果以这些方式达致裁判的法律人之间，对于判决没有达成一致同意，我们就不应该对这些裁判赋予重要意义和价值，也不应该认为这些裁判是通过理性的程序作出的。然而，无论在道德论证中如何，但是在法律上，似乎很难证实这种主张，即面对一系列相互冲突的考量，法官必须始终预设，存在解决冲突的唯一正确办法，并且努力证明他发现了它。

证据规则　法院听取并评估证人的证词，从其他陈述中推论出事实陈述，并采纳一些陈述为可信陈述或比其他陈述更可信，或

者采纳为“排除合理怀疑”（beyond reasonable doubt）的陈述。当谈及这些活动中表现出来的特殊法律推理模式以及法律证明不同于普通证明时，往往是指证据法的排除规则（这常常会要求法院在确定事实问题时，忽略在逻辑上相关的问题），或者指各种假定，这些假定对逻辑上相关的考量，给予比普通推理标准更多或更少的分量。

最为知名的排除规则例子是那些针对“传闻证据”（hearsay）的规则，这些规则规定（特定例外情况除外），作为事实陈述的证
109 据，证人的呈堂报告陈述来自另一个人，无论多么可信，法庭都不可采信。另一个例子是这样一条规则，当一个人被控某罪时，他过去的定罪以及干犯类似罪行的倾向的证据，都不能采纳为证明他犯了所控之罪的证据。一个规则的例子——比之普通标准，该规则可能会给特定事实更大或更小的证明力——是这样的假定，即除非可以排除合理怀疑证明相反的情况，否则妇女在婚姻存续期间所生的孩子就是婚姻双方的孩子。

这些规则及其例外情况的适用所产生的结果似乎是自相矛盾的，尽管从法院在审理案件时必须满足的许多不同社会需要来看，这些结果是合理的。因此，众所周知的传闻证据规则的例外情况是，如果陈述报告是在违反陈述人利益的情况下作出的，那么它就能作为事实陈述的证据被采信，法院可能会发现某男与某女通奸而犯了通奸罪，但却无法得出她与他通奸而犯了通奸罪的结论。逻辑学家可能用以下句子来表达矛盾的解决：从 p 推出 q 的事实，不能得出从“据法律证明 p”（it is legally proved that p）推出“据法律证明 q”。

除了这些悖论外，证据规则的适用还涉及具有相当哲学重要性的区分。因此，虽然一般而言，法律把陈述报告排除在事实陈述证据之外，但它也会出于其他目的采信该报告，并且在事实上区分了事实陈述与奥斯汀说的述行性言说（performatory utterances）。是故，如果争议主题是某人是否曾作出承诺或打赌，那么他说出的话在特定语境中意味着承诺或打赌，这样的报告就可采信。因此，一个人对其当下的精神状态或感觉的陈述报告也可以采信，而且，一些理论家证成了这一点，其理由在于，这种第一人称陈述被等同于表现不确定的精神状态或感觉的行为。

三、法律批评问题

分析与评价　区分关注法律和法律概念分析的探究与关注法 110
律的批评或评价的探究，初步看来，似乎不仅是可能的，而且也有必要。然而，法律的评价性中立或自主性分析研究的观念不仅受到质疑，而且还被现代批评家认为是法律实证主义浅薄和无用的标志，据说法律实证主义不关心人们通过法律追求的价值或目的。

对于纯粹的分析法理学，人们提出了许多反对意见。有些反对意见把它与以下观点相提并论，或者意味着对以下观点的承诺：法律体系是一个封闭的逻辑结构。其中，特定案件的裁判从事先存在的清晰规则中“机械地”演绎出来，对这些规则的识别与解释不存在选择问题，也不涉及价值判断。其他批判者主张，任何对法律概念进行定义的严肃要求都至少必须包括指导的请求，在相关法律规则不清晰或者不确定时，说明应如何以最佳方式确定涉及不确定概念的个案。这些批评家假定，任何关于"权利"或"义务"等表述之意义的问题，与法律上应承认何种权利或义务的问题不同，它们都是可以通过参考词典来解决的琐碎问题。还有人主张，由于法律体系的维持和法律的典型运作（立法、裁判和法律事务的实现）都是目的性活动，因此不考虑法律对于人类目的是否具有充分性，而将法律或法律现象孤立起来的研究，都是一种极端错误的抽象，这种抽象必将导致误解。

上述观点似乎都不构成严肃的反对意见。源于法律规则相对不确定性的个案裁判的困难十分重要，但它们与前述的分析性问题不同，即使在法律规则清晰的情况下，分析性问题仍然有待回答。因此，从规范性与预测性立场看待法律的孤立性（isolation）与特征描述（characterization），以及法律事务中主客观因素之间相互作用的精确方式，它们都绝非可以从字典中发现之物。但是，在

111 分析法律义务、法律权利或合同的观念时，对它们的关注却必不可少。当然，这种主张也有其合理性：为理解特定的法律制度或法律规则的特点，必须理解它们所要实现的目标和目的。由此，除了参考施加于征税的目的，否则我们无法区分征税与罚款；但是，承认这一点并不意味着放弃法律的分析性研究，转而投入评价性研究的怀抱。将某物识别为特定目的的工具，就会留下它是好是坏的问题，尽管此种识别暗示了某种标准的存在，根据此一标准，问题即可获得解决。在任何情况下，对法律规则的许多特点进行研究，可以从这些法律旨在实现的目的中抽离出来，从而受益。

评价的判准　尽管如此，反对将分析性研究与批评性或评价性研究割裂开来的观点，往往有助于强调某些重要的方面，即使这

么做误用了他们表面上的目的。这些反对观点通常伴随着一般性论题(thesis),有时候也会与之混淆,这种一般性论题关注特别适合法律的批评标准和原则。这种论题(在法哲学史上曾有多种不同表现形式)是,无论是什么案件,无论该案件伴随着其他领域的价值判断还是关注个体活动的道德判断,区分善法恶法的判准并不只是反映人类的偏好、品味或惯例,它们会随着社会或时间的变化而不同;毋宁说,它们是人类性质的某些恒定特征和人类必须与之抗争的自然环境决定的。

自然法学说以其各种传统形式体现了这种论题。然而,在自然法学家使用自然和理性概念时,存在一些模糊与形而上学预设,这使得他们的学说难以为现代大部分世俗思想所接受;而且,他们常常把他们关于法律与社会制度所应遵循的原则的重要论证,与旨在表明在法律或法律效力的定义中必须提及的道德或正义的论证混为一谈。尽管如此,厘清这些缠夹不清的问题仍是可能的,一
些重要的现代哲学论证涉及能否以一种可接受的形式重述这种主 112
张,即对法律的评价或批评,存在确定的客观或者理性判准。在这里,这些论证将结合实体法、程序法以及正义和功利观念进行概述。

实体性法律　目的无限繁多,包括人类在社会中追求的目的,以及人类为了实现它们而使用法律作为工具的目的,并且,人们对这些目的的重视程度和对这些目的的道德判断也各不相同。但是,这种论证的最简单形式是,评价一个法律体系具有特定的不变标准,体现在阐发这个真理:如果法律作为实现人类目的的工具具有任何价值,那么它就必须包括有关社会生活基本条件的特定规

则。因此，任何一个现代国家的法律体系和任何经久不衰的法律体系都包括限制滥用暴力、保护某种形式的财产与履行某种形式合同的规则，这不仅仅是真的，而且十分清楚的是，如果没有这些规则提供的保护与利益，人们在追求任何目标时都会严重受阻。因此，规定这些东西的法律规则是基本的，因为没有这些规则，其他法律规则将会不得要领，至少只能磕磕绊绊或毫无效率地运作。根据某一法律体系缺少这些规则而对该体系提出批评，只有在个案中证明这些规则不必要才能驳斥这种批评，因为该法律体系下的人类或自然环境在某种程度上过于特殊，即它们缺乏人或物通常都具有的某些显著特征。这是因为，这些规则的必要性源于一些熟悉的自然事实：人们不仅容易遭受暴力，而且还试图相互使用暴力；食物、衣服以及蔽寒之所等对人之存在必需的东西，并非天然就是无限丰富的，而是必须要通过人的努力来种植与制造，因此需要法律保护生长与制造期间不受干扰，并在消耗之前得到安全的保管；而且，为了确保自然资源的有益发展所需的相互合作，人
113 们也需要法律规则使他们能约束自己未来的行为过程。

沿此思路的主张，可以被看作是与更富于雄心的自然法目的论学说相对应的温和经验论学说，根据这种主张，管治人类行为有特定规则，这些规则可以被具有理性的人视为能使人们达到某种特殊的人类的最佳状态或目标（*finis*，*telos*）的必要条件，这种状态或目标由自然或（在基督教学说中）上帝赐予。这套理论的经验版本只是假定，无论法律还服务于其他什么目的，为了追求目标时更有效率，它们必须——对于任何理性人来说都是可接受的——能让人们生活和组织他们的生活。当然，可以质疑这种假设，并且

否认以下事实与法律批评有任何关系，该事实是，如果要满足人类的基本需求，就必须有某些规则。但这种否认似乎只有作为具体的宗教学说才可以理解，这种学说认为法律是神意的表达。那么可以主张，人们的生活应该由法律来调节，不是为了推进任何人类的长远的世俗目标，而是因为跟上帝意志保持一致本身就是功德(meritorious)或义务。

根据保护人身和财产免受暴力侵害的人类需求以及合作的人类需求而作出的经验性论证，有一个更重要的反对意见，它主张尽管这些都是人类的基本需求，但法律体系的强制性规则并不必提供这些需要。可以说，所有社会公认的道德提供了一个充分满足这些需求的约束体系，绝大多数人戒绝谋杀、盗窃以及背信弃义，不是因为惧怕法律制裁，而是出于其他理由，通常是道德理由。在这些情况下，法律体系将其关注的问题限制在公认的道德保持沉默的问题上，那么这样的法律体系也许没有缺陷。

但是，看起来很清楚的是，除非是在最简单的社会形式中，否则离开社会道德本身，就不能充分提供社会生活的基本需求。很可能对于大部分人来说，当他们相信自己通过法律上的惩罚、惩罚的威胁以及身体上的限制而受到法律保护，免受犯罪分子侵害，那
么他们自己也会为了和平与有益的共存而自愿服从必要限制。但 114
这并不意味着，没有法律保护，自愿服从这些限制也是合理或可能的。无论如何，社会道德的规则与原则遗留了太多的争论，争论的问题都是道德限制的准确范围与形式。对于区分谋杀和袭击与可宽恕的杀人和伤害，以及对于界定受保护的财产形式和详细规定需要履行的合同形式，法律规则都需要提供更多细节。因此，不能

因为社会道德的存在使它们可有可无，而在法律体系中省略这些东西。

程序性法律　不管法律在内容上如何完善，都有可能对人类没有用处，并且可能造成不公与不幸，除非它们普遍符合某些特定要求，可以笼统地称其为程序性要求（与上文讨论过的实质性要求对比）。这些程序性要求与以下问题有关：法律规则的普遍性，表达的明晰性，颁布的公开性，制定或者颁布的时间，以及在司法中它们适用于个案的方式。除某些特殊情况外，这些要求被称为合法性原则：法律应该是普遍性的（应该适用于各类人、事以及情况，而不仅仅涉及个体或特定行为）；应该避免矛盾、模糊和晦涩；应该公开颁布并易于理解；不能够溯及既往。这些原则要求法院在对特定个案适用一般性规则时不能有个人利益或者其他偏见，并且要听取纠纷双方对法律问题的争论以及事实问题的证明，这些原则通常被称为自然正义规则。这两套原则共同界定了法治概念，而绝大部分现代国家至少在口头上是这样做的。

这些要求以及遵守这些要求赋予法律的具体价值，可以从两个不同角度来看待。一方面，它们最大限度提高了法律所要求行为的可能性；而另一方面，它们向那些自由受到法律限制的人提供
115 特定的信息与保证，帮助他们在法律的强制框架内规划自己的生活。这些价值的结合，很容易看出普遍性、明晰性、公开性与不溯及既往等要求。因为，替代一般性法律规则控制的是官方向特定个体发布的命令，要求他们做或不做某些特定行为；尽管在所有法律体系中，都可能出现此类官方命令，但没有一个社会能够有效提供足够的官员，使官员的命令成为一种主要的社会控制形式。

因此，清晰制定并公开颁行的一般性规则是最有效的社会控制形式。但是，从个体公民的视角来看，它们还不仅如此：如果他要预先知道在他可能发现自己的不同情况下，他的自由会以何种方式受到限制；如果他需要这种知识来规划自己生活；那么他就需要它们。这种对法律的主张，在要求行动过程而非特定行动的意义上是普遍性的。这种普遍性主张，在适用于各类人的意义上是不同的。即此类规则给予个体的好处，是知道除他自己以外的其他人的行为将会受到的限制。在保护或有益于个体的法律限制下，这种知识会增强他预测和规划未来的信心。

关注裁判过程的自然正义原则的价值，与合法性原则的价值密切相关。法院应该公正无偏并听取争议双方的主张与证据，这种要求是客观性的保证，客观性会增强制定法根据其主旨得到适用的可能性。如果认真对待作为管制方法的一般性规则的承诺，那么就有必要通过这种方法来确保司法裁判与制定法之间的一致性。

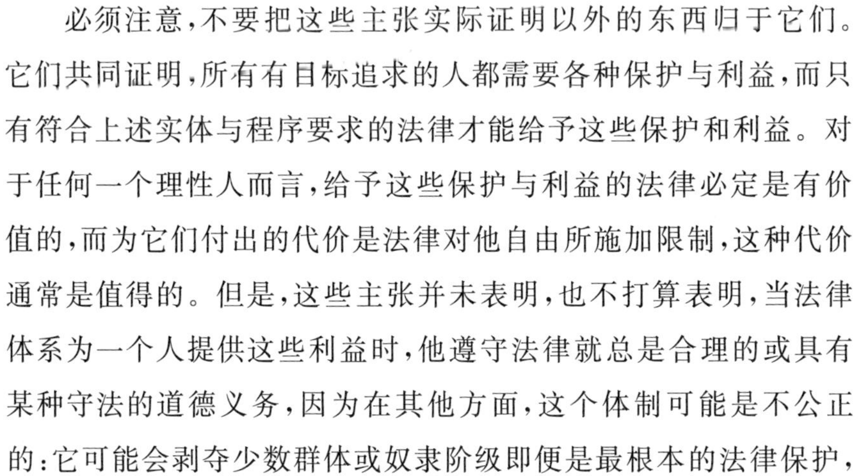

必须注意，不要把这些主张实际证明以外的东西归于它们。它们共同证明，所有有目标追求的人都需要各种保护与利益，而只
有符合上述实体与程序要求的法律才能给予这些保护和利益。对 116
于任何一个理性人而言，给予这些保护与利益的法律必定是有价值的，而为它们付出的代价是法律对他自由所施加限制，这种代价通常是值得的。但是，这些主张并未表明，也不打算表明，当法律体系为一个人提供这些利益时，他遵守法律就总是合理的或具有某种守法的道德义务，因为在其他方面，这个体制可能是不公正的：它可能会剥夺少数群体或奴隶阶级即便是最根本的法律保护，

或者在其他方面造成不公或不幸。

正义与功利　平等给予人身和财产全面的基本法律保护，现在普遍被视为政治制度之道德性的基本要求，而且剥夺这些对无辜之人的保护则是公然的不正义。即使在这些保护被剥夺的情况下，人们也常常对平均分配原则许下空头承诺，借口说受歧视的人要么意图犯罪（如果不在行动上），要么像儿童一样，无能力从法律赋予的自由中获益，而且他们确实需要某种更为家长式的政权。

不同的道德哲学对平等原则提供了不同辩护。这里要考虑的问题，是为了说明在法律批评中出现的、关注功利与正义概念之相对位置的问题。功利主义的核心原则，就其提供的法律之道德批评而言，可以表述为这种学说：在法律安排（legal arrangements）中只有一种恶，即它们不能在其范围内为大多数人带来最大可能的幸福总量（total of happiness）。总体幸福或快乐或满足的概念毫无疑问开放给众所周知的反对意见。但在任何解释上，如若不加以限制，功利主义原则必定会认可这样的法律或社会安排：只要它们给某些人带来的利益大于给其他人带来的不利。对于一个始终一致的功利主义者而言，没必要承诺任何要求平等分配的原则。

然而，在有些情况下，如果考虑到边际效用递减原则，就可以表明，平等分配最有效率，带来最大的幸福总量。但对功利主义者
117 而言，这是一个需要在每个案件中确定的偶然问题，而非道德原则或正义问题；当问题关涉人身或财产的基本法律保护的分配时，似乎没有令人信服的功利主义论据支持平等分配。因此，奴隶主阶级会从奴隶制中，获得大于奴隶痛苦的利益。边沁主张情况并非如此，由于奴隶劳动效率低下，因此，他反对奴隶制；但他的反对奴

隶制是因为低效率而非不正义。显然，对于人人在道德上都应该得到法律平等保护这一原则而言，这种形式的主张是一种非常不牢靠的基础；而且似乎很清楚的是，仅凭功利主义原则不能说明附着于平等上的道德重要性，并且一般而言，与效率概念不同，公平分配概念是一种达到幸福的手段。

支持平等分配基本法律保护之道德主张的最简单形式是，将任何一个理性人都不会希望自己被剥夺的基本法律保护的想法与道德判断普遍性的原则结合起来：关涉社会与法律安排的道德判断必须符合这种要求，即在需求和类似他自己的环境下，任何人都不能认为否认他人的利益是道德上可以接受的，而他自己也不愿意这些利益被否认。如果承认这个原则，那么它就不能成为接受法律安排的充分道德根据，这种法律安排即给某些人带来的好处大于给其他人所带来的坏处。平等地扩大法律的所有保护范围，不仅满足了功利原则（法律应增进人类幸福），也满足了独立的正义原则（获得的幸福应公平分配）。根据这种功利主义的限制形式，最好的法律与社会安排能够实现最有效的公正分配。

有人提出更富雄心的主张，它们表明，在基本法律保护的分配以外的领域，只有受到独立的公正分配原则的限制，功利主义才是可以接受的，同时也表明正义所要求的分配，在所有领域都是初步的平等分配，除非可以证明不平等最终是为了所有人的平等利益。118
无论这些更具一般性的主张有多大力量，就许多法律制度而言，不受其他正义原则限制的功利主义，确实会导致许多在道德上不可容忍的结果。在惩罚方面更是如此。在所有文明的法律体系中，人们已经认识到，任何人都不应受到惩罚，除非是他自己的行为，

并且(在轻微违法的情况下有一些例外)只有在他自愿或在其控制范围内，他的这种行为才应受到惩罚。这种对惩罚范围的限制，对于被惩罚的个体来说，似乎是显而易见的正义要求，但它们能否以纯粹的功利主义根据得到支持，至少是有疑问的。

守法义务　对守法义务进行哲学探究，要求对该主题的功利主义面向与其他道德面向进行区分。这种面向与被勾勒的正义轮廓有相似之处。似乎很清楚的是，在任何一个可理解的道德理论中，仅仅存在一个法律体系，而不考虑其法律的特征如何，不足以支撑这种主张：一个人在道德上应该去做法律所要求之事。然而，也有强有力的主张反对守法义务的纯粹功利主义理论，这种主张把守法义务简单地视为促进幸福之义务的特殊情况，它的逻辑推论是，如果不服从坏法律的后果(包括通过削弱法律体系的权威性而给他人造成的任何损害)在功利主义理论方面好于服从的后果，那么这种不服从就是正当的。在这种功利主义理论不能说明的道德境况的特点中，有两点特别重要。第一，守法义务被认为是公民因凭借作为同胞的关系，而对自己社会的成员所具体负担的义务，不仅仅被认为是对一般人负有不造成伤害、损害或痛苦之义务的实例。第二，人们往往被认为有某种守法义务，哪怕很清楚他们的不服从只对法律体系的权威造成很小伤害或没有伤害，就好像在某
119 些情况下(例如依良心而拒服兵役的情况)，不服从法律的人甘愿接受惩罚。

社会契约论关注守法义务的这两个方面，而且从契约论中虚幻的或其他令人讨厌的东西里，可以分离出某些考量，这些考量表明，守法义务可能被视为公平对待他人的义务，它独立于功利或与

功利相冲突。其中所涉及的原则，以最简单的形式说明，就是当一些人以某些规则限制他们的自由，以获取某些以其他方式难以获得的利益时，那些因他人服从规则而获得利益的人，在轮到他们的时候有义务服从。这一原则与功利原则可能存在冲突，因为即使大部分人不合作，不在轮到他们时服从规则，这种限制所确保的利益也往往会出现。对于功利主义者来说，如果合作对确保制度的利益没有必要，那么任何人都没有理由去服从法律规则。的确，如果一个人确实合作了，他就会因为没有最大化幸福总量而感到愧疚，因为如果他从法律体系获取利益，而不服从体系的限制，那么幸福总量反而会最大化。如果所有人都拒绝进行合作，那么这种体系将会难以产生预期的利益或将会崩溃；如果如通常的情况那样，众所周知的是不存在这种广泛的拒绝，那么以上的考量在功利计算中将无关紧要。

附　　录

参看下列批评与评论：

1. R. Nozick, *Anarchy, State, and Utopia* (Oxford, 1974), 90-95.

2. A. J. Simmons, *Moral Principles and Political Obligations* (Princeton, 1979), 101-142.

3. D. Lyons, *Forms and Limits of Utilitarianism* (Oxford, 1965), 190, 195.

4. R. J. Arneson, "The Prince of Fairness and Free-rider Problems", *Ethics*, xcii(1982), 616-633.

第二部分

美国法理学

第四篇　英国人眼中的美国法理学：噩梦与高贵之梦 123

鄙人斗胆向美国听众就美国法理学主题发表演讲，实在有点汗颜。你们完全可以料到，就这么一个宏大主题，仅仅在这么一个演说里，不可能得到很好解决，而且，如果它可以得到很好的解决的话，那么这也是留给美国人而非一个来去匆匆的英国人的任务。我承认，我难以令人信服地回应这个缺陷，只能说，一个远观者的惊鸿一瞥，却可以清晰地窥得高山之一斑。

当然，我意识到这需要谨小慎微。贵国最为伟大的小说家亨利·詹姆斯（Henry James）在《美国景象》（*The American Scene*）中说："那些大城市的观察者往往会犯简单的错误，当他发现此处时，彼处或其他处又会有更为壮观的地方撞入眼帘……"[1]这是对于粗率的概括或过度简化的警告，而且毫无疑问，警告是有益的，因为正如其所表现的那样广阔而又多彩多样，美国总是诱惑着欧洲观察者根据某些表现得单一而明显的与欧洲相对的面貌，去描述美国生活或思想的某些领域的特征。我也必须承认，我自己就

---

① Henry James, *American Scene*, 99-100(1907).（此书中译本已由容新芳、杜曼译出，海南出版社 2002 年出版。——译者）

有一种受这种诱惑强烈影响的倾向，并由此来总结美国法理学的特征，即美国人关于法律一般性质的学理思考。我以一些绝对化的术语向你们讲述这种思考，它的特征是注重——几乎也可说是迷恋——司法过程，即在裁判具体案件时，法院做什么以及应该做什么，法院如何以及应该如何推理。而且，我能引证过去八十年里美国最为杰出的法学家来支持这一点。比如，霍姆斯大法官在1894年曾说过："卑意所谓法律者，即此法院实际上将会作出什么
124 之预言也，而绝非什么矫饰浮夸之辞。"②伟大的哈佛法学家约翰·奇普曼·格雷(John Chipman Gray)在世纪之交的时候也曾写道："国家的法律或者任何人类组织体的法律都由一些规则组成，这些规则是法院——也即那一集合体的司法组织，在确定法律权利与义务时制定的。"③另外一个晚近一点的法学家卡尔·卢埃林(Karl Llewellyn)也在1930年时说："那些官员们(主要指的是法官)面对争议时的所作所为，于我而言就是法律本身。"④而就在几年前，哈佛大学的贾菲教授在牛津向我们演讲时也说，那个问题，即一个民主国家中的司法功能是什么的问题，对美国最为重要

---

② Holmes, "The Path of Law", in O. W. Holmes, *Collected Legal Paper* 173 (1920).(此处采用了许章润先生的传神之译。译文见〔美〕O. W. 霍姆斯《法律之道》，许章润译，《环球法律评论》2001年秋季号，第322—332页。——译者)

③ J. C. Gray, *The Nature and Sources of the Law*, 84(2nd edn., 1921).

④ K. Llewellyn, *The Bramble Bush*, 3(1930). 但是，卢埃林在第二版中收回了这些话，把它们看作是"不恰当的"，"充其量是对整个事实以偏概全的陈述"。同书第9页(2nd edn., 1951)。

的法律人而言也是一个难以定夺的痛苦问题。[5] 但是伟大的思想不能用脱离上下文的格言来评价,而重温亨利·詹姆斯的警告,我将在这个演讲中用绝大部分篇幅集中于美国的司法过程,我仅仅想说,这**是**与我们自己形成鲜明对比的美国法理学的一个非常明显的特征。

对这种集中我可以做简单的解释,毫无疑问,法院首先是美国的联邦最高法院,在美国政府中所扮演的耀眼地位。用托克维尔的话来说就是,“美国产生的政治问题很少最终没有成为司法问题的,或迟或早,它们都要成为司法问题”[6]。英国法律人将会注意到,有两个因素捍卫了最高法院所扮演的角色及其不同于英国也不同于任何其他国家的独特地位。首先当然是最高法院自己的意志,它认为它有审查并宣布违宪的权力,并因此宣布国会法案与州立法无效。[7] 第二点是最高法院的教义,根据《美国联邦宪法》第五修正案以及后来的第十四修正案,非经法定程序,任何人都不能被褫夺生命、自由或财产,这不仅涉及形式与程序问题,也涉及立法的内容。因此,令一位英国法律人讶异的是,即使国会制定的成 125
文法清晰澄明而完善,并且以绝大多数通过同时又能满足宪法的所有明确规定的程序性要求,仍然可能被宣布无效;仅仅因为它涉

⑤　L. Jaffe, *English and American Judges as Law Makers*,9 (1969).(哈特原文用的是“is”,并用斜体强调,意在强调单数形式,说明自己只讨论与英国相比之美国法理学的一个明显特征。而汉语系动词无单数形式,翻译也难以体现,特此说明。——译者)

⑥　A. De Tocqueville,*Democracy in American*,280(P. Bradley edn.,1945).(此书中文版已由董果良先生译出,商务印书馆 1989 年出版。——译者)

⑦　参见:*McCulloch v. Maryland*,17 U. S (4 Wheat.) 316 (1819); *Marbury v. Madison*,5 U. S. (1 Cranch) 137 (1803).

及个人自由与财产的部分不能满足合理性(reasonableness)或可欲性(desirability)这些难以界定而晦暗不明的标准的要求。这个信条被称为“实质性正当程序”(substantive due process)。⑧

此教义一旦被采信,就保证了美国法院大范围的审查权,并且使得它们在一个有争议的价值判断上漂泊。而且日益明显的是,这些权力不仅监控立法的形式与程序也监控其内容,当运用这些权力时,法院的所做所为将大不同于传统法律思想和在所有国家中所认为的标准司法功能:将确定的现行法律规则公正无偏地适用于解决纠纷上。而且,对英国法律人而言,乍看之下,法院的所作所为,在民主体制中尤其难以得到证成。

事实上,最高法院所作的那些著名判决一度如此重要,并且在特征上如此富有争议,而且与普通法院通常在判决案件时的所作所为是如此的不同,因此没有任何严肃的法理学或法哲学能够避开这些问题:什么一般性法律性质观念与这些司法权力相适应。

---

⑧　对于这一教义的发展可以参见:*Allgeyer v. Louisiana*,165 U. S. 578(1897)(第十四修正案“契约自由”禁止政府规制财产主与国外的保险公司签订海事保险合同);*Lochner v. New York*,198 U. S. 45(1905)(第十四修正案“契约自由”禁止政府规制面包店雇员每天或每周的最高工时);*Adair v. United Sstates*,208 U. S161(1908)[第五修正案“契约自由”不允许联邦禁止洲际铁路雇员在签订用工合同时的“黄狗(yellow dog)”契约。(“黄狗契约”指的是签订合同时不许工人组织、支持和加入工会的契约。——译者)];*Coppage v. Kansas*,236 U. S. 1(1915)(第十四修正案“契约自由”不许政府禁止“黄狗”雇用合同);Adkins v. Children's Hosp.,261 U. S. 525(1923)(第五修正案“契约自由”禁止哥伦比亚特区规定向女工支付最低薪水)。[根据美国学者和联邦最高法院的解释,正当法律程序可以分为实体性正当程序和程序性正当程序(procedural due process)两大理念。前者是对联邦和各州立法权的一种宪法限制,它要求任何一项涉及褫夺公民生命、自由、财产的法律都必须是合理的,不能反复无常,而应符合公平、正义、理性等理念;后者涉及法律实施的方法和过程,它要求用以解决利益争端的法律必须是公平合理的。——译者]

当然，美国法理学没有规避这个问题，在发展理论说明——或搪塞——这一富有争议的司法现象时，它在两个极端之间游移不定，并且有许多中间的居留地（stopping-places）。我希望我的理由会变得清晰易懂，因此我将把这两个极端分别称为噩梦与高贵之梦。

一

噩梦是这样的。法律案件中的诉讼当事人认为，他们有权要 126
求法官就他们的纠纷适用现行法律，而不是为他们制定法律。当然，人们也接受，现行法律不必是也常常不是清晰的，但经过技能训练的法律人能够将之从适当的渊源中提炼出来。但是，对于传统思想而言，法官给人的印象——套用一位杰出的英国法官拉德克利夫爵士（Lord Radcliffe）的话——就是："客观的、公正无偏的、博学审慎的以及老练的法律宣告者（declarer）。"[9]而不能将之与形象完全不同的立法者混同。噩梦就在于，这种区别于立法者的法官形象是一种幻象，它所激起的期待也注定会落空——以一种极端的观点来看，这种期待总是落空；而若以一种较为温和的观点而言，也是常常落空。当然，对《美国宪法》判决过程的仔细检视，似乎支持这种噩梦的观点，并且暗示英国法律人以一种嘲讽的口吻来解释托克维尔的观察：在美国，政治问题迟早要成为司法问题。"也许它们会这样，"一个英国人可能如是说，"但事实是，它们

⑨　Radcliffe, *The Path of the Law from* 1967, at 14(1968).

由美国法官在法院里判决，并不意味着它们不是由政治决定的。因此，如果贵国的宪法已经使其他属于政治的东西变成了法律，那么这就是要冒着将你们的法院政治化的危险这样做。”

因此，一个习惯了英国法院那些较不引人注目的活动的英国人，他可能倾向于同意当代或者后来的一些美国法学家。在内战与新政之间最高法院能动主义(activism)的第一阶段，根据正当程序(due process)条款，它们将各种关于社会与经济福利的立法、确定最高工时的法规、最低工资制的法规、价格控制的法规等诸如此类的法律统统归入违宪行列。[10] 这些美国法学家指责大法官们充当了第三立法机关。根据他们的批评者，那个阶段的法官利用传统上关于司法过程的神话，为他们个人的**自由放任**的政治和经济
127 理论打掩护，并为美国大企业订立了“大宪章”(Magna Carta)；好像这就是公正无偏地适用确定的法律规定，这些规定不知何故已经蕴含于“正当程序”的短语中，并且被认为高于政治或仅仅是政治判断。但是各种经济自由并非自由的唯一形式，而且在其当代第二个司法能动主义阶段，也就是在我们今天，法院利用它们的司法审查权来实现绝大部分的法律改革，而在许多其他国家，即便有这些变革，也是在经过艰苦的议会斗争之后才实现的。这提供了一系列不同的例子来支持噩梦说，即司法过程仅仅是隐秘立法(crypto-legislation)。对于一个英国人来说，现代最为著名的例子是法院在1973年的一个判决，这个判决废除了在联邦许多州有百

[10] 参见本篇注释8。

年之久的反堕胎法律；在此问题上，一直有道德观点反对改革。[11]在达成改革的过程中，一次司法的成就，超过了我国五十年来八次议会斗争中最后一次的成果。而且，这是以享有隐私权的母亲的名义达到的，这是一个宪法本未涉及的权利，但是根据正当程序条款它被视为一项基本自由。霍姆斯大法官在一个著名的反对意见中，反对他那个时代贯彻自由放任政策的判决，说第十四修正案并未认可赫伯特·斯宾塞*的《社会静力学》(*Social Statics*)及其自由放任主义哲学。[12]如果他能活到今天这个时代，他也许会反对说，第十四修正案从未认可约翰·斯特亚特·密尔的《论自由》。

鉴于这种历史，说美国法理学思想的一个重大分支应该关注噩梦说的表达，就不令人奇怪了。与其表现的相反，法官在创制他们适用于诉讼当事人的法律，而不是作为公正无偏的、客观的现行法的宣告者。对于一个英国法律人来说，只要他稍微熟悉一些相关的宪法史，他就会很容易理解这一点。依然令人奇怪的是，在这种法理学的某些变体中，一些应由严肃的美国法学家所提出的噩梦说，不仅仅是作为特定类型疑难裁判方式的特征——正如在宪法裁判的情况下，这里的一些笼统的话语如“正当程序”或“法律的 128

---

⑪ *Roe v. Wade*, 410 U. S. 113(1973); *Doe v. Bolton*, 410 U. S. 179(1973).

* 赫伯特·斯宾塞(Herbert Spencer, 1820—1903)，19 世纪后半期到 20 世纪英国著名的实证主义哲学家、社会学家和教育理论家。他生于德尔比，父早亡，只读过三年小学。自幼对动植物有兴趣，通过自学对数学和机械学有相当素养，曾做过工程师、经济学杂志编辑，后来专心著述。早在 1850 年他就开始论及进化的问题，并引起人们的注意。《社会静力学》是斯宾塞第一部学术著作，问世于 1850 年 12 月，是他研究社会和政治学说最为重要的著作之一。——译者

⑫ *Lochner v. New York*, 198 U. S. 45, 75(1905)(霍姆斯法官的反对意见)。

平等保护”等,不知何故都适用在个案中——而且,好像判决**本质上**是法律创制的一种形式,而绝不是一个宣告现行法律的问题;同时还有这样一种暗示,在这些被传统掩盖的神话烟消云散、真理被掌握之前,就难以真正理解法律的本质。我已经说过,严肃的法学家们在这里用的是“**好像**”一词,并非他们真的相信如此;因为我同意一位最近的历史学家的观点,他研究 1920 年代与 1930 年代的美国现实主义运动,其中噩梦说最受认可;同意他的是,那些许多看来大力鼓吹某种宣教、并大胆地用煽动性口号来推动的人,其意思远远不如口号所表达的那样夸张。[13] 套用霍姆斯的著名评论来说,这自然是正确的:“卑意所谓法律者,即此法院实际上将会作出什么之预言也,而绝非什么矫饰浮夸之辞。”[14]毫无疑问,卡尔·卢埃林的这句话也是对的:“法官就争讼之所作所为……本身就是法律。”尽管很难从杰罗姆·弗兰克(Jerome Franks)[15]的《法律与现代精神》(*Law and Modern Mind*)中得获片言相同的看法;此书在 1930 年代被欢呼为经典。有一种信念认为,必定有一些法律规则对法官具有约束力,他们只能适用但不能创制它们;就在具体个案上的适用而言,这种信念在书中被诬为一种拜物教或恋父情结(father fixation)的不成熟形式,需要进行心理治疗。

当然,霍姆斯没有走到这么极端的一步。尽管他宣称法官的确并且必须在某些方面立法,但他也承认,有范围相当广阔的制定法和可靠的普通法的既有规定,比如对合同中对价

---

⑬ 参见:W. Twining, *Karl Llewellyn and the Realist Movement*, 380 (1973).

⑭ Holmes, “The Path of Law”, *supra* n. 2, at 173.

⑮ 参见:J. Franks, *Law and Modern Mind*, 175, 178, 193, 203, 244, 264(1930).

(consideration)的要求原则，以及在美国相对宽松的一些援引先例的要求，它们都足以说明，如果视法官为主要的造法者肯定是荒谬的。因此，对于霍姆斯而言，法官造法的功能是“填补性的”(interstitial)。[16] 霍姆斯的理论并非“高歌猛进并且谴责三段论演绎”的哲学。

尽管如此，在某种程度上英国法学家仍感到困惑，而且在其自 129
身的文献中找不到对应内容。但是，将司法过程视为一种在法律上不受控制的造法行为的噩梦说趋势，在美国法律理论中大体是这样的，哪怕陷于其中的作家，在面对难以控制的事实时，也常常对它进行修正。在美国法学思想中持有此种理论最为显著的例子就是约翰·奇普曼·格雷初版于1909年的《法律的渊源与性质》(*The Nature and Sources of the Law*)。这更像一本英国的法理学教科书，比其他美国人的著作包含了更多不同的话题；至于作者，一位来自哈佛的出色律师，已经接触过并承认深受边沁与奥斯丁的影响。一如英国的作品，它审视了一系列范围相当广泛的论题——法律权利与法律义务、法规、先例、公正、法律与道德——但是它通过这些主题追索了一个十分非英国的话题：构成法律的是法院在判决案件时创制的那些规则，而其他方面，包括制定法及其他过去的先例在内，都仅仅是法律的渊源。对于这个理论而言，18世纪的霍德利主教(Bishop Hoadly)的话再三地被用于印证：“谁拥有解释任何成文法或口述法的**绝对权威**，他就是所有法律意图

---

[16] *Southern Pacific Co. v. Jensen*, 244 U. S. 205, 221(1917)（霍姆斯法官的反对意见）。

和目的的真正**给予者**，而不是最初写就或口述法律的人。”[17]的确，即使是在格雷的书中，这种激进的主题也因为对普通思维方式和表达方式的不一致和让步而变得模糊不清，仿佛即便在一部法理学著作中，常识也会被淘汰。但是事实上，一个富有实践经验与学术经历的极其能干的律师，竟然如此致力于用这种方法来表达对法律性质的一般看法，这表明噩梦观点对美国法律的想象力的强大影响。

与噩梦相互纠结的，还有另一个经久不息的主题。也许，被误用最多的美国法学家的引语，就是霍姆斯在1884年的观察：“法律的生命从来就不在于逻辑，而在于经验。”[18]这在该引语的语境内，是对理性主义者迷信（如霍姆斯所认为的）的抗议，这种迷信体现为，法院对法律的历史发展，可以被解释为法律在其早期阶段对逻

130 辑上所包含的后果的展开。[19] 霍姆斯坚持认为，司法变革与法律发展是法官“本能的偏好与不明确信念”的表达，正如他所说的，是对其时代“被感知到的必要性”的回应。[20] 而且，他的抗议是为了确保法律人有意识地承认法院的立法权，以便在对所谓的“社会利益的考量”进行明显权衡后，再进行司法变革与法律的再调整。[21] 但是，根据美国著名的历史哲学家莫顿·怀特教授（Morton White）的看法，霍姆斯关于逻辑的评论被视为美国思想取得重大

---

[17] J. C. Gray, *supra* n. 3, at 102, 125, 172.

[18] O. W. Holmes, *The Common Law*, 1(1881).

[19] Ibid., at 36.

[20] Ibid., at 1.

[21] Holmes, “The Path of Law”, *supra* n. 2, at 184.

进步的一个例证，他称之为“对形式主义的反叛”，并且霍姆斯与哲学上的约翰·杜威（John Dewey）、经济学上的托斯丹·凡勃伦*等其他人一起，被视为是对过度依赖演绎的、形式的、抽象的或者分裂成森严独立的学科这种思想的伟大反动。[22] 这种反叛诞生于试图超越枯燥乏味、专断任意和学术分化，以及想要以一种生动的、对经验、生命、演进、过程、语境以及功能的现实关注来代替形式主义。无论这令人意味盎然的美国文化史真相如何，一些美国法学家在讨论司法推理时对“逻辑”或者“滥用”逻辑的攻击，对于一个试图理解美国景象的英国法学家来说，它无论如何都是一个令人困惑的难懂主题。因此，对于宪法正当程序条款的**自由放任主义**的解释，将契约自由上升为一种几乎绝对化的原则，并且以它的名义扼杀了许多进步的社会福利立法，它本身也被诬为一种形式主义、生硬的金科玉律（black letter law）以及滥用逻辑或“自动贩卖机”或机械法理学所带来之缺陷的例证。[23] 但是，逻辑当然不能支配对法律的解释或其他方面；而且也没有什么对逻辑过度的或别的依赖，能够解释最高法院在相关阶段将**自由放任主义政策**曲解为宪法教义的行为。但是，批评家们以此种令人迷惑的方式 131
所攻击的，的确不是最高法院解释宪法的方法，而是反对把对任何

---

* 托斯丹·凡勃伦（Thorsten Veblen，1857—1929），美国经济学家与社会学家。尽管他以进化论与世界主义者的姿态严厉批评了美国社会，但是他并未成为一个改革家。他被视为美国制度学派（institutionalist school）的奠基者，影响直到今天。——译者

[22] Morton White, *Social Thought in American: The Revolt Against Formalism* (2nd edn., 1957)。

[23] 参见例如：*Pound*，“*Mechanical Jurisprudence*”，8 *Colum. L. Rev.*，605，609-610，616（1908）.

法律规则的单个解释定格在一个固定的前提下，从而难以在所有以后的案件中得到修正和适用。因此，他们打着实用主义的幌子公然指责一种纯粹向后看的裁判风格，根据此种方式，个案中特定裁判在法律上的证成，完全取决于它们与现行法律之预先确定意义的关系；并且，他们鼓吹法官们采取一种向前看的裁判形式，在这种形式的裁判中，法律规则被视为可替代的假定或者运作中的假设(working hypotheses)，如果在一种不断变化的社会情况中适用这些规则的可预测后果被证明难以令人满意，那么就必须修订或拒绝它们。㉔

尽管我所描述的主题很早就已发生，但都在 1920 年代与 1930 年代的所谓法律现实主义运动中登台亮相过。㉕ 但是，在现实主义者中的现实主义是由什么构成的呢？我觉得这很难说，因为这个活跃的法学家团体之间的差异程度与他们之间的相似程度差不了多少。所有的一切当然都是有关强调法院的立法机会，并消除了他们认为掩盖了这一传统思想的迷思。有些与此相伴的是一种顽强的坚持，即为了理解法律，所有需要强调的就是法院的所作所为，以及预测法院所作所为的可能性，而非纸上的规则所说的，也不是法官为其判决所提出的理由。也有人主张说，对法官性格，

㉔ 参见：J. Dewey, *Logical Method and Law*:,10 *Cornell L. Rev.*,17(1924).

㉕ 对于法律现实主义运动的一般评述，参见：W. Rumble, *American Legal Realism*(1968)；G. Tarello, *Il Realismo Giuridico Americano*(1962)；W. Twining, *Karl Llewellyn and the Realist Movement*, *supra* n. 13, at70［认可了卢埃林——参见：Llewellyn, "Some Realism about Realism-Responding to Dean Pound", 44 *Harv. L. Rev.*,1222 (1930), reprinted in K. Llewellyn, *Jurisprudence*, *Realism in Theory and Practice*, 42(1962)——对其所指称之庞德及其他人的误解所做的反驳］。

生活习惯，政治、社会或经济观，甚至其健康状况的了解，以其作为成功预测判决之基础的重要性，至少不亚于法律教义。其他人则珍视实际的(down-to-earth)视角，即真正科学的法理学，他们受到
一种信念的鼓舞，即唯一有益的甚至是唯一合理的法律研究只能 132
利用自然科学的方法，对司法判决及其对人的行为进行调查研究。

所有这一切意味着什么？就作为局外人的英国法学家们而言，好像它并没有对法律理论有什么推进或者为法理学思想增添什么有价值的资源。但是法律现实主义运动之优点与有益的影响却已经遍及各地。对于英国法律人来说，不那么极端的现实主义者最好的作品，并不存在于关于法律和裁判性质的清晰的一般理论中，而是常常隐含在他们关于实体法的不同分支的作品中。这对于美国法院的判决风格以及法律教育有着巨大的并且至今仍然可以观察得到的影响，而这些对于英国法律人而言，无论如何都是值得羡慕的。因为它的主要影响在两个方面征服了许多法官与律师——无论在实践中还是在学理上：第一，他们总是怀疑——尽管**未必**总是反对——任何诸如此类的主张，即现行法律规则或先例对法官判决有着足够强大和完整的制约，来决定法院的最终判决，而非考虑法外因素；第二，法官不应秘密地将自己关于法律目的、正义或社会政策的观念，或其他判决所需的法外因素引入法律，而应该公开识别并讨论它们。

二

我现在将转而讨论相反的一极，也即我称之为高贵之梦的一

极。一如其对立面的噩梦，它也有许多变体。但无论以何种形式出现，它都表达了这样一个信念，也许是忠诚，即尽管表面上看起来有矛盾，甚至整个时期都存在司法反常或错误，但是仍然可以为诉讼当事人的共同期望提供说明或证成。这些诉讼当事人都期待法官应该将现行法适用于他们的案件，而不要另行创制新法；哪怕在特定的宪法规定、制定法的文本或相关先例看来难以提供任何确定的指引时，也是如此。随之而来的是证成很多其他事情之可能性的信念，比如律师辩论的形式，这些辩论在法庭上向法官提出
133 了同样的期望，就好像法官是在寻找而非创制法律一样；事实是，当法院推翻某些过去的判决时，后来的新判决一般被视为在表明法律的本来样子，并且更正了误判，这只是一个被赋予的溯及既往的运作；最后，这样一个事实是，法官判决所用的语言，并不像法律语言那样被视为口头法律创制行为的权威规范文本。

正是《独立宣言》宣告了普遍的自然权利的自然法。而在实在法之后或之上存在可由人类理性发现的普遍自然法，并且适用于任何时候任何地方的所有人，这种观念在美国法理学中也的确有一席之地。特别是在合众国的早期历史中，情况更是如此。尽管我会指出，它的重要性并不能由开始以《自然法论坛》(*Natural Law Forum*)为名现在自称为《美国法理学杂志》(*American Journal of Jurisprudence*)的杂志所判定。但也许令人讶异的是，高贵之梦，就是即便实在法的某些具体规定是不确定的，但在某处还是有一些现行法，法官可以而且应当适用它来处理案件，在大部分著名美国法学家的作品里，并未以一种鼓吹普遍的自然法的形式出现。一般而言，美国的高贵之梦一般是指不具有普遍性

的东西，而是具体地与单个法律体系的关切和形态相关，也与特定社会通过法律来追求某些特定目标和价值相关。

这种特殊主义(particularist)的理念，也即对某一特定社会的引导，必须如卢埃林所言，要在该社会及其实际实践中“植根自身的根基”[26]。这种理念是所有形式的美国高贵之梦的一个共同特征。另外一个共同特征是反对一种支撑了裁判噩梦说的信念，即如果在给定的案件中某一特定的法律规则表现出了不确定性，法院就不能以严格的三段论演绎推理——在此推理中法律规则是大前提——之结论的形式来证成其判决，那么法院最后作出的判决只**可能**是法律难以控制的法官选择。在为司法判决的“宏大形式”(grand style)做辩护时，卢埃林攻击了这种信念，他公开谴责了一
种盲目的错误预设，即如果法律案件的结果并非如他所说，是“在 134
逻辑上注定要失败的”[27]，那么它就只能是法官难以控制的意志的产物；他说这样的一种预设是令人模糊的错误。因此，一个法官面对特定法律规则的不确定性时，就不能够借助于霍姆斯所说的“至高无上的选择权(sovereign prerogative)”[28]。他并未立刻就被推到了造法者的地位——哪怕是填补性的造法者。他之所以有这样被迫的错觉，是因为没有给予以下事实以恰当分量：法律判决的作出并非**在真空中**进行，而总是要不断地对抗一个有着相对完善的

[26] K. Llewellyn, *Jurisprudence*, *Realism in Theory and Practice*, *supra* n. 25, at 114.

[27] K. Llewellyn, *The Common Law Tradition*, *Deciding Appeals*, 4(1960).

[28] Holmes, “Law in Science and Science in Law”, in O. W. Holmes, *Collected Legal Papers*, 239 (1920).

规则、原则、标准与价值的体系。但就某一给定的法律规定而言，它在纸面上的表述可能不会提供任何确定的指导，但是在该规定作为其成员的整个体系中，应该会有一些潜在的或明确的原则，这些原则如果得到始终一贯的适用，将会产生某种确定的结果。

两种我所已涉及的特征——我们可以称之为特殊论(particularism)与整体论(holism)，以及其他许多方面，都能在罗斯科·庞德(Roscoe Pound)的著作中发现，庞德长达七十年殚精竭虑研究的巨著在1959年——作者已经89岁——出版时达到顶峰，这部法理学著作长达3000页。[29] 在1920年代，庞德引入了一种被其他法学家所强调与深化的观念，即如果一个法律体系被表述为仅仅包含规则的话——这些规则将严格界定的法律后果附于严格界定、详细的事实情境，并且能够通过将特定案件简单涵摄于此类规则下来达成并证成裁判——那么，这个法律体系就过于狭隘了。[30] 除了此类规则之外，法律体系还包含大量的一般性原则，其中一些原则是被明确承认甚至是被颁布的，而另一些则必须作为解释明确规定之规则的存在的最合理假设在推断。这些原则还不仅仅被用于解释它们所体现的规则，而是在特定规则表现得不确定或模棱两可，或者没有权威的、被公开阐释的相关规则可以参照时，它们就能成为指导方针。法院不能认为它们可以就此类案
135 件随意立法，哪怕这种立法与正义或社会良善的观念相一致；相反，他们应该在现行体系中寻找某一原则或某些原则，这些原

[29] R. Pound, *Jurisprudence*(1959).

[30] 参见：Pound, "The Theory of Judicial Decisions", 36 *Harv. L. Rev*., 641 (1923).

则——单个的或集合的——既可以用于解释清晰的现行规则，也可以为手头的案件提供一个确定的结果。

对于一位英国法律人来说，这种为消除司法上的选择而提供的良方，似乎过多地参照或寄望于一些由伟大的英国普通法法官所推崇的裁判风格。试举一个最为著名的现代例子，我们的议会上院成员阿特金勋爵(Lord Atkin)就面临着这样一个问题：制造商是否应为与其有合同关系的消费者的损伤负责？——这种损伤是由于其制造时粗心大意的产品所导致的。在这个著名的英国案例——“多诺霍诉史蒂文森案”(*Donoghue v. Stevenson*)[31]中，涉案产品是一瓶姜汁啤酒，这瓶啤酒里面残留有带毒性的死蜗牛。在这个判决之前，一个人对另外一个人因疏忽造成的伤害承担责任的情况是由一些单独的规则所规定的，这些规则确定了某种被英国法律人称为“法定注意义务”(a legal duty of care)的存在。例如，这些规则专门规定了住所所有人或占有人对进入住所的人所负的责任，有合同关系的各方当事人之间的责任，以及使用高速公路之人的责任，但它们既没有包括也没有明显排除制造商与没有合同关系的消费者的责任。而且，也没有任何清晰明显的原则概述所有这些案件的共同点，表明一些确定某种关系是否能够产生义务的一般性考量。阿特金勋爵在这个典型的案件中裁定，制造商应该承担责任。他裁定的依据是一个宽泛的原则：任何人从事任何活动，如果可以预见到会对那些受此活动影响之人产生损害，都必须尽到合理的注意以避免造成对别人的损害——你可以把这

---

[31] [1932]A. C. 562.

些人理解为邻居。尽管在此后的系列案件中，这一宽泛的原则遭到了限制与窄化，这一首先由阿特金勋爵所阐明的原则，仍然有助于界定相互关系及对已经存在之明晰规则的说明，也有助于对手头尚未解决的案件提供可资参考的答案。

这种判决风格正是为庞德以及后来法学家所鼓吹之整体性进
136 路的特征，他们的裁判理论至少接近于高贵之梦，并且足以去反驳那些肤浅的理论，这些理论是指，当某一特定的法律规则表现出不确定性时，法官只能把他的法律典籍放在一旁而进行立法。但是非常明显的是，仅仅是接受这种判决的方式本身并不足以消除噩梦。于是，许多问题就出现了。难道法律体系不允许包含相互冲突的原则吗？难道既存的规则或一套特定的规则不能被另外一些可选择的假设很好地说明？果真如此的话，此处真的不需要这些高水准的司法选择？若是如此，由于此种选择是一种造法行为，而非进一步的发现现行法律，因而判决仍然不能实现高贵之梦？庞德终其一生不停地致力于这些问题，而他的答案之一好像曾是这样的，在超出那些原则之外依然水准甚高的法律体系中，存在着该体系所接受的价值或理念——依然是能从其既定的规则与原则中明确承认的，或者是从其中推出，并且诉诸这些价值或理念就足以从那些众多相互冲突的原则中确定哪个原则胜出。但是，相同的问题当然还可以进一步推进。同样的冲突或选择难道不会出现在这一最高水准的被接受价值或理念中吗？有什么根据认为，这些冲突必须要有一些独特的解决方法等待法官的发现，而不是要求它选择？要公平地对待庞德，我们必须说，他可能已经意识到了这一观念：在特定的法律规则穷尽之后，一个法律体系及其原则和被

接受的价值，将提供一个确定的、唯一的答案，这不是关于法律体系的字面真理（literal truth），而是一个可供法官追寻的调整性理念；这一过程也许会支配一种有益的司法判决风格，并作为对司法判决的强大约束而运作，而非一股脑儿消除所有对这些选择的需要。在我看来，这种相对温和的高贵之梦版本是对司法选择的限制而非一种唾手可得的替代，这也是卡尔·卢埃林在其丰富而又嘈杂的主张中所宣扬的所谓司法裁判的宏大风格。此主张并未以一般性的理论化术语来表达，因为他非常讨厌这些术语，因此他采用的是一种非常艺术的术语。法官在面对特定规则——正如常被 137
反对者称为纸上规则——表现出不确定性的案件时，将会用整个体系的“纹理”（grain）“雕琢”其判决。[32] 也就是说，根据宽泛的原则与既定的价值来判决。面对实在法的不确定性，法官并非简单地按照他所认为最好的方式那样不进一步关注该体系来裁判。这是对司法选择最为重要的限制，也解释了上诉案件中司法判决具有高度预测性的原因。惺惺相惜的英国阐释者特维宁（Twining）教授做了那么多耐心细致的、明晰清澈的甚至是详尽无遗的研究，[33]但我对卢埃林关于这一主题的著述有许多尚未完全理解之处。然而，在卢埃林版本的高贵之梦中，当法官在原则或被接受之价值的更高层次上进行选择时——他们必须作出选择，在这个层

---

[32] K. Llewellyn, *The Common Law Tradition*, *supra* n. 27, at 222. 在那里，卢埃林在写作“受理上诉案件堪谓法律之艺术”时强调：“我宁愿试图通过利用援引或排斥‘纹理’的努力所欲达致的理念是……利用纹理来雕琢……揭示潜在形式的而非赋予新的形式，更是很少去强行介入外界的意志。”

[33] 参见：W. Twining, *supra* n. 13.

次上向他们提出的备选方案都会在该法律体系中的广阔领域得到支持，因此无论选择哪种方案，它都会在现有体系立稳根基，并可能列为得到保证的裁判，因为它受法律控制。

在当代罗纳德·德沃金教授关于高贵之梦的版本中，[34]对这些方面并无任何妥协，而且他——如果他与莎士比亚(Shakespeare)允许我这样说的话——是他们所有人中最高贵的梦想家，比起他的前辈而言，德沃金有着更为宽广和专业的哲学根基；同时，他集中了强大的论证力量来捍卫他的理论。他的裁判理论的特点是强调了许多新的区分，例如关于现有资格或权利的原则性论证，他认为利用原则进行判决正是法官之职责；相反的主张是关于总体福利或集体目标的政策的主张，这些都是立法者而非

138 法官之职责。在我所曾说明过的意义上而言，他的理论仍然是一种整体论或特殊论的。就像庞德一样，他反对一个法律体系仅包含明确的权威规则的观念，并强调隐含的未被明确阐发的原则的重要性；像卢埃林一样，他也反对被他称为实证主义法学的观念，即当明显的规则表现出不确定性时，法官必须根据其个人道德或其社会良善和正义的观念，把法律典籍放在一边而开始立法。

因此对于德沃金而言，哪怕是在最为困难的疑难案件中，即对制定法的两种备选解释或两条相互冲突的规则似乎都同样契合(fit)已经明确确立的法律，法官也绝不能造法。由此，在德沃金看来，霍姆斯主张在此情况下法官必须运用他所说的“至高无上的选

[34] 参见：Dworkin，“Hard Cases”，88 *Harv. L. Rev.*，1057(1975)，reprinted in R. Dworkin，*Taking Rights Seriously*，81(1977).

择权”[35]，而且必须进行哪怕是“填补性”的立法时，霍姆斯肯定是犯了错误。根据新理论，哪怕有疑难案件，法官也绝不能决定法律**应该**如何；在作出判决之前，他只限于说他所相信的只有法律，尽管很可能他会是错误的。这意味着，他必须一直假定，对每个可以想象的案件而言，都有特定解决方案，它在判决那些案件以前就已经是法律，并有待于他发现。他绝对不能假定法律永远是不完善、自相矛盾或不确定的；如果看起来有这些表现，那么错误并不在于**它**，而在于法官作为人类的有限洞察力，因此，法官没有空间从法律应该如何的备选项中选择以造法。

当然，以这种观点而言，法官必须就他所相信的法律进行论证。很多时候，他的推理所采用的形式正是我已经阐释过的，即来自产品责任的伟大英国案例。也就是说，他必须建构起一个一般性原则，这个原则不仅能够证成和解释早先与此问题相关的裁判过程，而且也能为新案件提供明确的答案。但是，这毫无疑问只是他探究的开始，因为往往会有许多这样的原则契合现行法律，但是却为手头的案件提供了诸多各不相同的解决方法。当阿特金勋爵 139
宣布关于疏忽的一般性原则开始适用于由于人们疏忽的错误陈述而遭受损害的案件时，这种立场开始出现在英国法院，人们根据这些错误陈述采取了对自己不利的行动。[36] 德沃金教授承认，在探究体系和内在于现行法的一般原则的任何层面，都存在此类尚未解决的问题。为了处理这些问题，无论何种程度的理想化，法官都

---

[35] Holmes, *Law in Science and Science in Law*, *supra* n. 28, at 239.

[36] *Mutual Life & Citizens Assurance Co. v. Evatt*[1971] A. C. 793.

必打开更广泛的正义与政治道德问题的大门。用德沃金教授的话说，就是：

> 必须以证成政府模式的那些原则和政策的整套复杂体系，来发展一种宪法理论……他必须分别参考政治哲学和制度性细节的方式来发展这种理论。他必须生成一些可能的理论来证成这一模式的不同面向，并且反对用更为广泛的制度来测试这些理论。[37]

当穷尽这些检测权力之后，他必须“解释那些被成功的理论所援用的有争议概念”[38]。法官因此必须判定什么才是体系优先保护的基本价值观念，比如自由或个人尊严或平等。显然，这是赫尔克里斯式（Herculean）的任务，德沃金教授直接称法官——他想象中的法官正从事于构建这一理论——为赫尔克里斯。他承认，来自不同背景的不同法官，可能会构建不同的并且相互冲突的赫尔克里斯理论；而且当事实的确如此时，很难证明其中一套理论是唯一正确的，而其他的统统错误。事实上，**所有**的理论都可能不对。尽管如此，为了让自己的工作有道理，法官必须相信，有单一理论——不管这一理论有多复杂——以及某种单一方法用于解决手头的案件，而且这是唯一正确的。

我可以肯定地说，在很长的一段时间里，德沃金教授的理论将

---

[37] Dworkin, *Hard Cases*, *supra* n. 34, at 1085; *Taking Rights Seriously*, at 107.

[38] Ibid.

刺激与激励大西洋两岸的法学家们。而且事实上，它也的确为法理学理念增添了许多有价值的资源。但是，让我来斗胆预测一下，它最容易招致的批评是他坚持认为：即使无法证成两种相互冲突 140
并且都得到现行法充分支持的解决方案哪一种是正确的，但总有一个有待发现的唯一正确答案。法律人可能会想，如果法官在判决之前，就遵从了所有区分造法行为与立法者立法行为的限制的话，尤其是他如果已经凭良心公正无偏地考虑了德沃金教授说的明确确立的法律的“引力”[39]，并且已经根据他可以选择的其他方法作出最为公正与正义的结论，那么这样的坚持就缺乏目的：假如有两个法官，一个法官同行同样经过凭良心的思考过程得到了一个不同的结论，那么有一个唯一的正确答案表明哪个法官的答案是正确的，尽管这样的答案存在于法学家的天堂里，并且没有人能证明它是什么。

同样地，哲学家们可能会质疑这样一种主张。这些主张说，作为一种逻辑一致性问题，任何人在意欲回答价值问题时，无论是关于诉讼当事人的两个法律主张哪一个更为正义或公平的问题，还是关于选美活动中两个竞争者哪位更漂亮的问题，抑或是关于哪一部莎士比亚的戏剧最好的问题，为了使这些问题有意义，必须假定在所有这些情况下存在一个唯一正确的答案。法律案件中的推论是，诉讼当事人有资格从法官那里获得正确答案（尽管没有办法证明它是什么），正如他们有资格在两个建筑物何者更高的问题上获得正确答案；在这种情况下，答案的正确性当然可以通过公众客

---

[39] Dworkin, *Hard Cases*, *supra* n. 34, at 1085; Taking Rights Seriously, at 111.

观的检验来证明。也许，不管哲学家还是法理学家都会同意哥伦比亚大学法学院的肯特·格林纳华特(Kent Greenawalt)教授，在详细检视德沃金教授对法官在疑难案件中享有自由裁量权的观念的攻击后，他总结道："只要缺乏可实践的程序去确定一个结果是否正确，就会存在自由裁量；精明的律师可能不同意最后的结论，但法官的判决无论如何也不应该被视为是履行其司法责任的失败。"[40]

141 德沃金教授版本的高贵之梦在两个关键的方面挑战了两个主题，自杰里米·边沁在美国独立那年发表了其第一部著作[41]开始，这两个主题就一直统治着英国法理学。第一个主题与刚刚讨论过的问题有关。它坚称，尽管法律在有些方面可能是不完善或不确定的，但只要它一旦确定，就会有办法通过援引该法律体系的效力判准或其涉及法律渊源的基本条款来证明它是什么。所有英国实证主义法理学的变体都赞成这个观点。第二个如此牢固地掌控英国法理学的主题是功利主义观念，这种观念主张，不管法官还是立法者，在考虑法律究竟应当如何时，也许会也的确必须要在许多方面考虑到总效用与如何增进公共福利。即使是法官，尽管会受到立法机构所没有的限制，但也可以适当地允许他在相互竞争的答案中作出裁判，而每一个答案都得到现行法支持，这种功利性考量会影响他的决定。也就是说，他并不限于根据分配正义的原则去

[40] Greenawalt, "Discretion and Judicial Decision: The Elusive Quest for the Fetters That Bind Judges", 75 *Colum. L. Rev.*, 359, 386 (1975).

[41] J. Bentham, *A Fragment on Government* (1776).(此书中译本已由商务印书馆出版，参见《政府片论》，沈叔平等译，商务印书馆 1995 年版。——译者)

追寻何者才最为公正与正义。但是对于德沃金教授而言,一个法官如果因此踏入他所称为政策的领域,而不是确定个人权利的原则,这就是在践踏为民选立法机关所保留的领地。之所以如此,是因为对他而言,法律不仅是一个无缝隙的体系,而且是一个关于权利与资格的无缝隙体系,是这样的法律确定了人们被赋予何种分配性的正义,而非根据公共利益他们应该拥有此种正义。我认为,这种对"政策考量"的排除将会在此与许多法律人的信念相冲突。这些法律人相信,法官将社会福利对他们判决的影响考虑进来,十分正确,有时甚至是必要的。[42]

德沃金教授将这些考量排除出法官权限之外,正是他作品所特有的对功利主义的普遍敌意的一部分。而且,这一点将使我回到我的一般性主题上。在英国观察者看来,美国的功利主义处于 142
守势,它不仅要面对德沃金教授的努力,也要面对由罗尔斯教授的《正义论》(*Theory of Justice*)[43]以及诺齐克的《无政府、国家与乌托邦》(*Anarchy, State, and Utopia*)[44]对政治哲学所做的另外两种贡献。这两部著作与18世纪的人类拥有不可剥夺之权利的学说有许多共通之处。在任何情况下,功利主义作为对法律和社会的批判,在美国普遍被个人权利学说所掩盖。尽管并不十分深入,它仍然渗入了美国关于司法过程的理论中。它主要采用一种容易导致福利经济学的形式来完成这一点,在福利经济学中,总效用的

---

[42] 许多其他人也达致了这个结论。参见:Greenawalt, *supra* n. 40, at 391; John Umana,"Dworkin's 'Rights Thesis'", 74 *Mich. L. Rev.*, 1167, 1179-1183(1976).

[43] J. Rawls, *A Theory of Justice*(1971).

[44] R. Nozick, *Anarchy, State, and Utopia*(1974).

最大化不像古典功利主义那样被界定为依据快乐，而是依据满足表达的愿望或显性偏好(revealed preference)。在这种形式里，我们可以从霍姆斯所抛出的零星暗示中发现，法官也许很快就会拥有一门法律科学来指导他们必要的造法任务，这门法律科学将“尽可能地确定我们不同社会目标的相对价值”[45]，或者如他早已指出的，它将法律出发点建立在“被准确衡量的社会期望”[46]上，而且，这将会取代目前不明确且仅凭直觉的司法造法方式。在此语境下，霍姆斯说未来之人将是统计学家与经济学大师。[47]

庞德的社会法理学似乎也有类似的科学观念应用于法律中，并试图从根本利益的角度，即从要求法律承认和执行的愿望或欲望的角度，分析法律被要求解决的冲突。这位著作等身的作家的许多篇幅都专门讨论了个人利益、社会利益和公共利益的分类。[48]但与这些分析相伴的是这样一种社会工程学的观念，这种观念将会显示，为了达到庞德所说的最小摩擦或浪费，或者作为整体利益
143 模式的最小牺牲，那些相互冲突的利益是如何排序的。[49] 为了达到这一点，庞德认识到，必须有一些衡量或评价相互冲突条款的方法，也因此需要某些形式的量化；但是，他的讨论却并没有提供这

---

[45] Holmes, *Law in Science and Science in Law*, *supra* n. 28, at 242.

[46] Ibid., at 226.

[47] Holmes, “The Path of Law”, *supra* n. 2, at 187.

[48] 3 R. Pound, *Jurisprudence*, 16-324(1959).

[49] 1 R. Pound, *Jurisprudence*, 545(1959); 3 R. Pound, *Jurisprudence*, 330-331; R. Pound, *Justice According to Law*, 3(1951); R. Pound, *Social Control Throuth Law*, 64-65(1942).(此书已有中文译本，参见《通过法律的社会控制》，沈宗灵译，商务印书馆1984年版。——译者)

些方法。

如果这两种造法科学的观念——不管是立法机构还是法官的立法——的拂弄能够建立于任何连贯的哲学之上的话，那就是功利主义哲学。但是功利主义被明确承认是当代芝加哥学派对法律进行经济分析的灵感来源，[50]它现在对美国侵权法的教学有重大影响。这一学派的思想宣称，他们已经揭示了法律与经济秩序之间的深刻关系。作为一种说明性理论，普通法的许多领域可以被视为模拟经济市场。这是因为，许多与法律观念相一致的制定法规则可以被视为一个激励体系，用来确保经济资源被分配于最有效率的地方，其中效率是指最大限度提高总体需求满足度（want-satisfaction）。据说，这是法律中暗含的经济逻辑。但是从它的批评性或规范性的方面来看，这一理论号称为法律争论提供了一个理性的、公正无偏的并且客观的标准，在这些法律争论中，往往涉及的都是谁应该承担损失的问题。因此，举一个最简单的例子，对这一理论来说，对过失造成他人损害而施加法律责任的要旨在于提供一种激励，使人们对这种损害采取经济上合理的、效用最大化的预防措施，即预防措施的成本小于其疏忽大意所造成的损失，并按其发生的概率进行折算。这种激励理论遭到了德沃金教授的强烈反对，德沃金的理论认为法官绝对不能考虑总效用最大化的问题；该理论也遭到一种传统的观念的反对，根据这种观念，在各方 144

[50] 参见：R. Posner, *Economic Analysis of Law*(1972). 波斯纳教授后来把他的理论与功利主义做了区别，根据在于他不要求总功利或愿望满足的最大化，而是要求财富的最大化。参见氏著："Utilitarianism, Economics and Legal Theory", in 8 *J. Legal Stud.*, 104(1979).

当事人中将责任施加到疏忽者身上，有时候至少是一个关于正义的问题，因为因另外一方的疏忽而遭受损失的受害者有某种道德上的**权利**去要求疏忽者赔偿他的损失，只要金钱赔偿能做到位。如果法律条文仅只关注激励，那么在关于为什么这不能通过向政府支付罚款来完成，而相反是以私下地向受害者进行损害赔偿的方式来完成的问题上，这个理论的回答是——它比所认识到的更富有智慧：后者（向受害者所做的赔偿金）是对受害者的一种激励，激励他将疏忽过失的案件起诉到有关官员那里，从而产生比任何集中的刑法性机构对疏忽行为的监控与罚款更有效率的威慑。[51]

凡是阅读过波斯纳教授的阐发及其精密的著述，以及由此激发出来的大量文献——这些论述把功利主义的支柱置于法律之下——的人，无不从中获益。我想，这并非由于它达到了其表面上所宣称的目的，而是由于它缜密的智巧令人钦佩地让人去思考：对法律判决之令人信服的、说明性的以及批评性的理论而言，除了功利理论之外还需要点儿其他什么。逐渐清晰的是，一般而言所需要的是一个关于个体道德权利理论及其与法律所追寻的其他价值之间的关系，一个比任何此前所提供的更易于理解和细节更为清晰的理论。

最后，让我做这样的总结：我已经把美国法理学受到两个极端困扰的图像勾勒出来。这两个困扰是噩梦与高贵之梦：认为法官总是为其诉讼当事人创制法律而绝不发现法律的看法，以及相反的看法——他们绝不创制法律。像任何其他噩梦以及任何其他梦

[51] 参见：Ponser，"A Theory of Negligence"，1 *J. Legal Stud.*，29，48(1972).

一样,以我之见,这两者都是幻象;尽管在法学家们清醒的时候,它们能为之提供许多有价值的教益。事实也许令人沮丧,但事实的确是法官有时候这么干,有时候那么干。当然,他们干什么以及什么时候和怎样干的问题,绝非无足轻重,反而恰恰是至关重要的。而这是一个需要另找机会来讨论的话题。

145 第五篇　1776—1976:哲学视域里的法律

一

作为一个英国人,能够在纪念1776年伟大事件的庆典中略尽绵力,我感到由衷的高兴。如果允许我这么说的话,我认为,你们做得很好,为了你们,为了我们,也为了全世界,你们作出了突破;我们可以看到,其中最重要的成果是,对法律的性质与重要意义发展了全新的、典型的美国式解释。

我请大家从这个角度来看待法律,就是要把正活跃在政治哲学与法理学中的思想——尤其在这个国家——与两百年前刚刚兴起的思想联系起来。没有一位英国法律人,当然更无英国的法哲学家能够忘记1776年的诸多奇迹,它见证了独立宣言(the Declaration of Independence)、吉本(Gibbon)《罗马帝国的衰落与崩溃》(*Decline and Fall of the Roman Empire*)的首卷以及亚当·斯密(Adam Smith)《国富论》(*Wealth of Nations*)的发表,也就是这一年,杰里米·边沁匿名发表了他的第一本著作《政府片论》(*The Fragment on Government*),这部书包含了他对功利主义原则的初步阐述,以及他后来关于法律与法律科学的所有思想萌

芽。我想，鲜为人知的是，在同一年，1776 年，边沁仍然以匿名形
式在《答美国国会宣言》(*An Answer to the Declaration of the
American Congress*)[①]中作出贡献，它对《独立宣言》的哲学性序言 146
和人们享有天赋平等与不可剥夺权利的学说进行了简短、直率以
及冷嘲热讽的攻击。

在《独立宣言》发表之前四个月问世的《政府片论》中，边沁把功利主义的原则描述为“根据最大多数人的最大幸福是对错标准而得出的基本原理”。边沁认为，除了其他方面，这个准则还为政府将强制性的法律施于人民提供证成，以及为服从法律和在某些必要条件下拒绝服从法律提供证成。由此，功利主义成为政府和限制政府的辩护性理论(justificatory theory)。边沁在《答美国国会宣言》中贡献的部分，攻击了为这些问题辩护的其他辩护理由，它们主要由人人享有不可剥夺权利的学说提供。在此工作中，他打出了解构性分析的第一梭子弹，这些在 17 年之后发展为对法国《人权宣言》(Declaration of the Rights of Man)[②]再次出现之教条

① *An Answer to the Declaration of the American Congress*(London,1776).这部作品的主体部分是由约翰·林德(John Lind,1737—1781)完成的。他是边沁的亲密朋友与合作者，两人一起严格检视布莱克斯通(Blackstone)之《释义》(*Commentaries*)，借此诞生了边沁的《对〈释义〉的评注》(*Comment on the Commentaries*)，以及《政府片论》。边沁的贡献主要体现在《宣言简评》(*Short Review of the Declaration*)中，位于林德此书的第 120—122 页。之所以说这是边沁的作品，这一点可以从 1776 年 9 月边沁给林德的一封信中得到判定。这封信发表于《杰里米·边沁通信集》(*The Correspondence of Jeremy Bentham*,i. 341 - 344)中，并收录于《杰里米·边沁选集》(*The Collected Works of Jeremy Bentham*,London,1970)之中。

② 《无政府主义的谬论》(*Anarchical Fallacies*)，作为对法国大革命中所发布之《人权宣言》(Declaration of the Rights)的详细检视，见于边沁的《选集》(*Works*)(Bowring edn.,1838 - 1843,ii. 491-534)中。

的冗长而沉重的轰炸。

就这样,杰里米·边沁在1776年以他的两本著作开启了哲学领域的完整时代,这个领域与法律人有独特的相关性与关切。此外,即使是根据一种狭义的英国式风格,我们也认为法理学不属于政治哲学或理论的范畴;但边沁在200年前发表的法理学思想已经产生了巨大而深远的影响。自1832年他去世的这些年里,关于法律性质、法律与道德的关系、法律裁判中适用的恰当法律推理形式等方面,有很多正反观点,都围绕着边沁作品中的思想展开。这些思想中最为根本的是,法律无论善恶,都是人为技艺(man-made artifact),人们通过运用其意志创制并带到世界上:不是他们通过运用理性发现的、本来就存在于世界的东西。的确有很多法律存

147 在好理由,但是这种理由,哪怕是一个好理由,也不是法律,边沁认为这种说法就像“饥饿就是面包”。[③] 在此基础上形成了著名法律定义,即法律是某个主权立法者的命令、禁止或许可。这些命令、禁止或许可,要么通过主权者明确与直接发布,要么通过从属机构间接发布,其授权来自主权者的明确批准或默许采纳。[④]

与这些根本思想伴随的是,边沁在其《政府片论》中提出了实然法与应然法(或根据他的术语,说明性法理学[expository jurisprudence]与分析性或审查性法理学[analytical or censorial jurisprudence])的判然两分。在同一本著作中,他坚持法律体系

---

③ Op. cit., n. 2 *supra*, p. 501 and *Pannomial Fragments* in Bentham's *Works*, iii, 221.

④ 参见:*Of Laws in General*, chs. 1 and 2, at 1-33, in *Collected Works of Jeremy Bentham* (London, 1970).

的基础不能在任何道德或正当性理论中寻找，而只能以道德与评价上的中立术语，对一般性服从主权立法者的习惯进行恰当描述。这套概念开启了英语法理学的悠久实证主义传统。它以约翰·奥斯丁的著作为中介，通过比边沁作品更容易被那些不是哲学家的法律人吸收的风格进行传播，这一传统在英国法律教育与英国司法裁判观念方面，当然具有意义深远影响——或者如某些人认为那样，这是灾难性的影响；并且，概括而言，它也在英国法律思想上留下了深刻的印记。

即便在美国，边沁主义（Benthamite）法理学的主要命题也获得回响，尽管，它们为了继续这美妙的寓言（musical metaphor）换了另一种调子（key），美国法院的司法造法取代了英国的主权立法者而成为人们关注的焦点。约翰·奇普曼·格雷在其《法律的渊源与性质》一书中，明确赞同并确实赞扬了边沁主义和奥斯丁主义者区分实然法与作为理念之应然法的做法。[⑤] 还有霍姆斯，他认真阅读了奥斯丁的大部分著作并对之进行了回应，发现它所表现出来的韧性很对他的脾胃。当他主张说头脑清醒的法官应能够“尖酸刻薄地”[⑥]清理法律义务与责任的概念，以便于将法律从道 148
德漫长且模糊的困惑中解放出来时，本质上他也在鼓吹同样的法律与道德两分。

这样的主导思想在1776年开启了政治与法律理论的时代。

---

⑤ *The Nature and Sources of the Law*(first published, New York, 1909), ch. 4, sections 213-214.

⑥ Oliver Wendell Holmes, “The Path of Law” (an address in 1897), in O. W. Holmes, *Collected Legal Paper* (London, 1920) 174.

但是，有迹象表明这个时代可能就要结束。长久以来，功利主义被视为欧洲启蒙运动在英国冷峻清醒而又娴熟专业的表现，当然也是英国陈旧法律体系伟大改革的源泉，是英国和其他任何地方进步思想的灵感来源，但现在很多思想家发现，功利主义具有更黑暗和险恶的一面，因为它为了追求最大化的总体或平均福利的最终目标，允许向个体做任何事情或任何牺牲。此外，当前美国哲学家中的大部分最有趣作品——我想应该包括约翰·罗尔斯的《正义论》与罗伯特·诺齐克的《无政府、国家与乌托邦》——不仅公开敌视功利主义，更将功利主义的这种失败视为它的最大罪恶：未能认识到把人类划分为独立的个体是一个具有伟大道德重要性的事实，它赋予个体的某些利益不可侵犯的资格，即使维持这种资格可能会使总福利或平均福利低于通过其他方式达到的水平，也应予维持。很明显，持这种论调的社会哲学与关于人们有不可剥夺的权利的 18 世纪学说有密切关系，长久以来这些学说就被认为饱受功利主义批评者的欺凌。在法理学中，说一个时代行将终结而新时代即将到来时，我就必须考虑我的继任者，牛津大学法理学讲席教授罗纳德·德沃金的努力。这同样被标记为对功利主义的憎恶⑦和对个人权利独立重要性的坚持；但也被视为是一种古老理论的新包装⑧，即法律与证成法律的正义原则有概念联系，对于这一点，据说实证主义视而不见并蒙蔽了他们的受害者。

---

⑦ “On Taking Rights Seriously”, *in Oxford Essays in Jurisprudence*, 2nd series, ed. A. W. B. Simpson.

⑧ “Hard Cases”, 88 *Harv. L. Rev.*, 1057 (1975).

当然，批评边沁主义并非什么新东西。一个世纪以来，至少在英国和美国，对边沁留给政治哲学与法理学的遗产，一直都有不绝于缕、不成系统并且东鳞西爪的批评。直到最近，这些批评被吸收进一个要求对学说进行精致化、严格化或重新阐释的号召中，而不是完全反对；即使是在某些重新解释中，尤其是约翰·斯图亚特·密尔关于功利概念的独特自由主义与个人主义版本，我们可以看到边沁学说的精神已经被改造，只有用来阐述的术语没有改变而已。但是，上述三位当代作家却大不相同，而且一个非常重要的现象是，尽管学说与政治含义有许多不同，但当代最有生命力和最有趣的政治学与法学理论著作，都包含对边沁法律与政治思想坦率而又根本的挑战。因此，在这篇短文的余下部分，我将举出两个关于新思想的例子并提出我的问题，即我们是否应该把它们视为边沁思想在这些领域的最终安排。 149

二

第一是不可剥夺的自然权利(natural unalienable rights)学说。在1776年对《独立宣言》的攻击里，边沁认同一种非实证权利的概念——这不是一种由法律或社会习惯所创设的权利——是融贯且没有自相矛盾的，尽管以他的本意，这种权利概念的确是自相矛盾的，是一种胡言乱语。在这一临时让步的框架中，边沁对独立宣言的批评，集中在两种断言结合起来的荒谬性上：存在不可剥夺权利的断言，以及政府必须保护这些权利且这样做具有正当性(legitimate)的断言。在边沁看来，这之所以荒谬，是因为任何政府对必要权力的行使,都肯定会限制个体对所谓不可剥夺权利的行使。

> 150 他们没有看到或似乎不会看到,在任何情况下,如果不以牺牲这些权利的一项或另一项为代价,那么就没有任何东西(曾经被称为政府)曾经或可能被行使:在政府曾经行使的许多情况下,这些假装不可剥夺的权利就会被剥夺……如果追寻幸福的权利是一项不可剥夺的权利,那么为什么要禁止盗贼通过盗窃来追寻幸福呢?为什么要禁止杀人犯通过谋杀、反叛者通过叛乱来追求这种幸福呢?[9]

严格地说,该学说为特定自由提供不受限制的保障,本质上是无政府主义,而且无政府主义者毫不迟疑地援引该学说来支持他们的主张:国家在道德上不正当。边沁坚持认为,与不可剥夺之具体权利这种僵化学说相伴随的任何政治原则,都不可能在人们生活的真实世界里得到应用。这些原则属于乌托邦,那是一个不存在或者想象的世界,相应地,他贬低这一学说不是理性的产物,而只不过是想象的产物,[10]并且抱怨说,这些原则都是“充耳不闻,毫

---

⑨ 上述这段话引自边沁 1776 年给林德所写信件的手稿之中(参见本篇注释 1),在林德发表的《答美国国会宣言》中的文本与这里所引用的在某些方面有一些细节上的差异,但是两者的主旨是一致的。然而,发表的文本增加了这样的一些话:“这里,他们把锋利的斧子砍向了所有政府的根基。”(第 122 页)

⑩ “想象,及其最宠爱的手段,词语‘权利’”,《国会改革方案》(*Plan of Parliamentary Reform*),见于边沁《选集》,iii. 515。对比《无政府主义的谬论》,同书第 523 页。

无助益并且冥顽不化的，是一些决不会听取修正、考虑任何计算的原则"[11]，如果不是考虑那些想象的理由，就会发现这些原则毫无必要。

边沁在处理法国人权宣言时，通过论证那些被建构为保障特定行动自由的不可剥夺权利不仅与政府不相容，而且注定自相矛盾，从而扩大了这种形式的批评。也许这种理论看起来简单且粗糙，但是长久以来，它成为对不变的自然权利学说的标准批评，并一直如此。事实上，它的生命力在我提到的其中一本著作中得到自相矛盾的确认，即诺齐克的《无政府，国家与乌托邦》。因为诺齐克一开始就准确提出了边沁的问题，并问道："个人权利为政府留下多少空间？"[12]令人惊奇的是，诺齐克实际上给出了边沁的答案："没有空间，除非在一个想象的世界里。"这正是他有独创性和杰出 151
的作品所要传达的信息。因此，诺齐克主张，假设有一套自然权利，例如不被杀害、攻击、强制，以及财产不受无故剥夺或毁损等，那么只有最小形式的政府也即所谓守夜人政府才可能具有正当性，其功能仅限于惩罚侵犯这些权利的行为。此外，鉴于这些自然权利，即便是最小形式政府，也只能在边沁从未考虑过的条件下才能得到证成，并且必须原谅边沁没有这么做，因为这些条件产生于诺齐克活跃的想象，与想象世界相比，它们似乎不太可能在现实世界实现。这些有关条件是，国家应该通过个体自愿加入一个私人联合体（private association）产生，即便不是每个人都加入，这个联

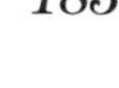

⑪ *Plan of Parliamentary Reform*, Bentham's *Works*, iii, 467 n.

⑫ Nozick, *Anarchy, State, and Utopia* (1974).

合体最终仍可能在不侵犯自然权利的情况下，在有限的领土取得支配地位。但这一切看起来都是想象，而且与世界并无太多相关性，国家不可能通过这种方式产生。

由此，诺齐克的理论似乎只是为边沁的指控量身定制的。边沁认为，谈论不可剥夺权利，严格来说只属于想象的世界。边沁当然也意识到，该学说的辩护者会摒弃这种僵化的绝对解释，而且把权利说成“不可剥夺”时，他们会承认范围、资格和例外的限制，并同时平衡权利对抗权利和权利对抗总福利；或者满足于把这些权利视为政府为某些个体利益尽力而为的理想指引。但是他主张该学说届时会成为无稽之谈。为了支持这一点，他引证了一些来自美国的著名（或臭名昭著）例子，这个国家把自由的自然权利宣言纳入国家宪法中，但该宣言却并不影响奴隶主对其奴隶拥有的财

152 产权。[13] 由此，他把法国鼓吹自然权利描述为处于不可能与无价值之间的两难境地。[14] 在这方面，我认为他错了：关于基本人权与其他价值的关系，肯定还有比他的考虑更多的东西。但是，尽管最近做了一些工作，但我认为我们还没有令人满意的理论，来说明如何把尊重这些权利与追求其他价值结合起来。在我看来，有些理

---

⑬　例如，在“哈金斯诉怀特案”（*Hudgins v. Wright*，11 va. 1 Hen & M. 133，at 141）中，对《弗吉尼亚权利宪章》（*Virginia Bill of Rights*，1776）关于“自由与平等”条款的解释。科弗（R. M. Cover）教授在其《被控诉的正义：反奴隶制与司法过程》（*Justice Accused：Anti-slavery and the Judicial Process*，Yale，1976）一书中有过讨论。有关边沁对这一权利宣言的观察，参见其《道德与立法原理导论》（*An Introduction to the Principles of Morals and Legislation*），载《杰里米·边沁选集》，第 309—310 页（op. cit.，n. 1，*supra*）。

⑭　Anarchical Fallacies，op. cit.，n. 10，*supra*，493，502（胡言乱语的抑或毫无助益的，并且两种情况都是玩鬼把戏而已：这就是选择），502，507，510，534。

论好像是将孩子(即基本权利之间能够相容,也能与政府相容)与过度僵化的洗澡水一起倒掉。而包括诺齐克教授在内的其他理论就更差了:他们倒掉了孩子,却保留了洗澡水。

三

我现在转向第二个主题:承继边沁的法律实证主义所面临的现代挑战。在这里我只能够考虑——尽管非常简短——这些现代挑战的一个方面,即旧指控的新形式,该指控认为实证主义错误解释了司法过程本质。在这里,批评者出现了惊人的转变。事实上,如果我采用1776年的语言,那就是“世界完全颠倒了”。我之所以这样说,是因为二十年前,当我来到哈佛大学讲授自己的法律理论时,在司法功能观念方面,归咎于实证主义者的罪过是“教条主义”“概念主义”“机械的”或“自动贩卖机”法理学,或者是过度相信“逻辑”来作出裁判。据说,实证主义者都相信(尽管事实上边沁和奥斯丁都不相信),正确的司法裁判只能是三段论的结论,它把明确、预先确定的法律规则视为大前提,通过纯粹的演绎推理得出。据说实证主义法学家以及被他们误导的法官,无视许多宪法性条款边界的不确定性、许多制定法的开放性特征,以及许多先例不确定或者相互冲突的范围,而这些都给法官留有余地,使得法官不可避免地要根据他的理解作出选择。因此,最后那些批评家强烈主张,为了作出裁判,法官必须在相互竞争的可选方案中进行选择,而 153
且,如果这一选择是理性的,就必须根据社会政策及价值作出;这些因素让他超出了实证主义者说的法律范围。因此,根据这种旨

在修正实证主义错误的观点，法官有时候会造法，尽管不同于立法者，他无疑受到不同方面的限制。法官造法会受到现行法束缚，现行法排除了许多选择，并且规定法官在作出裁判之前，有义务尽其所能，权衡各不相同有时候还互相竞争的假定（presumptions），它们表述了这一法律体系所接受的价值。

但是德沃金教授以力量强大、洞中肯綮同时也是错综复杂的方式，阐述了对实证主义的新批评，扭转了这些对实证主义的指控，他认为实证主义者最主要的罪恶不再是“形式主义”或迷信“机械”司法过程理论，而是把法官在裁判疑难案件中的任务，错误地混同为一种立法或造法的选择。[15] 据说，诉讼当事人始终有资格要求法官对他们适用现行法，而不是另外制定新法。因为法官造法，不仅在裁判具有溯及既往效力的情况下是不正义的，而且法官未经选举产生，其裁判也是不民主的。

根据这种新批评，实证主义的新老错误并未穷尽所有的选择。还有第三种可能，那就是古典自然法理论与实证主义的中间道路（*via media*）。因为，任何一个法律体系之上，或者在许多宪法性法律、制定法以及被某个社会在特定时刻接受为清晰而确定的法律的先例之上，那里有霍姆斯否认的“无处不在”的公平与正义基本原则。这些原则不能从实证的宪法性条款、法律或权威决定中识别出来；但这些都是作为隐含的辩护理由而预设的，并应从原则中推断出来。在我们的体系中，这套原则包括个人尊严与自由的概念，我们可以从中推出一些规则，在单独的实证宪法性条款、法

---

⑮ 参见：Dworkin，“Hard Cases”，op. cit.，n. 8 *supra*.

律以及先例只能给出一个不完整、模糊或冲突的指引时，正确地解
决疑难案件。法官必须求助于这些清晰现行实证法中隐含的原 154
则，并从中发现有利于裁判疑难案件的法律，而且，在法官求助它们之前，它们就已经作为法律存在。因此，认为法官在裁判疑难案件时可以适当造法、哪怕是“填补性”造法的观点，也可以作为一个误导性的实证主义错误而抛弃。霍姆斯说，当法律有可能不确定时，“法官被要求行使至高无上的选择特权，哪怕这种选择是伪装和无意识的”[16]，根据上述观点，他错了。相反，根据法律是什么的新理论及其扩张版本，总有一些等待法官发现的先在法（pre-existing law）足以处理案件，并优于最契合这些案件的竞争性选择，这些选择也被认为隐含在现行实在法中。

当然，只有超人（德沃金称为赫尔克里斯）在运用神眼（a god's-eye）观察整个法律体系时，才能肯定他正确识别出一套前后一致的原则，这些原则也许既能说明整套清晰而确定的实在法，亦能为之提供证成；而且，它们还能为当前有争议案件的裁判提供**那条**正确规则。包括法官在内的平凡人，只能从一套早已决定或确定的法律中推出这些一般性抽象原则。他们只能试图通过构造说明性（explanatory）与辩护性（justificatory）假设，来确定它们为何物。不同法官的假设可能会相互冲突，但是当法官采用其中一个而非另一个时，他并非根据这一理论选择什么是法律，从而“创制”法律；而是根据他认为的，关于法律已经是什么的最佳证据（best

[16] “Law in Science and Science in Law”（address of 1899），in *Collected Legal Papers*，239 .

evidence)来行动;因为,据此观点,法律自身绝非不完善和不确定的,但实证主义者却认为法律有时候的确不确定和不完善。错不在**它**,而在**我们**有限的洞察力(powers of discernment)。即使实证法已被证明是不确定的,总有些东西早已成为每个案件的法律,无论多么"疑难"。

德沃金教授最近在对科弗(Cover)教授反奴隶制与司法过程之令人钦佩的研究[17]进行反思时,为这种理论的运用提出了典型
155 的例子。在内战之前,马萨诸塞著名的法官如约瑟夫·斯托利(Joseph Story)与莱缪尔·肖(Lemuel Shaw),都强烈反对奴隶制,但在国会通过《逃奴法》(*Fugitive Slave Acts*)* 后,他们怀着巨大的痛苦,命令将逃往自由州的奴隶奉还原主。根据德沃金教授的说法,法官们这样做,哪怕非常讨厌这些,是因为他们认为,遵从国会颁布《逃奴法》中的立法者明确意图,以及遵从作为《宪法》第 4 条畜奴州与自由州达成大妥协一部分的宪法性惯例的明确意图,是他们的司法义务。它规定了,逃亡奴隶"不能因他所逃往州的法律或规定而被释放免于奴役,而应该应他的劳动或劳役归属方的要求,将他移交给他们"。根据德沃金教授"法理学中的失败"理论,这些法官有罪;他们带着这些苦恼,以此方式压制道德不安,为的是履行法律——他们视为自己的义务。只要他们愿意沿着这

---

⑰ 科弗的评论,见:*Justice Accused*:*Anti-slavery and the Judicial Process*,in *Times Literary Supplements*,5 December,1975,p. 1437.

* 美国国会于 1850 年 9 月 18 日制定的法律。法律规定,逃亡的奴隶必须要返还原主,不管这些奴隶被发现时,他们在合众国的任何地方。这部法律是导致美国内战爆发的一系列事件之一。——译者

种新理论的思路去思考，他们就能发现比任何竞争者更契合现行法律的隐含原则，并足以作出有利于奴隶的明确裁判。因为根据这一理论：

> 《美国宪法》的总体结构预设了一个与奴隶制对立的个人自由观念，一种程序正义观念，这种程序正义观念会谴责《逃奴法》所确立的程序；以及一种联邦主义观念，这种观念与那种认为马萨诸塞州无权在其领域内监管被捕男女的观念不一致。这些原则并非仅仅是个别法官的个人道德，为了客观性他们必须放弃个人道德。相反，根据法律是什么的理论，它们比向奴隶制妥协的特定和一时的政策更能成为法律的核心。

因此像斯托利、肖这样的法官能够也应该让它们生效，以履行适用法律的义务。

在我看来，德沃金教授在发展这种法律统一性观念及其辩护性理论的过程中所说的话，恰好可以用来反驳法官的做法不够审 156
慎的描述，也可以用来反驳一些草率的主张，即在法律特定部分没有提供清晰指引的案件中，法官应当做什么。正如他正确地指出，法官在节骨眼上不能也不应该抛开法律典籍，在未能充分援引现行法的情况下，根据自己对社会政策与道德的直觉仓促作出选择。他们的确可以并且常常能从现行实在法中找到更充分的指引，这些指引会对他们的裁判施加许多限制。用醒目的话说，德沃金教授称为在其之上运用“强大牵引力”（尽管这只是一个类比）。因此，当裁判到来时，在法官看来，它早已潜伏或内在于法律中。我想，任何考虑这一理论，特别是将其应用于《逃奴法》的人，必须在两个主要方面受到质疑。第一是德沃金教授自己许可的自由范围，并因此允许法院在以下两方面作出区分：哪些被视为既有法律，从中推导出指引性的辩护性原则；哪些作为未定法律，提供了裁判疑难案件时需要援引那些被如此总结出来的原则。因此，为了使该理论应用于《逃奴法》案件，就必须在裁判时认为相关法律并非早已确定。但是如德沃金教授所言，法官自己却说它们是既定的，“尽管法官说法律早已确定，但并非如此”。他暗示说，法官不可能相信自己说的话，因为据他说，尽管法官们说法律早已确定，但他们相信自己正在创制新法。“这些裁判令人震惊，并非因为法官拒绝按照自己的信念篡改法律，而是因为，尽管他们自认为是在创制新法，但创制的是他们自己都认为不道德(immoral)的新法。”[18]

更重要的是，质疑德沃金教授是否构建了对其案件而言最重要的东西，即当法官力图避免斯托利与肖有罪的“法理学中的失败”时，他不会经常面对几种同样正确应用这一理论的情况，他要
157 尽力从现行法中提炼出原则，它们能够在疑难案件中产生正确裁判。说现行法对法官施加有强大牵引力是正确的，也非常富有启发。但在我看来，并不总是有相同的牵引力往不同的方向牵引的情况。从德沃金教授的说明中可以清楚地看出，法官要从中提炼裁判规则的现行法的基本辩护性理论，其中包含一些极为概括和

[18] 比较：*Times Literary Supplement*，5 December，1975，p. 1437. 德沃金教授的言说，见上书(9 January，1976，p. 35)。(原书第 156 页似有技术错误，本注释是译者根据自己对文意的判断确定位置的。——译者)

抽象的原则，我很难相信，在这些原则中，只有一条或一组原则能比其他原则更契合现行既定法律。**支持**不利于奴隶之裁判的原则，似乎至少与当时的现行法契合，与德沃金教授提供的原则相吻合。[19]

边沁会如何看待这种有趣和有启发的新理论以及这样的主张：像约瑟夫·斯托利这样的法官，由于未能采取这种更广泛的法律视角而对法理学的失败有罪责，使得自己遭受毫无必要的痛苦？毫无疑问，他会认为这是布莱克斯通（Blackstone）的普通法理论在整体法律上的延伸，根据这种理论，法官的裁判并非创制法律，而只是法律是什么的证据。关键的问题在于，新理论能否摆脱边沁对布莱克斯通理论的批评，即它只是一个虚构的理论，使法官能够在发现实在法背后之真实法误导下，为自己个人、道德或政治观点赋予一种虚假的客观性，使之成为法律。这一切都取决于德沃金教授以力量强大、洞中肯綮的方式提出的主张。即当疑难案件出现 158
时，关于什么是潜在的法律，我们很难得到同样可信并有充分依据

[19] 因此，如果约瑟夫·斯托利与莱缪尔·肖遵循了德沃金教授的理论的话，可能会从那时的既存法析取以下的原则，而非德沃金教授所阐释的那些原则（前述第155页）：

（1）《美国宪法》的一般结构预设，在不同州与不同制度之间存的妥协必须得到维持；在那些承认奴隶制的个别州，哪怕会以损害个人自由为代价，也要有效履行奴隶主的权利。

（2）相应地，既存法所预设的联邦制度的观念与程序正义的观念就会要求，一个奴隶主要求返还涉嫌逃亡奴隶的主张就应该在那些承认奴隶制度的州进行裁判；在这些州，比较容易证明关于逃亡奴隶法律地位的充分证据。

（对于这样的一种意见，此种类型的原则应该利用德沃金教授的方法从当时的“既存”法律中析取。我从麦基的论文中获益良多，参见：“The Third Theory of Law”，*Philosophy and Public Affairs*，1971，37）。

的说明性假设，我在这里无法对其进行公正的评价。我认为，这个主张有待于进一步阐明。

因此总结一下：在我看来，未来的法律与哲学仍有许多未竟的事业。无论是我国还是你们国家，当社会政策的实体性问题多从个人权利角度讨论时，我们依然需要一个令人满意的基本人权理论，以及人权与其他通过法律追求之价值的关系的理论。同样，如果法学中的实证主义最终可以信赖，我们仍然需要论证：一个扩展的法律概念，作为解决疑难案件的储备，为每个法律体系提供一套独特的辩护性原则，它最终将阐明而不是遮蔽法官任务的描述与履行。但从正在进行的工作来判断，我们最终至少能拥有这些东西的一部分，前景还是不错的。当然，美国哲学家比其他人更可能提供这些东西；但是让我们祝愿，这不会再耗上两百年。

附　　录

参看下列批评与评论：

R. Dworkin, *Taking Rights Seriously* (2nd impression, 1978), 360-363.

第三部分

斯堪的纳维亚法理学

第六篇　斯堪的那维亚现实主义 161

长久以来，英国与斯堪的那维亚的法学理论有许多看法一致。在这些相同之处，双方在以下方面具有相同信念：法律是人造(man-made)并为人而造的东西；至少对经院形式自然法学说抱有敌视与冷漠；普遍不相信哲学体系有能力阐明法律是什么或法律应该是什么。然而，尽管有这些相似之处，但是斯堪的那维亚法律理论的主要传统仍然却与英国同行有着不同的**基调**。尽管在目标上自称怀疑论，在方法上自称经验主义，但它更像一门哲学。这一传统的奠基者是阿克塞尔·哈格斯特罗姆，其作品以“必须消灭形而上学”(censeo metaphysicam esse delendam)为座右铭，并坚持不懈地向人们表明，通常作为法律根本部分而被人们接受的概念，例如权利、义务、权利让渡以及有效性等，在一定程度上由迷信、“神话”“虚构”“戏法”或等级的混淆构成。这一传统在其弟子伦德斯泰特(Lundstedt)、乌利维克罗纳(Olivecrona)以及阿尔夫·罗斯等人的努力下得以延续，并与美国的“规则怀疑主义”和当代的语言哲学产生联系。它最新最成熟的作品是罗斯的《论法律与正义》(*On Law and Justice*)[①]一书。

---

① *On Law and Justice*, London, 1958.

这本书在很多方面都很有趣，在某些方面甚至是一本精彩的书，尽管它绝没有摆脱斯堪的那维亚“现实主义”法理学的狂热教条主义。比之哈格斯特罗姆，罗斯更少拐弯抹角与含糊不清，也比伦德斯泰特少了几分天真与学者派头；比起乌利维克罗纳，他没那么彬彬有礼，但他的作品在细节上更为坚实，而且有更多富有启发性的例子。他的写作方式可以说是清晰明澈、引人入胜，有些时候也酣畅淋漓；尽管这些美妙的措辞可能部分归功于译者的高超技巧。而且，不管你怎样看待作者的一般理论，它对法律细节的洞察力的确精细和富于辨别力。许多律师和法官都会因为读了他解释制定法的有力篇章而受益匪浅。

162 这部书的灵感是对形而上学的混淆与伪理性概念的义愤填膺（*saeva indignatio*）声讨。罗斯认为，这些混淆和概念依然潜藏在对法律结构的传统解释中，也潜藏在用于批评与评价法律的有关道德和正义标准的理论中。因此，作者敌视传统的自然法和形式主义，哪怕是凯尔森这样“实证主义者”的形式主义他也一视同仁。所有这些过错都与作者的指导性原则针锋相对，作者认为法律与法律批评都必须根据“社会事实”来解释。“现代经验科学”的方法必须得到应用，而且必须根据“与其他经验科学所依据的相同逻辑”来说明法律思维。

尽管将法律概念与规则的分析强行纳入适合于经验科学的框架有许多值得商榷的地方，实际上也是盲目的，但罗斯对传统学说的怀疑论攻击，与前人试图在法律规则与理论背后揭示“社会现实的事实”之努力相比，要更精致一些。这本书分为两个部分。第一部分有九章，主要关注法律结构并分析其主要概念；剩下的八章是

第二部分，主要关注批评法律时所用的标准。在这两种情况下，作者的目标是消除法律与道德的词汇中常常根深蒂固的错误观念，并想用理性经验的观念或坦率的承认来取代这些观念；坦率的承认是说，“非理性”因素必须介入社会生活的管理。

我先讲讲该书的第二部分。尽管有趣，但由于这一部分从波普尔（Popper）《开放社会及其敌人》（*The Open Society and its Enemies*）以及史蒂文森（Stevenson）的《伦理学与语言》（*Ethics and Language*）中所取甚多，因此它的原创性不如第一部分。它包含了对古典与托马斯主义（Tomist）自然法、正义观念和功利主义的批评，其中有三章关注的是作者所说的“法律政治学”（legal politics）。这是一门仍有待发展的学科，但作者支持并且认为法律人应该追寻。这门学科的中心任务不是发现法律的目标（aims）或目的（ends），而是发现调整法律以适应不断变化的技术或“意识形态”条件的最佳方法；并且使法律人在专家对社会变化产生分歧时能够从中仲裁。它是一门艺术，其结果的价值由“其他人，特别是那些权势人物所接受的事实”来衡量。根据这种温和的、相对主义 163
的观念，我们应该对比这种思想的主要错误：道德标准或价值都是宇宙结构的一部分，有待我们用理性方法发现。道德价值是人类所接受的态度，而非有待确定的社会事实。虽然它们可以通过非理性的方法（宣传）或通过对事实信念的理性变化而改变，但它们不可能通过理性的论证来证实或证伪。

在对这些新奇主题的阐述中，作者的许多说法仍然值得一提，特别是社会福利的概念以及私人与公共“利益”的关系，后者因庞德的论述依然疑云丛生。而且他能用响亮的话来说：“自然法就像

妓女，每个人都可以对它为所欲为。意识形态不存在不能以自然法诉求来捍卫的情况。”[②]

但是作者错爱了“无意义”(meaningless)的战斗口号，并且在每个没有匍匐在科学方法面前的道德立场上，他都敏锐地发现了可疑之处，这使他陷入一些荒谬境地。说“正义”和“不正义”这两个词适用于一条有别于特定裁判的法律规则都是“毫无意义”的，[③]这当然是不对的。当我们主张说，一个禁止黑人坐在公园里的规则是非正义的，我们毫无疑问使用了一个未言明的原则作为对待标准，即在人们之间分配权利与特权时，不应该考虑他们的肤色。任何人想充分辩护这个主张，都必须将该隐含标准显现出来。但像正义这样的概念，依赖于隐含的、变化多端并且具有挑战性的标准，并不会使它们应用于法律时变得毫无意义。正义为真，依赖于建立在可变标准上的所有概念为真。诸如“长”“短”“真实”“谬误”和“有用”等语词都表现出同样特征。

如果要在这里为黑格尔(Hegel)辩护，反驳“美妙的废话”[④]的指责，会花太多的时间。但是，为何康德(Kant)的陈述“在一个一般性规则下，如果一个人自由进行某种行为而不会妨碍其他人自由进行(类似的活动)，那么这个人的行为就是合法的”会被认为**无**
164 **意义**呢？很明显，我们需要进一步考虑“无意义”的意义。并且，当密尔说法律强制能够得到证成的唯一理由，就是阻止一个人伤害另一个人时，他是不是真的犯了只讲“纯自然法观念”的错误？即

② *On Law Justice*，261.

③ Ibid.，274.

④ Ibid.，251.

便真如罗斯所言，伤害意味着侵犯他人的道德权利（这是饱受争议的看法），但他暗示人有道德权利并不意味着信奉“自然法”，除非后者只是作为道德的错误表达。难道作者从来不承认，人对某种承诺的服务有道德权利，尽管没有法律权利，或者从未否认另外一个人有道德权利干涉其个人事务？

对于许多人来说，这本书的主要贡献在于他在最后几章对法律效力概念的处理。但有趣的是，它清晰地展示了斯堪的那维亚学派坚持的独特教条，即如果一个陈述不能被分析为一个事实陈述或情感表达，那么它**一定**是“形而上学”的。这个论断，好比说1837年《遗嘱法》（Wills Act）* 第9条（有关在遗嘱中所需见证人人数的法律）的规定是一个有效的英国法律规则，毫无疑问也不难发现这是“真”的，或至少是“正确”的。但根据罗斯，法律效力是一个危险且腐烂的概念；除非我们小心谨慎地处理它，戴上“经验性方法论”的保护性橡皮手套，决心在我们的概念库中只接纳坚硬的经验性可验证事实，否则，我们就会感染“形而上学”。因为，根据罗斯的看法，对这个法律概念或其他形式法律概念的分析，必须采取两种形式之一：要么是指人们（主要是法官）未来的实际行为与感情，要么是指一些神秘且难以观察的品质，其中一些法律规则具备而另一些缺乏。因此，我们的选择是把“X是一个有效的英国法规则”视为司法行为与感觉的预测——要么视为形而上学。凯尔森坚持，法律思维必须根据“应然命题”（ought-propositions）而不

* 英国在1837年7月3日通过的法律第九部分中规定，遗嘱必须以书面形式订立，并经过立遗嘱人的签字或认可。同时，立遗嘱时，必须有两个见证者同时在场，由他们证明遗嘱的真实性和效力。——译者

是事实或者“实然命题”(is-propositions)来解释;这一主张因此被视为形而上学构造而遭到反对,“它让法律超出了事实世界”。

罗斯在分析法律效力时,首先考虑的是比较简单的国际象棋规则,但是有一点很重要,那就是我们往往不会说规则是有效的,除非法律体系包含了某些**识别**(*identification*)这些规则的一般
165 判准,就像在法律案例中一样。罗斯主张说,一个国际象棋规则,例如“象”必须对角线移动(这是我举的例子)是一个“有效的国际象棋规则”,需要下列条件:(1)下棋者有规律地以此方式移动象;(2)他们之所以这样做,是因为他们感受到遵循这种行为模式的压力。相应地,在这些情况下,规则是使我们做下述行为的某种东西:(a)把下棋者的行动理解或解释为融贯的动机性行为;(b)预测他们未来的行为。因此,规则公式(rule-formula)既是“解释方案”也是预测的基础。法律效力情形的相似分析如下:本质上,法律规则就是引导法院在特定条件下适用制裁(接受这种凯尔森派的教条应该不用大费口舌)。说一个法律规则有效,就是说:(1)法庭在特殊条件下会适用它,或者至少认为它在裁判时特别重要;以及(2)他们会这样做,是因为他们有一种被规则“约束”的情感体验。一条有效的法律规则,是对未来司法行为的可验证假设,也是一种特殊的动机性感觉。

除了提到感觉和把法律规则视为“解释方案”和预测的基础外,罗斯的分析与美国现实主义的粗糙理论并无太大差别,后者把法律权利与义务的陈述视为对官方行为的预测。与这些简单理论一样,罗斯对法律效力的预测性分析也面临两个反对意见,但他从未正视。第一个是,即使从普通市民或者法律人之口说出的“这是

一条有效英国法律规则”，是一个关于法官将会如何去做、去说或者去感受的预测，但是这并不能成为法官口中的意思，他并不去预测自己或其他人的行为或感觉。“这是一条有效法律规则”，这句话由法官说出来是一种承认行为，他这样说时，就承认相关的规则满足了某些被接受的一般标准，从而可以被接纳为某一体系的规则，并由此成为行为的法律标准。第二，即使（尽管这点可能会受到质疑）“X是一条有效规则”这种形式的非司法陈述，总是预测未来司法行为或感受，但这些预测的基础是知道法官在非预测意义上使用与理解“这是一个有效的规则”的陈述。

罗斯正确地认识到，对于社会规则的存在所呈现出来的现象，我们必须同时区分外在面向和**内在**面向。这对于理解任何种类的 166
规则都是十分正确和重要的。但不幸的是，他把这些面向的界线划错了地方，错误地将规则的内在面向表述为关于“情绪”或“感受”的问题——一种特殊的心理“经验”。只有这样，他才能给人留下这样的印象，即凯尔森所说的“应然命题”在法律思维的分析中也许毫无必要。事实上，阐明任何规范性话语的内在面向都需要这些命题，而且如果我们认真研究它们，就会发现它们没有任何“形而上学”的东西；尽管它们的“逻辑”或结构不同于事实陈述或者感受表达。

内在与外在的必要区分，并非一种身体行动与感受的划分，尽管我们完全可以这样做；它是这样一种划分，为了社会群体按照规则处理事务时能够获得机会，它把两种截然不同的陈述类型区分开。因此，一个不接受或不同意这些规则的外在观察者，在观察该群体时也许会报告说，这个群体总是以某种统一的方式行动，并且

总是对背离行为抱有相反的或敌视的态度。这种态度，要么通过官员，要么通过私人来表示。他也许，既能够预测到该群体未来的行为，又能够预测到官方的反应。这种陈述都是关于事实的外在陈述，**关于**该群体和规则实效的事实。但是，如果该群体真的拥有规则而不仅仅是一套聚合性习惯，群体的成员就会通过各不相同的表达来展示这一点。这种表达并非陈述他们遵循或愿意遵循某种规律性行为模式(regular patterns of behavior)；但是，当群体成员参照他们接受为标准的规律性行为模式，去**批评**他们自己和对方的行为时，他们就在使用这种表达。他们肯定不会仅仅以某种可以预测的相反态度来应对背离规律性行为模式的行为，而是将背离行为视为作出这些反应的**理由**，并且将服从当作**可证成的**要求。

当一种行为模式因此被视为标准时，以它为标准对行为的批评以及以它为基础的主张与正当理由，都要以“应当”(ought)“必须”“应该”(should)“正确”“错误”以及它们的变体如“责任”与“义
167 务”等独特的规范性词汇来表达。诸如此类的形式如“我(你、他、他们)应当那样做”以及“我(你、你们等)不应当那样做”，都是最一般的形式，用以履行这些批判性规范性功能，也确实构成了它们的意义。它们不是按照标准预测可能行为的事实外在陈述；它们是事实的内在陈述，因为它们体现了对标准的接受，并且以各种方式适用或诉诸标准。但是这些陈述的内在品格，不仅仅是说话者具有特定“压力感”的问题；因为这些压力感的确常常伴随这些陈述的形成，但它们在批评行为、提出主张以及根据被接受的标准对敌视反应进行证成等方面，既非必要亦非充分条件。

罗斯把法律效力陈述（例如，“这是一条有效的丹麦法律规则”）视为一种预测司法行为与感觉这一事实的外部陈述。然而，正常的“法律效力”核心用法，是一种特殊种类的内在规范性陈述，罗斯未能通过法官之口对这种表达的使用给出合理说明——这里内在特征很清晰，原因在于他的更一般性的失败，即未能考虑到语言的内在非事实性使用和内在非预测性使用，与规则的使用密不可分。当一个规则体系像法律体系一样，不仅包括构成行为标准的初级规则（primary rules），而且包括通过某些特定标识来承认或识别该体系初级规则的规则或一般标准时，区分“这是一条规则”的内在陈述与“在英格兰他们会遵守这个规则”的外在陈述才是恰当的。因此，当一名法官承认某项法律条款“有效”时，他将该条款视为一条初级规则，并且他为此目的使用了一条未言明的承认规则（rule of recognition）或识别判准（criteria of identification），这个规则和判准也许可以表述为：“女王议会颁布的是一条行为的法律标准。”

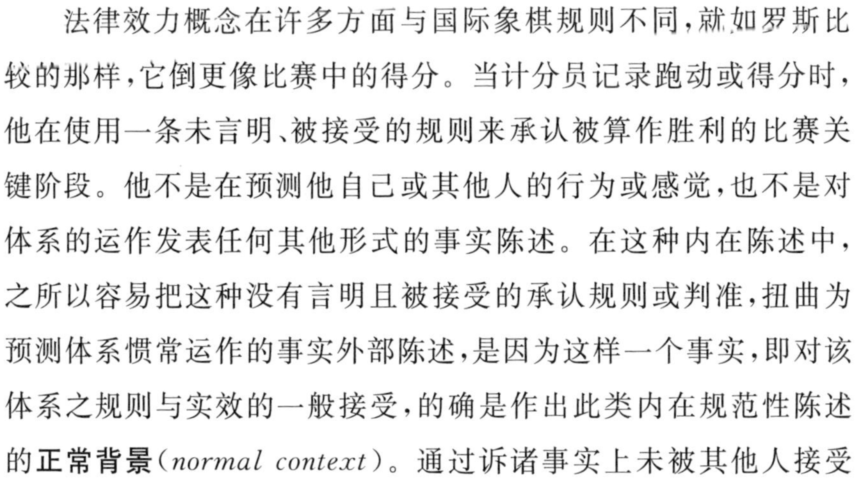

法律效力概念在许多方面与国际象棋规则不同，就如罗斯比较的那样，它倒更像比赛中的得分。当计分员记录跑动或得分时，他在使用一条未言明、被接受的规则来承认被算作胜利的比赛关键阶段。他不是在预测他自己或其他人的行为或感觉，也不是对 168
体系的运作发表任何其他形式的事实陈述。在这种内在陈述中，之所以容易把这种没有言明且被接受的承认规则或判准，扭曲为预测体系惯常运作的事实外部陈述，是因为这样一个事实，即对该体系之规则与实效的一般接受，的确是作出此类内在规范性陈述的**正常背景**（*normal context*）。通过诉诸事实上未被其他人接受

或未来不可能再观察到的承认规则（得分规则），来评估一个规则的效力（或者一个游戏的进展），**通常**是不得要领的。然而，有时候我们也会以一种半虚拟的语气来做这件事，就像以一种生动的方式讲授已经死亡的法律体系，例如罗马法。但是这种假装作出内在陈述的实效的正常**背景**，必须区别于它们的规范性意义或内容。

因此，如果我们要理解作为这种复杂社会生活现象不可分割一部分的社会规则和语言的规范性使用，就不能接受罗斯的两难选择："要么把这些解释为对司法行为和感情的预测，要么把这些解释为对高于事实世界的不可观察实体的形而上学断言。"法律语言的维度实际比这个考虑更丰富。然而，同样需要强调的是，"应然命题"以及其他形式的规范性内在陈述，对于分析法律思想而言都是必要且无害的，但这并不意味着，一个法律体系就是合形式主义者心意的"封闭逻辑体系"；也不意味着关于权利义务或效力的法律陈述，都可以从明确确定的法律规则中推导出来。当然，在这里，正如在法律的其他方面一样，它是一个具有特定意义的核心问题，以及一个为司法选择留下不确定性的广泛暗区问题。有时候在规则模糊的情况下，我们能够做的只能是预测法官将会如何说，为此，我们可能会小心翼翼地使用"效力"一词或"我认为这是有效的"这种谨慎的形式。在这本书第一部分的诸多好东西中，最精彩的莫过于罗斯对司法推理的讨论。但是，即使在这里，即使在识
169 别体系特定规则的体系标准模糊或不确定的情况下，罗斯的预测性分析不能适用于法官所说的"这是一条有效的规则"。而且毫无疑问的是，作为一种内在陈述的法律效力断言的核心功能，除非在**清晰**的案件中得到了承认，否则我们无法理解它在更富有争议的

暗区地带的使用。

附　　录

参看下列批评与评论：

1. A. Ross, "Validity and the Conflict between Legal Positivism and Natural Law", *Revista juridica de Buenos Aires* (1961), 46; "Review of Hart", *The Concept of Law*, *Yale L. J.* (1962), 118.(注意：罗斯认为，他的理论与我的理论在任何重要的方面都无不同之处。所表现出来的冲突是由于翻译的错误所引起的误解，在对其丹麦语作品《论法律与正义》的翻译中，他的丹麦语词汇"gaeltende"[意指"有效的"(in force)与"实效性"(effective)]被译成了效力(validity)。对于这一主张的评论，参见：Hierro, *EL Rralismo Juridico Escandinavo* (Valencia, 1981), esp. 172, 216, 283-285, 219-221, 295, n. 802).

2. F. A. Siegler, "Hart on Rules of Obligation", *Australian Journal of Philosophy* (1967), 341-355.

3. N. MacCormick, in *H. L. A. Hart* (London, 1981), 30, 32, 34-36, 43-44, 166.

170

第七篇　自我指涉性法律

在凯尔森《法与国家的一般理论》(*General Theory of Law and State*)中,有一节题为"永无止境的系列制裁"(The Never-Ending Series of Sanctions)①,一直以来我对这部分都抱有疑问。在本文的第一节,我会说出这些疑问。可以看出,在这一节,我假设,一部法律只要能指涉(refer)其他法律,那么就完全可以指涉自身。我自己并不认为,在部分自我指涉性法律的观念中,存在什么不融贯、"无意义性"或任何其他逻辑与语言上的弊端。的确,在宪法性法律特别是英联邦宪法性法律领域中,可以发现许多自我指涉性法律的例子。然而,我发现,阿尔夫·罗斯教授在其论法律与正义的著作中②表达了这样一种看法,即尽管存在诸如《美国宪法》第5条*这样的例子,但从逻辑上说自我指涉性法律仍是有异

---

① *General Theory of Law and State*(Harvard,1949),28-29.(另,此书中译本已由沈宗灵先生译出,沈先生所据译本与哈特此处所征引之版本一致。参见《法与国家的一般理论》,沈宗灵译,中国大百科全书出版社1996年版。本文所引凯尔森此书,参照了沈先生的译法,特此说明,并申谢意。——译者)

② *On Law and Justice*(London,1958),80-84.

* 《美国宪法》第5条的规定:"国会在两院各有三分之二议员认为必要时,应提出本宪法的修正案;又如有各州三分之二州议会提出请求,也应召开制宪会议提出修正案。不论哪种方式提出的修正案,经各州四分之三州议会或四分之三州制宪会议的批准,即实际成为本宪法之一部分而发生效力;具体采用这两种批准方式中的哪一种,得由国会提出建议(但在1808年以前制定的修正案,不得以任何形式影响本宪法第1条第9款第1项和第4项)。任何一州,未经其同意,它在参议院的平等投票权不得被剥夺。"——译者

议的。因此，在本文的第二节，我将会说明为何这种全盘否认自我指涉性法律的做法是错误的。

一

凯尔森在其题为“永无止境的系列制裁”的一节中，考察了反对“强制是法律的本质要素(essential element)”这一学说的论证。在这一论证中，有关学说被解释为，一条规则要有资格成为法律规则，就必须由另一条法律规则来“保证”(guaranteed)或“担保”(secured)，该规则规定了违反前一规则的制裁。简而言之，这个论点就是，在逻辑上，一项规定(stipulation)无法通过一套由有限法律规则所构成的法律体系实现(fulfilled)。因为，根据对强制是法律必要要素这一学说的解释，除非有一条规则为一条禁止规则，例如禁止盗窃的规则规定了制裁，否则它就不能成为法律规则。
例如，一条规则需要凯尔森所说的“共同体机关”(法官)来惩罚盗 171
窃；并且除非还有另一条规则，进一步要求另一法官制裁任何在制裁盗窃上失职的法官，否则制裁盗窃的规则就不能成为法律规则。因此，这种要求法律体系的每一条规则都由另一条规则的制裁来保障的规定，会导致无限倒推。“为了保证第 n 层级规则的实效(efficacy)，就必须有第 n+1 层级的规则。”[③]

凯尔森认为这一论点是正确的，但是他不认为这会构成自己

---

③ 凯尔森(op. cit., n. 1 *supra*, 28)所征引此观察，来自：Timasheff, *An Introduction to the Sociology of Law* (1939), 264.

对制裁乃法律的本质要素这一学说之解释的任何反对；因为与奥斯丁不同，凯尔森并不认为必须为每条法律规则提供制裁。用他的话说，他不同意法律规则必须是由制裁“保证”其实效的规则。相反，凯尔森的观点是，“规则之所以是法律规则，是因为它规定了制裁”。在法律规则都规定了制裁的意义上，法律体系的所有法律规则都是强制性的，但是在这些规则中，有些规则本身并没有任何强制性规则的保护或保证。为了表明这一点，他勾画了一个简化的法律秩序。“规范 n 运行如下：如果某人盗窃，另外一个人，即共同体的某一机关，将会惩罚他。这个规范 n 的实效由规范 n+1 来保护：如果该机关未能惩罚盗贼，另外一个机关就会惩罚未能履行其惩罚盗窃职责的机关。没有保护规范 n+1 实效的规范 n+2。……但是，这一法律秩序的所有规范都是强制性规范。”[④]

凯尔森在接受关于无限倒推的论点是正确的方面是对的。他认为自己对强制是法律的本质要素这一学说的解释，不容易受到这一论点影响，也是对的。但是于我而言，这不是问题的终点。奥斯丁或者其他理论家也许希望坚持，除非为违反规则的行为规定了惩罚或制裁，否则任何规则都不是法律规则，他们可以通过一种不涉及无限倒推的形式来表述这一要求。因为，对于为违反规则
172 所规定的制裁必须由另一规则规定的要求而言，这并非本质要素。一条规则没有理由不对其自身和其他规则的违反规定制裁。

这一主张初听起来可能很奇怪。但是，它肯定是一种理论上的可能性，在像奥斯丁的理论因为逻辑上的荒谬而被否定之前，应

④　Op. cit., n. 1 *supra*, 29.

考虑这种可能性。为了说明这一理论在逻辑上的可能性，我把凯尔森的法律体系大纲摘编如下：

> 规则 1——任何人不得盗窃。
>
> 规则 2——违反包括此规则在内任何法律的人，将由共同体机关（法官）进行惩罚。

人们也许会问，规则 2 的内容是什么？要回答这个问题，最好的办法是列出在该规则下可能产生的一系列义务中最初的那些义务。

> 情形 1——法官必须惩罚任何盗窃者。
>
> 情形 2——对于未能惩罚盗窃者的法官，另一个法官必须惩罚他。
>
> 情形 3——对于上述之另外一个法官，如果失职而未惩罚第一个法官，还要再有一个法官去惩罚他。

以此类推。

这个系列的确是一个永无止境的系列，但他只是关于义务与违反义务的系列，而非关于规则的系列。规则 2 在详细表述时，的确指涉一个无限义务系列，对该系列每项义务（第一项除外）的违反，都预设了对其上一项义务的违反。但这与要求每条法律规则都必须由另一条规则提供制裁不同，不会产生规则的恶性无限倒推。一条规则指涉其适用情形的无限系列（这种适用以此种方式相互关联），在逻辑上并无异议。就逻辑来说，为何不应该有一条规则，去禁止任何人将自然数系列中的后继数写出，直到先前由其他人所写下的那个最大数字为止？每次这一规则被违反，另外一种违反它的新方式就成为可能，正如规则 2 的情况，对每一规则的违反（第一条规则除外），都预设了对所有前位规则的违反。

必须注意规则 2 的一个重要特征。尽管它的确指涉自身，但它并非**仅仅**指涉自身，而是指涉一个包括它自身在内的法律体（class of laws）。关于制裁的自我指涉性规则，如果仅仅在指涉自
173 身的意义上成立，那么它在逻辑上会引起异议；因为它本质上是不完整（incomplete）的。如果我们用纯粹的自我指涉的形式来替代规则 2，就可以看到这一点：

规则 2A——法官将会惩罚任何违反这一规则的人。

如果在这种纯粹的自我指涉的形式下，就像我们试图对规则 2 所做的那样，列出一系列可能会受此规则规制的义务或对义务的违反，我们将会发现自己根本无从开始。我们将会得到的只能是渐进式的口吃。即“一个法官将会惩罚任何未能惩罚法官的法官将会惩罚其他未能惩罚法官的法官……”，如此递推，以至无穷（*ad infinitum*）。

规则 2 与规则 2A 不同，其理由不在于任何关于自我指涉的深奥逻辑学说。它只是一个浅显事实的简单后果，该事实是，对违反规则进行惩罚的观念在本质上是不完整的。如果没有规则的观念——除了惩罚还要求行为——那么它就是不完整的。这意味着，尽管为一系列的惩罚失败规定一系列惩罚是完全合理的，但是

必须有某种终极依据来惩罚其他东西。在这个方面，我们可以对比复制(copy)的概念(notion)，如果没有一种本身并非复制的东西的观念(idea)，复制的概念就是不完整的。我们的确可以对复制的复制的复制等进行排序，但是这个系列如果要开始的话，必须从最始之处的复制开始。

二

在英联邦的宪法性法律里，我们可以在英国法律人称为“绝不变更”(entrenched)的条款中，发现最明确的自我指涉性法律的例子。这些条款旨在保护宪法的特别规定不被普通立法程序废除，并且通过规定特别程序来废除这些条款。很明显，如果这些规定本身能够通过普通立法程序撤销的话，那么通过特别程序“确保”(entrenching)这些条款的规定将成为一纸空文。因此，一名功夫深的法律起草人，也会同时确保规定特殊程序的条款；使这些条款 174
既适用于其他条款，也适用于自身。

在这些自我确保条款中，最著名的一条是1909年《南非法案》(South Africa Act，1909)第152条。这部英国议会通过的法规，为南非联邦颁布了一部宪法，其中两个条款(第35条与第137条)旨在杜绝基于种族与肤色的歧视，并确保荷兰语与英语的同等地位，这两个条款受到保护，不被两院普通立法程序所撤销或变更。这个“堑壕”(entrenchment)由第152条来保证，而且这条本身也被确保绝不变更，其规定如下：

> 议会可以通过法律撤销或修正这部法案规定的任何条款……并且规定……对包括在这一条[⑤]或第35或137条的规定，不能予以撤销或变更。废止或修正这些规定的法案，必须经国会两院全体出席，并且在三读中以不少于两院总人数的三分之二多数通过……

1952年，急于剥夺有色人种选民权利的南非政府争辩说，联邦议会有资格通过普通立法程序撤销这些绝不变更条款。这一主张并非基于自我指涉性法律无法运作或无效的任何理论，而是基于某些后继立法的性质，特别是《威斯敏斯特法案》(Statute of Westminster)。根据政府的情况，该法案授予联邦议会"至高无上"与"绝对"的立法权。这一主张被南非法院驳回，[⑥]而南非政府为了推行他们的政策，不得不采取权宜之计，在实际上承认第152条自我确保条款的效力。它增加立法机构人数并拉拢和"安插"他们，以便获得该条废除自身所要求的特定多数。

需要注意的是，这种自我确保条款与前面讨论过的为自己规定制裁(self-sanctioning)的条款，既指涉自身，也指涉其他条款。这类**纯粹的**自我指涉性条款，只规定其自身的废除，就像只为自身
175 规定制裁的纯粹的自我指涉性法律一样，在逻辑上是不完整的，并且理由也类似。因为，与废除法律相关的法律观念，寄生在不仅仅指涉废除的法律观念之上。在我看来，既然最终指涉这些其他法

⑤ 强调为笔者所加。

⑥ 参见：*Harris v. Dönges* (1952) 1 T. L. R. 1254；比较：G. Marshall, *Parliamentary Sovereignty and the Commonwealth* (Oxford, 1957), ch. Ⅺ.

律，那么一部法律就没有理由不指涉自身的废除。

阿尔夫·罗斯教授在其论立法的出色一章中认为，无论是法规还是宪法都不能表述自身修订的条件。他指出，这种表述的“自反性”(reflexivity)在逻辑上是不可能的。而且他总结说，规定了包括其自身在内之宪法修正的《美国宪法》第5条，不可能具有任何法律实效。“事实上，对第5条的任何实际修正都是一种非法律(alegal)行为，而非通过已设立的程序创制法律。”[⑦]罗斯教授并未走到说此类自我指涉性法律毫无意义的地步；但他确实说了一些话暗示，这些自我指涉性法律不仅有意义，而且可以理解。他承认：“所有处于权威地位的政客事实上都是这样的假设行动：第五条在法律上可以得到修改，而且只能通过特定程序来修改，即第五条自身指明的程序。”但是他所说的这个只是一种“社会心理事实”[⑧]。他甚至承认，“我们很难想象《宪法》第5条被修改，除非是通过一个看起来像是由第5条自身所决定的法律程序”[⑨]。但是他把这归结为观念的支配，这种观念只能通过“魔法”术语来表达。“第5条所规定的程序是魔法般的法案，它们能够自行松动该条文为自己锻造的锁链。”[⑩]

我认为这一立场非常令人费解。如果如罗斯教授所言，除非通过第5条规定的程序，否则很难想象第5条的变更，那么不仅是罗斯教授或“政客们”，而且法院也必须清楚这一程序是什么。如

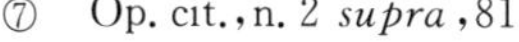

⑦ Op. cit., n. 2 *supra*, 81.

⑧ Ibid.

⑨ Ibid., 83.

⑩ Ibid.

果法院对该程序引起的变更，与不是或据传不是由此引起的变更进行区分，并视前者有效而后者无效的话，那么前者肯定不可能是一种“非法律”行为或“只是一种社会心理上的变化”。根据第 5 条
176 的规定，适用第 5 条的法官们，如果和罗斯教授一样相信法律在逻辑上不可能指涉自身，那么他们就不会这样做，但即便在这种情况下，根据法院解释过的法律而有效的宪法性变更与其无效变更的区别依然存在。这种变更难道不是一种法律行为吗？法院本身之所以作出如此决定，是否因为他们受“魔法”观念影响，即他们与罗斯教授不同，相信法律可以指涉自身？

罗斯教授为了支持他的观点——任何制定法或宪法都不能规定对其自身的修正——引用了一种据他而言已经为逻辑学家普遍接受的学说，即任何命题都不能指涉自身。[11] 但他使用了一种似乎与该一般性学说无关的论证。他说：“如果《宪法》第 5 条实际上遵照自己的规定进行修订，那么就不可能视新的第 5 条派生自旧的第 5 条，也不能因其派生自旧第 5 条而视为有效。任何此类派生都预设了上位规范的有效性，从而以上位规范的继续存在为前提，通过派生不能建立一个与派生源冲突的新规范。”[12]

在我看来，这个论证在两个方面值得商榷。第一个方面是这样的陈述：一条新规范的派生不仅预设了其上位规范的有效性，而且预设了新规范创制之后上位规范继续存在。第二个方面是这样的提议：如果第 5 条遵照自己的规则进行修订，那么这样创设的新

⑪ Op. cit., n. 2 *supra*, 81.

⑫ Ibid., 82.

规范将会"与其派生源相冲突"。也许,这两个方面都忽视了以下**考量。**如果第5条被解释为对其自身修正作出规定,其效果就是去规定特定程序的使用,直到该程序被旧程序引入的新程序替代为止。毫无疑问,我们会把这视为法律上有效的变更与"派生",作为以某种完全不同的方式引入新程序的尝试的比较。至少在某些情况下,可能确实不能从与之冲突的"派生源"中派生出新规范。但是,如果第5条根据其自身规定进行修订,那么就不会存在冲突。因为,原来的第5条与修订后的第5条涉及不同时间段:原来 177
的程序会得到使用,**直到**它被新程序替代为止;从那时起,新程序就会得到启用。

罗斯教授通过他认为较不复杂的情况,来说明这些关于第5条的论点。这是一种"绝对"君主的情形,他想行使手中的权力制定一部限制自己权力的新宪法,并且他希望这部宪法不可撤销。罗斯教授说这"不能被认为是从他的绝对权力中派生出来的"[13]。他这样说的理由是"任何出现在一个有效演绎推理结果中的东西,都不可能与它的前提相冲突"。对此,也许有人会提出异议,认为行使立法权引入新规范并不是演绎推理,而且这一逻辑原则如何适用于立法行为仍不清楚。但是,即使我们先抛开此点,仅仅将其视为是对上一点的重申,即任何规范都不可以从与之冲突的规范中派生出来;但可以确定的是,在此情况下肯定不存在什么冲突。君主在限制无限权力之前拥有无限权力的陈述,与经过他的限制,这些权力就是有限的陈述相当一致。

---

⑬ Op. cit., n. 2 *supra*, 81.

当然,这一切都依赖于在此语境下“绝对君主政体”意味着什么。如果它意味着,在君主存在的每个时刻,除了限制他的权力以外,他都拥有**持续性**的权力,对任何议题随意进行立法,那么他当然不可能对自己的权力做不可撤销的限制。但是,给“绝对权力”一个“**自我包含**”(*self-embracing*)的解释还是可能的,因此君主拥有就任何议题进行立法的权力,包括对其权力进行不可撤销的限制。这两种绝对权力的形式,即持续性与自我包含性的,都是可理解的宪法性安排,而且,法律人和哲学家都考虑过它们,其中法律人通过参照英国议会主权来考虑,哲学家通过参照上帝的全能来考虑。[14]

最后说说“没有命题可以指涉自身”这一逻辑学说,罗斯教授认为它已经得到逻辑学家的普遍认可。也许有人反驳说,法律不
178 是命题,不能假定这一原则适用于法律。也不能假定它可以适用于像第 5 条这样可以指涉其他法律的法律,即便它适用于纯粹的自我指涉性法律。在任何情况下,我相信全盘反对自我指涉的做法都不会被逻辑学家普遍接受。[15] 有许多不同形式的自我指涉,需要分别对它们进行考量。有些形式的自我指涉如“这个陈述是用英语写的”或“我在轻声说这个陈述”,很明显没有任何逻辑上的瑕疵。波普尔教授已经收集了其中一些,并提醒我们,哥德尔(Gödel)在证明现代最伟大的逻辑发现之一时,实际上论证并使用

---

⑭　参见拙作:*The Concept of Law*(Oxford, 1961), 145-149; J. L. Mackie,“Evil and Omnipotence”, *Mind*, 64(1955), 212.

⑮　参见例如:L. R. Popper,“Self-Reference and Meaning in Ordinary Language”, *Mind*, 63(1954).

了自我指涉性的句子“这个表述(expression)有着非常好的表述形式(well-formed formula)”。毫无疑问,“这是假的”可以展示导致众所周知的矛盾,而“这是真的”肯定也是空洞与不完整的。但是,不管《南非法案》的第152条还是《美国宪法》的第5条,都没有造成自相矛盾,也并非不完整。这就激起人们的怀疑,即没有一般性的逻辑原则会导致这个奇怪结论:即便法院认定这些自我指涉性法律是有效的,但是当它们根据自身规定而被变更时,这些变更就是“非法律的”或只不过是“魔法”行为。⑯

附　　录

参看下列批评与评论:

A. Ross,“On Self Reference as a Puzzle in Constitution Law”,*Mind*,78(1969),1-24.

⑯ 也许类似于纯粹的自我指涉性法律,“这是真的”的确令人觉得颇有异议,尽管它不会导致什么自相矛盾。这是因为,关于一个陈述为真的观念一般是不完整的,除非它最终指涉这样的一些陈述:它们不仅指涉真或假。因此,就像部分的自我指涉性法律一样,一个部分的自我指涉的陈述,不仅指涉其自身的真,也指涉其他陈述的真,这个部分自我指涉的陈述应该是不可反对的。比较(仅在这方面尽管有许多重要的区别)本书第172页所列的双重规则(two-rule)法律体系的两个陈述,也即(1)草是绿的,(2)这个列表中的每个陈述都是真的,包括这一个。但是,那些将**假**(*falsity*)归于其自身的陈述,一般要求分别进行考量。对部分的自我指涉性陈述的论述,参见:J. L. Mackie,“Truth,Probability,and Paradox”(Oxford,1973),285-290.

第四部分

自由、功利与权利

第八篇　功利主义与自然权利 181

一

就在两百多年前，当不列颠在美洲的殖民地最终脱离并宣布独立时，两种主流政治哲学在大西洋两岸对峙。1776 年的美国《独立宣言》，以一些著名、扼要的语句，援引了这样的学说：人人生而平等并且拥有不可剥夺的自然权利：生命权、自由权以及追求幸福的权利；而且，为了保护这些权利，人们在他们之间建立政府，而政府的正当权力，只能来自被统治者同意。但是，就在《独立宣言》签署前三个月，杰里米·边沁在其第一部著作《政府片论》（*The Fragment on Government*）中，向全世界发表了他对功利主义原则的著名表述。根据功利土义原则，尢论是政府还是对政府的限制，都要诉诸非常不同的原则来证成：不是根据个体权利，亦非各种所谓的自然权利，而是“最大多数人的最大幸福”。[①] 同年晚些时候，边沁又参与了由他的亲密朋友和合作者[②]出版的《答宣言》（*An*

---

① Bentham, *The Fragment on Government*, in 1 *Works*, 221, 227(Bowring edn., 1838－1843).

② John Lind, *An Answer to the Declaration of the American Congress*, 120-122 (London, 1776). 关于如何辨别边沁的贡献，参见 Hart, “Bentham and the United States”, 19 *J. L. & Econ*. 547, 555 n. 37(1976)，后收录于拙作：*Essays on Bentham* (Oxford, 1982), ch. Ⅲ.

Answer to the Declaration)，对自然权利与不可剥夺权利的整体观念进行简明而又尖锐的批评。在这部作品中，自然权利的学说被粗暴地否认了，部分是作为自相矛盾的胡说，部分是作为可以理解但十分危险的学说，如果认真对待的话，就会发现它与任何种类的政府权力行使都不太相容：正如边沁在这部《答宣言》中问道："如果追寻幸福的权利是一项不可剥夺的权利，那么为什么要禁止
182 盗贼通过盗窃来实现这种权利呢？为什么要禁止谋杀者通过谋杀、叛乱者通过叛乱来实现这种权利呢？……"[③]后来边沁在《无政府主义的谬论》(*Anarchical Fallacies*)[④]中以大篇幅重复这些指控，这篇文献是边沁对法国 1791 年《人权宣言》(Declaration of the Rights)的回应。尽管在后面这一攻击中，批评更为详细和复杂，但主要指控还是一样的：自然权利学说部分是胡言乱语，部分是危险的无政府主义，对好与坏政府的破坏都是相似的：边沁说，它就是无尽的"纸上宣泄"[⑤]，不仅仅是"废话"而且是"毫无根据的废话"。[⑥] 在人们之间建立的政府之所以存在，并非因为人们在政府建立之前就拥有政府要维护的权利，而是因为没有政府与法律的话，人们就没有也不可能拥有权利。检测好政府的标准不在于自然权利，而在于被统治者的总体幸福。

---

③ 上述这段话引自边沁于 1776 年给约翰·林德所写信件之中(1776 年 9 月 2 号)，后收录于拙作：*Correspondence of Jeremy Bentham*，343(T. Sprigge edn.，1968)(Vol. 1 of *Collected Works of Jeremy Bentham*，London 1968)；参见：Lind，*supra* n. 2，at 121.

④ Bentham，*Anarchical Fallacies*，in 2 *Works*，491(Bowring edn.，1838－1843).

⑤ Ibid.，at 494.

⑥ Ibid.，at 501.

在1776年，这两种学说就如此对立起来了，其关键区别在于，功利主义是一种**最大化**（*maximizing*）和集合性（collective）原则，它要求政府最大限度实现所有受治者的整体幸福；而自然权利是一种**分散性**（*distributive*）和个体化原则，它的根据在于每个受治者个体的基本利益的优先性。

边沁知道，他有特殊天资，能让思想在改变和理解世界方面发挥作用。所以他在漫长的一生中，花费全部精力到“最大幸福”原则（他特别喜欢叫它为功利主义原则）的详细阐发与适用上，并坚信自己在这项任务上具有独特能力，能够比以往任何一位以功利主义原则为基础，对政府和社会进行批评的思想家更有力、更全面、更清晰、更有耐心和更多令人信服细节地完成这项任务。

我想，部分原因在于边沁具有不凡的阐释能力，以及为了功利
主义的实际影响而制定详细改革方案的热情，尽管其学说起初被 183
人忽略，后来遭到批评，但最终在很长一段时间里成为英国占统治地位的社会思想。在19世纪的大部分时间里，“功利主义”几乎成为英国进步政治与社会思想的代名词。正如埃利·哈列维（Elie Halévy）所言，好像19世纪的所有改革都言必称功利主义。[⑦] 相反，自然权利学说（在美国革命期间有众多英国支持者）似乎从实际政治决策或论辩中消失，好像被边沁的猛攻所征服。在19世纪的英国甚至美国，很少有宪法或法律改革的鼓吹者援引这种观念。当然在19世纪的英国，功利主义——或者经常被称为边沁主义

---

⑦ Elie Halévy, *The Growth of Philosophic Radicalism*, 153-154 (M. Morris trans., 1952).

(Benthamism)——有许多批评者，而且，在边沁生前，他的大部分著作在海外名声赫赫，在国内却无人问津。但是，如果批评者自己也有什么实在的政治或社会哲学，那也不是根据人权学说设计的。就连在美国，当独立后，13个起义的殖民地首先开始为自己制定宪法，然后为1789年最终成立的联邦制定宪法时，他们的努力受到一些原则启发，这些原则与1776年《独立宣言》中宣布的原则相去甚远。大部分州宪法和联邦宪法都接受了奴隶制，他们这个时候丝毫不考虑这种情况如何与人人生而平等、平等享有自然的不可剥夺自由权利理论相协调。即使是在美国的自由、白种、男性的人口中，独立后推行充分民主权利的行动也十分缓慢。

根据这些事实再去阅读1789年《美国宪法》著名的序言，它是为了“以树立正义，奠定国内治安，筹设公共国防、增进全民福利，并谋令永享自由生活”[*]；序言好像要表达这样一种理论：政府的主要目标不是维护普遍的个人权利，而是实现新国家的公共福利
184 和整体利益最大化。而且，为了实现这一目的，哪怕牺牲某些人的自由与幸福也在所不惜，正如他们在奴隶制问题那样。

因此，在整个19世纪，边沁对自然法学说的连续攻击取得了长久胜利。在这里我将更仔细考察他攻击的细节，就像他在《无政府主义的谬论》的讨论一样，这是他对该观点最为详尽的阐述。这本写于1795年但直到边沁死后才出版的作品，极不寻常。这本书冗长拖沓而又学究气十足，但也可见写作的热切与激情。边沁谴

---

* 这个序言的译法采自商务印书馆版《联邦党人文集》。参见〔美〕汉密尔顿、杰伊、麦迪逊：《联邦党人文集》，程逢如等译，商务印书馆1980年版，第452页。——译者

责“无政府的权利”(正如他所说的自然权利),认为它只能与“混乱的秩序”[8]相容;他说,这些权利的鼓吹者是“政府的颠覆者”[9]以及“安全的亚辛”(assassins of security)[10],这些人用非常愚蠢的术语讨论严肃的政治问题。边沁说,由此会“引发成千上万的刀光剑影”[11]。的确,他认为这个学说容易激起莽撞的热情,因此用刑法来镇压它也能得到证成。

要理解边沁的放浪言语,就不能忘记,此书写作时,雅各宾专政(Jacobin Terror)正处于高潮阶段,这让边沁和许多人一样,从最初的法国大革命支持者变为惊恐的反对者。事实上,边沁在此做了更重要的事情。1776 年的边沁并不是民主主义者,至少在此后的十年里,他认为英国无须进行宪法改革,尽管那里有很多人仍无权投票。然而,在 1790 年[12],他为民主和成年男子的完全选举权勾勒出功利主义的版本。但是,对无政府状态的担忧以及对过度恐怖行为的恐惧,使边沁搁置了对民主改革的思考,并且花大量时间写作有强烈保守色彩的时事小册子;这些小册子主张,在英国无须任何宪政改革或走向民主。直到 1809 年,边沁才从雅各宾专政的恐怖中定过神来。那时,他深信民主并非奠基于虚幻的人权之

---

⑧ Bentham, *supra* n. 4, at 522.

⑨ Ibid., at 523.

⑩ Ibid., at 497. (Assassin,伊斯兰教之一派,1090—1272 年活跃于波斯及叙利亚,专门刺杀十字军,后来在英国成为刺客、暗杀者的代名词。事实上,英语中的“刺客”“暗杀者”一词就是“assassin”。“安全的亚辛”,大概就是指安全的破坏者。——译者)

⑪ Ibid., at 497.

⑫ 如果要了解对这个题为“On the Efficient Cause and Measure of Constitutional Liberty”的未发表著作的阐述,参见:Hart, *supra* n. 2, at 558-559.

185 上，而是建立在功利主义的坚实基础上，于是，他成为英国宪法(British Constitution)进行激进民主化改革的狂热倡导者。[13]

边沁转变为一个民主主义者，是因为他学会用一种十分悲观的角度看待所有政府，他称它们为“统治的少数”(ruling few)。他视政府为一群潜在的罪犯，他们容易像强盗一样，为了追求自己的利益而牺牲他们统治之人的利益，即“大多数受治者”[14]。但是他认为，民主制将任命与解散政府的权力交到多数人手中，是确保政府为公共利益服务的最佳手段，政府以实现自己利益的方式服务公共利益，就像对普通犯罪进行惩罚的威胁一样，通过确保潜在的罪犯遵从——无论多么不情愿——普遍福利的要求，从而人为实现个人利益与社会利益的和谐。这些浅白(实际上是直率)的考量，是边沁作为理智而冷静之人对民主的指导，而非半懂不懂、狂热的自然权利主张。

边沁主要从两个方面攻击自然权利概念。首先，他主张，“一项权利非由实证法创设”的观念，是一种自相矛盾，就如“冷热”或“光辉的黑暗”这样的术语一样[15]：他认为，权利都是实在法的果实，那种认为权利先于并独立于人定法的看法，只是因为人们被误导，把自然**法**视为自然权利的来源，才免于立即暴露为荒谬的宣传。但这两者都是不存在的实体，这点可以从以下事实看出：如果

---

[13] 参见：Bentham, *Plan of Parliamentary Reform*, in 3 *Works*, 433, 451-458(Bowring edn., 1838 - 1843).(开头还有一个导论，强调需要的是激进的而非温和的改革。)

[14] Ibid., at 441.

[15] Bentham, *Supply Without Burthen*, in 1 *Jeremy Bentham's Economic Writings*, 279, 335(W. Stark edn., 1952).

对一个人是否享有某些法律权利及其范围有争议，那么这是一个关于客观可查明事实的问题，可以通过援引相关实在法理性地解决，当实在法不能解决时，也可以由法院来解决。在解决一个人是否拥有自然的而非法定的权利时，例如言论自由与集会自由权利，没有这种理性的解决方法或客观的裁判程序。同样类似的商定(agreed)检验标准来确定自然权利存在与否，也没有可以知道它 186
的既定法(established laws)。因此，边沁指出：“摊开问题，**法律**的观念以及所有通过使用语词**权利**获得的东西，都值得争论。”[16]没有先于法律的权利，也没有违反法律的权利，因此，尽管它能够表达言说者的感情、希望或偏好，但自然权利学说不能像功利主义那样，对法律可以适当做什么或要求什么，充当理性识别或讨论的客观限制。边沁说，当人们希望为所欲为而又无须为它大费口舌时，就会谈及他们的自然权利。[17]

边沁的第二个批评是，在政治争论和对既定法与社会制度的批评中，使用自然的非法律权利概念，要么不可能与任何政府权力的行使相协调，从而导致无政府主义的危险，要么它们根本就空洞无物或空口白话(nugatory)。[18] 如果人们以绝对形式主张自然权利，不允许其他价值的存在或不与其他价值相妥协时，前者情况就可能发生。那些对某些既定法持有强烈反对之情的人，通过使用看似客观的不可剥夺权利之语言，可以把这种感情说出更多的东

---

⑯ Bentham, *Securities Against Misrule*, in 8 *Works*, 555, 557(Bowring edn., 1838 – 1843).

⑰ Bentham, *supra* n. 15, at 335.

⑱ Bentham, *supra* n. 4, at 493, 502.

西：通过援引某种高于既定法的东西，说既定法“无效”(void)，同时对法律能做什么或要求什么进行限制。另外，如果自然权利的形式不是绝对的，而是允许一般性例外存在(就如法国宣言那样)——例如，如果自由作为一种自然权利，被视为某种非经法律允许不得减损的东西——那么它们对立法者及其受治者而言，都是“空口白话”和空洞的指南。在美国一些新的州，它们就这样变成空口白话，在那些州的宪法中，宣称自由的自然权利被视为不影响奴隶主对其奴隶的财产权。因此，边沁总结道，自然权利要么不能与有秩序的政府相协调，因为政府权力的行使，总要涉及对自由或财产的某些限制，要么就是空口白话，空洞无物而又毫无助益。

187 边沁批评自然权利的长篇大论，散见于各种著作中，除了我上文提到的两个方面，还包括其他反对意见，但这两种反对意见在英国的政治理论中已有扎实根基。特别是“只存在法律权利”的观点，权利先于法律或能违反法律的观念是荒谬的，这种观点一度成为传统智慧的一部分，并且被许多英国社会思想家视为自明之理来接受。就连诗人兼评论家马修·阿诺德(Matthew Arnold)(他只是对政治哲学或宪法理论偶有涉足，并且总体而言肯定对功利主义不感冒)于1878年论证维多利亚时代中期英国社会生活有许多不尽如人意之处，是因为其经济与社会的不平等时，也自觉有某种责任否认道德的或非法定的平等权利或其他东西的信念。用完全符合边沁思想的话说就是：“就我能探察的人类意识而言，我不能像我经常说的那样，认为人真的意识到抽象的自然权利……这句话重复再多次也不为过：农民与工人没有自然权利，一点都没有。我还应该立即补充一句，国王与贵族也同样没有。如果说所

有权利都由法律创制是合理的英国学说……那么毫无疑问，这个传统的学说也是我信奉的。”[19]

二

马修·阿诺德所说的“合理的英国学说”认为，除了法律创制之外没有权利存在，因此也就不存在道德上的权利，而且首先是不存在自然权利；吊诡的是，第一个严肃的批评者来自边沁的著名信徒约翰·斯图亚特·密尔。此人一贯自称是功利主义者，可是我们现在发现，在许多方面他好像只是保留了功利主义的提法，却在许多重要方面改变了原初功利主义的精神实质。

作为优秀的功利主义者，密尔宣称要摒弃他所说的“抽象权利”[20]，但他的结论却是，除非接受道德的非法律权利观念，否则就 188
难以把正义视为道德的独特分支加以说明。他认为，之所以如此，是由于正义主要包括尊重所有人都有的基本道德权利，无论特定社会是否在其法律或社会实践中承认它们。密尔认为，在被界定为尊重基本权利的正义与功利主义的政治道德之间，并无冲突。[21]我认为，在这方面他是错的，因为作为最后的手段，纯粹的功利主义与基本人权哲学之间存在不可逾越的鸿沟。纯粹的功利主义把

---

[19] Arnold, “Equality”, in *Mixed Essays, Irish Essays and Others*, 36, 46 (1883).

[20] J. S. Mill, *On Liberty*, in 18 *Collected Works of John Stuart Mill*, 213, 224 (J. Robson edn., 1977).

[21] J. S. Mill, *Utilitarianism*, in 10 *Collected Works of John Stuart Mill*, 203, 240-241 (J. Robson edn., 1969).

总体的集体公共福利或幸福最大化视为价值的最终标准，而基本人权哲学坚持原则的优先性，优先保护个体特定方面的福利，并将此作为对功利主义集体利益最大化原则的限制。

尽管如此，密尔的主张仍然值得认真对待。在这些问题上，它们是20世纪最富有启发性之思想的先驱。他希望表明，尽管通常的观点与此相反，但是正义和正义要求的对个体权利的尊重，与功利并不冲突，反而是它的一部分。这的确是从他对什么是拥有道德权利的界定中得出的。“拥有一项权利”，密尔说，也就是“拥有社会应该保护我拥有的东西……如果反对者继续问为何社会应该（如此），除了一般功利外，我不可能给他其他理由”。[22] 在试图协调正义与功利的努力中，密尔争辩说，正义以及对基本权利的尊重，代表一种特殊的“一般功利类别或分支”，[23]人们承认它比一般功利主张有更高约束力。他说，在个体权利的情况下，处于危险的个人利益构成“（一种）特别重要并且打动人心的功利”，他用大量醒目的语句描述这种功利：“人类不可能没有的东西”“我们存在的
189 根基”“人类福祉的本质”。[24] 他解释说，这种基本权利的特殊功利包括的利益有：免受他人伤害的安全、追求个人善好的自由不被干涉的安全。他说，这些都是比任何其他东西都“更为重要的功利，也因此也更为绝对和必要”[25]，而且与仅仅增进人类快乐、幸福或便利的观念截然不同。密尔说，守护这些本质性个体功利的情感

---

[22] J. S. Mill, Utilitarianism, at 250.

[23] Ibid., at 241.

[24] Ibid., at 250-251.

[25] Ibid., at 259.

(sentiment),“不仅在程度上,而且在种类上都不同于”提升人类快乐或便利的更温和感觉(feeling)。[26] 密尔这种对人类自由与基本利益进行具体保护的特殊功利观念,以及因此对承认正义所包含的特定道德权利的特性描述,与从18世纪的《法国人权宣言》到当代《联合国人权宣言》对自然权利或人权的阐发中所强调的一些要素十分相近。因为,对这些权利的要求是对必要东西的核心要求,不仅是为了确保增进总体的快乐或幸福,而且是拥有独特人类能力(思考、理性选择和行动的能力)的人们所需东西的要求——为了能够作为进步的人追求自己的个人目标。也就是说,他们首先需要一个不受干涉的广泛自由领域,其次是保护他们免受绝大部分明显的身体伤害。这不禁让我们想起杰弗逊(Jefferson),他区分了幸福与追求幸福、思想自由和选择自由的权利,这已经成为人权主张的核心。

最重要的是,密尔意识到,他把这些基本权利描述为特殊类型的功利,社会在保护个人时必须予以尊重。他说,“保护个人不受他者伤害”[27]的原则已经危如累卵,他还补充道:“一个人是否恪守这些(道德),是检验和决定他是否适合作为人类一员存在的标准。”[28]因此,密尔承认,在关涉这些基本权利的场合,平均分配至
关重要:**所有人**都应该得到尊重。然而他从未证明或试图证明边 190
沁设想的一般功利是此类个人权利的基础,因为他没有表明,把一般功利视为总体来对待,就会通过把这些基本权利平均分配给社会所有个体而达到最大化。因此这就难以反对怀疑论者的观点,他们认为,如果一般功利有什么意义的话,那么从逻辑来讲,一个

[26] J. S. Mill, Utilitarianism, at 259.

[27] Ibid., at 256.

[28] Ibid.

社会的悠然、快乐与幸福超过痛苦的总净余额(total net balance)比不幸的总净余额可能更大，**不是**在这些基本权利平等分配给所有成员的情况下，而是少数人——比如说少部分奴隶人口甚至是少数个体——被剥夺了人类福祉的本质要素，以便绝大多数人能够增进快乐或幸福，他们每个人都很渺小，但作为总体很大。对密尔来说，困难来自这样一种可能性，一个社会可能会通过为少数受压迫的人作出例外规则，来保护其绝大多数成员。通常理解的功利主义原则可能会因此得到满足，但自然权利学说却不能。

也许，密尔将“一般功利”作为**所有**人都享有的基本权利的基础，可以通过下面的方式来理解(虽然我认为它没有成功辩护)。这种权利所保护的自由与利益构成功利的一个独特方面：就如密尔所说，它们是“主要道德”(primary moralities)，它们的最大化要优先于其他形式功利的任何进步，无论这种进步多么巨大。密尔时常称这种功利为“增进人类快乐或幸福的单纯观念”或“日常的便利”(ordinary expedience)。由于基本权利主要对他人施加消极的限制，要求他们不做某些有害行为，对功利的这种独特方面的“最大化”，只能意味着为了每个个体而尊重这些权利的总功利。这种独特形式的功利不能通过剥夺某些个体在这方面的权利来增加；另一方面，如果不把这种功利与其他形式的功利区分开并给予它优先地位，而只进行简单的增加，那么总功利就可能通过剥夺某些个人的利益，甚至通过剥夺基本权利来增加。

191 但是，尽管基于基本权利之功利的优先性非常容易理解，但在“一般功利”可被认为是其基础的意义上，密尔仍然留下了含混不清之处。因为，如果功利这一独特方面的“最大化”只包括尊重每个人的基本权利，那么尊重每个人的权利必须要增进一般功利，因

为正是这样的增进才是唯一能算得上增进的东西。因此，很难看到"一般功利"怎么会像密尔所言，成为尊重个人权利的理由。毫无疑问，只有当一般功利的增加是一种区别于尊重个人权利的价值时，这种增进才是尊重这些个人权利的理由。

三

正如我所说，即使在19世纪对政治思想与社会改革家的思想影响最大的时候，边沁的功利主义也遭到许多批评。但是这些批评很少伴随着自然法学说的复兴。最严肃的哲学批评，涉及功利主义的"计算"，或在计算幸福、快乐或福利总净余额时面临的理论与实际困难。这要求对不同人的痛苦或快乐进行比较、相加和相减，以便确定什么行为能够普遍地产生最大幸福的净余额。对边沁功利主义最为广泛的批评，是由一些时代的文化巨擘发起的。但这些批评往往基于对边沁整体思想的误解。尽管边沁明确地将需要最大化的功利与来自任何渊源的快乐、幸福联系在一起——来源于智力、友谊、荣誉，同样也可以来源于感觉，而他的批评者却把功利认定为单纯的感官快乐。其他的一些批评家如哈兹里特
(Hazlitt)[29]、卡莱尔(Carlyle)[30]以及狄更斯(Dickens)[31]甚至将功利 192
与人生和幸福的享受对立起来，好像功利仅仅意味着通过艰苦劳动而获得的物质产品的产物。如狄更斯所言，功利主义的精神就

[29] W. Hazlitt, *The Spirit of the Age*, in 11 *Complete Works of William Hazlitt*, 1(P. Howe edn., 1932).

[30] T. Carlye, *Sartor Resartus*, in *Collected Works of Thomas Carlyle*, 116, 213-214, 226-228(1887).

[31] C. Dickens, *Hard Times*(New York, 1868).

是将心灵束缚于严酷现实的紧箍咒(iron-binding)。[32]

19世纪,为了应对许许多多的批评,后来的功利主义者对边沁原初功利主义学说进行了许多改进,有些还相当复杂。为了避免功利主义运算的困难,最重要的改进是重新表述这一学说,即不再根据快乐或幸福,而是根据欲望的满足或福利经济学家所说的“显性偏好”(revealed preferences)来表述。那么,政府遵循的终极标准,就会变成对这种愿望或偏好的最大限度满足和最小限度压制(frustration)。在这种重述中,借助经济学家,尤其是帕累托(Pareto)的思想,避免了度量(measurement)与人际比较(interpersonal comparison)方面的困难。

但是所有这些都是比较细节的问题,没有触及作为个人道德标准和批评政府标准的功利主义核心思想,即在道德上,重要的是单一集合价值、集体价值和总价值的最大化,无论它被称为快乐、幸福,还是需求的满足。

对这种核心最大化原则的第一种重要批评,也隐含在密尔的作品中。这一点隐含在刚提及的他的正义论述中,但更重要的论述隐含在他论自由的有影响思考中,即在以“论自由”为名的文章中。记得边沁从一个不主张改革英国宪法的托利党支持者,缓慢转变为激进的民主主义者,他认为功利主义可以为偏爱民主——给成年男子完全选举权的任何形式的政府——提供最为充分的理由;因为,只有普选产生的政府才有足够动力为普遍利益而非少数统治者的邪恶利益服务。因此他对宪法或政治结构的批评,非常

---

[32] C. Dickens, *Household Words* (issue of 30 March, 1850).

类似商业效率专家对公司结构的大规模检验，对于这种带有准经济学性质的政治理论，我们今天的政治理论家已经提出一些高度 193
精致的新见解。但是密尔重视民主却出于其他原因：民主不仅防止大多数人遭受少数人的剥削并且反对政府低效率，而且为所有人提供机会，通过参与政治决策，哪怕是在间歇性选举中进行最小限度的投票，从而发展自己独特的思考能力、选择能力与自我指导能力。但是密尔同时认为，多数人对少数人的暴政，与少数人政府的暴政或专制有一样的危险，这一看法反驳了边沁认为民主政体能提供最好保护的观点。因此像功利主义一样将权力交与多数人手中的政治道德，不足以保证一个善好、自由的社会。大多数人怎样运用他们手中的权力可谓非常重要；因此，不管是否把权力转化为权利法案形式的法律，都需要通过独特政治道德原则的形式进行限制。密尔说："当掌权者定期向共同体，也即共同体中最强大的一方负责，政府权力对个体的限制也丝毫没有丧失其重要性。"[33]

因此，当密尔讨论个体自由时，他主张只有当个人行为对他人产生伤害时，才能干涉或限制个体自由（无论是通过法律还是社会压力），而为了增进社会整体性的集体福利，一个严格的最大化功利主义者，也许不得不允许永远限制个体自由。从这一点上说，密尔的自由学说可谓是这种功利主义最大化原则的背离，其作用在于确保每个人的自由领域，其中每个人的行为都不伤害他人。由于它为个体自由提供**这种**保护，因此它也确保所有人都有同样的

㉝ Mill, *supra* n. 20, at 219.

自由领域，从而保证一定程度的平等，而纯粹的功利主义绝不会把平等对待视为独立价值。当然，密尔的学说也有著名的含混与困
194 难之处，主要来自“伤害他人”这个概念结构上的开放性与模糊特征，但它仍然是功利主义最大化原则的著名背离。

然而，直到我们这个时代，才有人对功利主义的核心最大化原则进行直接的正面攻击。这种现代批评，主要是近二十年来在美国发展起来的，最突出的是罗尔斯的《正义论》[34]，这是自密尔以来用英语写作的最为重要的政治哲学著作。罗尔斯的作品已经具有深远的影响，即使他对功利主义的批评及其基本权利的积极理论都存在争议，也不完善。对功利主义的类似批评，现在还可以在英美的许多现代作家中发现。[35]

这些现代批判的主旨在于，功利主义“没有认真对待人与人之间的差别”[36]，因为它允许强迫个人牺牲的情况存在，只要这样做可以促进集体福利。依照这种看法，人没有内在价值，而仅仅是经验（experiences）的容器，这些经验将增加或减少唯一的内在价值，即集体福利。

这些考虑说明，为什么一度被视为社会进步思想之伟大灵感的功利主义，也拥有黑暗邪恶的一面，因为它允许牺牲某个个体来

---

[34] J. Rawls, *A Theory of Justice*, 22-24, 27, 181, 183, 187(1971).

[35] 举例而言，有：德沃金的《认真对待权利》；对J. 麦基(J. Mackie)的《伦理学：辩是究非》(*Ethics: Inventing Right and Wrong*, 1977)；以及R. 诺齐克的《无政府、国家与乌托邦》(1974)和B. 威廉斯(B. Williams)的《道德：伦理学导论》(*Morality: An Introduction to Ethics*, 1972)。

[36] 参见：Rawls, op. cit., n. 34 *supra*, at 187. 在下面的第九篇《在功利与权利之间》中，我将详细讨论此一主张的细节方面。

确保其他人的更大幸福。

相应地，我上文所提到的现代哲学家，尤其是卓越的罗尔斯在其《正义论》中认为，任何道德上充分的政治哲学都必须承认，在任何道德上可以容忍的社会生活形式中，必须有对个体自由和基本利益的特定保护，这些保护构成了个人权利的基本框架。尽管追求公共福利的确是政府之正当且必要的关切，但要先承认这些权 195
利的特定限制才能追求。

为承认基本人权而提出的现代哲学辩护，并不像 17、18 世纪的早期人权学说那样，穿上了形而上学或概念的外衣，该学说认为人们在自然状态下拥有这些权利，或者由造物主赋予这些权利。尽管如此，现代批评功利主义的最完善和最清晰版本，与 17、18 世纪伴随着自然法学说出现的社会契约论有密切关系。因此，罗尔斯在《正义论》中主张，尽管任何理性人必须知道，为了过上一种哪怕是最低限度的可容忍的生活，他必须在一个存在有序政府的政治社会中生活，但如果自由与基本利益——密尔说的“人类存在的根基”——得不到保护，即使这种保护不可能是绝对的，也没有优先于集体福利的增加，那么任何一个在平等的基础上与他人讨价还价的理性人，都不会同意他应该遵守任何这样的政府所制定的法律。

无论是功利主义之新批评的哲学基础，还是其基本权利学说在当代社会宪法、社会以及经济问题上的详细适用，都存在极大争议。还不能说我们已经从欧洲或者美国的政治理论家（他们已经深刻意识到追求最大化之纯粹功利主义的弊端）那里得到充分详细或足够明晰的理论，能够表明这些权利的基础，以及它们如何与

通过政府追求的其他价值相联系。在清晰性与详细阐述方面，还没有任何理论能与边沁对功利主义的细致阐释与适用相媲美。的确，目前呈现的基本权利复苏学说，尽管有许多亮点，但依然不足以令人信服。事实上，我认为，这是由于其作者试图界定其看法时，采取过于独断的方式，其中功利主义忽视了某些被认为是无争议的价值，而首先需要的是，对权利与社会追求的其他价值之间的
196 关系，进行更为激进和详尽的考量。我们可以在政治光谱里的“保守右派”(Conservative Right)和“自由左派”(Liberal Left)中找到这些示例性作家。毫无疑问，这些著作当然需要认真评估，但这是另一项任务。[37]

但显然，我们迫切需要一种权利理论。在过去的半个世纪里，人类对人类的非人道行为，使无数男女被剥夺最基本和最根本的自由与保护，即便他们有什么罪过，也只是为自己和他人争取这种自由和保护，有时候他们被剥夺权利和保护，借口往往是社会整体福利的需要。因此，保护一种限制国家对公民之行为的基本人权学说，看来正是我们这个时代最为迫切需要的政治难题。或者说，比起呼吁最大化一般功利，解决这种难题的要求更为急迫。事实上，我已经勾勒出来的哲学发展，一直伴随着国际人权运动的发展而发展，这种运动最近还有加速的趋势。自1946年以来，《联合国宪章》(*United Nations Charter*)的缔约国确认他们对基本人权以及人类尊严与价值的信念以来，没有一个国家可以声称，剥夺公民这些权利的做法仅仅是国内事务。在签署《联合国宪章》和最近的

[37] 在下面的第九篇《在功利与权利之间》中我将试图进行此一评估。

《赫尔辛基协议》(*Helsinki Agreement*)* 之间的三十年里，要求落实基本人权的压力，日益成为国际关系、国际会议和外交上的重要特点。但我在这里难以衡量世界从这个事实中有多少收获。而且，我也难以衡量，对这一原则曾经有、现在也有的冷嘲热讽，在多大程度上伴随着对其原则的冷漠无视。然而，毫无疑问的是，基本人权的观念已经深深影响我们这个时代的外交风格、道德以及政治意识形态，哪怕有许多无辜的人依然被监禁或压迫而感受不到它的好处。人权学说至少曾代替功利主义的最大化原则，成为政 197
治和社会改革的主要哲学感召。它能否像功利主义曾经那样成功地改变政府为追求人类之善的实践，还有待观察。

附　　录

参见相反的看法：

D. Lyons, *Human Rights and the General Welfare*, 6 *Philosophy and Public Affairs* (1977)；以及我的批评："Natural Rights: Bentham and John Stuart Mill", in *Essays on Bentham* (Oxford 1982), ch. Ⅳ.

---

* 1975 年 7 月底在赫尔辛基召开欧洲会第三阶段会议结束时，包括美国、苏联和几乎全部欧洲国家在内的 35 个国家在芬兰首都赫尔辛基签署了这份协议。协议承认了"二战"后有争议的边界，并建立了一套解决其他争端的机制。人权和自由问题是这份协议中的关键部分，把人权问题纳入其中，主要针对苏联和东欧国家。很多专家认为，《赫尔辛基协议》是"二战"后签署的最具影响力的国际条约，保守派人士甚至认为该协议加速了东方集团的演变。——译者

198

第九篇　在功利与权利之间

一

任何一个熟悉近十年来在英国和美国出版的关于治理哲学(the philosophy of government)著作的人，都不会怀疑这个处于道德哲学、政治哲学以及法律哲学交叉点的主题，正在经历一场重大变革。我认为，我们正在见证一种曾经非常流行的旧信念改弦易辙的过程，这种旧信念是某种形式的功利主义，如果我们能发现其正确形式，就一定能抓住政治道德的本质。新的信念是，真理一定不在将集体或一般公共福利的最大化当作目标的学说之中，而在尊重基本人权的学说中，这种学说要求保护特定的基本自由与个人利益——只要我们能为这些权利寻找坚实的基石，以便应对一些早已熟悉的异议。不久前，许多哲学家还投入大量精力与智慧，使某种形式的功利主义发挥作用，但后来这些精力与智慧则用于阐述基本人权理论。

每当信念发生变化，或者哲学的努力与关注点发生转向时，呈现在我们眼前的新洞见在照亮我们的同时，也让人眼花缭乱。当然，正如我将试图通过援引两位当代极富影响的作家的作品来表明的那样，新的信念最终表现出来的形式，尽管不乏亮点，但仍然无法令人信服。我的两个例子都来自美国，分别来自政治光谱中的保守右派(Conservative Right)和自由左派(Liberal Left)。前者将权利理论建立在人的**分离性**或**独特性**(*separateness* or *distinctness*)的道德重要性上，据说功利主义忽视了这一点；后者则试图将权利理论建立在**平等关怀与尊重**(*equal concern and respect*)的道德资格(moral title)上，据说顽固的功利主义暗中否认这点。因此，第一种 199
理论以政府尊重个人分离性的义务为主，第二种理论以政府平等对待受治者的义务为主，即平等关怀与尊重。

二

为了公正评价第一种理论，有必要弄清楚，诸位现代作家以不同形式出现的批评究竟意味着什么，即当功利主义作为一种政治哲学而要求政府最大限度提高受治者总的或平均的净幸福(net happiness)和福利时，不受限制的功利主义(unqualified utilitarianism)没有承认或抽象出人的分离性。尽管这种对忽视人的分离性的指控可以看作是康德主义原则的一个版本，即人本身就是目的，但它依然是对功利主义的独特现代批评。英国的伯纳德·威廉斯(Bernard Williams)[①]和美国的约翰·罗尔斯[②]都曾是这种批评形

① “A Critique of Utilitarianism”, in J. Smart and B. Willams, *Utilitarianism, For and Against* 108-118(1973); “Persons, Character and Morality”, in *The Identity of Persons*(Rorty edn., 1977).

② 参见：J. Rawls, *A Theory of Justice*, 22-24, 27, 181, 183, 187(1971).

式最雄辩的阐释者，罗尔斯的主张“功利主义没有认真对待人与人之间的差别”[③]在《正义论》中有重要地位。在过去许多批评功利主义的学说中，只有这种独特批评的微弱暗示在闪烁，自从1776年边沁向世界宣布，无论政府还是对政府的限制，只能通过援引最大多数人的最大幸福来证成，而不能援引任何自然权利学说，在他看来这简直是“纸上宣泄”，[④]他在1776年对美国《独立宣言》简单粗暴的答复中，首次宣布这些学说。[⑤]

200 这种对功利主义的独特现代批评，即功利主义忽视个体分离性在道德上的重要性，究竟意味着什么？在我看来，它的含义可以归结为四点，尽管不是每一位提出此种批评的作家都会同意这些要点。

第一点是这样的：以经典的最大化功利主义的角度来看，分离的个体本身没有内在重要性，而只有置于总体的集体快乐或幸福中才具有重要性。因此，对它来说，个体仅仅是发现有价值东西的渠道或地点。正是因为如此，如果没有引进独立的分配原则，那么只要总体因此获得增长，就没有什么可以限制得到准许的交易(permissible tradeoffs)，这些交易发生在不同人的满足之间。因此，无论一个人多么无辜，为了其他人获得更大的幸福或快乐，他的幸福与快乐仍然有可能被牺牲掉；对于不受限制的功利主义而

③ J. Rawls, *A Theory of Justice*, at 187.

④ Bentham, *Anarchical fallacies*, in 2 *Works*, 494(Bowring edn., 1838－1843).

⑤ 如果要看这个被包含在边沁的朋友约翰·林德所作之《答美国国会宣言》(*An Answer to the Declaration of the American Congress*, 1776)的回复，参见拙作："Bentham and the United States", 19 *J. L. & Econ.*, 547, 555 n. 37(1976). 后收录于拙作：*Essays on Bentham*(Oxford, 1982), ch. Ⅲ.

言，如果没有分配原则的明确限制，一个人替代另一个人不仅是允许的，而且是必须的。

第二，功利主义并不像有时说的那样，是一种个人主义或平等主义的学说，尽管在某种意义上，它对人或人的价值一视同仁。它平等视人只是因为它实际上认为个体**没有**价值，因为对于功利主义者来说，不是人，而是人所拥有的快乐、幸福和满足的体验才是构成价值的单项或要素。根据功利主义者的格言，“每人只算一个，没有人可以多算”(everybody is to count for one，nobody for more than one)，[⑥]毫无疑问这是正确的，也非常重要。也就是说，在应用最大幸福计算时，不同的人，不管他是婆罗门(Brahmins)还是贱民，犹太人还是基督徒，黑人还是白人，他们的痛苦或快乐、满足或不满足和偏好都只能给予同样分量。但是，由于功利主义没有直接或内在关怀，只有工具性关怀，即关怀不同的人享有的总福
祉的相对**水平**，因此，它对个人的平等关怀与尊重形式，体现在“每 201
人只算一个，没有人可以多算”的格言中，如果是为了集体或普遍福利最大化而要求这么做的话，那么在实际对待个体时，这种形式可能允许出现不平等的荒唐形式。只要条件得到满足，少数人享有巨大幸福而多数人受苦的状况，就会与幸福得到平均分配的状况一样好。

当然，在比较平等或不平等的资源分配所产生的集体经济福利时，必须考虑诸如边际效用递减以及妒忌等因素。这些因素有

---

⑥　J. S. Mill, *Utilitarianism*(ch. 5), in 10 *Collected Works of John Stuart Mill*, 157(1969); Bentham, *Plan of Parliamentary Reform*, in 3 *Works*, 459(Bowring edn., 1838－1843).

利于资源的平等分配，但绝非总是决定性的。因为，还有一些因素指向其他方面，例如行政和交易成本、激励的减损和基本假设的失效，即所有个体都是同样好的快乐或满足的机器，从同样数量的财富中得到同样的功利。

第三，功利主义的现代批评认为，作为道德目标，仅仅增加从所有分配问题中抽象出来的快乐或幸福总量，没有任何不言自明的价值或权威性。许多不同的人的幸福之和，或者许多不同的人的总幸福净余额（假设谈论它们相加是有道理的），其本身不是任何人都能体验到的幸福或快乐。社会不是体验其成员幸福或痛苦之和的个体；没有人能体验这些幸福或快乐之和。

第四，根据这种批评，最大化的功利主义如果未能得到分配原则的明确限制，就会在以下两种方式之间进行错误类比：其一，一位审慎的个体安排其生活是理性的；其二，一个共同体通过政府安排其生活也是理性的。该类比是：一个人作为单独的个体，为了未来更大的满足而牺牲当下的快乐或满足是理性的，即使我们对未来满足的价值因其不确定性而打了折扣。这种牺牲是审慎的最基本要求之一，被普遍认为是一种美德，实际上也是一种实践理性的
202 典范，当然，任何形式的节约都是这种理性的例子。在与个体之审慎的误导性类比中，最大化功利主义不仅如审慎要求的那样，认为一个人的快乐可以被他本人的更大快乐替换，而且还认为一个人的快乐或幸福，也同样可以无限制地被其他个体更大快乐替换。所以，在这些方面，人与人之间的划分（division），与分离个体前后快乐的时间之间的划分相比，不具有更大的道德重要性，仿佛个体只是单一存续实体的一部分。

三

现代见解认为，不受限制的功利主义的主要缺陷在于，以我提到的方式忽视了人的分离性在道德上的重要性，总体而言，我认为这是一种深刻而透彻的批评。当功利主义根据愿望或偏好满足的最大化以及愿望或偏好挫折的最小化来重述，而不是根据边沁主义者的快乐和痛苦的平衡作为心理状态的形式来重述时，它是成立的；当把最大化目标（maximand）当作平均而非总的普遍福利时，它也是成立的。但它也能被滥用来诋毁所有试图消除不平等的努力，以及所有这样的主张：一个人的损失可以通过另一人的收益而获得补偿，例如已经得到激发的社会福利政策；所有这一切都被诋毁，好像它们必然犯了最大化功利主义所犯下的无视个体分离性的罪错。我想，这就是罗伯特·诺齐克在其影响深远的《无政府、国家与乌托邦》一书中，发展起来的自由至上主义、强烈反功利主义政治理论的基础。[⑦] 对诺齐克而言，一套被严格限制的近乎绝对的个人权利构成了道德的基础。照他来说这些权利“表达了个人的不可侵犯性”，[⑧]以及“反映了我们个别存在的事实”[⑨]。这里的权利是指：每个个体，只要不侵犯他人同样的权利，就有不被杀害或伤害的权利，免于一切形式的强制或限制自由，以及合法财 203
产不被剥夺或使用不受限制。他还有次级（secondary）权利，即对

---

⑦ R. Nozick, *Anarchy, State, and Utopia* (1974).

⑧ Ibid., at 32.

⑨ Ibid., at 33.

侵犯权利的行为进行惩罚或者要求赔偿，以捍卫自己或他人免受侵犯的权利。他有通过制造或发现、让渡或继承而获得财产的积极权利(positive right)，而且也有让渡或签订合同的权利。诺齐克明确展现的道德图景仅仅包含权利，除了为了避免他说的灾难而设定的道德许可(moral permissibility)外，别无他物。因此，道德过错只有一种形式：侵犯权利，对权利人实施不法行为。只要权利未被侵犯，就不会存在道德问题，达不到灾难的地步；至于社会制度实际上是如何运作的，此社会机制下的个体如何居家生活，它未能满足的需要是什么或者它会导致什么样的悲惨与不平等，都不在其考虑之列。依这种计划，能够满足道德图景并且体现人的不可侵犯性的基本权利，虽然数量不多，但都同样急迫。根据他的说法，唯一的正当国家只能如此：人们将其惩罚他人或要求他人赔偿的权利转让给国家，国家不能超越守夜人的职能，即运用所转让的权利保护人们免于强力、欺骗，以及盗窃或违约。尤其是，国家不能为了缓解一部分人的需求或痛苦，向其他公民施加财富或税收上的负担，或限制他们的人身自由。因此，国家只能为了提供警察、法院和武装力量等必要防卫或履行守夜人职能，而向公民征税。根据这个观点，为救济贫困或赤贫，或为公共教育等普遍福利而征税，无论其需求多么急迫，在道德上都无法辩护；据说，这些都“等同于”[10]强制劳动，或者使征税的政府成为被征税人的“部分所有者”(part owner)。[11]

---

⑩ R. Nozick, *Anarchy, State, and Utopia*, at 169.

⑪ Ibid., at 172.

诺齐克对这种极端自由至上主义立场的发展范围是广泛的。它充满原创性和智慧的主张，旨在敲醒自得的干预主义者，使其进行痛苦的自我省察。但它的基础却至为薄弱。事实上，许多批评 204
家都抱怨，没有论据表明，人类拥有诺齐克归于他们身上的那些很少但非常急迫的权利，诺齐克的主张用以支持以下结论：一个道德上具有正当性的政府，不能拥有比守夜人职能更广泛的职能。但批评家们错了：还有一类论据，只是它有严重缺陷。通过仔细研究他的著作，就会发现该论据包括这样一种主张，如果政府的职能不限于保护基本而紧迫的权利，那么它就会犯无视人的分离性的罪错，许多现代批评家将之归咎于功利主义。为了支持这一论据，诺齐克在其著作开头就笼罩在隐喻中：所有施加负担或限制的政策都超越了守夜人政府的正常职能；事实上，这些隐喻都来自对归咎于功利主义之罪错的描述。由此，不仅征税被等同于强制劳动，所有对财产权的限制、所有为了他人利益而对自由的限制，只要超出由基本权利施加的限制，都被描述为对个人的**侵犯**[12]和**牺牲**[13]，或者是用其他人的生活来胜过**某一个人的生活**[14]，或者把独特的个体视为其他人的**资源**(*resource*)[15]。因此，所有允许征收累进所得税去消除社会或经济不平等的正义观念，都被说成是对“每个人都是分离的个体，他只拥有一条生命，那就是他自己的”[16]这一基本

⑫ R. Nozick, *Anarchy, State, and Utopia*, at 32.

⑬ Ibid., at 33.

⑭ Ibid.

⑮ Ibid.

⑯ Ibid.

真理的忽视。认为一个人应该承担使他人受益的代价，被认为是对这个人的“**牺牲**”，并暗示着什么是错误的。即存在一个单一的社会实体，个体的生命只是其中一部分，就像一个人为了他的其他欲望而牺牲的欲望只是他生命的一部分一样。[17] 这种将功利主义犯下的主要罪错，归咎于任何一种赋予国家比守夜人更广泛职能的政治哲学的做法，构成诺齐克理论体系的基础。

诺齐克的观点虽然仇视任何形式的功利主义，但却有一个自
205 相矛盾的特征，它得出的结果与不受限制的最大化功利主义的一个最难让人接受的结论完全相同，即在特定条件下，在一个极少数人享有最大幸福而多数人享有极少幸福的社会，与一个幸福较为平等分配的社会没有什么差别。对于功利主义者而言，条件就是，在两个社会中，无论是总福利还是平均福利都是一样的。而对于诺齐克来说，这个条件是历史性条件：一个社会在任何时期所存在的财富分配模式，都应该通过行使所有权中所包含的获取和自愿转让的权利和权力来产生，并且不损害少数基本权利。鉴于这种历史性条件得到满足，人们在由此产生的分配模式下——无论是极端不平等还是平等——如何生活，都不具有道德重要性。根据这种看法，社会制度的唯一美德是保护了少数基本权利，而它们的唯一缺陷就是做不到这点。行使这些权利所产生的任何后果都无可非议。诺齐克的基本道德权利模式就像是一种法律模式。正如在法律上不可能反对行使法律权利一样，在像诺齐克那样除了权利别无他物的道德中，在道德上也不可能反对道德权利的行使。

---

[17] R. Nozick, *Anarcy*, *State*, *and Utopia*, at 32-33.

那么，为何一位社会批评家会因此假设只存在一种道德过错形式，即对个体权利的侵犯？为何它对这种权利体系之运作而产生的人类幸福或不幸的后果视而不见？在诺齐克的著作中，唯一的答案显然是，如果把这种不幸视为道德关切的问题并要求某些人为援助其他人作出贡献是有道理的话，那么人们只能像最大化功利主义者那样，漠视个体的分离性，并且盲目迷信那些被要求作出贡献的人，仅仅是持续存在的单一社会实体的生命的一部分，这个实体既做了贡献，又体验到这些贡献带来的善的平衡。当然，这种看法假定，只有功利主义的最大化满足被视为单一社会实体所追求的满足时，功利主义才可理解。它还假定，对于诺齐克式的权利哲学而言，唯一的备选方案就是无限制的最大化功利主义，它不 206
尊重个人，只尊重快乐或满足的体验；这当然是一个错误的悖论。如果我们承担了无聊乏味但不可或缺的琐碎工作，即将诺齐克带有误导性的描述性语句，如“为了他人而牺牲一个人”“将某个人当作他人获益的资源”“使某人成为他人的部分所有者”“强制性劳动”，与这些表达被误用来描述的实际情况相对照，那么我们在面对这两种令人不快的备选方案时的印象就会烟消云散。我们也必须用易于分辨的对象，来取代对“干涉自由”之类概念的盲目使用，这些对象可以帮助我们区分那些施加于自由的限制；只有在牺牲个体生命或剥夺其生命意义的代价不可容忍的条件下，才可以施加这些限制；根据诺齐克，除了违反基本权利的限制，这些牺牲或剥夺就是限制自由的代价。把对个体生命影响如此不同的事情放在一起，并视为同样不正当的事情加以禁止，就像拿走一个人的部分收入去拯救其他人免于更大痛苦，或为了同样目的杀掉某人或

摘取他的重要器官，这怎么可能正确？如果我们要建构一套用以批评法律与社会的可靠权利理论，恐怕我们不得不提出这些无聊的问题：向一个人的收入或报酬征税，这不会妨碍他决定是否工作或去做何种工作，那么对其施加的负担，与强制他劳动有什么不同？这是否真的牺牲了他，或让他和他的身体成为其他人的资源？禁止伤害或致残他人的道德禁令的存在，或不允许为了他人的利益而摘取某人重要器官的绝对道德权利的存在，是否无论如何都支持这样的结论：存在一项绝对道德权利，除非为了支持国防或警察，否则不得对所有人的收入和继承而来的财产征税？一个人从巨大痛苦中获得的巨大收获或者解脱，难道比不上另一个人收入上的小小损失的重要性？是否，只有当收获与损失都属于同一个人或同一个单一“社会实体”时，这种重要性才有道理？一旦我们甩开那个假设，一旦我们区分以下两者，即对不同种类自由施加不
207 同限制的重要性，以及它们对指导有意义生活或人格发展的重要性，那么这样的观念就会烟消云散：它们像不受限制的最大化功利主义一样，无视个人分离的道德重要性，并威胁人的不可侵犯性。

当然，从诺齐克智慧而又有趣的书页中，我们可以学到许多有价值的东西，然而，除了我上文极力主张过的以外，还有许多针对其根基的不同批评。由于其他批评家已经忙于提出许多这些批评，我在这里只提一个。即使一种社会哲学可以像诺齐克假定的那样，只从单一来源提取道德性；即使这个来源是个人权利，因此唯一的道德过错在于针对个体的错误行为，即侵犯他们的权利；而且，即使这些权利的基础是尊重人的分离性，为什么权利要像诺齐克认为的那样，被限制在边沁说的对他人的消极服务（negative service)上，即不去谋杀、攻击、盗窃或违约？为什么不包括一种基本权利？它能积极服务于缓解急迫的需求和痛苦，或者提供基础教育和技能，而且相对于需要的满足和满足这一需要而进行征税的财政来源来说，这些服务的成本更小。为什么财产权要具有道德正当性，就必须拥有绝对的、永久的、排他的、可继承的以及不可修改的特征，而没有为此留下空间？我认为，诺齐克特别需要回答这个问题，因为他很清楚，尽管对他而言，权利构成限制行为的唯一来源，但它们并非最大化的目标，[18]权利施加的责任就像诺齐克坚持“边际约束”(side constraints)，因此权利形成一个保护性堡垒，它能使一个人实现他为自己塑造的人生目的；而且，诺齐克认为，那也是为生活赋予意义的个体方式。[19]

要过上有意义的生活，不仅需要保护自由免于审慎的限制，而且还需要行使自由的机会与资源，当然，这是一种古老的看法。除了少数有特权或幸运的人外，为自己塑造人生和过有意义生活的能力，需要通过积极调动社会与经济资源来构建。它不是消极权 208
利结构所能自动捍卫之物。如果一个人的自由要有助于增进福利，那么他就需要物质与社会的条件和机会，那些非因自己的过错而缺乏这些条件与机会支持的人，更有可能使自由受到蔑视，从而危及自由。

[18] R. Nozick, *Anarchy*, *State*, *and Utopia*, at 28-29.

[19] Ibid., at 48-50.

四

我的第二个以权利为基础的当代社会哲学例子，作为权利的一个基础提出，带有非常不同的政治含义；它处于独创、迷人但非常复杂的理论之网中，而这张网由罗纳德·德沃金教授在《认真对待权利》[20]中编织。初看之下，德沃金的理论似乎与诺齐克的一样，坚决反对任何形式的功利主义；以至于他要辩护的权利概念，就是他明确描述的“反功利主义概念”。之所以这样描述，是因为对德沃金来说，“如果某人对某物拥有权利，那么政府否认这种权利就是错误的，即便这样做符合公共利益”[21]。

事实上，尽管两位作家表面上相似，但他们几乎在所有重要问题上都持不同观点，除了这个的信念：个人权利的道德性既对政府的强制力施加了道德限制，也为政府行使这种强制力提供了最终证成。

在转向详细研究德沃金的主要观点前，我先总结两位当代权利哲学家的主要区别。对诺齐克而言，最高的价值是自由——不受阻碍的个体意志；而对于德沃金而言，则是平等的关怀与尊重，而正如他警告我们那样，平等关怀与尊重并不总是意味着平等对待。政府必须平等关怀与尊重所有公民，这对德沃金来说是“政治道德的一个基本要求”[22]，而且，他假定人人都会接受它。因此，两

---

⑳ R. Dworkin, *Taking Rights Seriously* (1977).

㉑ Ibid., at 269.

㉒ R. Dworkin, *Taking Rights Seriously*, at 272.

位思想家的权利清单迥然不同，对于德沃金来说，二者的主要区别在于，他没有诺齐克那样的普遍(general)或剩余(residual)自由权 209
利。事实上，尽管德沃金承认，即使不是绝大多数也有相当多的自由主义思想家——如杰弗逊——相信这种权利，但他依然认为这种观念是“荒谬的”。[23] 他认为只存在一些特殊的自由权，例如言论自由、信仰自由、结社自由以及个人和性关系的自由。既然不存在普遍自由权，那么在平等与自由之间也就不存在普遍的冲突，尽管协调这两种价值一般被认为是自由主义的主要难题；同样，既然不存在普遍自由权，那么在自由主义者愿意接受对经济的限制与不愿意接受对个人自由的限制之间，就不像保守主义者常说的那样相互矛盾。这就是为什么这两种以权利为基础的理论的政治主旨会南辕北辙。德沃金非但不承认国家必须限于守夜人职能——保护一些基本的消极权利，但不会限制自由——而且清楚地指出，国家应该行使广泛的干预职能；因此，如果经公平估算的整体社会福利能因此得以增进，那么政府可以限制财产权使用和契约自由；它可以强制废除种族隔离，通过税收来提供公共教育与文化；它可以禁止基于性别或肤色等的歧视，如果性别和肤色被视为低劣的标志，也可以为了公共利益允许反向的种族歧视体制，甚至可以采取一种最高法院最近在“巴基(Bakke)[24]案”中拒绝支持的形式。但是不存在普遍的自由权：因此，不受法律限制在列克星敦大街

[23] R. Dworkin, *Taking Rights Seriously*, at 267. 然而据说“赫尔克里斯”(德沃金的法官榜样)不仅相信宪法保证了一种抽象的自由权利，而且认为隐私权就是它的结果。Ibid., at 117.

[24] *Regents of the Univ. of Cal. v. Bakke*, 438, U. S. 265(1978). 也可参见：R. Dworkin, *supra* n. 20, at 223-239; *N. Y. Rev. Books*, 10, November 1977, at 11-15.

(Lexington Avenue)双向行驶的自由，以及后来虽有遗憾但仍在洛克纳(Lochner)[25]案件维持原判的，国家不许立法干涉签订超过10小时日工时的劳动合同的自由；只要它们未被限制，就是某种法律权利；但它们都不构成也不能构成德沃金强烈的“反功利主
210 义”意义上的道德或政治权利，只是因为如果限制或剥夺这些自由能够增进整体福利，那么就可以适当地加以限制或剥夺。最后，尽管德沃金强调权利概念的“反功利主义”特征，给人以仇视功利主义的普遍印象，但与诺齐克不同，德沃金没有全盘否认功利主义，而是以列克星敦大街与劳动合同为例，实际上赞同某种形式的功利主义。的确，他说：“绝大多数克减我们自由的法律，都在功利主义的基础上得到证成。”[26]但是，德沃金认可的功利主义是一种经过净化和提炼的形式，其中“腐化”[27]因素——他在庸俗的边沁式功利主义中发现的——不允许在决定裁判的过程中加以衡量。根据德沃金，凡是确实衡量了腐化因素的地方，就会破坏功利主义主张本来就有的平等主义特征，即“每人只算一个，没有人可以多算”。这种腐化因素导致它们的使用或多数民主投票(他认为这是最接近功利主义政治实践的表现)的使用，在特定问题上侵犯所有人都应得到平等关怀与尊重的基本权利。

在我们考虑这一“腐化”因素是什么以及它如何腐化之前，我希望强调以下要点。非常有趣的是，德沃金与绝大多数自由主义

---

[25] 参见：*Lochner v. New York*, *198*, *U. S.* 45(1905)；R. Dworkin, *supra* n. 20, at 191, 269-278.

[26] Ibid., at 269. 很清楚，这意味着“充分地证成”，而非仅仅“据说可以证成”。

[27] Ibid., at 235.

传统的哲学家不同。他不仅试图在次要的自由(mere liberties)与优先的自由(preferred liberties)之间进行至关重要的区分,而且也试图在不卷入一些熟悉的争议性问题的情况下这样做。次要的自由是指可以为了普遍利益(general interest)而加以限制的自由,如签订每天工时超过10小时的劳动合同的自由;优先的自由是指没有被限制的权利。他没有诉诸言论自由、信仰自由或个人关系自由等在个人生活的行为中发挥的重要作用,来表明这些东西处于优先地位,所以不能让它们从属于普遍福利。因此他未诉诸任何关于人类本质的理论,正如约翰·斯图亚特·密尔所主张的那样,该理论旨在表明这些自由属于“人类福祉的本质”[28],“我们存在的根基”[29],也未诉诸任何关于美好生活或个人福利的实质性理 211
想。相反,德沃金通过区分被视为道德权利的自由(如言论、信仰自由)与其他自由(如契约自由或使用财产的自由,它们不是道德权利,在与普遍福利相冲突时会被撤销),试探性地提出一些他认为没有争议的东西。区分前述这些自由的不是更大的实质价值,而是关系性或比较性问题,在某种意义上是程序性问题:仅仅是考虑到存在一种“先天相似性”(antecedent likelihood),[30]即如果让不受限制的功利主义的普遍利益计算或多数人投票,来决定这些自由是否应该受到限制,那么天平会因为这些因素而向支持限制倾斜,德沃金相信,这种因素腐化了作为决定程序的功利主义观点或者多数人投票,并导致他们不能以平等关怀与尊重平等对待所

[28] J. S. Mill, *supra* n. 6, at 255.

[29] Ibid.

[30] R. Dworkin, *supra* n. 20, at 278.

有人。因此，反功利主义的权利在本质上是对一种缺陷——某种不公平——的回应，这种缺陷可能会腐化作为决定程序的一些功利主义观点或多数人投票。因此，优先的自由就是那些诸如言论、性关系等的自由；当我们“从关于社会的普遍知识”[31]知道，这些自由可能会被这种决定程序的腐化因素撤销时，它们就应被列为权利。

那么，腐化功利主义观点或民主投票的因素是什么？德沃金通过区分个体的个人与外在偏好（preferences）[32]或满足（satisfactions）来识别这种因素，庸俗的功利主义在评估一般功利时会把两者计算在内，而这两者也可以通过多数投票的方式来表现。个体的个人偏好（或满足）是为了给他自己（或产生于）分配包括自由在内的善好或利益；而他的外在偏好则是为了将这些分配给他人。一种功利主义在评估社会福利的平衡时只计算个人偏好，此意义上它

212 是净化或经提炼的，对于德沃金来说，这种功利主义是“功利主义唯一可辩护的形式”[33]，的确，正是它证成了“绝大多数削减我们自由的法律”[34]。他认为，这种功利主义可以真正地平等待人，哪怕结果是他们未得到平等对待。因此，在个人利益偏好的天平支持限制自由（就如德沃金说的劳动合同例子）或反向歧视（如巴基案）的地方，这种限制或歧视就能够得到证成，而自由则受到限制；或者说不被歧视的主张，不是一种道德或政治权利。但是，庸俗的、

---

[31] R. Dworkin, *Taking Rights Seriously*, at 277.

[32] Ibid., at 234-238, 275-278.

[33] Ibid., at 276.

[34] Ibid., at 269.

腐化的功利主义形式把外在偏好和个人偏好都计算在内，并不是一种可接受的决定程序，因为（德沃金认为）将外在偏好计算在内，它就不能以平等或平等关怀和尊重的方式对待个体。[35]

德沃金在这种论证中的雄心勃勃策略是，从政府以平等关怀和尊重的方式对待受治者的职责中——这种职责极富争议——推导出具体的自由权利。他在这里的论证有某种拜占庭式的复杂性，在评价它时不要被一项权利可能是“反功利主义的权利”的模糊性所误导，这一点很重要。这一表述有一个非德沃金意义上的自然解释（natural interpretation）；它可以自然地被理解为，有些自由对人类生活是如此珍贵，因此，即便是为了保障社会福利的增长，也不能撤销它们，因为它们是更重要的价值，比否认它们所获得的普遍福利增长还要重要，无论评估一般功利的**程序**是多么公平，也无论它作为一种平等待人的程序是多么真诚。但德沃金的意思**不是**如此；他认为之所以要把这些自由视为权利来保护，不是因为它们的价值与普遍福利的增长进行了比较，并发现前者更重要，而是因为这些自由容易被一种功利主义论证的不公平形式击败，这种论证形式通过计算外在偏好而不能平等待人。由此，根据
这个观点，识别哪些自由可被列为权利，取决于多数人投票或功利 213
主义论证的预期结果；然而，根据对“反功利主义权利”的自然解释，位入权利之列并且优先于普遍福利的自由，可以相对独立地进行识别。

[35] R. Dworkin, *Taking Rights Seriously*, at 237, 275.

德沃金的实际论证比这个复杂说明还要复杂，[36]但对于公正评价其论证而言，我并不认为省略的部分有多必要。我认为，无论是这种论证的一般形式还是其细节，都容易遭到许多反对。最普遍的反对意见如下。根据这个观点，我们拥有什么道德权利，将取决于在当下和在任何已知社会的已知时间中，什么外在偏好或偏见在功利主义的决定程序或民主投票中起主导作用。因此，就这种权利论证而言，随着一个社会从针对同性恋行为和异端意见表达之偏见的式微中，走向进步的解放，这些自由权利也将（比如卡尔·马克思所设想的国家）消亡。因此，一个社会越宽容，权利就越少；不仅仅是主张权利的场合减少。即使我们认为德沃金只关
214 注那些针对国家的权利，这也肯定是一个悖论。但是这个悖论因为另一个悖论而更复杂。由于德沃金的理论是专门针对所谓功利

[36] 主要的复杂之处在于：(1)个人偏好与外在偏好可能以两种方式而纠缠不清。个人偏好，例如，由于一群被隔离的白人，就可能孳生一种外在偏好或对黑人的偏见，而且这类“孳生的”偏好可被列为外在偏好，但不被计算在内（同上书，第 236 页）。然而，它们要与特定的个人偏好区分开来，后者虽然也涉及对他人的参考，但只是以一种工具性的方式，将他人视为实现其个人目的的手段。因此，一个白人的偏好：黑人应该被排除在法学院之外，这样他被录取的机会就会增大（同上书，第 234—235 页）；或者一个黑人的偏好：要求反向歧视白人，因为这样会增加黑人法律从业者的数量；无论哪一种偏好都被视为个人偏好，并且应该计算在内。(2)尽管原则上说可以区分个人偏好与外在偏好，然而在政治实践中，常常很难分清它们，并且很难知道在多数票后这两种偏好各有多少。是故，当外在偏好可能影响投票以反对特定自由时，自由就需要作为一种“反功利主义的权利”而得到保护。因此，“反功利主义”的权利概念是“对功利主义的哲学缺陷的一种回应，这种缺陷是将外在偏好也计算在内；也是对不计算外在偏好的功利主义实际上的不可能性的一种回应”（同上书，第 277 页）。不仅有这种“实践的不可能性”，德沃金认为还存在一些这样的情况，一些有效的主张的提出，表明外在偏好不太可能打破平衡。参见他对“洛克纳案”（同上书，第 278 页）以及“巴基案”的评论（参见本篇注释 23 以及其上正文相关论述），以及他认为大部分削减自由的法律都在功利主义的基础上得到证成（R. Dworkin, *supra* n. 20, at 269）。

主义论证缺陷的回应,它只是构建了权利来反对功利主义论证的后果;这种功利主义关注普遍福利或多数人的民主投票,在此情况下,外在偏好可能会打破平衡。这种理论不能为反对暴政或威权政府的权利提供任何支持,因为威权政府的强制性立法并不以普遍福利或民主投票的考量为基础。因此,这种关于权利的特殊论证,无论处于哪个极端——极端宽容的民主制或极端压迫的暴政——都无助于构建个人权利。当然,这就缩小了德沃金的论证范围,在这些方面,他的论文《我们拥有什么权利?》(What Rights Do We Have?)的读者可能会感到吃惊。㊲ 但是,他当然有资格回答:这种特殊论证虽然狭窄,但它的影响范围可以延伸到当代西方民主国家,在这些国家中,仇视特定自由的所谓腐化的"外在偏好",就像偏见一样普遍。他也许会说,**那**已经够好了——就目前而言。㊳

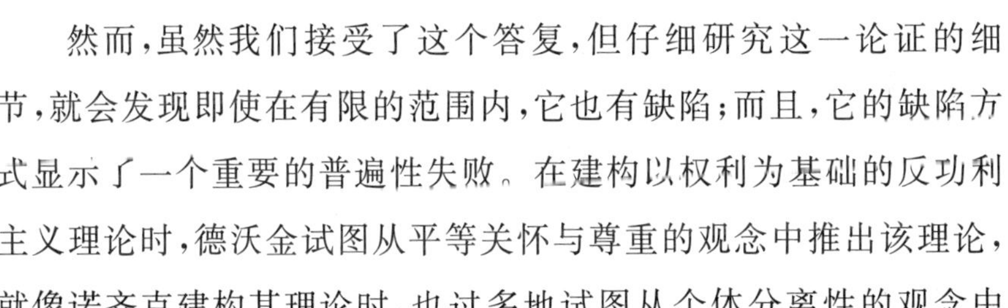

然而,虽然我们接受了这个答复,但仔细研究这一论证的细节,就会发现即使在有限的范围内,它也有缺陷;而且,它的缺陷方式显示了一个重要的普遍性失败。在建构以权利为基础的反功利主义理论时,德沃金试图从平等关怀与尊重的观念中推出该理论,就像诺齐克建构其理论时,也过多地试图从个体分离性的观念中

㊲ R. Dworkin, *supra* n. 20, at 266-278.

㊳ 这一主张来自顽固守旧的功利主义将外在偏好也计算进来的缺陷,据说它是"权利唯一可能的基础"[Ibid., at 272; R. Dworkin, *supra* n. 20, at 356, (2nd printing, 1977)]。这种主张还被表述说,它只有在那些由一般功利来证成政治裁判的社会中才有可适用性。尽管德沃金指出,当这种证成是非功利主义形式的时候,就会需要另外一种主张(Ibid., at 365),但他没有指出,在这些案件中,被选择作为权利的自由是如何被判认的。

推出该理论。当然，两者似乎都提供了某些非常坚实、毫无争议的东西作为基本权利理论的基础。但是这个表象具有迷惑性：如果我们深究一下这个问题，事情就会变得清楚。像德沃金主张的那样，为什么一个既计算个人偏好又计算外部偏好的功利主义决定
215 程序或民主投票，**会因为那个理由**，而不能平等待人，因此当他说具有“先天相似性”时，即外在偏好会针对某些个体的特定自由而打破平衡，这些自由就会披上道德权利的外衣而不会被这种程序推翻。德沃金主张，计算外在偏好腐化了作为决定程序的功利主义主张或民主投票，当然，这必须与任何进一步独立的道德异议区分开，这些异议反对的是由程序产生的实际决定。关于功利主义论证或多数人投票程序之缺陷的明显例子，当然就是重复计算，例如两次计算一个个体（如婆罗门或白人）的投票和偏好，而另外一个个体（如贱民或黑人）的只计算一次。毫无疑问，这是要被“每人只算一个，没有人可以多算”这一格言排斥的缺陷，密尔认为这一格言使功利主义灿烂辉煌。一个被剥夺某种自由——比如信仰自由——的贱民，或者被剥夺接受高等教育的黑人学生，作为重复计算的结果，没有得到平等对待，但是保护他们免受剥夺所需要的权利，不是任何特定自由的权利，而仅仅是让他的投票或偏好与婆罗门或白人的投票与偏好得到同等计算的权利。当然，剥夺他们自由的决定可能会在道德上遭到反对，其原因与作出决定的程序是否不公平完全无关：如果信仰自由或接受教育的自由是任何人都不应被剥夺的东西，无论采用的决定程序公不公平，保护这些自由的权利都是必须的。但是，至关重要的是，要把未经提炼的功利主义或民主投票中未能平等待人的所谓具体缺陷（比如重复计算），

与通过该程序作出之特别决定的任何独立的反对意见区分开。在考量德沃金的论证时，这一点必须牢记在心。

那么，最后，为何计算外在偏好，如重复计算婆罗门或白人的偏好，会被视为功利主义主张或多数人投票的缺陷？德沃金实际在说，将外在偏好纳入其中**是**“一种重复计算的形式”[39]。要理解 216
这一点，我们必须区分两种情况，第一种情况是外在偏好有利于（并因此支持）某些个人偏好或者对善、优点或自由的愿望，第二种是外在偏好遭敌视的情况。对于前者，德沃金有一个简单的例子：有人想建一个游泳池供自己使用，[40]而其他人——非游泳者——支持这一做法。但为什么这是一种“重复计算的形式”？没有人的偏好像婆罗门的偏好那样计算了两次；情况只不过是，一个将某些好处分配给游泳者的提议，同时得到游泳者和（例如）无利害关系的非游泳者邻居都拥有的偏好的支持。这两种偏好的每一种都只计算一次；如果在这个问题上，**不**计算邻居的无利害偏好，那么，这肯定没有平等对待两种偏好。这就属于“少算”（under-counting），大概与重复计算一样糟糕。假如——为了扩大说明范围——问题是同性关系的自由，并假设（至少在1967年[41]改革旧法前，英国的情况很可能如此）是自由派异性恋者的无利害外在偏好，认为同性恋者应该拥有这种自由，这打破了否认这种自由的其他异性恋者的外在偏好的平衡。在这种情况下，反对自由的失败者或其他人怎么能够抱怨，通过计算外在偏好（包括支持他人自由

---

[39] R. Dworkin, *Taking Rghts Seriously*, at 235.

[40] Ibid.

[41] Sexual Offences Act, 1967, c. 60.

和反对这种自由的偏好）和个人偏好（想为自己争取自由的同性恋者的偏好）的程序，没有平等待人？

显而易见，在外在偏好敌视他人想要某些自由的分配的情况下，一个人的个人偏好被另一个人的个人偏好支持的现象完全不存在，我认为，德沃金把这种现象错误地描述为“重复计算的形式”。那么，既然对重复计算的指控无关紧要，那么为什么计算这种受敌视的外在偏好，就意味着该程序不能平等待人呢？德沃金的回答似乎是，如果由于这种偏好打破平衡，有人被剥夺某些自由，比方说建立某种形式的性关系，那么这样一来，那些遭剥夺之
217 苦的人对恰当或理想生活形式的概念就会被其他人鄙视，这就等于把他们当作比别人低等或价值较低的人，或者不值得获得平等关怀与尊重。因此，任何基于外在偏好而对自由的剥夺，都意味着那些被剥夺自由的人没有资格得到平等的关怀与尊重，不能得到平等对待。然而，即使我们允许这种对剥夺自由的最有问题的解释，德沃金这种论证方式也完全改变了论点。反对意见已经不再是：因为计算了“外在偏好”，所以功利主义论证或民主投票（如重复计算）是一种不公平的程序；而是一种程序的特定**后果**，即天平被一种**特殊种类**的外在偏好打破而不能平等待人，这种外在偏好剥夺了自由并被假定为表达了轻蔑。但是这不仅仅是打破天平的偏好的外部性缺陷，而是内容的缺陷：否认自由与否认尊重的内容。但这已经不再如德沃金所认为的那样，仅仅作为对特定功利主义缺陷的回应，而将特定的自由赋予（“反功利主义的”）权利的地位。然而，这还不是他巧妙论述的主要弱点。从根本上讲，其错误之处是把剥夺自由解释为剥夺平等关怀与尊重。毫无疑问，这

是错误的。如果剥夺自由是功利主义决定程序或民主投票的结果，在这种情况下，被打败的少数人对自由的偏好或投票与其他人进行了平等的权衡，并且在人数上被其他人超越，那么这的确是最不可信的。因此情况并不像德沃金所解释的那样，“你和你的看法都太低级了，没有资格受到平等的考虑、关怀或尊重”，而是“你和你的支持者人数太少。你和其他人一样，每人只算一个，没有人可以多算。增加你的人数，你的观点才有可能赢出”。当有人被民主投票剥夺他们追求的自由时，如果在公平运作的民主政体中，他们就能够在公共讨论中继续发表他们的意见，并且努力改变反对者的思想。就像在英国的例子中，他们几经受挫，最终在修改有关同性恋的法律时获得成功。那些通过民主投票（以外在偏好为基础） 218
剥夺自由的做法，似乎不可能都解释为这种判断：那些被打败的少数人的价值较低，没有资格受到平等对待或平等的关怀和尊重。真实的情况是一些迥然不同又相当熟悉、但不能支持德沃金论点的东西：投票体制的程序性公平或平等权衡选票和偏好的功利主义论证，并不能保证在已知社会条件下，该体制的实际运作会满足所有公平性的要求。之所以如此，是因为多数人的观点往往——尽管并不总是如此——信息闭塞，而且不受争论的影响：大多数理论上独立的选民，可能会由于偏见被吸收到一个闭目塞听或自我延续（self-perpetuating）的团体中，该团体不可能为受轻视的少数人提供公开宣传和论证自己观点的公平机会。所有这些都是可能的，而且有时已经实际发生。但是在这种情况下，结果的道德不可接受性，不能追溯到决定程序在计算外在偏好方面的固有缺陷，仿佛这与重复计算类似。当然，这就意味着，由重复计算投票或偏好

来确保的每一次剥夺自由，必定不仅是剥夺自由，而且也是未能平等对待被剥夺者的实例。

然而，我并不期望德沃金教授会在下面这一点作出让步，即多数人的外在偏好对少数人的胜利，不是否认受挫的少数人的平等关怀与尊重，即使是面对我的批评，他要放弃某种类比，这种类比用来支持在这种胜利与重复计算的程序性缺陷之间的论证。这种缺陷，用一些不是非常清晰（即最浅显最具字面意思）的短语来说，的确是未能“平等对待”或者“平等地关怀或尊重”所有人。我想，他只会借助这样的观念，即任何对外在偏好的强迫接受都等同于这样的判断：那些被强迫接受的人价值较低，不值得以平等或平等关怀与尊重的方式对待。但真的如此吗？的确，政府应尽可能在所有价值方案中保持中立，并且不强加任何外在偏好，这是一个令

219 人向往的理想，可能也是德沃金所说的自由主义的真正核心，但我看不出，将这种理想描述为政府对其公民表现出平等关怀与尊重之职责的一种形式或派生形式，可以得到任何说明、证成或强化。为什么对该理想的反对和允许多数人外在偏好否认某种自由获胜，就能等同于确认少数人的次等价值，这一点并不清楚。强加这种外在偏好的多数人，可能认为少数人的看法错误或有罪；但是出于那些理由（无论在其他理由上多么遭人反对）而推翻这些看法，似乎与这些观点的持有者承认平等价值非常一致，甚至可能是出于关怀他们才激发的。无论如何，不管是自由主义给政府开的药方“不把任何价值强加给任何人”，还是相反的药方“将这种良好生活的特定观念施加于所有人”，虽然它们都是普遍性方案，但看起来它们与平等或平等关怀与尊重的价值没有特别关系，就像“不杀

一个人"和"杀掉所有人"的方案一样，尽管与这些普遍性方案保持一致，当然在相关方面会涉及到对所有人一视同仁。[42]

虽然上述最后几段强烈主张的观点，摧毁了这种观点：基于外 220
在偏好剥夺自由就是剥夺平等关怀与尊重以及从平等中推导出权利的努力，但这不意味着这种对自由的剥夺不会遭人反对或不存在什么权利：它毋宁意味着，必须以平等以外的根据来捍卫自由。功利主义，即便是排除外在偏好而纯粹化的功利主义论证，都有可能产生不自由和极不平等的结果。有些自由，因为它们在人类生活中的宝贵地位，所以不能按照人数的多寡来决定它的命运；即使在自由能够胜出的有利情况下也不可以。因此，为了保护这些宝贵的自由，我们便需要权利，这些权利的确是"反功利主义的权利"，并且还"反"许多其他方面，但是就"反功利主义"而言，它们也

[42] 我怀疑"平等关怀和尊重"和"平等对待"的观念，要么是太不确定，无法发挥它们在德沃金理论中的基本作用，要么是对平等观念的空洞使用，而他后来对这一问题的看法则使我更加怀疑。参见："Liberalism"，in *Public and Private Morality*，127-128，136-140(Hampshire edn.，1978). 他在这里争论说，除了要求平等关怀与尊重的自由主义观念之外，另外还有一个保守主义的观念，这个观念不仅不要求政府在关于良好生活的不同价值或理论之间尽可能保持中立，相反，根据某些首选的特定良好生活理论，它要求政府将所有人都当成"希望被当作好人对待的人"。根据这种认识，剥夺某些形式的性自由与对某些社会或经济不平等的维持一样，如果首选的道德理论有要求，它们就会成为以平等的关怀与尊重来对待所有人的保守形式。一个平等关怀与尊重的概念，易于宽容这种从反面进行的歪曲解释，但是对我而言，它好像根本不是一个简单的概念。而且，远不清楚的是，为何要把这两种概念中的其中一种视为平等关怀与尊重所有人的形式。尽管认为自由权源自政府以平等的关怀与尊重对待其所有公民的义务这种主张有着令人鼓舞的表象，好像它们都立基于某些毫无争议的东西("政治道德的一个基本要求"，并且"假定了每一个人都会接受它"。参见：R. Dworkin，*supra* n. 20，at 272.)。但是，一旦表明对此义务可以有另外一种可供选择的解释，并且不仅不能从这种解释中源生出自由权，相反还可能剥夺许多自由权的话，这个表象就会烟消云散。

是普通意义上、而非德沃金意义上的表述；并且，它们之所以必须作为一个屏障，不仅为了对抗外在偏好的优势地位，而且为了对抗个人偏好的优势地位。例如有人为了繁荣、安全或其他人的个人利益不受威胁，可能就会剥夺言论自由，这个时候我们就需要捍卫言论自由。[43] 无论评估多么公平，我们都不能像德沃金试图从平等推出这些权利那样，逃避断定作为普遍福利增长之比较的自由价值。

在任何情况下，作出这种假设毫无疑问是异想天开。例如，那些被剥夺信仰自由的人或被剥夺建立性关系自由的同性恋者，主要的抱怨不是这种对自由的限制及其对他们个人生活或发展和幸福的重大影响，而是因为他们没有得到**平等的**关怀与尊重：其他人得到的平等关怀与尊重是他们被剥夺的。当有人主张说，对某些
221 特定自由的剥夺，例如某些形式的宗教信仰或某种形式的性关系自由，本质上是平等关怀与尊重的剥夺时，那么语词“平等”就扮演了一个空洞且误导的角色。剥夺这些自由的缺陷，并不在于它的不平等性或不平等影响：如果那**是**缺陷的话，那么一个暴君禁止所有形式信仰或性活动就不会增加邪恶的规模，如果所有人都转向

---

[43] 虽然看来德沃金肯定是赞同那排除了外在偏好的纯粹功利主义主张，然而他却说他之所以主张反对无限制的功利主义，并非为了接受经过有限制的功利主义（R. Dworkin, *supra* n. 20, at 357, 2nd printing, 1977）。但是，其较前的论述，比如他说大量的削减我们自由的法律，都可以根据功利主义而被正当化，却给了我们相反的印象（同上书，第 269 页）。并且，下面他在“洛克纳案”中对合同自由权利的评论也是如此：“我不认为有什么论点会主张，限制这些权利的一项政治决定，……可事先对外在偏好产生影响，并且**以那种方式**侵害一些人的自由，他们的自由权已经被简约为受到平等的关怀与尊重了。如果正如我所认为的，没有这样的主张，那么上述所谓的权利也就不会存在。”同上书，第 278 页（强调为笔者所加）。

被取缔的信仰或被禁止的性关系，那么邪恶就会消失。邪恶在于对自由或尊重的剥夺，而不是对**平等的**自由或**平等的**尊重的剥夺；而且，令人痛惜的是受害者受到的虐待，而非他们与其他人相比受到不公平待遇的关系性问题。如果我们对比这种虚假的平等主张，这点就会变得清晰，不能平等待人的真实情况就是这些语词字面意思：即字面上的重复计算，给婆罗门与白人两票，而仅仅给贱民或黑人一票。给予后者一票之所以有害，正是因为给了别人两票：与剥夺信仰或性自由不同，它是一种真正的对关怀与尊重之**平等性**的剥夺，而且，如果对单票的限制普遍化，那么这种邪恶**就会**消失并且**不会**增长。

五

总之，无论是诺齐克试图从看起来毫无争议的人之分离性观念中推出权利，还是德沃金从他们有资格获得平等关怀与尊重中推出权利的努力都不会成功。因此，在政治道德哲学从旧的功利主义信念向新的权利信念穿越的汹涌海面上，也许这些作家们主要和重要的贡献就是标明了——在遭遇到它们的时候——应予避开的礁石与浅滩，而非指明那些可作收获之旅的安全航道。那航道仍然有待发现。特别是这些哲学家和其他美国哲学家已经做了许多有价值的工作，但是在确定由基本道德权利观念所构成的道德维度的特殊性，以及该道德维度与通过政府所追求的其他价值 222
之间的关系方面，仍然有许多工作要做；但我认为，只要探索的过程依然笼罩着功利主义的阴影，就不会发现什么令人满意的权利理论基础，诺齐克和德沃金的不同理论都是如此。因为，真理不大可能存在于主要以摆脱功利主义的主要缺陷——忽视人的分离性——来界定的学说中；它也不大可能存在于这样的学说中：例如德沃金的学说，即把所有一切都寄托于“平等的关怀与尊重”——作为对抗所谓腐化形式功利主义的屏障。

附　录

参见下面的批评与评论：

R. Dworkin, "Is There a Right to Pornography?", *Oxford L. J.*, 177, at 206-212(1981).

第十篇　罗尔斯论自由及其优先性 223

一、引言

从我阅读政治哲学的伟大经典以来，没有一本书能像约翰·罗尔斯的《正义论》那样深深地搅动我的思绪。但在这篇文章中，我不想为这本重要而有趣的著作提供概括性的评价。我只打算关注它的一个主题，即罗尔斯对正义与自由关系的论述，尤其是这个观念：正义要求，只能为了自由而限制自由，不能为了其他社会或经济利益而限制自由。我选择这个主题，部分原因在于它对法律人显然很重要，因为他们在职业上关注自由的限制，以及这些限制的正义或非正义。而且还因为，在我看来，在关于罗尔斯这本书浩如烟海的评论文章和书评中，这部分内容迄今为止还没有得到应有的详细探讨。可是，当西季威克（Sidgwick）研究了其他认可自由相对于其他价值具有优先性的相似学说时，他发现这种自由观念尽管毫无疑问地打动了自由主义者的心弦，但它有令人困惑的一面，也有吸引人的一面，[①]当我们按照罗尔斯的意图考虑这一学说

① H. Sidgwick, *The Methods of Ethics*（7th edn.，1907）bk. Ⅲ，ch. Ⅴ. §4.“我承认，它吸引了我相当的注意力……但是当我力图将它与人类社会实际情况联系得更为紧密时，它很快就表现出了不同的样子。”

在实践中适用的要求时，这一点就会变得明显。

下面的部分内容关注罗尔斯学说解释的一个主要问题，其他部分则是批评性的。但是我非常清醒，我没有持续把罗尔斯集中在数个要点上的所有主张——散见于这部漫长且复杂的著作——
224 放在视野中或适当的视角上考虑，我认为这些要点缺乏说服力。如果发现我的解释需要修正以及我的批评可以由作者进一步补充的解释所回答，我不会因此感到惊讶。事实上，我写作此文的主要目的不是驳斥，而主要是希望在这部著作未来数不清的版本中，能让罗尔斯为这些要点做些说明。

我希望我能够假定，到目前为止，罗尔斯《正义论》的主要特征已为大多数读者所熟悉，但对于那些不熟悉的读者来说，以下则是理解本文的最起码说明。

首先是罗尔斯说的"主要思想"(Main Idea)。这个引人注目的主张认为，正义的原则不能仅仅建立在直觉上，也不能从功利主义原则或目的论中推导出来，目的论认为存在某种值得追求和最大化的善。相反，正义原则是这样的原则：那些想促进自身利益的自由而又理性的人们会同意，应当指导他们的社会生活形式与制度的原则，必须在"无知之幕"(the veil of ignorance)后选择，即所有人都不知道他们自身的能力、心理特征以及善的观念，也不知道他们在将由他们自身所构成之社会中的地位、立场以及社会发展水平。作出选择的各方所处的状态就是所谓的"原初状态"(the original position)。关于这种主要思想的正确性，已经出现了许多讨论，而且哲学家们还会继续进行更多争辩，但是就本文的目的而言，我将假设：如果能够证明处于原初状态的各方会选择罗尔斯确定的正义原则,那将是有利于他们的有力论据。从主要思想出发,罗尔斯向原初状态下各方将会选择之原则的一般形式或“一般观念”过渡。这种关于正义的一般概念如下:

> 所有社会价值——自由或机会,收入或财富,以及自我尊重之基石——都应该平等分配,除非对其中的一种价值或所有价值的不平等分配合乎每一个人的利益。[②]

应该注意到,正义的一般观念是指对自由的平等分配,而不是指自由的最大化或范围(extent)。然而,这部书的大部分内容关 225
注对该一般观念的特殊解释,它既指自由的平等性,也指自由的最大化。这种特殊的正义观念,其主要特征如下:

> 第一个原则[“最大的平等自由原则”(the principle of greatest equal liberty)][③]
>
> 每个人对与所有人所拥有的最广泛的平等基本自由体系相容的类似自由体系,都应有一种平等的权利。
>
> 第二个原则
>
> 社会和经济的不平等应这样安排,要使其对……处境最

---

② Rawls, *A Theory of Justice*, 62(1971).(此书已有中文本,参见〔美〕约翰·罗尔斯:《正义论》,何怀宏等译,中国社会科学出版社 1988 年版。本文对《正义论》部分内容的翻译,参考了何怀宏等人的成果,特此说明,并申谢意。——译者)

③ Ibid., at 124.

不利的人有最大利益……④

在这两个原则之上，还附加了特定的优先规则，其中最重要的规则是，自由优先于其他利益，所以，只能因为自由而限制或不平等地分配自由，不能为了任何其他形式的社会或经济利益这样做。

由此，必须补充与本文有特别关系的两点。第一，罗尔斯认为他的两个原则成立或得到证成，不仅仅是因为原初状态下的各方将会选择这些原则的事实，而且还因为这些原则与通常"经及时修正与调整的深思熟虑判断（considered judgments）"⑤大体一致。因此，对他理论的检验，部分在于他所确定的原则是否能够启发我们通常判断，是否有助于揭示这些判断所隐含的基本结构与融贯性。

第二，罗尔斯的理论有一个重要且有趣的特点，即一旦选择了正义原则，我们就会通过想象一个四阶段的过程，来理解这些原则的实施需要什么。因此，我们假定，在第一阶段后，处于原初状态的各方选择了正义原则，他们会推动一个制宪会议（constitutional
226 convention）。接着，根据被选择的原则，他们选择一部宪法并且确立公民的基本权利与自由。第三阶段是立法阶段，在这一阶段要

④ Rawls, *A Theory of Justice*, at 302. 由于与眼下的讨论无关，我在这里省略了正义储存（savings）原则以及机会平等原则所规定的内容，罗尔斯在对他第二个原则的阐述中包含了这两个方面。

⑤ Ibid., at 20. 事实上，罗尔斯谈到了在原则与普通判断之间的一种"反思平衡"（reflective equilibrium），是由于他正视到，在这两者之间的最初分歧处，我们就可有一个选择：修正原初状态的条件——原则是在原初状态下被选择的；或者认真地修正判断（同书第 20 页及其后）。

考虑法律与政策的正义，如果制定法是正义的，就必须同时符合宪法规定的限制和满足最初选择的正义原则。第四也是最后阶段是，通过法官与其他官员，将规则适用于个案中。

二、自由与基本自由

罗尔斯在书中通篇强调自由与其他社会善的区别，而且他的最大平等自由原则，正如我所说，伴随着——他区分了正义的特殊观念与一般观念——一条优先性规则，该规则赋予自由、至少是某些形式的自由以制度性的界定与保护，这种优先性禁止为了其他利益而限制自由：自由只能为了自由本身而被限制。在正义的一般性观念中，没有这样的优先性规则，也没有要求自由的范围必须越广泛越好，尽管自由是平均分配的，除非不平等分配有利于所有人能够得到证成。[6] 特殊的观念是用来治理那些已经发展到一定程度的社会，即如罗尔斯所言，当“人们的需求能够得到满足”[7]，并且社会条件允许“对基本权利进行有效确立”[8]的时候。如果不具备这些有利条件，如果这是“提高文明水平以便人们能够及时享受到这些自由”所必须的，那么平等的自由就可能被剥夺。[9]

我发现，在一些相当关键的问题上，解释罗尔斯的复杂学说并不是一件容易的事情，而且还有一个解释的初始问题，我要在这里

⑥ Rawls, *A Theory of Justice*, at 62.

⑦ Ibid., at 543.

⑧ Ibid., at 152, 542.

⑨ Ibid., at 152.

详细地讨论。但值得一说的是，为了公正对待罗尔斯的最大平等自由原则，不仅要考虑他明确阐述、解释和说明这一原则时说了什
227 么，还要考虑他对其他明显是单独的议题说了什么——特别是自然义务(natural duties)[10]、公正原则中产生的义务(obligations)[11]、许可(permissions)[12]、家长主义[13]，以及共同善(common good)或共同利益(common interest)[14]等，因为它们明显是限制自由之苛刻规定的补充，乍看之下，他的最大平等的自由原则似乎允许限制自由。

解释的初始问题产生于以下情况。罗尔斯在其书中经常笼统地把他的第一正义原则称为“最大的平等自由原则”[15]，并且同样笼统地把与此相关的优先规则称为“自由只能因自由本身而被限制”[16]。这些对自由的提法相当笼统，也是罗尔斯以前在他的文章中对第一原则的阐释，即人人“对与所有人所拥有的最广泛的自由相容的自由，都应有一种平等的权利”[17]，这表明他的学说与西季

---

⑩ Rawls, *A Theory of Justice*, at 114ff., 333ff.

⑪ Ibid., 108ff.

⑫ Ibid., at 116ff.

⑬ Ibid., at 248.

⑭ Ibid., at 97, 213, 246.

⑮ E. g. ibid., 124.

⑯ Ibid., at 250, 302.

⑰ Rawls, “Justice as Fairness”, 67 *Philosophical Review*, 164, 165(1958)；参见：Rawls, “The Sense of Justice”, 72 *Philosophical Review*, 283 (1963); Rawls, “Distributive Justice”, in *Politics, Philosophy, and Society*, 61 (3rd Series, Oxford, 1967). 这些文章中的表述不应与书中关于正义的“一般观念”的表述相混淆。参见：pp. 3ff.

威克所批评的学说非常相似。[18] 西季威克主要想到的，可能是赫伯特·斯宾塞在其早已被遗忘的著作《社会静力学》中极力主张的，对最大的平等自由原则的表述。[19] 西季威克对这点做了有力的批评，即它未能说明一些对自由最为明显的限制，而这些限制是为了保护个体不受约束或剥夺自由以外的伤害所必需的，而且他也确实把这点批评为禁止私有财产的制度，因为私人拥有任何东西，就等于拥有以剥夺他人的方式来使用它的自由。斯宾塞试图通过简单地咽下这个困难的方法来摆脱困难（或者不如说是绕过它），他得出的结论是，至少在土地的情况下，只有共同体共同拥有 228
的财产才符合“平等的自由”[20]，并因此是正当的。罗尔斯在其书中只是不加论证地把拥有个人财产——而非生产资料（production）意义上的财产——的权利，列为基本自由之一，[21]不过，正如我后面要论证的那样，他这么做仍然以其理论的融贯性为代价。

罗尔斯先前对最大的平等自由原则的表述——“人人对与所有人所拥有的最广泛的自由相容的自由，都应有一种平等的权利”——与西季威克所批评的学说非常相似。但是罗尔斯在其著

[18] H. Sidgwick, *supra* n. 1, bk. Ⅲ, ch. Ⅴ, §§4-5, and ch. Ⅺ, §5.

[19] 参见：H. Spencer, *Social Statics* (1850). 对斯宾塞理论的批评用于与西季威克的批评非常相似，是由梅特兰发现的。参见：F. W. Maitland, 1 *Collected Papers*, 247 (H. Fisher edn., 1911). 梅特兰认为，斯宾塞关于平等的自由学说与康德普遍法下共享自由的观念（notion of mutual freedom under universal law）事实上非常一样，康德的这个观念在较为晚近的《法权学说》（*Rechtslehre*）中有阐述。非常感谢迪格斯（B. J. Diggs）教授，是他向我指出了在罗尔斯自由学说与康德普遍法下共享自由的观念两者之间的不同。

[20] H. Spencer, *supra* n. 19.

[21] Op. cit., n. 2 *supra*, 61.

作中不再使用这些笼统的术语对它进行详细表述。它不是指“自由”(liberty)，而是指那些基本或根本的**自由**(*liberties*)，这些自由被理解为得到法律的承认和保护，以免遭到干涉。这个原则，连同最后表述的优先性规则，现在表达如下：

> 人人对与所有人所拥有的最广泛的自由相容的自由，都应有一种平等的权利。
>
> 每个人对与所有人所拥有的最广泛的平等基本自由体系相容的类似自由体系，都应有一种平等的权利……
>
> 自由只能由于自由本身而被限制。这种限制有两种情况：(a)一种不够广泛的自由必须加强由所有人分享的完整自由体系；(b)一种不够平等的自由，必须可以为那些拥有较少自由的公民所接受。[22]

然而，即便如此，为了准确理解，需要对最后一句话进行注解，因为罗尔斯同时坚称，“可以为那些拥有较少自由的公民所接受”不意味着仅仅依据某些根据就可以接受，它们之所以可以接受，是因为对公民的自由提供了更大的保护。[23]

罗尔斯的原则因此所提到的基本自由，由无知之幕后处于原初状态[24]的各方所确定，这对于他们追求的目标而言具有本质性

㉒ Rawls, *A Theory of Justice*, 302.

㉓ Ibid., 233.

㉔ 举例来说，“良心上平等的自由，是处于原初状态的各方所能认识到的唯一原则”。同上书，第207页。

（无论最后达到的目标是什么），并且也因此决定了他们社会的形式。因此，不足为奇的是，基本自由的数量相当少，罗尔斯为它们 229
给出一张简短的清单，在索引中他把这个清单描述为“列举”[25]，尽管他警告我们说，这些都是“大略言之”（roughly speaking）。[26] 这些自由包括政治自由，即选举和担任公职的自由，言论与集会自由，良心与思想自由，人身自由及其拥有私有财产的自由，以及不受任意拘留与逮捕的自由。

现在，解释的问题就是，罗尔斯语言的改变是否意味着他的理论也发生了变化：罗尔斯从一个用相当一般性的术语所表达的最大平等自由原则（“每一个人对于最广泛的**自由**（*liberty*）都拥有一种平等的权利”），改变为一个仅指具体基本**自由**（*liberties*）的原则。该书的自由原则是否依然是这个一般性的原则，从而在现在附加的优先规则下，除了因为自由，任何形式的自由都不得受到限制？这很难确定，但我自己对这一重要观点的看法是，罗尔斯已不再持有在其文章中出现的一般性理论，也许是因为他遇到了西季威克等人指出的困难。在我看来，除了语言上的显著变化外，还有几个迹象表明，罗尔斯的原则现在仅限于基本自由的清单，当然，允许他说他给出的实际清单只不过是粗略的。第一个暗示迹象是这样的事实：罗尔斯并不认为，在承认私有财产作为自由方面，有必要协调以下两个原则，第一是**最大**的平等自由的一般原则，第二是“一种对最广泛自由的平等权利”的一般原则；而且他通过为拥

---

[25] Rawls, *A Theory of Justice*, 540.

[26] Ibid., 61.

有财产的权利必须是平等的这一要求赋予新含义，避免了在赫伯特·斯宾塞学说中发现的困难。通过这种平等的含义，开启了罗尔斯对自由与自由的价值的区分。[27] 除了**政治自由**（参与政府的权利与言论自由）的情形外，罗尔斯并未要求基本自由在价值上是平等的，或者在实质上是平等的，因此他在承认财产权是一项基础的平等自由时，并不要求财产必须共有，以便每个人都能享受到同
230 样的财产，也不要求单独拥有的财产在数量上是平等的。那可能会导致有人坚持，财产权的价值应该是平等的，所需要的只是形式条件，即那些管理财产权获得、配置和范围的**规则**，[28]对所有人都应该一样。我们熟悉的马克思主义批评说，在这种情形下，我们不得不说乞丐与百万富翁拥有平等的财产权，罗尔斯对该批评的回答相当于承认这一指控，但是这个回答也指出，在他的体系中，这种平等财产权的不平等价值应被削减到这种程度：不平等将被运作中的差别原则（difference principle）所证成，根据这个原则，经济的不平等只有为了最少受惠者的利益时，才能得到证成。[29]

第二个迹象表明，罗尔斯的最大平等自由原则及其优先性规则（“自由只能因为自由本身才能被限制”），[30]现在只限于基本自由。他小心翼翼地反复解释说，尽管拥有财产的权利对他而言是一种“自由”，但根据正义原则，私人资本主义与生产资料国家所有制之间的选择，仍然悬而未决。[31] 生产资料是否为私人所有，是一

㉗ Rawls, *A Theory of Justice*, 204, 225ff.

㉘ Ibid., 63-64.

㉙ Ibid., 204.

㉚ Ibid., 302.

㉛ Ibid., 66, 273-274.

个社会必须根据对其实际情况的了解以及社会、经济效率的要求来决定的事情。但是，以这种理由作出的将私人所有权限制在消费品上的决定，与允许私人所有权运用于所有形式的财产相比，会导致一种范围较小的自由。如果罗尔斯仍然在推进必然存在"一种范围最广的自由权"的一般原则，那么他承认这种限制就正义而言是可容许的，这种承认将会具有明显的不一致性，因为根据优先性规则，这将意味着**没有任何形式**的自由可以因为经济利益而被缩小或限制，这么做只能基于自由本身。

这些考量强有力地支持了这种解释：罗尔斯的最大平等自由原则，如其在书中所展开的那样，只涉及他列举的基本自由，当然他只是概括地说明这些自由。但我承认，这种解释也存在困难，这 231
表明罗尔斯并未完全排除先前的自由一般学说，尽管如我上文解释的那样，先前的学说与罗尔斯对财产权的可接受限制的处理并不一致。因为似乎很明显，有一些自由的重要形式——其中包括性自由以及饮酒或吸毒的自由——明显不属于任何一种粗略描述的基本自由；[32]然而，如果正义原则对它们的限制无动于衷，倒是非常令人惊讶。自从约翰·斯图亚特·密尔发表《论自由》以来，

[32] 这一点已经提醒我，罗尔斯将被视为基本自由的这些自由归入他粗略划分的"良心自由"这一大类，它们不仅牵涉到信仰自由，还涉及道德自由。但是罗尔斯在《正义论》第 205 页及其以下对这此点的讨论，好像正视了这一情况，也即正如他对道德义务所作的解释，只有人的自由才能履行道德**义务**；并且性自由因此只能被归入这一类别，这针对的是那些人，他们激起的热情好像表明他们要为自己追寻道德责任。其他方面也表明，这些自由将另归入罗尔斯关于人身自由的分类之中；但是考虑到他将它与财产搭配（"人身自由及其拥有个人财产的权利"），这一点对我而言好像并不可靠。很明显，性自由被说成是一种"行为方式"（同上书，第 331 页）；它被某些"基本自由"（并非"其他的"基本自由）干涉的方式也被提及了。

这些自由一直处于讨论刑法和其他社会强制形式之适当范围的风暴中心。事实上。在《正义论》中有一段话，从中可以清楚地看出，罗尔斯认为他的正义原则并没有对限制这些自由的正义性无动于衷。[33] 因为，罗尔斯在反对仅仅由于不名誉或不体面，或者难以满足某些“至善主义者”的理想，某些形式的性关系就应该被禁止的看法时说，我们不应该依靠这些至善主义者的标准，而是要依靠正义原则，根据这些原则，我们不能提出合理的限制理由。

在这短短的一段话中，我有很多不明白的地方。罗尔斯在这里说，在限制这些行为模式之前，正义要求我们，要么表明它们妨碍其他人的基本自由，要么表明“它们违反了某种自然义务（duty）或某些义务（obligation）”。这似乎是在基本自由情况下，对经常强调的严格路线的一种无法解释的背离，即只有为了自由本身才
232 能对自由进行限制。那么，对于非基本自由是否还有一套次级（secondary）原则呢？这个解答有其自身的困难。根据罗尔斯的说法，他在此所指的自然义务以及义务（例如信守承诺的义务）衍生出来的原则，都是原初状态下的各方选择正义原则作为**制度**的标准后，继续选择出来的**个体**行为标准，我认为该标准包括法律。如果为了预防对这些自然义务或义务的侵犯而限制自由，将严重缩小自由的范围，因为自然义务包括在成本较小时帮助他人的义务、表现尊重与谦恭的义务，以及支持正义制度的义务，不伤害无辜者的义务，不造成不必要损失的义务。此外，由于据说处于原初状态的各方在为个体选择自然义务**之前**先选择了正义原则作为制

---

[33] Rawls, *A Theory of Justice*, 331.

度的标准，但是我们不清楚正义原则如何包含自然义务，像罗尔斯提议的那样，正义原则要求我们在限制行为前，必须表明它违反了基本自由，或违反了自然义务或义务。

但愿我没有对罗尔斯偶尔提及的自由讲得太多，这些自由并不属于他的基本自由类别，但却处于那些关于自由的著名争论的中心。然而从该书中，我看不出罗尔斯会如何解答我提到的困难，我在下面提出一个相关的问题，即如果行使那些明显属于“基本”的自由会违反自然义务或义务时，那么是否要限制这些自由。

三、为自由而限制自由

现在我转而考虑只有为了自由本身才能限制基本自由的原则。罗尔斯用了几种不同的方式表述这个原则。他说，只有为了更大的“作为整体的自由体系”[34]，才能对基本自由进行限制或不平等分配，而且这种限制必须产生“一种更大的平等自由”[35]，或 233
“平等自由的最佳整体制度”[36]，或“强化那个体系”[37]，或者这种限制“整体上对自由……有所增益”[38]。

那么，为了自由而限制自由是什么？罗尔斯给了非常多他的

[34] Rawls, *A Theory of Justice*, 203.

[35] Ibid., 229.

[36] Ibid., 203.

[37] Ibid., 250.

[38] Ibid., 244.

原则会允许的例子。最简单的例子是在辩论中引入秩序规则，[39]限制我们想说就说的自由。没有这种限制，我们随意说话和辩护的自由就会受到严重阻碍，对我们的价值也会降低。正如罗尔斯所言，这些规则对于“有益的”[40]讨论而言是必要的，并且显而易见的是，当引入这些规则时，平衡就会被打破，并且被判定为较不重要或价值较小的自由就会从属于其他自由。在这个非常简单的情况下，对于两种相互冲突的自由哪一种更有价值的问题，似乎有一个非常明显的答案，因为无论我们通过辩论中追求的是什么目标，用言语交流思想的自由一定比中断交流的自由更有助于推动这些目标实现。然而，在我看来，即使在这个非常简单的例子中解决了相互冲突的自由，也会产生“更大”或“更强”的总体自由体系，这似乎是一种误导，因为这些短语表明，除了自由及其维度——比如范围、大小或强度——之外，不涉及其他价值。显而易见，这种辩论规则想要确保的不是什么**更大**或更广的自由，而毋宁是一种能够做某事的自由：对于任何一个理性人而言，做某事的自由比被规则禁止的活动更有价值，或者如罗尔斯本人所言，是更“有益”的事情。因此，在解决不同自由的冲突时，必须涉及不同自由之价值的标准；但是罗尔斯的说法就好像“基本自由”体系是自足的（self-contained），而无须诉诸自由及其范围外的其他任何价值来调整它们的内部冲突。

诚然，在某些情况下，罗尔斯的观念，即为了更圆满地解决自

---

[39] Rawls，*A Theory of Justice*，203.

[40] Ibid.

由的冲突而产生更大或更广泛的自由观念，可以得到应用。罗尔斯提供了一个相当清晰的例子，他说，只为自由本身而限制自由的原则会允许真正为捍卫国内外自由制度而进行的战争中征兵。[41] 234
在这种情况下，可以有理有据地说，这只关系到自由的数量或范围，在涉及军事征召时，对自由的暂时限制是可以允许的，这是为了防止或避免对自由的更大侵犯。类似地，罗尔斯经常提到以公共秩序或安全之名施加的限制，[42]也可以仅仅作为阻止行为自由更大或更广泛的妨碍而得到证成。但是，肯定也有一些基本自由之间相互冲突的重要情形，那些情形就如简单的辩论规则情形一样，解决冲突必须考虑不同行为模式的相对价值，而不仅仅是自由的范围与数量。根据罗尔斯的四阶段论，其中一个冲突必须在类似于制宪会议的阶段解决，即在言论自由和人身自由与通过民选立法机构参与政府的自由之间的冲突。[43] 罗尔斯讨论这个冲突的依据是，如果有一部《权利法案》(Bill of Rights)保护个人的言论及人身自由，使之免受立法机关普通多数票管制，那么参与政府的自由就被视为受到了限制。他认为，他的正义原则所要求的那种支持限制的论据，是“一种只呼吁更大平等自由的证成”[44]。他承认，那些对相互冲突之自由的价值的不同意见，会影响不同的人看待这一冲突的方式。尽管如此，他依然坚称，为了公正地解决冲突，我们必须努力找到关键点，即“掌握政治权力者的控制权的边

---

[41] Rawls, *A Theory of Justice*, 380.

[42] Ibid., 97, 212-213.

[43] Ibid., 228-230.

[44] Ibid., 229.

际损失对自由的危害，正好平衡了更多使用宪法手段所获得的自由安全”[45]。然而，我本人不能理解，如果唯一诉求如罗尔斯说的那样，是为了“更大的自由”，那么衡量或打破这种平衡如何可能？

在公正解决自由之间的冲突而产生的更大整体自由或自由体
235 系的观念中，这些困难对我来说更加尖锐，因为罗尔斯描述了他所说的观点，即所有自由之间的冲突都要解决，无论这些冲突发生在四阶段中的制宪阶段，就像刚刚考虑过的例子，还是发生在与其他问题相关的立法阶段。

罗尔斯说，当自由发生冲突时，为了保证“最好的整个体系”而进行的调整，要从“有代表性的平等公民”（the representative equal citizen）的立场来解决，我们要问哪种调整“于他而言是理性的选择”。[46] 他说，这涉及对共同利益与共同善原则的应用，该原则选择了“所有人都能平等地推进其目标”或会“促进共同目标”的必要条件。[47] 当然，我们很容易看到，那些自由之间非常简单的冲突，例如辩论规则的情形，可以明智地说是参照这个观点来解决的。因为在这个简单的例子中，我们当然可以争论，无论一个人的目标是什么，作为理性人，他都会看到，如果他想成功地追求其目标，就必须要有所限制，而这可以用“共同善”来表达，因为这种限制对所有人而言都是必要的。但是，如果要从这个简单例子中进行归纳，那就大错特错了；基本自由之间的冲突可能会是这样的：对不同冲突的不同解决方法会符合不同的人的利益，而这些人对

[45] Rawls, *A Theory of Justice*, 230.

[46] Ibid., 204.

[47] Ibid., 97.

设定在冲突的自由上的相对价值就会有分歧。在这些情形中，不会有任何解决方法以共同善作为唯一选择。因此，在上文讨论的宪法例子中，似乎很难理解如何通过参照具有代表性的平等公民来解决冲突，而不诉诸功利主义考量，也不诉诸某种观念，即作为人类尊严或道德权利的问题，所有个体在道德上有资格拥有的观念。特别是，罗尔斯赋予各方在原初状态下作出选择——这种选择导致一种最好的最坏处境（the best worst position）——的一般策略，除了像辩论规则这样明显的情形外，没有任何帮助。当然可以争辩说，受合理规则的限制总比不受约束的干扰要好，因此用想 236
说就说的自由换取更有价值的利益——能够或多或少地有效交流自己想说的话——是理性的。或者说，用罗尔斯时常使用的振聋发聩术语“最大的”（maximum）来表达同样简单的观点，在规则下的最坏处境（限制发言，但在给定的发言时间里不会被打断）比没有规则的最坏情况（尽管不限制发言，但是会经常被肆意打断）要好。

的确，这些简单情形存在的地方，所有“平等的公民”，无论各自的品味与欲望多么不同，如果他们是理性的话，就会在自由发生冲突的情况下，偏爱一种选择。但是，我不明白，有代表性的平等公民的理性偏好观念如何有助于解决冲突，因为理智的人（reasonable men）可能会对相互冲突之自由的价值持有不同看法，而且理性人（rational man）显然不会选择最好的最坏情况。诚然，在必须解决这种冲突的四个阶段中，没有任何无知之幕可以阻止那些必须作出决定的人知道什么比例的人口赞成哪种选择。但是我不认为罗尔斯会认为，这种知识与对有代表性的平等公民来说，

选择什么才是理性的主张有关；因为，只有在我们认识到这位有代表性的人在某种程度上反映了（也许是在他相互冲突的欲望的相对力量与强度上）人口中不同偏好的分布时，才会有相关性。然而，这几乎等同于一个功利主义的标准，并且我确信这与罗尔斯的思想相去甚远。我想在此强调，我并非指责罗尔斯主张的“代表性平等公民的理性偏好”未能提供一个决定程序，能在任何情形中提供一个确定的答案。相反，我不理解，除了在非常简单的情况下，何种论据能够用来表明代表的理性偏好，以及在何种意义上它会导致“更大的自由”。

237 当然，罗尔斯也可以说，关注代表理性偏好的论证往往会有同样的权衡，在这些情形中，正义将是不确定的。但我不认为他的意思是，每当不同的人对不同选择持有不同的价值时，正义就是不确定的。事实上，他的意思相当清楚，尽管有这样的价值差异，但正义确实要求对个人自由进行一些宪法保护，尽管这些保护可能会限制参与政府的自由；[48]他在这里所疑虑的唯一不确定性与特定形式的宪法保护有关，它们都从一系列备选方案中挑选出来，所有这些选择都可能获得正义原则的许可。然而，如果在主要问题（即应否限制立法权以保护个人自由）上出现意见分歧，我仍不能理解以什么论据来证明，有代表性的平等公民会为了保障“更大自由”，选择在这个主要问题上作出肯定回答。

在相对较小的情况中，这种困难依然折磨着我，因为在这些情

---

[48] “平等公民的自由必须被引入并受到宪法的保护”（同上书，第197页）。“如果一个权利法案能有效地捍卫良心自由以及思想与集会自由，那么它应该被接受”（同上书，第231页）。

况中，人们可以很好地接受正义原则具有不确定性的结论。因此，假设当基本自由与其他自由发生冲突时，立法者必须确定土地的私人所有权所包含的排他性权利的范围，对于罗尔斯而言土地私人所有权是基本自由。[49] 有些人可能会选择行动自由不受土地所有权人限制，并得到有关非法入侵的法律支持；而其他人则选择某些限制，无论他是否为土地所有权人。如果在这个小的自由相互冲突的情形中，正义是不确定的，那么毫无疑问，我们将必须回到罗尔斯所说的程序正义，并接受在正义的宪法和公平的程序下运作之立法机构的多数表决，即使我们不能说这个结果本身就是正 238
义的。但是，大概在考虑推行什么措施和如何投票时，立法者必须——尽管这只是一个关于自由相互冲突的小例子——先问，如果一个有代表性的平等公民是理性的话，将会倾向于何种选择，即使他们注定要发现这个问题没有确定的答案。但是不确定性与不可理解是两回事，我关心的是问题的可理解性。当立法者问道，当有代表性的平等公民选择保障“更大自由”时，他们知道一些人认为财产的隐私比通行自由更有价值，而另外一些人不这样认为，那么他们作出何种选择才是理性的，在这些情形下，立法者的意思是什么？如果这个问题像罗尔斯说的那样，重新表述为一个涉及公

[49] 迈克尔·莱斯诺夫（Michel Lesnoff）先生已经提示我，罗尔斯也许并未把土地所有权人的权利视为一种基本自由，因为如上文所已表明的，根据罗尔斯的正义，对于产品价值是否应该存在私人的所有权这一问题依然悬而未决。然而，我并不清楚的是，在罗尔斯所描述之“拥有（个人）财产的自由”（同上书，第 61 页）。是否应该被包括进基本自由的范围。它包括所有权或者（在社会化的经济之中）从政府租借一块土地用作花园吗？如果不包括的话，那么文本中的例子就要改变了，变为在行人通行自由与汽车司机的权利之间的冲突。

共善原则的问题，那么它大概会以这样的问题出现，即从长远来看，哪种选择最能促进所有人的善或他们的共同目标。如果能简单地把这个问题理解为哪种选择最有可能促进每个人的普遍福利，那么这可能是一个可以在原则中回答的问题，其中包括自由之外的经济和其他利益。例如，假如能够表明，不受限制的土地行动自由会减少每个人的粮食供应，而其他选择没有损及所有人的不良后果，那么就应该以限制行动的方式解决冲突。但是这种根据福利对问题的解释，似乎被以下原则所排除：自由只能因自由本身才能够被限制，不能为了任何社会或经济利益而限制自由。因此，我认为，有代表性的平等公民的理性选择观念需要进一步澄清。

四、为防止伤害或痛苦而限制自由

我现在转而讨论的问题是，只能为了自由本身而限制自由的原则，是否可以在不限制行动自由的情况下，为那些会造成他人痛苦或不幸的行为所施加的限制提供足够的依据。这种伤害行为在某些情形下是对基本自由的行使，例如言论自由或使用财产的自
239 由，尽管在其他情况下，它可能是对罗尔斯未列为基本自由之自由的行使。如果罗尔斯所说的，总体上与通常的深思熟虑判断相一致的正义原则，实际上排除了（因为它们不是为了自由本身而限制自由）限制中伤、诽谤或严重侵犯隐私的出版物的法律，或者为了保护环境和一般社会便利措施，排除了私有财产（例如汽车）的使用，那么这就太不寻常了。这些对言论和私有财产基本自由的限制，通常被认为是一种交易（trade-offs），不是以自由换自由，而是

用自由换取免于伤害的保护、不丧失社会便利措施或其他实际效用(real utility)因素。

罗尔斯的原则也许至少可以从两个方面来弥补这个裂缝。[50]在某些情况下，他可能会认为，对他人造成我们所说的伤害或痛苦的不受限制的自由，实际上会以两种或其中一种方式，限制受害者的行动自由。身体上的伤害可能会实际削弱行为或认知能力，或者知道这些有害行为而不加禁止，可能会使潜在的受害者产生恐惧或者疑虑的状况，从而严重抑制他们的行为。但除非是在行为对人们的造成身体严重损伤的情况下，否则这种论证往往难以令人信服，即使在造成身体损伤的情况下，这类限制作为对自由的合理牺牲而被接受时，似乎很清楚的是，如果不能给予疼痛、痛苦或危难一种独立于有害行为(抑制受害者的行为或使其丧失行动能力)之倾向的权重，那么事实上，平衡就不会像现在一样被打破。 240

不管怎样，在这一点上，有必要再次考虑作为个人行为标准的自然义务，它与正义原则不同，后者是制度的标准。这些义务既包括不伤害他人或不造成“不必要痛苦”的义务，也包括帮助他人的义务。在讨论原初状态下的各方接受这些义务时，罗尔斯代表他

---

[50] 德沃金教授以及迈克尔·莱斯诺夫先生已经提醒我，我在这里所描述的“裂缝”实际上可能不存在，因为罗尔斯也许一开始(*ab initio*)就认为他的基本自由是有限制的，因此它们不包括那种以某种行为行使可能会有损于他人利益与自由的自由。但是，尽管这的确能与罗尔斯大部分关于基本自由的讨论相一致，仅仅视他对基本自由大略的描述为对行为范围的指示，处于原初状态的各方解决了一些自由与他人的自由或利益之间的冲突**之后**，在此范围确定他们特定的权利；但这依然与罗尔斯对那些易于冲突的自由之解释不相符合，也与他对冲突的解释方式不符合：在他看来，这些冲突不是由那些处于原初状态的人们来解决的，而是通过制宪会议或者一个立法团体(a body of legislators)通过对有代表性的平等公民的观点的接受来解决。

们计算出这些义务的负担将会被利益超过(outweighed);[51]因此自然义务代表了这样的情况:像辩论规则的简单情形一样,所有理性人之最好的最坏状况都可以得到确定,而且在这些情况下,甚至可以从无知之幕后确定。即使在这种情况下,作为理性的自利者的各方也会认为,例如,宁可在受到保护的情况下不对他人施暴,也不要在可以自由施暴的情况下遭受他人施暴,宁可向需要帮助的人提供微薄援助,也永远不要指望能够得到这种援助。所以很明显,这些自然义务可能部分填补了自由只能为自由本身限制的原则留下的裂缝,如果罗尔斯意指(尽管他没有明说),即使是基本自由也可能受到限制,如果它们的行使会侵害自然义务。但是,同样,这些在无知之幕下选择出来的自然义务只能够解释非常明显的情形,在这些情况下,对于所有理性人来说,这些限制带来的好处明显大于负担。如果不同的人因其不同利益而合理地作出不同选择,这种做法无济于事;而在我看来,这种情况是还常常发生。有些人,鉴于他们的一般脾性,可能会合理地选择自由诽谤别人或侵犯他们的隐私,或以他们自己喜欢的方式使用财产,并且可能会乐于接受他人的这些做法,以及这些做法对他们自己和一般社会和物质环境造成的后果。在这些问题上,其他人不会为不受限制的自由付出此种代价,因为鉴于他们的脾性,他们会把限制提供的
241 保护看得比不受限制的自由更有价值。在这些情形中,对言论或私有财产之基本自由的限制不能被视为一种自然义务,理由在于:理性的人,不管他们特殊的脾性如何,都会选择这种限制,就像选

[51] Op. cit., n. 2 *supra*, 338.

择对杀人或使用暴力进行一般性限制一样。

当然，一定不能忘记的是，对罗尔斯来说，正义没有穷尽道德；如他告诉我们的那样，有一些要求，实际上是义务，与动物甚至与自然界其他部分有关，它们都处于理性个体的理论范围之外。[52]但是即使有这些道德义务，甚至关于理性存在(rational beings)，我也不认为罗尔斯会认为它们是对适用于制度的正义原则的补充。因此，我认为，由于不是为了自由而对自由施加的限制，所以对基本自由的限制会被正义原则排除，这种限制不能被视为正义而通过诉诸其他道德原则得到独立支持。这里的要点并不是说，罗尔斯式的正义将会被证明，在某些点上，它限制自由的适当性是不确定的；相反，它太确定了，它似乎排除了实际上不正义的限制，因为它们不只是为了自由而限制自由。如果行使自由不仅违反自然义务，而且违反道德要求，我认为，罗尔斯不会希望通过简单地在他的正义原则中增加进一步的补充来解决这一点，因为在我看来，这将与其理论的一般性自由主义之要旨背道而驰。

五、基本自由的选择

以下是我认为从这些单独批评中涌现的最重要的一般性观点。任何为社会的行动自由提供普遍分配的计划，都必然会做两件事情：首先，它授予人们这种自由的好处；但其次，它使人们面临其他人践行自由时给他们带来的坏处。这些坏处不仅包括罗尔斯 242

[52] Rawls, *A Theory of Justice*, 512.

所关注的情况，即干涉另一个人的基本自由，而且还包括法律体系经常通过限制性规则对抗的各种不同形式的伤害、疼痛以及痛苦。这种伤害还可能包括破坏个体本来可以利用的不同形式的社会生活或福利设施。因此，选择任何特定自由进行普遍分配是否符合任何人的利益，取决于他行使该自由的好处是否超过了其他人普遍践行该自由对他的各种坏处。我认为，罗尔斯在讨论相互冲突的自由和自然义务理论时，没有充分认识到这一点。我认为，他的认识不充分，因为他的学说坚称，只能为了自由而限制自由，而且当我们解决冲突时，必须只能关注自由的范围或数量。这就掩盖了解决这类冲突时必须涉及的不同种类的好处与坏处的特征；而且，他的学说也让他歪曲了所有——除了那些最简单的以外——自由与其他利益之间所有冲突的特征，这些冲突在原初状态下的各方选择自然义务时就已经解决。我认为，自始至终，罗尔斯都没有充分认识到，在确定任何具体自由的普遍分配是否符合某人的利益时，总要权衡好处与坏处，因为他人行使自由的好处也许会超过他自己行使的好处。一个相当惊人的迹象表明，这一点被罗尔斯忽略了，这体现在他的评论中："从原初状态的角度来看"人们想尽可能多地拥有自由的份额"是理性的"，因为"如果他们不乐意，他们就不会被强迫接受更多自由，一个人也不会因更大的自由而遭受痛苦"。[53] 我发现这容易令人误解，因为它好像漏掉了最为关键的地方，即任何个体在行使某些自由时，无论其本身有什么好处，都可能被其作为成员的社会中普遍分配这种自由所涉及的坏

---

[53] Rawls, *A Theory of Justice*, 143.

处所抵消。

到目前为止，我所做的详细批评关注的都是罗尔斯最大平等自由原则的**应用**。但是，上述最后一段提出的一般观点如果有效，243 它就不仅影响正义原则一旦被选择后的应用，而且影响到这样的主张，即处于原初状态条件下理性而自利的各方将会选择罗尔斯列举的基本自由。即使我们与罗尔斯一起假设，如果不需要付出代价的话，每个理性人都会选择尽可能多的自由，那么在这个意义上说，没有人“从一种更大的自由中遭受痛苦”是正确的。但这并不意味着，个体只能以通过社会普遍分配的代价才能获得的自由，依然是一个理性人想要的自由。当然，罗尔斯的自然义务代表了一些明显的情形，在这些情形中，可以公平地说，任何理性人都会倾向于某些限制，而不是一种普遍化的自由。在其他不那么简单的情形中，以其他人也拥有自由为代价来选择自由是否理性，必须取决于一个人的脾性与欲望。但是这些都对处于原初地位的各方隐瞒，既然如此，我难以理解，他们如何能够根据私利来作出以不同自由的普遍分配为代价的理性选择。在我看来，在一个人自身的脾气禀性或愿望不确定的条件下，选择人人享有的最广泛自由，不能总被认为是防止最坏情况的最好保证。

六、自由优先性的论证

我将通过解释罗尔斯主要论证中的一个困难来结束本文，这个论证用于表明，禁止以自由交换其他社会或经济利益的自由优先性，必须被包括在正义的要求中。根据罗尔斯的理论，处于原初状态下的理性而自私的各方，从无知之幕后选择这种优先性规则，作为正义之特殊观念的一部分，但是他们作出此种选择的前提是，在他们将要成为其一员的社会中，除非或直到已经达到某些有利的社会或经济条件，否则这个规则不会发挥作用。这些有利条件
244 被认为是那些允许基本自由有效设立与行使的条件，[54]到那时，基本需要已经能够得到满足。[55] 在达到这一点之前，一般的正义观念是治理社会，而且如果人们乐意，他们可以为了获得社会或经济利益而放弃自由。

我不认为罗尔斯把使得优先性规则发挥作用的条件设想为非常繁荣的阶段。[56] 无论如何，至少相当清楚的是，当达到这一阶段时，任何社会仍然会有人想得到更多的物质利益，并且宁愿放弃一些基本自由来获得它们。如果这个阶段的物质繁荣程度如此之高，以至于不可能有这样的人，那么此时被启动的优先性规则就不可能发挥禁止性规则的作用，因为不再有什么东西需要它来排除。如罗尔斯所言，我们无须考虑放弃自由的问题，为了更大的经济福

[54] Rawls, *A Theory of Justice*, 152.

[55] Ibid., 542-543.

[56] 很明显，根据这样的判认(identification)，特殊正义观念得以适用的条件，在不同的社会里可能会在不同的物质繁荣程度上达致。因此，在一个小型农业社会或一个长久以来习惯于艰苦条件的社会中，那里的人可能比一个大型的现代工业社会中的人们，更有可能在一个非常低层次的生活水准上确立或行使政治自由。但是考虑到这样一个情况，罗尔斯把相关阶段描述成了一个在此阶段那些条件仅仅是“允许”或“认可”基本自由的实际确立或实现的样子；我不清楚的是，他是否会认为特殊的正义观念对一个非常富有的社会也能够具有适用性，在这个富有的社会，由于财富的不平等分配，实际上导致了数量相当巨大的人们无法行使基本自由。那么，对于这个社会中的穷人来说，如果他们支持一个独裁政府以改善他们的物质条件的话，是否就不正当呢？

利，人们依然愿意以非常极端的方式放弃自由，例如采用奴隶制。[57] 可能只是一个社会中的有些人，也许是大多数人，也许甚至是所有人，宁愿放弃特定政治权利来获得更大好处，因为行使这些权利看起来并不能为他们获得利益，如果有好理由相信政府这样做会带来物质繁荣的巨大进步，他们乐意政府以某种威权的形式运作下去。一旦一个社会达到基本自由能有效确立、基本需要得到满足的适当阶段，那么优先性规则就会禁止人们可能希望进行的交换。

那么，为什么这种限制性的规则要被接受为正义的要求之一 245
呢？罗尔斯的主要回答似乎是这样的：随着文明条件改善，社会将达到这样一个状态，**从原初状态**来看，“为了更大的物质财富……而选择较小的自由……就会变得而且仍然是不理性的……”因为“随着一般福祉水平的提升，只有一部分不太迫切的需求依然”[58]需要满足，人们越来越珍惜自由。“决定我们生活计划的根本利益**最终**占据了优先地位”，并且“对自由的渴望是（处于原初状态下的）各方必须假定他们在**适当的时候**都会拥有的主要调节性利益（chief regulative interest）”。[59] 这些考虑是为了表明，从处于原初状态的各方立场而言，以优先权规则为代表的、将自由置于其他的物质利益之上的做法是理性的。

这种主张的核心好像是，处于原初状态的各方，由于对自身的

---

[57] Op. cit., n. 2 *supra*, 61.

[58] Ibid., 542.

[59] Ibid., 543（强调为笔者所加）。

脾性、欲望以及他们即将成为其成员之社会的条件一无所知，因此对自己施加限制，禁止用自由来交换其他产品是理性的，因为随着社会的发展，“最终”或“在适当的时候”，对自由的渴望实际上会对他们产生更大吸引力。但是对我而言仍不明确的是，为何以下做法是理性的：人们对自己施加限制，禁止做他们在社会发展的某一阶段可能想做的事情，因为在以后的阶段(“最终”或“在适当的时候”)他们就不想做了。如果人们纯粹为更大物质福利的增长而放弃政治自由，这为优先性规则所禁止，那么这种放弃似乎没有理由是永久性的，以防止人们在达到极大富足后想重获自由；如果没有优先性规则的话，人们不会冒永久失去自由的风险，因为他们日后仍然希望拥有这些自由。然而，我想罗尔斯的主张也许的确如以下形式所示，它重拾了这样的观念，即在一定的不确定条件下，理性人将会选择那些在后果最坏的情况下对个人利益损失最小的选

246 择，而不去选择后果最坏的其他选择。由于处于原初状态的各方并不了解他们社会的发展阶段，因此在考虑是否要制定禁止用自由来交换物质利益的优先性规则时，他们必须自问：下面 A 和 B 两个选择，哪个最不坏(least bad)：

A. 如果没有优先性规则，为了获得财富的增长而放弃政治自由，那么最坏的情况是一个人急于行使已经失去的自由，而对放弃自由带来的额外财富毫不在意。

B. 如果有优先性规则，最坏的处境就是生活在社会经济水平底层的人，该社会刚刚富足到使优先性规则开始发挥作用的程度，他们会非常乐意放弃政治自由，来换取物质财富的

更大增进。

我想，这肯定是罗尔斯主张的一部分，对于任何一位理性而自私的人来说，B 是最好的最坏处境，为此，处于原初状态的各方会选择它。我不敢确定这是不是罗尔斯的主张，如果是的话，我认为它没有说服力。因为在我看来，还是处于原初状态的各方，他们对其欲望的品格与强度一无所知，如果他们问，选择 A 或 B 哪种立场最符合他们的利益，它们无法在无知的条件下给出任何确定的答案。当无知之幕揭开后，有些人会选择 A 而不是 B，而其他人则会选择 B 而不是 A。

沿着刚才考虑过的论证，可以为某些基本自由——例如信仰自由——提供比其他自由更好的情形。也许可以说，任何理解什么是拥有宗教信仰并希望行使它的理性人都会同意，法律禁止任何这样的人信奉宗教，会比禁止一个相对贫穷的人通过放弃信仰自由来获取物质利益增长的情况更糟，因为信仰自由对后者而言意义不大或者毫无意义。但是即便如此，对我而言，即使在有限的时期内，禁止人们为了获取物质财富增进而交换基本自由的**一般**优先性规则，也不能得到罗尔斯之论证的支持——这种主张由我 247
总结，而且可能有错。

以我之见，罗尔斯关于自由优先性观点的明显教义化过程，可以用以下事实来解释：尽管他并不仅仅作为一种理想提出，但是，当他将自由优先性刻画成原初状态下的各方在无知之幕后根据其利益必须作出的理性选择时，他的确怀有一种潜藏的理想。这个理想是，一个有公德心的公民，他把政治活动与服务他人视为生活中主要善好之一，并且认为用参加这类活动的机会来换取单纯的物质利益和享受是不可以容忍的。这种理想强烈地充盈着罗尔斯书中的许多观点，我在此无法讨论。当然，这也是自由主义的主要理想之一，但是罗尔斯对自由优先性的主张却意在基于利益，而非理想，并且想要证明，自由的普遍优先性反映了每个理性而自私之人对自由的偏好，而非对其他利益的偏好。尽管他的主张对自由与其他价值的关系有许多附带的启示，但我认为他并没有成功论证自由的优先性。

附　　录

参见评论：

J. Rawls, "The Basic Liberties and their Priority", 3 *Tanner Lectures on Human Values* (1982).

第十一篇　社会团结与道德的法律强制 248

在实施道德的过程中，法律扮演了何种角色，也许可以从柏拉图的《理想国》(*Republic*)与《法律篇》(*Laws*)两书中，也许还可以从亚里士多德之《伦理学》(*Ethics*)及《政治学》(*Politics*)中，得出下面的观点：城邦法律的存在，不仅仅是确保人们有机会过道德上的良好生活，而且是为了确保他们过上这样的生活。据此观点，法律不仅可以用于惩罚做了道德不允许之事的人，而且也应该这样使用；因为通过这些手段或其他手段促进道德美德(moral virtue)，是一个复杂到足以发展出法律制度之社会的目的或宗旨之一。这种理论与一种具体观念有紧密的联系，这种观念把道德视为一套真实或正确的独特原则——此等原则并非人造的，而是等待人类利用其理性去发现，或者(在神学背景下)等待启示的披露。我把这个理论称为"传统论"(the classical thesis)，并且不打算做进一步讨论。

我们可以从传统论中把我所说的"解体论"(the disintegration thesis)区分出来。它颠覆了传统论中社会在一边而道德在另一边的工具性顺序(the order of instrumentality)；因为在这一理论中，社会并不是道德生活的工具；而毋宁说是道德作为社会的纽带(cement)而具有价值，它是一种联系(bond)或者其中一种联系，

没有它，人们就不能凝聚在社会中。这一观点与相对主义的道德观紧紧相连：据此，道德可能因社会而异，为了值得刑法执行，道德不需要有合理性或其他具体内容。重要的不是道德的品性(quality)，而是其凝聚力。“重要之处不是信条的品性，而是对信条的信念力量。社会的敌人不是错误，而是无动于衷。”[①]以此观
249 之，执行道德的理由就是，维持道德是防止社会瓦解的必要条件。

维持道德在事实上是一个社会存在的必要条件，这一主张要求得到经验证据的证实，在此压力下，解体论往往会崩溃为另一种主张，我称之为“保守论”(the conservative thesis)。这种主张认为，社会之所以有权用法律来强制执行其道德，是因为社会的大多数人有权利遵循自己的道德信念，即他们的道德环境是有价值的东西，要捍卫它不被改变。[②]

虽然这篇论文的主题是解体论，但是我要讨论的仅限于那些与它非常相关的任务。在这里，我主要的意图是，当拨开迷雾之后，该论题提出的经验主张是什么，以及可以想像在哪些方向上寻找证实这一主张的证据才是有益的。但即使是这些任务，我也仅仅讨论其中一部分。

---

① P. Devlin, *The Enforcement of Morals*, 114 (1965)(以下引作“Devlin”)。比较：前引书，第 94 页：“不幸的是，败坏的社会能够存在于败坏的道德之上，一如良好的社会存在于良好的道德之上。”

② 对这种道德保守论的典型论述来自：Doworkin, “Lord Devlin and the Enforcement of Morals”, 75 *Yale L. J.*, 986, 1966. 德沃金教授着重论述了这种解体论与保守论在德夫林勋爵的论著中所扮演的角色与地位，并且他的论文主要的关注点就是对后一理论的德夫林版本所作的批评性检视。相反，我这篇论文主要的关注点则是去认定，如果解体论不滑向保守论或未因保守论而被抛弃，那么它需要何种证据去证明。

一

解体论是德夫林(Devlin)勋爵论述的核心部分,[3]用来证成法律对道德的强制执行,而在这一点上,约翰·斯图亚特·密尔的追随者及其他后来的自由主义者认为,这是对刑法范围的不适当扩展。根据德夫林勋爵的说法,道德的强制执行能够得到证成,道德经常被描述为社会的"道德结构"(moral structure)"公共道德"(public moral)"共同道德"(common moral)"政治、道德、伦理的共享观念"(shared ideas on politics, morals, ethics)"关于善恶的基本共识"(the fundamental agreement about good and evil),以 250
及"被承认的道德"(a recognised morality)等。[4] 这据说是"共同思想的无形纽带"的一部分,它把社会凝聚在一起;同时"如果纽带过于宽松,成员们就分崩离析"[5],它是"社会……黏合的一部分",而且"对于社会是必要的,就像一个被承认的政府一样"。[6] 证成这种被承认道德的强制执行非常简单,就是可以用法律来维护对于社会存在而言具有本质性的东西。"当没有共同道德时就会出

③ 参见德夫林勋爵一篇重要演讲稿,题目为"道德的法律强制"(The Enforcement of Morals),这是他在由英国科学院(British Academy)所设立的"马克比法学讲座"(Maccabean Lecture in Jurisprudence)上所发表的。并被收录于德夫林前引书的第一章"道德与刑法"(Morals and the Criminal Law)。

④ Devlin, 9-11.

⑤ Devlin, 10.

⑥ Devlin, 10-11.

现解体,历史表明,道德纽带的松动往往是解体的第一阶段。”[7]如果我们考虑这些表述,它们似乎构成了一个关于社会存在或者继续存在之必要条件的高度模糊的经验概括,并由此给了我们提供一个社会解体的充分条件。除了一个概括性主张“历史表明,道德纽带的松动往往是解体的第一阶段”外,没有任何证据能够支持这种主张,也没有说明什么证据可以支持这种主张,更没有暴露出任何需要证据的敏感性。

在与德夫林勋爵论战时,[8]我给了他两种选择:要么为他的观点增补证据,要么接受他的共同道德是社会维系之必要条件的陈述,根本不是经验性陈述,而是伪装的同义反复或必然真理(necessary truths),这完全依赖于“社会”“存在”或者社会的“继续存在”这些表述的意义。如果一个社会的继续存在意味着生活必须依靠某些特定的、共享的道德典籍(code),那么维持这一道德典籍对于社会的继续存在而言,就具有逻辑上而非因果上或偶然的必要性;而且,这似乎是一个不太吸引人的话题,因此不值得进行讨论。然而,在某些场合,德夫林勋爵采用对社会的定义(“一个社
251 会**意味着**一种共同体观念”[9])似乎表明,他有意将道德对社会存在具有必然性的主张,视为定义性真理(definitional truth)。当然,“社会”“社会的存在”,以及“相同的社会”等表述,常常都是这样使用的:它们是指一种社会生活方式或者类型,这种社会生活通

---

⑦ Devlin,13.

⑧ 参见:H. L. A. Hart,*Law*,*Liberty*,*and Morality*(1963).

⑨ Devlin,10(强调为笔者所加)。但也可以比较前引书,第 9 页:“那使得任何种类的社会成为一种共同体思想……”

过特定的道德、道德典籍或者独特的法律、政治或经济制度独立出来。一种生活方式或类型含义上的社会，可能会改变、消失，或者由不同形式的社会所接替，而不会出现被描述为“解体”或者“社会成员分崩离析”的现象。在这个意义上的“社会”，后封建时代(post-feudal)的英国社会就与封建时代的英国社会不同。但是，如果我们把这个简单的事实表述为：**同一个英国社会**在某个时期是封建社会，而在另外一个时期不是，那么我们就在使用另一种意义上的“社会”，有不同的独立标准与继续识别的标准。很明显，如果解体或“成员分崩离析”的威胁要有某种现实性，或者说，如果共同道德是“社会所必要的，就像一个被承认的政府一样”的主张被认为是强制执行道德之论证的一部分，那么依赖于社会对其共享道德之识别的定义性真理就毫不相干了。正如对一个希望维持社会的无政府主义者说，如果我们原来所说的“有组织的社会”只是指一个有政府的社会，那么告诉他政府对于有组织的社会是必要的，那就不算是回答；同样，如果我们原来所说的“社会”是指按照道德典籍生活的社会，那么反对认为维护社会的道德典籍与法律无关，反对认为维护道德典籍对于社会而言是必要的，这也是空洞的。

简而言之，如果我们说的“社会不复存在”，既不是**意味着**“解体”，也不是其成员的“分崩离析”，而是意味着社会的共同道德发生了根本性变化，那么利用法律维护道德的理由，就不是基于任何解体论，而是基于某种主张的变体，即当人们的群体已经发展出某种共同的生活方式，这种生活方式丰富到足以包括共同道德时，这就是应该得到维护的东西。保守论是这种主张的一种非常明显的

形式，即在此环境下生活的多数人，有权利捍卫他们现有的道德环境不受改变。但这已经不是一个经验性主张。

二

252 在许多关于社会的结构先决条件和功能先决条件的当代社会学理论中，都可以找到与德夫林勋爵相似的观点，在某些情况下，这些观点以类似的方式徘徊在解体论和保守论之间。举例而言，对塔尔考特·帕森斯(Talcott Parsons)的工作进行全面评价是有益的，甚至是必要的，因为解体论在其《社会系统》(*The Social System*)一书中几乎随处可见；而且探询以下几点也是有益的：(1)它们实际上究竟是什么；(2)它们是否作为经验性的主张提出；(3)倘若如此，它们得到或可以得到何种证据支持。比如，考虑下面的表述："共享此类共同价值模式……在那些相互面向共同价值的人之间，创造了一种团结(solidarity)……不依附构成性的共同价值，集体性就会趋于解体。"[10]"一套共同价值模式与构成性人格(constituent personalities)内在化需求倾向(need-disposition)结构的整合，是社会系统动力学的核心现象。任何社会系统的稳定性依赖于此种整合的程度，这可以说是社会学的基本动力学定律。"[11]确定这些命题在帕森斯深奥的著作中的确切地位和作用，是一个相当重要的任务，因此，我将从社会学文献中挑选涂尔干

---

[10] T. Parsons, *The Social System*, 41(1951).

[11] T. Parsons, *The Social System*, at 42.

(Durkheim)对一种解体论形式的阐发,因为,他在《社会分工论》(*The Division of Labour in Society*)一书中所阐述的该理论变体相对清晰,表述也比较简明,而且还与刑法强制执行道德的话题有具体联系。

涂尔干区分了两种形式,他称之为“团结”,或称之为使人们趋于联合或者引导他们聚合在那些可区辩的与持久的社会中的因素。此处,“社会”的最小含义是指一个群体,我们可以把这个群体与其他类似群体区分开,并能承认他们是在一段时间内持续存在的同一个群体,虽然它的构成成员在这段时间里被其他人所代替。253
其中一种团结的形式叫“机械团结”(mechanical solidarity),它源于人们的相似性(resemblance);另一种是“有机团结”(organic solidarity),则源于人们的相异性(differences)。机械团结依赖于,也确实包括关于事实问题之共同信念的共享以及共同的行为标准,其中包括共同道德。这种对共同信念与共同标准的调和,构成了**良心集体**(*conscience collective*),它吸取了法语单词“**良心**”(*conscience*)在意识(consciousness)或认知(knowledge)与良心(conscience)之间的所有含混性。使用“**良心**”这一术语的要旨在于,对共同标准的信仰或者认可已经内化为社会成员人格或特征的一部分。

相比之下,有机团结依赖于人类的相异性,人与人之间的相互需要必须通过与他们不同的人进行的各种形式的协作来补充。这些相异性之相互依存的最突出方面就是社会分工,但是,涂尔干警告我们说,我们绝不能认为此种社会联结因素的重要性仅仅在于其经济上的回报。“与它(社会分工)产生的道德作用相比,其所提

供的经济服务是微不足道的，而且，它的真正功能是在两个人或者许多人之间创造团结的感觉。”⑫概而言之，在简单社会中，机械团结是团结的主要形式，其重要性不断降低，尽管，很明显它作为一种联结因素永远不会完全消失，因为它作为有机团结则在更为复杂的社会中得到发展。根据涂尔干，法律呈现了两种形式团结的忠实镜像，而且在任何时候都可以作为两种团结形式相对重要性的衡量标准。刑法携其压制性制裁体现了机械团结；民法则反映了有机团结，这是因为它支持那些相互依存的典型工具，例如，合同制度；而且，一般而言，它不规定压制性制裁，而只是规定恢复原状和赔偿。

涂尔干认为法律可以作为衡量工具，这是有点异想天开了。
254 我们只需数一下在任何时候都构成刑法之规则的数量以及构成表达社会分工的民法之规则的数量，然后我们就知道该给这两种形式团结的相对重要性分配多少分数。⑬ 这种异想天开引出了关于法律规则个别化（individuation）与可数性（countability）的极大难题，这个问题让边沁产生了极大困惑，⑭但也许不需要在这里耽误我们的时间。然而，真正有趣的地方在于，涂尔干对刑法与共享道德发生联系时具有何种作用的看法。涂尔干非常关注去展示理性

---

⑫　E. Durkheim, *The Division of Labour in Society*, 56(3rd edn., Simpson trans., 1964).

⑬　Ibid., at 68.

⑭　边沁用了整整一本书来讨论这些问题：什么是一项法律？什么是法律的一部分？什么是完整的法律？参见：Bentham, *Of Law in General*, in *Collected Works of Jeremy Bentham* (London, 1970).

主义与功利主义对刑事惩罚制度的说明的空洞性。对他来说，正如他的英国司法界同行，作为一种说明性理论，功利主义理论是失败的，因为它扭曲了犯罪与惩罚的特征，而作为一种规范性理论，则会导致令人困扰的结果。因此，涂尔干为犯罪和惩罚提供了新定义。于他而言，犯罪在本质上[尽管在发达社会，犯罪还有次要的含义（secondary senses），此定义不直接适用于它们]是对良心集体——一种共同道德，在对其情感强烈而明确的地方，将人们团结在一起——的严重侵犯。这种行为之所以不受那种道德的谴责，是因为它与犯罪及过错无关；如果它是犯罪或者过错，则是因为它因此受到了谴责。最为重要的是，一种行为是否为犯罪或者过错，不一定是，甚至不一定认为是对任何人或者社会有害的行为，而毋宁说是在对共同道德非常强烈与明确的感觉之处违反了共同道德。涂尔干理论的这些特征与德夫林勋爵的观察有着惊人的相似。也就是说，重要的不是道德的品性，而是对道德信念的强度以及随之而来的凝聚力（cohesive power）。而且，他认为道德被强制执行必须能够达到所谓的演奏高音（concert pitch）：它必须以“偏执（intolerance）、愤懑（indignation）以及厌恶（disgust）”为标志。[15]

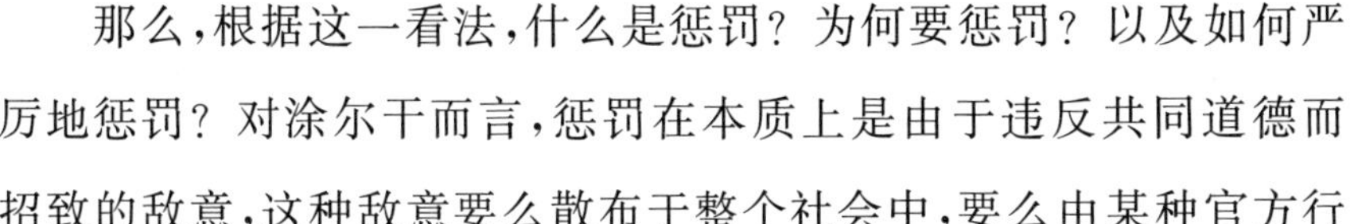

那么，根据这一看法，什么是惩罚？为何要惩罚？以及如何严厉地惩罚？对涂尔干而言，惩罚在本质上是由于违反共同道德而 255
招致的敌意，这种敌意要么散布于整个社会中，要么由某种官方行

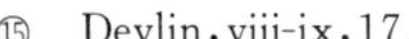

⑮ Devlin，viii-ix，17.

为所执行，而且它往往采取具体的渐进措施的形式。因此，他的定义是，惩罚是对冒犯集体良心行为的“强度渐进的激烈反应”[16]。如果我们以这样的方式来看，即哪怕是在当代社会中，刑罚也是渐进的，那么作为对刑罚的一种解释，功利主义的空洞性显而易见。它们不是为了适应功利主义的目的，即阻止通常被描述为有害的行为，而是为了恰当表达由冒犯而激起的感觉程度，理由在于这种对感觉的恰当表述，是维持集体道德信念的一种手段。[17] 许多法律现象都证明了这一点。我们惩罚一个盗贼，即使他有可能再犯，也比惩罚一个杀人犯要轻，尽管我们有充分理由认为他不会再犯。我们采用的原则是，在刑事案件中，不懂法律不是借口，而且他可能会补充一点，我们对未遂犯罪的惩罚比既遂犯罪轻，所以相比较而言，既遂罪与未遂罪所激起的憎恨不同。

由此，对于“为何要惩罚”的问题，涂尔干的回答是，我们这么做主要是象征性地表达被激怒的共同道德，维持该共同道德是人的相似性所产生的凝聚力的条件。惩罚罪犯是维持社会聚合的需要，因为被犯罪行为所践踏的集体良心，“如果共同体所表现出来的情绪反应[以惩罚的形式表现出来]不能弥补其损失，它就必定会丧失其力量，并会导致社会团结的崩溃”[18]。

涂尔干理论之一斑，呈现了它的本质，但正如在德夫林勋爵的

---

⑯ Durkheim，op cit.，n. 12 *supra*，90.

⑰ 比较：Devlin，114.（作者在这里写道：）“当考量对社会的无形伤害时，道德信仰是非常重要的；不道德行为之所以相关，仅仅是因为它在这里刺激了怀疑。”

⑱ Durkheim，op. cit.，n. 12 *supra*，108.

情形一样，这里依然有两个重要的复杂性。它们都与共同道德变化的可能性有关。两位理论家都设想了一种自发或自然的变化，256 并且以不同的方式警告我们说，强制执行道德必须虑及此种情况。因此，德夫林勋爵向立法者发表了他审慎的警告："容忍的限度发生了变化"[19]，我们不应该根据道德观点考量刑事犯罪，因为道德观点可能很快就会发生变化，从而可以说使法律缺乏道德性。涂尔干也有类似的说法，他的理论并不意味着因为某项刑罚规则曾与集体情绪相一致，就必须加以保存，而毋宁是只有当这种集体感仍然"存在并富有活力"时才应如此。如果它已经消失或者被削弱，没有什么比试图人为地通过法律让它保持生机更糟糕。[20] 这意味着，我们必须要将社会道德中的自然或非恶性变化或者"在其容忍限度内的自然转变"，与一种恶性变化形式区分开，社会要防范这种变化，而且这种变化是个体偏离道德的结果。然而，这些理论进一步的复杂性在于，惩罚的功能，或者说惩罚在维护社会道德免受恶性变化影响的机制，在涂尔干与德夫林勋爵之间是不同的。于德夫林勋爵而言，惩罚通过压制或者减少不道德行为的数量来保护现有道德，而这些行为本身就被视为是"威胁"或削弱了共同道德。然而，于涂尔干而言，惩罚持维着共同道德，主要不是通过压制不道德行为，而是让愤懑感情得到满意的发泄，因为如果

[19] Devlin，18. 比较：同书第 114 页："对于某种古老的道德向一种新型的道德转变来说，就其本身而言不会有什么让人感到不适的方面……危险之处是中间空位期间所具有的怀疑。"

[20] Durkheim，op. cit.，n. 12 *supra*，107，n. 45.

发泄口被堵塞，共同良心就会“丧失其力量”，并且凝聚性道德也会减弱。

三

如果我们追问，在诸如德夫林勋爵及涂尔干的理论中，关于维持共同道德与社会存在之间的联系，他们究竟举出了哪些经验性主张，那么我们就必须进一步解开某些死结。

257 对这些理论的一个非常自然的反对意见是，如果要把它们当作解体论的变体来认真对待，那么它们试图为社会道德的强制执行提供的证成就过于笼统。毫无疑问，在社会道德典籍（假定真有一部专门的道德典籍）的部分中，对那些对于社会的存在具有本质性的部分和那些不具有的部分作出区分，不仅可能，而且也有道理。至少从表面上看，对这种区分的需要是显而易见的，即使我们假设只有在得到“强烈与敏锐的感受”的支持（涂尔干）或者“偏执、愤懑以及嫌恶”（德夫林）的支持时，道德典籍才应被强制执行。因为所有道德约束的衰败或者暴力和欺诈的滥用，不仅会造成个体伤害，也会危及社会的存在，因为它可能消除了使人们和睦相处成为可能并且值得追求的主要条件。另一方面，诸如婚外性行为的道德约束的衰败，或者性道德在纵容的方向上发生的普遍变化，似乎是另外一回事，而且不会造成诸如“解体”或者“人们分崩离析”

的结果。[21]

由此，似乎值得停下来考虑，在社会道德中区分哪些部分具有 258
本质性的两种可能方法。

(1) 第一种可能性是，对社会至关重要并且需要通过法律的强制实施来保护的共同道德，是其社会道德的一部分，它只包括对任何人类社会的存在均至关重要的约束和禁止。霍布斯(Hobbes)与休谟(Hume)已经为我们提供了这种社会生活所必需的最低限度道德的一般特征：它们包括了限制滥用暴力的规则以及那些关注诚实信用、信守承诺、公平交易以及财产安全等等最低限度形式的规则。然而，很清楚的是，无论是德夫林还是涂尔干，

[21] 在一个脚注中，德夫林勋爵承认，并非任何**违背**一个社会道德典籍的行为都会威胁它的存在。他的原话是："我在对一个社会共同道德的**任何**背离都会威胁它的存在方面所持有的主张，并不比我对**任何**颠覆性行为会危害社会存在方面所持有的主张更强烈。我认为，它们都是这样的行为，以其本性而言，都会威胁到社会的存在。因此，这两种行为没有任何一种可以不受法律的约束。"Devlin，13，n. 1(强调为原作者所加)。这一段的论述并不意味着或者暗示：在社会道德中有某些部分，尽管它们为偏执、愤懑以及嫌恶所支配，但对社会的存在并不必要。在这一点上，德夫林勋爵很明显地倾向于认为社会道德观念是一个无接缝之网。Devlin，115. 但是，德沃金教授指出——在我看来这是非常令人信服的主张：在探究那些**可能**会明显地危及社会存在的而**实际上**的确导致了这个结果的对公共道德的背离，从而要有必要进行实际性惩罚时，德夫林勋爵在两个方面却使用了同一个标准["公众的强烈反对(passionate public disapproval)"有效性]。德沃金，前引书，前注 2，第 986、990—992 页。这使得他版本的解体论就毫无经验的证据可言。由此，根据德夫林勋爵，"我们应该首先反躬自问，看到同性恋还能否泰然自若和无动于衷。我们视之为难以容忍的恶行，它是如此令人难以容忍，以至于仅仅它的出现本身就是一种罪错。如果那就是我们对自己生活于其间的社会的真实感受，我就难以相信，社会为何不能有根除它的权利"。Devlin，17. 但是，对于在此类情况下法律对同性恋的容忍会危及社会存在的主张，他并不能提供经验的证据。这与前述被德夫林勋爵适用于乱伦的原则恰恰相反，他说对乱伦的"感受未必如此强烈"。在**那种**情形下，"它**于是**就变成了一个平衡问题，在危及社会程度一方与施加的限制内容的另一方两者之间的平衡"。Devlin，17-18(强调为笔者所加)。

都不是说只有这些共同道德中发现的要素，才要由法律强制执行，因为，任何一个功利主义者或者《沃尔芬登委员会报告》(Wolfenden Report)*的支持者，都会同意此点。很明显，德夫林和涂尔干都认为，道德规则可能因社会而异。涂尔干实际上坚持

* 沃尔芬登委员会报告，也即《委员会关于同性恋罪错和卖淫问题的报告》(*Report of the Committee on Homosexual Offences and Prostitution*)。“二战”结束后一段时期的英国，法律和道德问题(特别是性道德)以一种剧烈冲突的形式浮上台面。“二战”后，所谓粗鄙的不洁(gross indecency)，拉客(importuning)以及强暴猥亵罪(indecent assault)等行为被大量检诉。1948年发表的《金赛报告》(*Kinsey Report*)表明，同性恋远比人们所认识到的要多。随后而来的对同性恋行为的大量检诉，更给人们以同性恋泛滥的印象，甚至造成了一种道德恐慌(moral panic)。英国政府在压力下于1954年宣称将成立一个皇家专门调查委员会(Royal commission)，负责调查同性恋犯罪和卖淫。时任雷丁大学(Reading University)副校长的约翰·沃尔芬登(John Wolfenden)男爵被任命为主席，委员会因此也被称为“沃尔芬登委员会”。委员会的使命有两项：其一，考察关乎同性恋罪错的法律与实践以及法院对被控犯有此类行为者的处理；其二，考察对有关触犯了在卖淫与拉客方面刑法的此类罪错的法律与实践。可是，据随其后的大辩论及一些法理的探究，“道德和法律”问题好像被限制到了“性道德和刑法”的狭窄层面。随着1957年《委员会关于同性恋罪错和卖淫问题的报告》，也即是沃尔芬登委员会报告的出台，法律也出现了相应的改变，对一些不正常的性行为表现出了宽容。但这引起了激烈的辩论。

沃尔芬登委员会最后的报告可谓“公”“私”分明，它认为由于同性恋行为一般是公民私下行为，其自主权在公民个体；法律只应关注卖淫、拉客等违反了公共生活的秩序与体面(public order and decency)的行为。与此相应，沃尔芬登委员会还区分了犯罪(crime)与罪恶(sin)行为，并且旗帜鲜明地主张法律只应该关注前者。沃尔芬登男爵说：“必须为私隐性的道德与非道德留下一个领地……那不能成为法律的地盘。”这个报告很明显具有功利主义的性质，认为凡未造成公共损害的地方，法律都不应涉足，那些行为都属于个人自由。成年人之间私下自愿的同性恋行为自然再也不能被视为犯罪。报告甫出，即引起广泛争议，有的媒体担心它会降低社会的道德标准，而《每日镜报》(*Daily Mirror*)则欢欣鼓舞：“不要为报告而震惊。它就是事实，它就是答案，它就是生活！”1959年和1967年，英国议会分别通过沃尔芬登委员会报告有关的立法建议。但大辩论仍然如火如荼。德夫林的讲座以及哈特随之与其进行的论辩，就是在这个背景下产生的。——译者

认为，共同道德——违背它将会招致刑法的惩罚——可能与功利没有关系：“它们（这些禁止）可谓毫无帮助，但是它们一旦坚持下去，它们就会变得必要，尽管它们有不合理之处。”[22]应受惩罚的道德包含许多“既不涉及社会的关键利益，也不涉及最低限度正义”[23]的东西。

（2）第二种可能性是：要强制执行的道德，虽然不是与现有道德典籍的每一项细微内容同时存在，但它不仅包括与滥用暴力或者狡诈欺骗等有关的限制与禁止，这对于任一社会都是必要的，而且还包括某一特定社会本质性的东西。这里的指导思想是，对于任何一个社会而言，在其道德典籍的规定中，都能发现核心的规则或者原则，它们构成其普遍而独特的生活方式。德夫林勋爵经常这样说，他所谓的一夫一妻制被采纳为“一条道德原则”[24]，毫无疑

问，这的确以两种主要方式渗透到我们的社会中。第一，婚姻是一 259

项**法律**制度，而且承认一夫一妻制作为唯一的法定婚姻形式，会对涉及广泛行为领域的法律产生影响：孩子的监护与教育，关于继承与财产分配的规则，等等；第二，一夫一妻制原则在道德上也无处不在：一夫一妻制的婚姻是我们家庭生活观念的中心地位核心，并且借助法律，它已经成为社会结构的一部分。它的消失将会给整个社会带来巨大变化，因此我们可以毫不夸张地说，它已经改变了它的特征。

以此观之，社会存在所必须的道德，既非所有社会都需要最低

[22] Durkheim, op. cit., n. 12 *supra*, 107.

[23] Ibid., at 81.

[24] Devlin, 9.

限度道德（德夫林勋爵说，在一夫多妻社会中的一妻多夫制婚姻，可能像我们一夫一妻制一样，起到凝聚作用）；[25]亦非该社会道德典籍中的每一项细微内容。具有本质性并且值得保护的是最重要的核心。在此基础上，任何特定的道德规则或禁忌。例如，关于同性恋、通奸或者乱伦，是否都如此地有机与核心部分相联系，以至于需要其视为要害部位（vital outwork）与堡垒（bastion）加以维持与保存，这是一个开放性和经验性的问题。也许，在德夫林勋爵的思想中有一些这样的思想痕迹，但在涂尔干的思想中则无迹可寻。但是，即使我们采取这种立场，在有关维持共同道德与防止解体或者“分崩离析”之间的关系上，我们仍然难以发现经验性主张。除了某条特定规则是不是核心部分的要害部位与堡垒外，现在，我们面对的仍然只是依赖于社会识别的令人沮丧的同义反复，而不是社会道德整体，仅仅是它的核心或“特征”，这并不是解体论。

四

将上面最后提及的立场转为解体论，需要什么条件？它必定是这样的理论，即维持特定社会道德生活中的核心要素，实际上是
260 防止社会解体的必要条件；因为，核心道德的萎缩和恶性衰退是一种解体的因素。但是，即使我们已经在确定经验性主张方面有所收获，但在确定任何可进行的经验检验之前，当然还有许多问题需要解决。在一个复杂的社会中，认定是否存在单一被承认的道德

---

[25] Devlin，114.

或其核心的标准是什么？什么是现代条件下的“解体”或“分崩离析”？我不会去研究这些困难，但是，我会尝试对各类证据做一个简略的勾勒，当这些困难得到解决时，这些证据可能会大有关系。他们似乎是以下几点：

(a) 粗略的历史证据，以社会——而非个体——为单位。我们的建议是，应该研究那些已经解体的社会，并探究它们解体前，共同道德是否已经恶性变化。完成这个后，我们接着应该解决共同道德的衰败与崩溃之间的因果关系的可能性。但是毫无疑问，在宏观上对社会进行概括时，所涉及的所有熟悉的困难都会在此时与我们相遇，任何曾试图从罗马帝国的衰落或垮台中总结普遍规律的人都明白，这些困难是艰巨的。仅举这样一个困难：假定我们所有的证据都来自那些简单部落社会或封闭的农业社会（这似乎是涂尔干机械团结理论最赞成的应用）。我认为，我们不应该对将这些结论应用于现代工业社会抱有很大信心。或者，如果我们有信心，那也是因为我们有论证良好和证据充分的理论表明，简单社会与我们社会之间的差异在这些问题上无关宏旨，正如实验室规模的误差可以忽略不计一样，因为它与实验室实验所测试的概括性范围无关。可以说，涂尔干在这点特别模糊，因为从他的书中，我们并不清楚他的意思，即在以广泛社会分工为特征的先进社会里，机械团结——它依然在其刑法上得到反映——是否可以忽略不计。

(b) 另外一种类型的证据可能必须从社会心理学中得出，并 261
且根据我们理解的维持共同道德的另一种方式，这类证据还必须分解为两种子形式（sub-forms）。一种选择是在先前由共同道德

涵括在行为领域中的普遍统一的**宽容性**(*permissiveness*)。例如，在选择一个还是两个妻子、异性恋或同性恋等观念上，这种观念的实效，不仅仅是个人口味问题。当德夫林勋爵说，“社会的敌人不是错误而是无动于衷”，而且“无论新的信仰比旧的要好还是坏，危险的是不相信的过渡期”[26]时，这一点(对宽容性的选择)正是他所设想或害怕的。从另一个方面来看，选择也许并非宽容性而是**道德多元主义**，涉及同一行为领域的不同子道德(sub-moralities)。

为了着手调查这两种选择中的任一种所暴露的问题，合理的做法是放弃任何一种关于社会解体的一般标准，而采用充分满足解体论一般精神的东西。如果我们的证据表明，共同道德的恶性变化将会导致反社会行为的普遍增加，这些反社会行为可能违反了社会最起码的本质：禁止和限制暴力、侵犯财产以及不守诚信，那么它毫无疑问就得到充分满足。然后，我们应该要求一些对可想象的心理机制的解释，假定这些机制与社会道德的恶性衰败有关，伴随这种衰败的则是反社会行为的增加。在此处，毫无疑问，在选择宽容性与道德多元论之间有明显差异。在选择宽容性方面，待检验的理论很可能处于“过渡期的条件下”，如果没有使生活的某一领域(比如性生活)服从共同道德要求所涉及的规训(discipline)，那么个体的自控能力就必然会减弱。因此，伴随着限制性道德正式覆盖的领域里的宽容性，暴力与不守诚信的情况会
262 增加，对任何形式的社会生活都具有本质性的约束会失效。这种观点认为，个人道德构成了一张无缝之网。它背后的一个隐藏含

[26] Devlin, 114.

义是，作为最后的手段，这是德夫林勋爵对“过渡期”构成社会存在之威胁的方式的看法：因为，他在回应我的批评时，毫无证据地认为道德是一张无缝之网。在发表上述看法时，他是这样说的：尽管“无缝性使这个比喻变得困难”，但“绝大部分人们的确把他们的道德视为一个整体”。[27] 但是，无可置疑的是，这种假设不能被认为明显为真。相反的看法至少也是合理的：在某些生活领域中的宽容性（哪怕它是通过漠视之前牢固确立的性道德而出现的），可能会使人们更易于服从对社会生活具有本质性的暴力的限制。

如果我们设想“共同道德”的后续事物并非宽容性，而是曾经被性道德所涵盖的某些行为领域的道德多元主义，这些性道德由于藐视其限制而衰败了，那么需要检验的论题大致是这样的：在道德多元主义以此方式发展起来的地方，因不同的道德所产生的差异而引致的冲突，最后一定会破坏社会凝聚所必需的最低限度的限制形式。相反的命题则是，在大型现代社会的条件下，多元的道德完全可以相互包容。的确，对许多人而言，相反的命题似乎是两者中更有说服力的；而且，在现代生活广泛领域里，有时候隐藏在空口应酬话（li-service）的旧共同道德背后，实际上存在不同的道德和平共处。

我所做的只不过是勾勒出证实解体论所需的证据类型而已。在心理学家或者社会学家提供这些证据之前，强制执行道德论的支持者们最好将宝老老实实地押在保守论而不是解体论上。

[27] Devlin，115.

附　　录

参看下列批评与评论：

B. Mitchell, *Law, Morality, and Religion in a Secular Society* (Oxford, 1967), chs. 1-3.

第五部分

四位法律理论家

第十二篇　耶林的概念天国与现代分析法学* 265

一

开始本文之前，我得先表达我的遗憾，那就是耶林(Jhering)的伟大作品被迻译成英文的太少太少。这的确是一个智识上的不幸；甚至连精妙的《罗马法精神》(*Geist des Römischen Rechts*)与《法学中的戏谑与认真》(*Scherz und Ernst in der Jurisprudenz*)[①]都没有英译本，更毋论我此处所欲讨论的《法学的概念天国》(*Im Juristischen Begriffshimmel*)了。尽管1951年的时候，在美国出现的一个关于法理学与法哲学的英文读本[②]中，曾经出现过《法学的概念天国》的碎羽片鳞。我希望，有朝一日，我们能够对这些作品在翻译方面的缺憾予以弥补。

对法哲学感兴趣的英国法律从业者，如果能够读到耶林这部

* 陈林林先生也有一个译本，拙译从中嘉惠良多，特此申明，并申谢意。——译者

① *Scherz und Ernst in der Jurisprudenz*，所有引用均出自第八版(Leipzig，1900)。

② *Readings in Jurisprudence and Philosophy of Law*, eds. Cohen and Cohen (New York，1951).

光辉灿烂的小书，他将会获得两个反差极大的体验。一方面，他将会错愕莫名，因为无论正确还是错误，他都没有想到能从一位19世纪德国法学家的作品中发现此种智慧与才情。毫无疑问，除了早期的边沁之外，没有一位英语法律作者能够像耶林这般将笔触的轻快与洞察的深邃融为一体。另一方面，耶林这篇作品的英国读者将会有某种似曾相识（*déjà vu*）的感觉，甚至还不只是似曾相识。对于此点，下文将有交代。但首先，我想用简洁明快的形式把耶林的讽刺所指向的主要智识缺陷总结出来。我想，此处我们可以区辨出法律思想上存在的五种各不相同但又相互联系的偏差。

266 1. 过度沉溺于那些抽象的法律概念，从而脱离了这些概念在现实生活中适用时的条件；[③]

2. 对社会与个人的利益视而不见，而在对法律概念的使用与发展中，必须将它们与其他一些实际问题联系起来进行综合考量；[④]

3. 一种信念：将一个法律规则或者概念的本质（das Wesen）与法律后果（die Folgen）相区分是有可能的，因此我们必须像普赫塔（Puchta）在分析“占有”时那样，[⑤]“全盘脱离实际效用”，对概念进行抽象的思考。这导致在处理问题时的一种胡言乱语：借此我们可以说，类似于占有之类的概念，“在事实上，其本质结果就如同

---

③ “Die Frager der Anwendung und des Beweises kommt für ihn gar nicht in Betracht”, *Scherz und Ernst*, 273.

④ “Badet sich hier in dem reinen Gedankenäther, unbekümmert über die reale Welt”, Ibid., 274.

⑤ Ibid., 296.

法律”。[⑥]因此,“事实与法律是同一的”(Faktum und Recht zugleich)。[⑦]

4. 无视法律的目标与宗旨,并且拒绝去问这样的问题:为何法律是这样的?在《概念天国》中,“没有人问为什么”[⑧],那些因受功利性考虑而被“扭曲”的概念,则被引入了“解剖病理学概念手册”(Anatomisch-pathologisches Bergriffskabinett)[⑨]。

5. 错误地将法律科学的那些概念与方法等归入数学之中;因此,所有的法律推理都成了纯粹的计算问题,逻辑推演就是在这些算计之中展开法律概念的内容。[⑩]

我想,这些就是对耶林所着力攻击之法律思想风格的主要特征概要。几乎所有这些特征也都遭到了来自一位伟大的普通法大师的攻击,而且攻击的套路与耶林的十分相似。对于许多英国法律人来说,则从这位普通法大师那里学来了一种批评他们自己法律体系的方法。大师并非英国人,而是美国最高法院的大法官,当然也是一位法学家的奥利弗·温德尔·霍姆斯阁下。在霍姆斯与耶林两人的思想之间,有许多令人吃惊的相似之处,但美国法学家 207
显然是独立得出自己的批评立场的。的确,最近的、也是最权威和最详尽的霍姆斯传记作家明确指出,尽管显然霍姆斯在1879年读

⑥ “Badet sich hier in dem reinen Gedankenäther, unbekümmert über die reale Welt”, *Scherz und Ernst*, 283, n. 8(引自萨维尼)。

⑦ Ibid.(引自萨维尼)。

⑧ Ibid., 287.

⑨ Ibid., 297. 比较:“thörichte Frage nach seinem paraktischen Warum”, Ibid., 314.

⑩ Ibid., 287-288. 比较:“Der Jurist rechnet mit seinen Begriffen, wie der Mathematiker mit seinen Grössen”, Ibid., 274.

到了四卷《罗马法精神》，但并无征象表明他曾意识到耶林对德国法律思想中的“逻辑福音”（the beatitudes of logic）所表达的抗议——就像他自己对其所作出的抗议那样。[11]

霍姆斯常常妙语连珠：“普通法并非疑云遍布的天空”[12]以及“法律的生命从来都不是逻辑，而一直是经验”[13]；还有“认为法律体系能像数学那样依据一些行为的一般公理进行运作，只能是一个谬误”；[14]以及再一次地，“认为在法律的发展中唯一起到作用的力量是逻辑，这是一种谬误”；[15]再如，“抽象命题不解决具体个案”[16]与“哪里有疑问，哪里就不能仅仅指望逻辑”[17]。

对于美国哲学家 C. S. 皮尔士（C. S. Peirce）在其实用主义与操作主义哲学中所提出的一种批评，霍姆斯称之为“逻辑形式的谬误”[18]，并深受其启发；但是就如耶林自己对“法律的目的”（Zweck im Recht）的关注一样，霍姆斯将这样的一种确信与实用主义联系在了一起：法律从业者们在法律的适用与解释中必须高度关注“社会利益”（social advantage）的诉求。

霍姆斯是美国怀疑学派法学家的精神教父，他们对这种怀疑精神的极端化发展，见诸一群以“法律现实主义者”而闻名的松松

---

[11] Howe, *Justice Oliver Wendell Holmes: The Proving Years*, ii. 152.

[12] *Southern Pacific Co. v. Jensen* (1917) 244 U. S. 205, 222.

[13] *The Common Law* (Boston 1881), 1.

[14] "The Path of Law", in *Collected Legal Papers* (London, 1920), 180.

[15] Ibid.

[16] *Lochner v. New York*, 198 U. S. 45, 74.

[17] Holmes, "Law in Science and Science in Law", in *Collected Legal Papers*, 239.

[18] "The Path of Law", 184 *ubi. rep.*

散散联系着的法学作家们的作品中,这些作品主要完成于 19 世纪 30 年代。但是,在他们与霍姆斯之间横亘着罗斯科·庞德的主要著作,庞德坦承他阅读过霍姆斯与耶林的全部作品,并且视他们两人同为以“现实法学”(Wirklichkeitsjurisprudenz)取代“概念法学”(Begriffsjurisprudenz)运动中的开拓者。在庞德的大著《法律史解释》(*Interpretations of Legal History*)[19]中,耶林法律思想的影响是显而易见的,而且,在一篇著名的论文《机械法理学》 268
(Mechanical Jurisprudence)[20]中,他用自己的话语极力兜售耶林的思想,他攻击这样一种认为法律由“对既有的、无视事实真相并常常与事实相抵触的预定法律概念进行严密的逻辑推演”而得以发展的信念,并视之为完全错误的。庞德用了许多不同绰号来描述这种错误的方法,如“自动装置”“自动贩卖机”“形式主义”或者“概念主义”等。

然而,尽管有这许多惊人的相似之处,美国人对“概念法学”或者“概念主义”(conceptualism)的冲击与耶林的反对仍然在如下一些方面有所不同。我们记得,耶林攻击的目标并非法律的实践者,而是伟大的法律学术阐释者(Theoretiker)。只有这些人才被允许进入概念天国,并且记忆中他们好像全来自德国(“fast nur alle aus Deutschland”)。如果不是一本论占有权的作品向效用(utility)表示了恰如其分的蔑视为他赢得了入场券,萨维尼都差点

---

[19] Cambridge,1922.

[20] Pound,“Mechanical Jurisprudence”, 8 *Colum. L. Rev*., 605, 609-610, 616 (1908).(本条注释为原文所遗漏,由译者参阅本书第四篇《英国人眼中的美国法理学》一文补上。——译者)

被拒之门外。这些理论家们对法律的真实实践是如此的不屑一顾，以至于他们不打算将任何与他们的逻辑计算——他们在其中展开法律概念的内容——相抵触的任何法官裁判考虑进来。对于他们而言，实践"败坏了法律"，并且正由于这个原因，实践也就是坏的；正如有人谴责战争是因为战争使得战士们堕落("der Krieg verderbe den Soldaten"[21])。因此，如果一个理论家有资格进入概念天国，那么他毫无疑问会做足准备，去批驳法律实务工作者的决定，视之为逻辑上的不可能，[22]就像罗马法律人的情况一样，把他们的衰落归咎于在受到效用思想的邪恶影响下对严密逻辑思想的偏离。[23]

在耶林的攻击与霍姆斯、其后继者庞德以及法律现实主义者对概念主义所做的攻击之间，有一个巨大的反差，那就是，后者的抨击主要不是直接针对法律理论家，而是法官与法律实务者。对他们来说，在法官或者法律人过度依赖"逻辑"来裁判案件的时候，
269 他们将这些恶习表现得最为充分，而且这些法官或者法律人认为，在法律裁判中对一般规则与概念的适用只是一个简单的三段论推理；而且他们认为，美国人曾经向英国法律人鼓吹过这种教条，那是一种对司法技术的批判。

毫无疑问，在耶林及其美国同行之间的差异，反映了在德国与英美法律体系中法官地位的不同。当然，后来耶林的追随者也同样将矛头指向法官，这些法官们相信，凭借纯粹的逻辑演算，能够

---

[21] *Scherz und Ernst*，289 n. 2.

[22] Ibid.，300.

[23] Ibid.，297.

准确无误地得出立法者预先对一个具体案件指定的裁判。[24] 同样，霍姆斯的论说在庞德及其后继者那里得到了扩充，并且转化为不仅批评法官，也批评法学著作。

尽管存在这些差异，但我相信，由耶林提出的这些关于法律性质与法律概念的智识上的错误，与霍姆斯及其追随者所攻击的完全是一回事；而且我将努力论述这些智识错误的根基何在。我认为可以用以下方式最为简单地说明这个问题。这种基本的错误在于这样一种信念，即它相信法律概念是**“不变的”**（*fixed*）或**“封闭的”**（*closed*），人们能够在一系列必要和充分的条件下对其作出完善的规定。因此，对任何一个真实的或想象的案件来说，都能确定地指出它是否归于某一法律概念；该概念要么适用，要么不适用；概念在逻辑上是封闭的（begrenzt）。这意味着，在某一给定案件中适用一个概念是一个简单的逻辑运作，犹如揭示那早已存在的事物。[25] 并且，在较为简单的英美式阐释中，它导致了这样的一种信念，即在所有法律规则适用于具体个案产生问题之前，它们都是不变的或者是预先确定的。

如果我们去问，为何此种关于法律概念之本质的信念是错误的，答案则如我一再所强调的[26]那样：创制法律的那些人是人，而不是神。不仅对于那些立法者，而且对于任何一个试图用一般性规则来调整某些领域行为的人来说，这都是人类的困境，即他在无 270

---

[24] Gnaeus Flavius, *Der Kampfum die Rechtswissenschaft*(1907), 7.

[25] “Die Fülle des Inhalts, der in ihnen beschlossen liegt, für die Erkenntnis zu Tage zu fordern”(*Scherz und Ernst*, 287).

[26] *The Concept of Law*(Oxford, 1961), 125.

法克服的障碍下工作：他不可能预见到未来可能发生的所有相关情形。神可能可以预见到这些，但人做不到，即使是位法律人，也同样做不到。当然，情况也**可能会**有所不同：假使我们生活的世界只具有有限的特征，假使我们知道了所有这些特征相互结合的方式，那么就可以预先为所有可能性制定规则。我们能够创制规则并且构建概念，它们对于个案的适用性或者不适用性一开始就是决定了的，不需要进一步选择、考虑实用或者实践问题，对初始规则的创造性发展也是如此。所有一切都能够预先知晓，因此对于所有这一切而言都有某些可以通过规则来预先确定的东西。这将会成为一个理论家与法律实务者在其中获致统一的世界，并且同时升入耶林所提及的天国。但很明显，这并不是我们的世界。人类的法律创制者不可能够预见到所有未来可能发生的相关情形。这就意味着，所有的法律规则与概念都是“开放的”，并且当一种未曾预见到的情形发生时，我们必须进行一个全新的选择，并且以此改进我们的法律概念，使它们更符合社会所预期的目的。因为所有这些耶林都明白：特别是在其《法律的目的》中，耶林奚落了那种试图为每一种情形作出规定的思想——为所有可能的诉讼裁判提供详尽法律规定；并且他强调了预见种类无限繁多并且构成丰富的所有情形的不可能性。

当然，完全可以努力给法律规则与概念以人为的精确性，这种精确性可以最大限度地减少对逻辑推理以外的事物的需求。我们可以因此通过规定某些要素来“固定化”(freeze)法律规则或者概念的意义，并且坚持说，如果具备这些要素的话，就足以在规则的范围内导致某些后果，而不管案件可能会具备其他哪些方面，以及

以这一严格的方式适用规则会带来怎样的社会后果。实际上我们可能盲目地为未来一系列案件预先作出了判断，而对这些案件的内容却一无所知。那么，我们可能实际上就提前为一些问题确定了答案，而这些问题只有在知道产生这些问题的情形后才有可能 271
得到合理的解决。这一不足被英国和美国的法律人认定为司法过程中的概念主义，但本质上它与耶林在其著作中所指出的那些理论化作家们的不足是一回事。这些理论家被指易于无视司法过程以及法律实务者的工作。

二

关于概念法学我们就此打住。现在让我们转而讨论英美法律人说的“分析法学”。我认为有必要区分所谓法律研究的两个阶段。第一个阶段与杰里米·边沁[27]以及约翰·奥斯丁的名字密不可分，[28]他们都是19世纪伟大的功利主义思想家。事实上，单纯就法律领域而言，也完全可以称呼他们为伟大的英国启蒙思想家。

第二个阶段[29]是一个在发展上较为晚近的阶段，它深受一般性哲学的一段独特运动的启发。在这个阶段，哲学的发展比较关

[27] 1748－1832. 可以特别留意他的《道德与立法原理导论》(*An Introduction to the Principles of Morals and Legislation*, 1789)、《论一般法律》(*Of Laws in General*, London, 1970)，以及《政府片论》(*A Fragment on Government*)。

[28] 1790－1859. 参见其《被确定的法理学范围》(*Province of Jurisprudence Determined*, 1832; ed. Hart, London, 1954)。

[29] 参见：Summers, “The New Analytical Jurists” (1966), 41 *New York Univ. L. Rev.*, 861.

注语言。这一阶段的主要代表人物是维也纳人路德维希·维特根斯坦，从1930年到1950年，他是剑桥大学的哲学教授；另一位人物是约翰.L.奥斯汀，他从1952年开始任牛津大学的道德哲学教授直至1959年去世。

让我用简短的话语来描绘分析法学第一个阶段的特征。正如我说过的，边沁与奥斯丁是伟大的功利主义者，因此他们热衷于根据最大幸福原则来关注法律批判、法律改革以及调整法律使其合乎理性的目的。那就是他们的“法律目的”——我并不能确定这个目的是否也是耶林的。不过这些思想家都将其功利主义的一些学说和法律的性质、某些法律研究方式的重要性相联系。两位思想家都根据命令的概念来定义法律，因此可以被德国思想家列为意
272 志论(*Willenstheorie*)的代言人；尽管如我将在下文想要表明的，法律就是主权者命令的学说，并不具有通常归于意志论(will theory)的全部后果。两位思想家也都进一步坚持各种法律研究方式中价值无涉(wertfrei)的重要性，这种价值无涉的研究方式关注的是分析，不仅分析法律的概念，也分析其他用于描述所有成熟法律体系的基本法律概念，通常还包括某一法律体系要素的结构和逻辑的相互关系。边沁将这种形式的法律研究称为“说明性”法理学(“expository”jurisprudence)并将之与根据法律的目的而对法律进行批判的“审查性”法理学(“censorial” jurisprudence)相区别。相似地，奥斯丁也将其对法律概念或者法律体系之结构的分析性研究称为“一般法理学”(general jurisprudence)，并将它与其所说的根据功利原则进行批评的“立法技艺”(the art of legislation)相区别。两位思想家并不认为这两种形式的法律研

究——一种分析性的与价值无涉的，另一种是根据功利价值对法律所作的批评——是为同一些问题提供对立的答案，而是为不同的问题提供不同的答案。他们还都认为，对于一位文明法律人所接受的教育而言，这两种形式的研究都是不可或缺的。

在其分析性的研究中，边沁坚称，分析那些法律概念需要新的方法。尤其是，他认为传统的**根据种属和差别**（*per genus et differentiam*）的定义方法，在分析许多法律概念比如责任（duty）或者义务（obligation）时，都是没有帮助的，因为这些法律概念所具有的特殊结构需要特殊的分析方法；他还阐释了一种被 20 世纪的逻辑学家称为“在使用中定义”（definition in use）的方法；因为他与尝试对单个语词进行定义（譬如“责任”或“义务”）的做法相反，他的分析是对句子进行整体性考察——需被定义之语词的用法是在这个句子中得到体现的。因此，我们澄清“义务”这个概念时，并不仅仅着手于“义务”这一单个语词，而是通过推敲“X 有义务付给 Y 一百英镑”这样的典型句子进行分析。[30] 但边沁的革新比这个还要深刻。他还谋求澄清各种不同类型的法律规则之间的
结构性关系，并且主张说，如果想要展示规则之间的逻辑关系，亚 273
里士多德式的命令逻辑是无用的。由此，他提出了他所说的“意志逻辑”（logic of will），它特别适合于展示在诸如“命令”“禁止”“许可”等概念之间所存在的联系。[31] 他还提前提及了一种现代形式

㉚ 参见边沁关于定义的看法：*Works*（Bowring edn.，1838－1843），iii. 18；viii. 242-253；*Fragment on Government*，ch. Ⅴ，para. 6，n. 1，s. 6；以及拙作：“Definition and Theory in Jurisprudence”，Essay 1 *supra*.

㉛ *Of Laws in General*（ed. Hart，*Collected Works*，London，1970），n. Ⅹ.

的道义逻辑(deontic logic)。最后,他提出了一个在今天依然需要去解决的难题。如果我们认为一个法律体系是由各个相互独立的规范或者法律所构成的,则哪**一条**算得上是真正的规范,而哪一条仅仅是规范的**一部分**?易言之,也就是说,我们对法律进行**个别化**(*individuation*)的标准是什么?如果这个问题不能得到解决,我们就无法给予一个法律体系连贯一致的说明。[32]

尽管奥斯丁并无边沁逻辑方面的创新能力,但他紧紧跟随着边沁的足迹。但是,关于这两位伟大的作家,我想要强调指出一点,他们两人所实践与鼓吹的分析法学与耶林所攻击的概念法学根本风马牛不相及。我想,对于大陆思想家来说,他们很容易就推定,除非一个法律体系在逻辑上是一个封闭的体系,否则就没有对其进行逻辑分析的空间;他们还容易主张说,边沁与奥斯丁都受到了耶林所攻击之概念主义[33]的感染,因此他们两位在概念天国里也都有一个席位。我想,这种错误可能是源于对这一事实的不当推断:由于他们是根据命令来定义法律的,因此边沁与奥斯丁都持有某种形式的意志论。但是他们自己从来不认为能从他们的理论中得出早期德国意志论者所得出的那种结论,即当法官适用法律时,法律总是对立法者意志预先所作出的完善规定,而法官的任务则不过是将特定的个案置于描述预先确定的法律规则一般命题之

㉜ Ibid.,ch. 16. 比较:*An Introduction to principles of Morals and Legislation*, Preface para. 33-34,ch. XⅦ,para. 29,n. 1;*Of Laws in General*,ch. XⅣ.

㉝ 参见:Friedmann, *Legal Theory* (1947, edn.), 209; Bodenheimer, "Modern Analytical Jurisprudence and the Limits of its Usefulness"(1956), 104 *University of Pennsylvania L. R.*,1080.

下而已。相反的是，奥斯丁[34]最为清晰地认识到，尽管英国法官说
的不是这么回事，但他们实际上常常“造”法。的确，奥斯丁曾责备  274
法官，但并非因为法官造法，而是责备他们未能根据功利主义的规则造法。因此，奥斯丁由此时刻警惕那种以为法律是并且能够通过单纯的逻辑演绎而发展的荒谬情况。但是他也警惕着另外一种情况，即许多法律概念的“不确定性”[35]或者开放性，因此在特定情况是否符合它们的问题上，它们如他所认为的，只能够产生“一个往往错误的标准”。然而，尽管有着所有这些缺陷，边沁和奥斯丁仍然认为，用新的定义或者分类方法，追求对诸如“义务”“责任”“权利”“财产”“占有”等基本法律概念的语词的分析，并且透视各法律之间的逻辑关系，具有极端的重要性。

现在让我转向分析法学的现代阶段。如我所言，在这个阶段的主要动力是由两位关注语言的哲学家提供的：维特根斯坦与J. L. 奥斯汀教授。他们并不特别地关注法律，但他们在语言的形式、一般概念的特征以及确定语言结构的规则等方面的论述，给了法理学和法哲学重要的启示，并被英国和美国的作家运用到了这些主题之中。同样，与早期的分析法学相比，现代分析法学的作家们仍然与耶林意义上的概念法学毫无瓜葛。实际上，他们最为有力的学说之一就是对过去概念法学所赖以立基的人类思想观念与语言的批评。我将举两个哲学例子，新分析法学就潜在于这种哲学之下。第一个例子用来向读者表明，分析法学离概念法学有

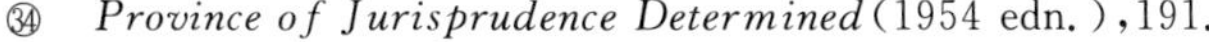

[34] *Province of Jurisprudence Determined*(1954 edn.),191.

[35] Ibid.,205-205,207.

多远。

概念的裂缝(*Porosität der Begriffe*)。这是维特根斯坦一个忠实信徒[36]的表述,因为许多经验概念——不仅仅是法律概念,有一个非常重要的特征,即我们无法设立能适用于所有想象得到的
275 可能事物的语言规则。不管我们的定义有多么复杂,我们都不能让它们精确到可以分工适用于所有可能的情况,并且对于任何一个给定的个案,我们都能够明确地指出某个概念能否适用。“假使我遇到这样的一个生物,它非常像人,说话像人,行为像人,但仅仅只有一英尺高,我能够说它是人吗?”[37]因此,不可能有对概念最终的或者能够穷尽一切的定义,哪怕是在科学中也不能如此。“黄金这一概念似乎被界定得极为精确,例如,可以黄金特有的光谱序列进行定义。但如果我们发现一种物质看起来像黄金,符合黄金所有的化学标准,却发出一种新的辐射的话,又怎么称呼它呢?”[38]正如我们无法消除出现意外情况的可能性,所以我们永远不能确保涵盖了所有可能性。我们只能够对我们的概念进行再定义或者再精确,以使其在新情况发生时能够符合新的情况。这种对概念裂缝存在情况的认可,例如英国人所说的概念的“开放结构”,以我之见,是现代分析法学形式所激起的哲学的一个有力特征。维特根斯坦曾以非常适用于法律的话语来对它进行了表述:“我说过,一

---

[36] F. Waismann. 参见:“Verifizierbarkeit”, *Proc. Aristot. Soc. Suppl.* vol. 19 (1949), translated in *Sprache und Analysis* (ed. Bubner, Göttingen, 1968).

[37] Ibid., 122.

[38] Ibid.

个词的应用并不是处处都由规则限定的”[39]，以及“我们没有一切可能的情况为使用这个词配备好规则”[40]，还有，“这样一来，这个词的用法就不受规则限制了：它并非处处被规则限定着”[41]。

新分析法学的第二个特征是以完全不同的方式借鉴了现代语言哲学。维特根斯坦经常说言语也是行为（Wörter sind auch Taten），而奥斯汀教授最为原创性的贡献体现在他去世后出版的著作《如何以言行事》（*How to do Things with Words*）[42]。在那本书里，奥斯汀教授坚持，在许多以言语进行的不同运作中，有一点长久以来一直为哲学家们所忽略，然而如果我们要理解社会生活特别是法律中的某些事务，它对我们就非常重要。试举一个洗礼 276
仪式的例子。在一个重要时刻说出一句话：我在此为这个孩子命名为 X。这些话语被表述出来的作用就是对先在的（pre-existing）社会情况进行了改变，从而使得现在可以**正确地**用名称 X 来称呼这个孩子。在这里，与社会习惯的背景不同，某些话语的使用不是像其最常见的用法那样用来**描述**世界，而是会**导致特定变化的发生**。对于那些承诺时所表达的话语，情况也是如此。“我答应用我的车把你送到车站”并不是对任何事情的**描述**，其**效果**则是对说出此话的人**创设**了某种道德义务。它对言说者产生了约束力。很明显，这种对语言的使用在法律中具有极大的重要性。当一个立遗嘱之人写道“我在此把我的金表遗赠给我的朋友 X”时，我们可以

[39] *Philosophical Investigations*（Oxford，1953），para. 84.

[40] Ibid.，para. 80.

[41] Ibid.，para. 68.

[42] Oxford，1962.

在一个遗嘱中发现它；以及当立法者在制定法律时使用诸如“在此规定……”的措词时，我们也能发现它。此处，在法律中，符合条件的人在适当的场合所发表的言说就会产生法律后果。

英国法律人有时把被如此使用的语言指称为“操作性”(operative)话语，不过这种在法律之外被广泛使用的语言的一般功能，被大多数英国哲学家视为是“述行性”(perforamtive)的。无论在法律之内还是之外，对语言的述行性使用都具有许多有趣的特征，这些特征使得它不同于我们通过真假的陈述去描述世界时对语言的使用。我不认为，不根据这种对语言述行性使用的观念，法律行为(Rechtsgeschäfte)的一般特征可以获得理解。以哈格斯特罗姆[43]为代表的一些哲学家，最难理解仅仅通过语言就可以创设义务、让渡权利并往往可以改变法律地位的事实。对他来说，这好像是一种魔术或者法律上的炼金术，但确乎无疑的是，所有需要理解的仅仅是去承认语言的一种特殊功用：假设一些规则的背景或者惯例规定，如果某些人表述了特定话语，那么某些特定的其他规则就会开始起作用，这决定了相关话语的功能，或者在广义上说，决定了这些话语的意义。

277 这里我所举出的两个表现现代分析哲学如何从现代语言哲学中获益的例子(概念的裂缝以及述行性表述)，仅仅是许多可能例子中的两个而已。一个更为完整的阐述将会把这些方面当作一种古老观念的替代而进行讨论，这个古老的观念是，当某个术语或者

---

[43] *Der Römische Obligationsbegriff* (Uppsala, 1927), ii, 399; *Inquiry into Law and Morals* (Stockholm, 1953), Preface and chs. XVII and XVIII.

概念被适用于许多不同的情况时，则所有的情况都会共享一套共同的属性。这是一个教条，除了这种简单的方式之外，仍然会有许多不同的方式，根据这些方式，某一般概念的许多不同情况被联系起来；而且，对于法律术语的情况来说，一种对这许多方式的理解显然具有特殊的重要性。[44] 然而一般地讲，我应该说，耶林所感受到的贴近对概念的实际使用和运用的要求，与当代分析哲学的精神和新学说极为相近。维特根斯坦有一次曾说，如果我们想要理解我们的那些概念，我们就应该当它们在“工作时”考虑它们，而不是当它们在“空闲”或者“休假时”考虑它们。[45] 如果我没弄错的话，这与耶林对概念天国的反对意见几乎完全一致；并且与返回地上的要求完全一致：重返人间（wieder auf Erden）！

㊹　参见拙作：*Concept of Law*（1961），66-67，234.

㊺　*Philosophical Investigations*，para. 132.

278 第十三篇　钻石与细线:霍姆斯论普通法*

霍姆斯的名著《普通法》(*The Common Law*),被哈佛大学的马克·豪(Mark Howe)[①]教授出色地重新介绍给了广大读者。这部著作就像一条璀璨的钻石项链,在某些地方竟然只用一根细线串在一起。钻石就是对普通法卓绝之处的奇妙洞察及其动态发展的细致阐说;它们在法律思想表面的稳定与清晰下闪烁着穿透黑暗的智慧光芒。细线就是偶尔晦涩与仓促的主张,是对异议不屑一顾的轻蔑,以及霍姆斯试图用夸张的手法把他发现的实际在法律史上起作用的趋势(tendencies),建成一种坚韧(tough)又集体(collective)的社会哲学。霍姆斯在这里展现了史家——特别是关于早期法——的天才。他的史学著述虽然在细节上不乏修正,但正如梅特兰(Maitland)即时所承认的,开创了"一个新纪元"。尽管如豪教授所指出的,霍姆斯的哲学与他那个时代的达尔文主义及经验主义之间有许多有趣的联系,但两厢对照,霍姆斯从历史中所汲取的哲学还是显得肤浅。现在看起来它的价值主要是一种刺激剂,即使是作为对他反对的康德形而上学的批判,也没有什么终

* 谌洪果先生阅读了全文,并提出了许多宝贵的修改意见,特申谢意,志此不忘。——译者

① O. W. Homles, *The Common Law*(1881;ed. M. Howe,1963).

极性主张。

该书覆盖的范围相当之广，它的主题涵盖了早期及近代法律中，犯罪、民事过错或侵权之责任的基础，还有合同的性质，法律上对难以捉摸的占有概念的使用以及近现代方始出现之法律权利可转移性的概念。但是这一范围与他的学识相匹配。在前三十页，除了远古以降的罗马法文献以及英国法律和判例之外，他还援引了柏拉图（Plato）、德摩斯梯尼（Demosthenes）、普鲁塔尔克（Plutarch）、保萨尼阿斯（Pausanias）、李维（Livy）、西塞罗（Cicero）、奥鲁斯·盖留斯（Aulus Gellius）、普林尼（Pliny）以及其他许多人。这种学 279
识总是优雅地展开，而且一点也没有堕入掉书袋的窠臼，令人惊奇的是，一个年仅四十的人竟然能够有着如此丰厚的积淀。

1881年，霍姆斯在前言中告诉读者，他写作此书的目的（他在波士顿罗威尔学社的一次演讲中表明了这样的主旨，当时他面对的是一群半外行并肯定有些困惑的听众）是为了建构一种理论。“我所提供的是一种理论，而不是一套资料汇编”（Nous faisons une théorie et non un spicilège）。这个理论将浓密的细枝末节杂糅在一起并且使之易于理解，但其中有些只是非常古老的破烂，好像普通法就是由这些东西构成一样。也许，这种事业的魄力在现在看来比当时更大。具有类似萃取警句与历史归纳能力的亨利·梅因爵士（Sir Henry Maine），尽管在学识上略输一筹，但在其《古代法》（*The Ancient Law*）中对罗马法的类似努力却是成功的。那时，“法律书”还未出现，对美国人而言，“法律书”意味着在法学院或为了法学院而编写之卷帙浩繁但主要是拼凑而成的大部头，对英国人而言，它意味着忐忑不安地既为从业者又为学生所编写的

略显单薄的教科书时。即便对法律人而言，第一原则的划定依然是值得尊敬的思索性事业。

当霍姆斯在1870年代开始写作时，他发现法律学术被一种理论所支配，这种理论由德国哲学对罗马法整体的评论而产生。那些伟大的人物是康德、黑格尔和萨维尼，理论的焦点是对个体以及个体意志的尊重——实际上是崇敬（reverence）。所有有问题的地方或者需要证成的地方，都得参考这一理论。刑罚的正当化，是通过对应受谴责之意志行为的报复或消除来达致的；合同之所以被执行，是由于它们表达了制定它们的人类意志的结合；占有——即使一个盗贼对他所盗窃之物的占有——之所以受法律保护，是因为它是“意志的客观实现”。对霍姆斯而言，这种意志论（*willenstheorie*）要么难于理解，要么就是一种浪漫的虚构，它甚至无法解释其意图作注的罗马法制度。除了具体错误，整个形而上学进路似乎只是简单忽视了塑造活的法律的实践目标与急迫要

280 求。霍姆斯从他那个时代的这种统治性理论中，辨识出了两种可悲的谬论，并且在书中投入大量精力揭露这些谬论。第一个谬论认为，法律体系具有简单的逻辑结构，它的复杂性总是可以被说明为一些主导原则的演绎后果。第二个谬论是，在法律义务与道德义务之间、法律过错与道德过错之间，即使不存在同一性，也具有密切联系。正如他在其他所写的那样，这些都是需要用“尖酸刻薄”（cynical acid）清洗——也许是彻底荡涤——的观念，他试图从英国法律史中找到这种清洗剂。在这样做时，他声称自己相信，在普通法中“有一套远比罗马法更文明的体系，它根据一套与康德和黑格尔的先验论不可调和的计划制定”。

尽管它的主题具有原创性和概括性，但该书任何一部分都不容易读懂。本质上，它是一位专业的法律史家寻找一般理论而非社会预言的作品。最难读的部分在最后几章，描述了现代合同概念和作为可转让之物的法律权利概念，从较为粗糙的原始概念逐渐演化的过程。在这里，霍姆斯深入探究了中世纪普通法的技术细节，而这些往往是令人厌烦的细节，连法律人也难以把握。但正是这里，霍姆斯最伟大的天赋得到展现。他为法律科学领域开辟了新的空间，因为他具有极大的天赋，能够对长久以来似乎理所当然之事提出质疑。他发现，“在处理一个问题时，困难在于说服怀疑论者，告诉他们有什么东西都可以去说明”。由此，他开始理解与阐释熟悉的法律概念是如何首次成为“可以用法律术语思考”的。跟随霍姆斯对现代法律思想艰难诞生的同情性重构，比关注他表面的哲学化，能学到更多东西——甚至是哲学上的东西。了解人们如何借助这里描绘的奇怪虚构和类比，承认不仅是具体事物，而且像法律权利这样的抽象事物，都可以在人与人之间进行转让，这样，我们才对人类思维的自然史有了全新理解。事实上，霍姆斯所触及的地方有很大程度上是自然主义者的领地，也许还受
到了他那个时代生物学的影响。尽管他并不媚古，但他也认为，在 281
说明现代法律规则中仍然存在的过去遗留物时，对过去的借助必不可少。他说，它“正像猫科动物身上的锁骨，告诉人们远古生物的存在，一块锁骨也是有用的”。

霍姆斯从历史研究中，提炼了大量格言警句，作为对法律过度理性化与道德化——它们正是法律理论家的职业病——的预防。其中最著名的是一句格言（它常常被断章取义和滥用），“法律之生

命不是逻辑，而是经验”，以及他坚持理解法律的“本能偏好与不言而喻的信念”的重要性。在他那些著名的演说中，霍姆斯的**主导理念**(idée maitresse)——它到最后有点成了迷障——是这样的原则：尽管法律似乎经常要根据个人实际的伤害意图而对惩罚或赔偿承担责任，但这往往不能从表面上看。他认为，早期法与现代法之间的主要区别之一就在于此：“应该根据已知条件下它们的倾向，而非根据伴随它们的实际意图来判断行为”；“尽管法律从道德语言的差别和使用出发，但它必须以外部标准而告终，不能依赖于个人的实际意识”。或者再如，“法律考虑的是一般人，即对于具有普通智力与审慎的人来说，什么是值得惩罚的，并以此决定责任”。这的确是强有力的启发性格言，它们驱散了不计其数的误解疑云，特别是在合同与侵权领域。但是霍姆斯不仅把它们视为法律中被忽略之趋向的有价值指针。有时候他把它们视为必然真理的陈述(“通过它本质上的必然性，法律不断将道德标准转变成外在或客观的标准”)，而且他将这些原则确立在某种社会哲学的形式之中，这种社会哲学证立了他所描述的“个体牺牲”。

这就是霍姆斯广受争议的客观责任理论。它的核心内容是，当法律认为某种伤害意图是犯罪的必要构成要件时，所有它实际要求、可能要求以及应该要求的(霍姆斯并未这三种情况作适当的
282 区分)就是，犯罪嫌疑人应该做了一个普通人会做的事情，即预见到伤害会造成什么结果。但是，尽管使用了主观化和道德化的语言，但是法律并不要求证明被告有实际恶行，也不要求证明有造成伤害的实际意图或实际预见。当然根据法律常识，一个人以某种方式行为时故意伤害的命题，与一个普通人在进行该行为时已经

预见到或意识到伤害的命题之间，具有许多重要**联系**。因为后者尽管是前者的好证据，但不是结论性证据。尽管如此，这两个命题依然有所不同。然而，虽然霍姆斯非常清楚两者的区别，但他认为在一般法律中，没有也不应关注这种区别。这并非由于他是一个哲学上的行为主义者，亦非由于他认为主观事实对于法庭而言太难确认。中世纪民事法庭（Common Pleas）首席大法官布赖恩（Chief Justice Brian）的名言："人类的思想是不可以判定的，只有魔鬼才能意会到人类的思想"[②]，没有在霍姆斯这里得到一点回响。尽管，由于将实际知情或故意作为法律证据存在困难，霍姆斯的追随者接受他的客观责任理论，但霍姆斯并未把他的理论仅仅建立于实用主义基础之上，而是立基于一种社会理论。对霍姆斯而言，"客观责任"并不意味着一种证据检测，而是一种实质性的行为标准。他的看法是，刑法的功能在于保护社会免于伤害，而为了追求这一目标，它制定并且也应该制定"个人必须自觉达到的行为客观标准"。法律可以豁免那些年幼或者精神错乱者，因为它们明显无行为能力，但除此之外，如果人的理解力或者自制力太弱，就必须为共同善（common good）牺牲。

当然，刑法这种客观标准的痕迹，事实上消除这些客观标准已经成了具有自由思想的法律改革者多年来的目标。但是尽管霍姆斯曾经说过，他无须为法律使用"客观标准"而辩护，而只需要把它作为事实记录下来，但是他在这一章里费了好多心力证明这里的法律是合理的，甚至是令人钦佩的。他用的论据是这本书中最为

② Y. B. 17 Edward Ⅳ Pasch. fol. 2.

283 贫乏的。他考察了这样一种异议，即使用刑事责任外部标准，而不考虑个体的无能力，是把人当作物而非人来对待，是将人当作手段而不是目的。霍姆斯承认这种指责，但认为这种指责不相干。他断言，社会经常把人当作手段：当将应征入伍的士兵“股上插着刺刀”送死时，它就是这么干的。但是，只有异议建立在一种愚蠢、不准确版本的康德主义立场上，这种回应才有说服力。康德从来没有犯过这样的错误，说我们必然不能把人当作工具对待。他坚持的是，我们绝不应该**仅仅**将他们当作工具对待，“但是在每个将人当作目的的情况也是如此”。这意味着，只有在一个同样承认他们的权利与利益的社会制度下，我们要求某些人为了其他人的利益作出牺牲，才能得到证成。在惩罚的情况下，有关的权利是指，应该允许人们保持自由并且不能因为别人的利益而受到惩罚，除非在他们有能力并且完全有机会遵守法律的时候违反了法律。

除了这点之外，霍姆斯的主要观点都是谬论，并且很不幸的是，它们还具有传染性。他采取了一种可接受的立场，即证成现代刑事惩罚体制的一般目的，不是为了在一种以牙还牙的意义上确保复仇或报应，而是为了预防伤害性犯罪的发生。在此基础上，他力图证明，法律没有理由关注罪犯的精神状态，也没有理由考察他根据法律要求行事的实际能力。他的证据是，由于法律只要求对其规定的外在服从，只要法律得到遵守，就不会关注守法者的意图或动机，或者他们是否可以不这样做；因此，当法律被违反后，处理罪犯时，法律对这些主观问题应该一视同仁地不予理睬。这当然是一种**不合逻辑的推论**（*non sequitur*）。即使惩罚的一般性正当理由（justification）是一种防止伤害的功利主义目的，而非复仇或

报应，我们也完全可以理解，我们应该遵从对个体的正义或公平原则，不能惩罚那些缺乏能力或者没有公平机会去遵守法律的人。说这种对个体的关注只有在报应或复仇体系内才有道德，这根本不对。事实上，霍姆斯在讨论侵权责任时强调了这种正义原则对 284
于个体的重要性，但是他认为，在刑法中，如果惩罚个体仅仅是因为他们做了平常人中值得受惩罚之事，那么这些原则的要求就能得到充分地满足。毫无疑问，在每个案件中确定个体的实际认知、意图或能力存在实践困难，但原则上没有理由不尽最大努力做到这一点。

“法律不会询问他是否确实预见到了这种后果。检测是否有预见性的标准，不是罪犯预见了什么，而是一个理性审慎之人本应该预见什么。”在马萨诸塞当法官时，霍姆斯至少两次将这个原则应用于谋杀案中，无论是对于法律体系还是法律理论，他的学说都产生了巨大影响。1961 年，英国议会上院（House of Lords）采纳了它，[③]并且援引了霍姆斯的言辞。但是在现在的美国法律意见中，却几乎找不到支持它的意见，并在美国法学会（American Law Institute）编撰的《刑法范典》（*Model Penal Code*）中，遭到强烈反对。英国议会上院的裁判也遭到狂风暴雨般的批评，现在很清楚的是，现在在英国，除了谋杀案之外，不太可能援用霍姆斯的学说。[④] 但是吊诡的是，哪怕是在美国，一些霍姆斯的反对者却和他的追随者一样，使这种意见变得晦暗不明。因为他们接受了霍姆

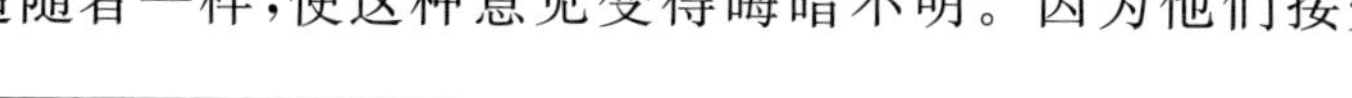

③　*Dpp v. Smith*[1961]A. C. 290.

④　英国议会上院据此而做的这个裁判，后来被成文法所推翻。参见：Criminal Justice Act，1967，S. 8.

斯隐含在其主张中的错误暗示：除非惩罚的目的是对道德恶行进行报复，否则为个体的思想或遵守法律的能力而操心便毫无意义。他们针对霍姆斯并断言，我们的确应该关心这些关于个人的主观事实，但是同意他的这一说法：这样做仅仅是因为确定受惩罚者的道德恶行具有必要性。这是对围绕惩罚制度的复杂问题的一种盲目的过度简单化，并且，它忽视了功利主义的那些自由主义形式的主张，这些主张认为，尽管为了保护社会必须惩罚违法者，但不能惩罚无能力守法之人。

285 尽管本书存在这样或那样的不足，但霍姆斯在此书中几乎所有说法至今仍有反响。这不仅是由于他的魅力和独树一帜的风格。在思考任何霍姆斯在此论述过的主题时，从他说过的地方开始，我们仍然会获益匪浅，尽管在某些情况下，我们似乎已不再可能停留在他的原步。

第十四篇　凯尔森之会 286

1961 年 11 月在加利福尼亚大学伯克利分校法学院，我与汉斯·凯尔森有一次会面。对我而言，这是一次非常愉快而又富有教益的经历，我们对一些问题做了讨论，这些问题都是我为了讨论而预先从其《法与国家的一般理论》(*General Theory of Law and State*)①中挑选好的。这次会见由阿尔波特·艾伦茨维希(Albert A. Ehrenzweig)教授安排，他为我们做了引见。当时听众非常众多，我们提醒他们，他们可能会对这样的讨论感到失望或无聊，也许是既失望又无聊：因为对他们而言，我们打算讨论的问题也许会显得枯燥和太过专业，我们的分歧仅仅是对法理学界中“实证主义者”(positivist)阵营冗长而又事无巨细的辩论，这些问题对于圈外人来说毫无趣味可言。我解释说，我的看法是，凯尔森的伟大作品值得以认真审视的方式表示赞美，而它经常被用作许多辩论的借口，而辩论的问题则范围巨大而又定义不清，例如年代久远而又经

---

① Kelsen, *General Theory of Law and State* (1949). 本文中出现此书时，均作《一般理论》。(本书凡涉及《法与国家的一般理论》的内容，多援用了沈宗灵先生的译法，只在个别的地方，因本书体例的关系略有不同，特此申明，并申敬意与谢意。参见〔奥〕凯尔森：《法与国家的一般理论》，沈宗灵译，中国大百科全书出版社 1996 年版。——译者)

久不息的“自然法 vs. 法律实证主义”。尽管我们的讨论在本质上非常专业，但我认为我们的听众仍然甘之如饴，其中除了法律人，还包括哲学家、政治理论家以及其他学科的学生。当然，实际上它对我最有教益：它让我更好地理解了困扰我很久的某些凯尔森学说的要点，尽管没有最终消除我的所有困惑。我不希望只有我一个人在凯尔森的作品中发现了这些困难；因此，我们的讨论情况也许会对他人有用。下面，我将力图阐明为何我所提出的观点在我看来是重要的，并说明我们各自的立场。

我为了讨论而选择的要点有这些：

一、凯尔森的表述：“描述意义上的法律规则。”[②]

287 二、不法行为(delict)的定义。[③]

三、实在法(positive law)与道德之间的关系。[④]

除了这三个论题之外，我们同意，如果时间允许的话，还将讨论其他问题。事实上，在我们的公开讨论中根本没有时间涉及其他问题。

在结束这个简短的引言之前，我非常乐意记录下我们讨论时的愉快瞬间。第一个是，凯尔森评论说我们之间的争论整体上非常新颖有趣，因为他同意我，而我却不同意他。第二个是在我们辩论快结束时，凯尔森以年届八旬的高龄声若洪钟地(也许对任何人而言这嗓门都够大的)强调“规范就是规范”而非其他任何东西时，我大为震惊以至于(几乎)从椅子上跌翻下来。

② Kelsen, *General Theory of Law and State*, 45-46, 50, 163-164.

③ Ibid., at 54-56.

④ Ibid., at 373-376, 407-410.

一、描述意义上的法律规则

下面的段落摘录自《一般理论》一书，我用斜体字[*]将我认为难以理解的地方标出：

> 法律科学的任务就是以这些陈述的形式，即“如果如此这般的条件具备时，那么如此这般的惩罚就应随之而来”，来表达一个共同体的法律，也即法律权威（authority）在创建法律程序中所产生的材料（material）。法律科学用以表达法律的这些陈述，一定不能与法律创制机关所创造的规范混淆起来。我们最好别把这些陈述称为规范而是称其为法律规则。法律创制权威所制定的法律规范就是规定性的（prescriptive）；法律科学所陈述的法律规则却是描述性的（*descriptive*）。“法律规则”（*legal rule*）或“法律的规则”（*rule of law*）这些用语在这里是在描述性意义上使用的，这一点很重要。⑤

> 描述意义上的法律规则，是以对某些条件赋予某些后果的假设性判断。……法律规则说：如果A事如此，那么B事就应该如何。法律的规则是一个规范（就该词的描述性意义上说的）……⑥

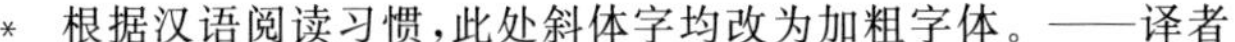

* 根据汉语阅读习惯，此处斜体字均改为加粗字体。——译者

⑤ Ibid.，at 45（强调为笔者所加）。

⑥ Ibid.，at 45-46（强调为笔者所加）。

> 法律理论家表达规范的那种应然陈述（*ought-statements*），仅仅具有描述的意义；这些陈述仿佛描述性地仿造了规范的“应当”。……[7]

288 当然这些段落的要旨还算清晰。凯尔森在其《一般理论》的序言及其他场合已经告诉我们，他的纯粹法理论（Pure Theory of Law）与分析法学在“总体方向”上是一致的。这些学科既不关心法律的道德评价或政治评价，也不关心对法律或法律现象的社会学描述与解释。相反，两者都注重分析或说明实在法的意义。它们之所以有区别，在凯尔森看来是由于纯粹法理论更为连贯一致，并且因此避免了奥斯丁在分析权利与义务以及法律与国家之间关系时曾经犯下的错误。

纯粹法理论作为一种更严格、更连贯并且更系统的分析法学版本的表征，加之凯尔森常常提到法律理论的任务是“把握法律规则的具体意义”[8]，人们自然而然期待这种法学的主要产品，是一些给出或解释“法律”“法律体系”“法律规则”“权利”“义务”“所有权”以及“占有”等表述之意义的陈述。当然，奥斯丁主要致力于这种分析，并且认为对法律基本概念的阐明就是分析性科学的特殊任务，他将其命名为“一般法理学”（General Jurisprudence）。[9] 毫无疑问，“分析”“阐明”甚至“定义”的观念都是模糊的，可以有多种

---

⑦ Kelsen, *General Theory of Law and State*, at 163（强调为笔者所加）。

⑧ Ibid., 164.

⑨ Austin, “The Uses of the Study of Jurisprudence”, in *The Province of Jurisprudence Determined*, 367（1954）.

形式。因此，不应该期望分析法学家总能，甚至应该为单个语词提供**属加种差**（*per genus et differentiam*）的定义，其中定义所提供的是被定义语词的同义词。如果分析法学的显著特征如凯尔森所言，在于它对“法律规则具体意义”的掌握，那么有许多不同方式可以做到这一点。分析法学家可能给不出单个语词的定义，而只能给出同义词或者整个句子的“翻译”（“使用中的定义”）；或者他甚至完全放弃提供同义词，而是着手去描述特定表述的标准用法。

毫无疑问，现在在凯尔森的《一般理论》中有**某些**看来好像是 289
定义或分析的陈述。它们是一些陈述，直接或间接地根据更熟悉或更容易理解的表述，来说明某些法律特有的表述的意义。其中一个例子（我将在下文作更多论述），就是凯尔森自己所说的，不法行为的“法学定义”是“作为行为后果的制裁所针对的那个人的行为”。[10] 另一个相关的例子是凯尔森的陈述，即在法律上被强迫（be obliged）做特定行为，“意味着相反的行为就是不法行为，并且它本身就是法律规范所规定的制裁条件”[11]。但是，尽管在凯尔森的书中，能够找到这些和其他许多可能被解释为表述之定义或分析的实例，但显而易见的是，纯粹法理论的主要关切不是提供这些实例，而是有相当不同的使命。更多的时候，凯尔森似乎更关心引入新的表述以及随之而来的新观念，而不是为旧的表述下定义。为现行法律表述下定义是某种任务的附带品，凯尔森一开始就说，这是纯粹法理论的任务：使关注某个特定法律体系的法学家能够

⑩ Kelsen, *General Theory of Law and State*, 55.

⑪ Ibid., at 59.

尽可能准确地理解并描述该实在法体系。为此目的，纯粹理论“提供了基本概念，根据这些概念能够描述一个明确的法律共同体的实在法”⑫。

重要的是，注意到这种对特定法律体系的描述并非纯粹法律理论的任务；它是“规范法律科学”（the normative science of law）或“规范法理学”（normative jurisprudence）的任务。特别是对于一个受奥斯丁式法学训练的英国人而言，很容易认为上文援引的三种表述都意味着同一回事，并且可以简单地视之为“分析法学”。的确，所有这些形式的法理学都有一些重要的共同特征；它们都是以实在法为主题的科学；它们不关心道德、意识形态或任何其他方面对这一主题进行批评或评价；它们不关心为法律的实际运作提
290 供事实性描述或说明。它们因此而“纯粹”或者独立于意识形态与社会学。但是，尽管有这些相似之处，但至关重要的是将纯粹法理论从规范性法律科学或规范法学中区分出来，我认为，对于凯尔森而言，后两者是同义词。纯粹法理论是一种一般性理论：它实际上告诉那些关注特定法律体系的法学家，如何“表现”（represent）或描述该体系；他应该用哪种“概念”，不该用哪种“概念”；一般来说，他对法律体系的描述或“表现”要采取何种形式，才适合把它视为该体系的规范科学。在这一点上，凯尔森引入了一些在我和其他人看来令人迷惑不解的概念。用一名纯粹理论学者的话来说，凯尔森告诉从事特定法律体系之规范科学的法学家，他必须要采用“规则”或者“应然陈述”的形式来描述或表现特定法律体系，但要

⑫　Kelsen, *General Theory of Law and State*, at xiii.

在“描述的意义上”采用。这真让人惊讶，因为从一位自称从事描述或表现法律的法律人那里，我们应该会自然而然地期待，他所从事的描述或表现的英国法或加利福尼亚法，不是一套规则或“应然陈述”，而是一套陈述，用来解释英国法或加利福尼亚法的规则是什么，就像在意义中找到的（例如制定法）。因此，如果它的任务仅仅是描述或表现英国或加利福尼亚的法律，那么我们会期待，英国法或加利福尼亚法之规范科学陈述的形式，就是以下省略模式所表示的那种：

> 1957年《杀人法》（*Homicide Act*）第二条规定了……意义是……
>
> 或
>
> 《加利福尼亚刑法典》（California Penal Code）第18条第2款的意义与……一样。

这两种模式的陈述当然都**关于**英国或加利福尼亚法律规则，因为这些陈述告诉我们这些规则的意义，但它们本身不能与它们解释过意义的规则相提并论。它们只是法学家**关于**法律的陈述，而非立法者对法律**的**宣告。更加令人费解的是，从上述引文中可以看出，凯尔森本人也警告说，不要把这两种不同的东西相提并论。然而，他却坚持称规范法律科学的陈述为“法律规则”或“描述 291
意义上”的“应然陈述”。为什么？

在我之前，已经有两位杰出的法学作家注意到这个问题，其中一位指责凯尔森在描述意义上谈规则不仅令人而且仍然令人困惑，而另一位却未从中发现任何困难，这是一个有趣的事实，在某种程度上也是令人气馁的事实。因此阿尔夫·罗斯教授认为，凯尔森在使用这些术语时是在延续一种非常不好的大陆传统：有可能在**规范中**（*in norms*）实现法律科学或“规范”的科学。[13] 这就不是在科学的良性意义上使用“规范性科学”的表述（即其主题内容中有规范或法律规则），而是在其**结论**是法律的科学意义上使用“规范性科学”的表述，这种意义的科学负载了自然法理论。从另一方面，马丁·戈尔丁（Martin Golding）教授在其重要论文《凯尔森与“法律体系”概念》（Kelsen and the Concept of a “Legal System”）[14]中明确认为，这些指控没有道理。他承认，对于法学家以纯粹法理论所规定的形式来表现或描述某个特定法律体系之法律的任务而言，“规范法学”的表述是一个不好听的名称；他还指出，凯尔森著作中的某些段落可能暗示，为了实现他的任务，法学家必须行使一种神秘的“规范认知”（norm cognition）的能力，而非普通能力——说出某种法律体系的法律是什么以及其意义是什么。但显然，戈尔丁教授认为，为了消解混乱并且公正对待凯尔森的意思，只需要在这一点上引入现代逻辑学家熟悉的区分，即对**“使用”**（*use*）与**“提及”**（*mention*）两个语词的区分。

这种区别的力量可以通过一个例子充分地表达出来（给门外汉和我现在的有限目的）。考虑这个陈述：“在英语中，‘小狗’（puppy）一词与‘幼犬’（young dog）的表述是一样的。”在这个陈述

---

⑬ Ross, *On Law and Justice*, 9-10 n. 4(1959).

⑭ Golding, “Kelsen and the Concept of a ‘Legal System’”, 47 *Archiv Für Rechts und Sozialphilosophie*, 355, 364(Germany, 1961).

中，特定语词(words)被视为语词而被提及或指涉，而且，我们被告知这些被提及的语词在含义上是相同的。因此，在非常明显的意义上，该陈述关于引号内语词的意义。将它与“费多(Fido)是一只小狗”和“费多是一只幼犬”这些陈述对比。后面这两个陈述并非 292
关于语词，而是关于动物费多的，并且在其中，“小狗”以及“幼犬”一词都是被**使用**，而不是被**提及**，并且未被括在引号内。在后面这两个陈述中，并未讨论语词的意义，而是将其视为已知的语词。

如果把这种区分应用于法律，我们可以说，立法者在制定法律时是**使用**特定的语词，而承担告诉我们法律意义的法学家不仅**提及**法律的语词，而且，还提及那些他以转译(paraphrase)或说明(explain)其意义的方式而给出的语词。因此上文所说的省略模式就可以用被提及的语词而非被使用的语词来填空。据此，我们可以说，通过令人困惑的断言，即规范性法律科学陈述本身就是“规则”或“应然陈述”，尽管是描述性意义上的，但凯尔森的全部意思是，说明制定法意义的陈述将会提及特定的应然陈述或规则——作为制定法意义的等价物。它们可能会具有这样的形式：“1957年《杀人法》(*Homicide Act*)第二条与规则‘如果B……那么A应该……’具有相同意义。”

因此，根据这个观点，我们可以认为凯尔森最敏锐地预见到语词的使用与提及之间的重要区别，但却不情愿地将之表现为语词[如应该(ought)]的规定性意义与描述性意义的区别。现在，在我们的辩论中，我向凯尔森提出这个观点，尽管那时我还没有看到戈尔丁教授的论文，毫无疑问我没有他提出的那么清晰。我以为凯尔森会以此方式也回应上文所引用之阿尔夫·罗斯教授的责难。

出乎我意料的是，凯尔森竟然不愿意这样做。他坚称，表现既有体系法律的规范性法律科学陈述，根本不是什么转译：他说，它们并非关于法律的“二阶”（second order）陈述，在这些陈述中语词被提及而不是被使用。他坚持他之“描述意义”上的规则与应然陈述等术语，并且他劝告我去读一下 19 世纪逻辑学家西格瓦德（Sigwart）的著作，他也谈及描述意义上的“应然”。我有点儿揶揄凯尔森地说，也许自从西格瓦德（我从未阅读过他）之后，逻辑学有了一些进步呢！在阿伽门农之后还有英雄（Vixere fortes post
293 Agamemnona）。* 但我们在这一点上的辩论到此为止。

当时，我认为凯尔森不接受从语词的使用与提及的区别来解决问题是错误的。然而，自从我们辩论之后，我开始认为他也许是对的，因为这个区分过于粗糙，不能准确地描述那些凯尔森所构想的规范性法律科学陈述，与它们所表现的体系的法律之间的关系。为了理解此种关系，我们应该考虑讲外语的人与他的英语翻译之间的关系。假设有一个德国司令官在战俘营向他的英国或美国俘虏吼道：“Stehen Sie auf！（起立）”翻译也尽职尽责地大声嚷道：“Stand up！”毫无疑问，在不自觉地模仿司令官的语调、神情或手势的情况下，翻译就足以令人们明白，司令官的原话是一个命令，不是——比如说，一个恳求或要求。我们应如何根据其德语原话，对翻译说出英语句子“Stand up”时的言语行为（speech-act）进行分类？我们能否可以说这是在发布命令？但显而易见的是，翻译

* 感谢徐国栋教授为此句翻译提供的帮助。据徐教授讲，这是贺拉斯诗篇中的一句话，哈特此处未能全引，省略了一个词“Multi”，因此全句应该是“Vixere fortes post Agamemnona multi”，意思是“在阿伽门农之后生活过许多（英雄）”。——译者

没有权威发布命令，他的职责只是翻译司令官的命令，并且如果人们服从或违反，都不是他而是其司令官被服从或被违反。那么，使用与提及的区分适用于该情况吗？翻译是否在做一个二阶陈述，即提及德语语词并且说它们与英语语词“Stand up”的意义相同？这似乎与该情况的字面描述大为不同。这就好比说，当一个人模仿另一人的话语（words）、对话或手势时，他是在**谈论**它们。当然，在我设想的情况下，翻译的话语与一个明确的二阶陈述（司令官的德语话语与翻译的英语话语具有相同意思）之间存在重要的关系。如果问他为何会说“Stand up”，在他的充分说明中，必须包括他相信二阶陈述为真的信念；正如模仿他人手势的人，在任何关于他的活动的充分**说明**中，必须包括他相信自己的手势与被模仿者的手势相似的信念。但是（用凯尔森的语言说）翻译与模仿力图“表现”（represent）其原话而无须**提及**它们，尽管当然也无须做与原话完 294
全同样的事情或模仿得完全一样。这是一种语言的特殊使用，而非语言的提及。由此，我们**可以**进一步和凯尔森一起，并对翻译者说，他用“描述意义上的命令”来表现原命令，他对语法的祈使语气（grammatical imperative mood）的使用是“描述性”的，而不是规定性的。至少，我们能明白创造这些术语的理由，即使我们也能够看到使用它们的危险。

所有这一切都可以转回到法律上，像他描绘用来表现法律的规范科学陈述的特征那样，从而证成凯尔森的术语。此外，我认为，如果我们不强调最后一段所提出的各个方面，凯尔森对法学家活动的整体图景可能会被误解。因为，正如戈尔丁教授所指出的

那样，[15]凯尔森并没有把法学家的陈述设想为与相关体系的法律有着简单的一对一的对应关系。他对体系的最终表现将会具有明确性与一致性，并且命令也不再以原话表现：事实上它将包括，比如说，一位法学家"假定"(postulated)的基本规范(basic norm)，这个基本规范从未在体系内得到明确制定，但它将解释从属规范(subordinate norms)的效力与系统的相互关系。即使是在法学家对体系之"表现"的这一方面，我们也可以通过进一步使用翻译的类比来重现，从而得到更好的理解。假设司令官有点愚笨并且非常害怕着火。每当他看见有易燃物散落于周围时，他就会命令俘虏们捡起来。他日复一日地在营房周围踱来踱去，并且用德语大声嚷着"捡起那个盒子""捡起那张纸""捡起那束稻草"。翻译也非常本分地用英语重复着与德语同样的意思吼着，有一天，翻译作为一个有着较高智商的人，他在翻译时加上了自己的意向："还要捡起所有易燃的物品"。当司令官被翻译告知他说了些什么时，他说："太好了，这正是我要说的，只是我不知道如何用正确的话语表
295 达而已。你真是一位好翻译！事实上你给我的命令做了补充：你做的正是戈尔丁教授所说之规范性法律科学对特定体系的法律所起到的作用：你对我的命令进行了**理性的重构**(*rationally reconstruct*)。"[16]

现在在我看来，法学家活动的这个特征进一步解释了为何凯尔森不大情愿去将其对法律的表现与仅仅对法律意义的陈述或转

---

⑮ Kelsen, *General Theory of Law and State*, at 365.

⑯ Ibid., at 357-359.

译视作一样的活动，其中，规则与“应该”都只是被提及而非被使用。我并不认为他“描述意义上”的规则与应该的术语能够让人满意，但是我认为他拒绝我所提供的选择是明智的；因为，像翻译员的话语一样，法学家表现法律的陈述均为对语言的特殊使用，而非提及它。

二、不法行为的定义

凯尔森在书中提供了他所说的不法行为的“法学定义”，或者如英美法律人所说的民事或刑事过错的“法学定义”。在我们的辩论中，我只在与刑事有关的范围内讨论这个定义，我主要关注的是《一般理论》中的以下引文。这些在我看来非常重要，因为它们表明，除了上文讨论过的以外，凯尔森的纯粹理论还在其他方面不同于通常的分析法学观念。于我而言，它们好像也暗示了纯粹理论在推进目标之能力上的某些限制，凯尔森将这种目标归纳为促进实在法体系的理解。

> 从纯粹法学的观点来看，不法行为的特征是制裁的条件。但是不法行为并不是唯一的条件……那么称为“不法行为”的那一条件的显著特征又是什么呢？如果除了立法者希望有这种行为（违反这种行为就被说成是“不法行为”）这一假设的事实外，就别无其他标准的话，那么不法行为的概念就不会成为一个法学定义。不法行为被简单地界定为社会上所不希望有的行为这种概念，是一个道德的或政治的概念，总之，不是一

> 个法学概念，而是一个元法学的概念……[17]
>
> 不法行为法学定义，一定完全建立在法律规范的基础上。事实上这样一个定义是可以作出的。一般地说，不法行为就是作为行为后果的制裁所针对的那个人的行为……“不法行
> 296 为”这一概念的标准就是构成法律规范内容的一种因素……它是规范的一种因素，立法者在客观上可被以认知的方式下用以表示其意图，它是一个可以通过分析法律规范内容就能发现的因素……
>
> 不法行为就是某人的一种行为，这种行为的直接后果是对他的制裁，这一定义预设（虽然它并不指的是事实），制裁所针对的是立法者认为其行为对社会是有害，并因而意图以制裁来加以预防的那个人……[18]
>
> ……原则上，不法行为的法律概念预设，其行为具有一种从政治的观点来看有社会危害性的那个人，与对之直接或间接执行制裁的那个人是一致的。只有根据这一条件，不法行为的法学定义，即作为行为后果的制裁所针对的那个人的行为，才是正确的。[19]

不法行为定义的总体轮廓是清晰的：一种不法行为，比如犯罪，简单而言就是根据法律对如此行为之人适用制裁的行为。不清晰的地方在于凯尔森的意思是什么，一方面他坚持这就是不法

---

⑰ Kelsen, *General Theory of Law and State*, 53.

⑱ Ibid., at 54.

⑲ Ibid., at 56.

行为的法学定义能够并且应该说的全部内容，另一方面又承认这个定义尽管没有提及不法行为的社会危害性特征，但是它预设了社会危害性，而且只有满足这个预设条件，这个定义才是正确的。

当然从凯尔森书中的许多段落里都可以非常明显地看到（这也是一个重要的事实），纯粹理论对定义的许可性形式（the permissible forms of definition）施加了非常严格的限制条件。看起来也同样清晰的是，于凯尔森而言，无视了这些的实在法科学不会是一门“规范性”的科学。上述限制的确构成了一个理由，即为何不能简单地将分析法学与法律纯粹理论或“规范法律科学”相提并论？尽管两者在精神上相似并且大方向上相同。因为，尽管奥斯丁及其追随者与凯尔森一样，旗帜鲜明地区分了法律的分析与对法律的道德、政治或意识形态评价，但是在他们的著作中，并没有与凯尔森之独特坚持相对应的内容：在定义或分析时，只能使用某些限制性因素。一般而言，纯粹理论坚持认为，澄清规范法律科学的任务只能由法律自身的因素来完成，在定义或分析法律概念 297
时，必须注意避免使用道德、政治或心理学因素，用凯尔森的话来说，它们不是“法律材料的部分”。

要准确弄清楚这些限制允许哪些因素并非轻易之事，但是对它们排除什么因素而言，在凯尔森的书中就有非常清晰的例子。因此，在批评奥斯丁对法律义务（obligation）的分析或定义时，凯尔森认为“被强迫”（to be obliged）的定义就是对制裁的恐惧，但他不像现代分析法学家那样，仅仅将它视为错误定义的例子。因此，他不会以一个人很可能负有法律义务但不恐惧遭到制裁为由进行

批评。他真正要说的是，这种定义“与分析法学的原则不相容”[20]，因为“对命令内容的分析不能确立恐惧的心理事实”[21]。他的要点在于，将恐惧等心理因素或其他不属于法律内容的因素纳入概念的法学定义中，原则上是错误的。凯尔森自己对义务（obligation）的法学定义指出，法律义务（duty）是“通过观察而避免不法行为的行为，从而与构成制裁条件的行为相反”。毫无疑问，凯尔森认为这个定义是正确的，因为它符合限制性条件：法学定义只能使用构成法律内容的因素。然而，值得注意的是，为了预防一种常见的误解，凯尔森虽然反对奥斯丁关于责任或义务的“心理”观念，但并不意味着他认为一个法学定义绝对不能使用任何心理因素。因为凯尔森明确指出，在法律本身规定了此类因素的情况下，比如犯罪意图（mens rea）是刑事责任的一个条件，那么制裁的对象就是符合心理学要求的不法行为。凯尔森从而定义了基于过错的责任观念，而且毫无疑问他会主张，这是一个合理的法学定义，因为尽管它使用了心理学术语，但这都是些可以从相关法律中找到的因素。[22]

298　尽管这些例子对凯尔森的法学定义之限制性形式带来启发，但是根据纯粹理论的目标，我们仍然难以理解为何要遵守它所施加的限制；也难以准确确定什么因素才算得上是“通过分析法律规

[20] Kelsen, *General Theory of Law and State*, at 72.

[21] Ibid., at 72-73.

[22] Ibid., at 55-56.

范的内容而发现的”㉓或“在规范的内容中表述的”㉔或者“在法律创制程序内产生的材料中表述的”㉕或者“在法律秩序中表现的”㉖。凯尔森当然坚持认为，我们一定不能把诸如预设的立法者欲望或者不法行为对社会有害或违背法律目的等因素，带入不法行为的定义中：不法行为的法学定义必须“完全建立在法律规范的基础上”㉗，而且他认为自己对不法行为的定义也是如此。但这仍然有许多有待说明的地方。假设在事实上，某一给定体系的法律总是包含（如边沁所期望的那样）一个说明性陈述，即法律施加刑事制裁的行为会被视为社会之恶，而且这就是它们遭到惩罚的原因。那么不法行为的法学定义能正当地参照此种社会事实吗？我可以完全肯定地说，凯尔森的回答一定是“不”，尽管我后悔没有向他提出这一点。我想，在与他的一般性学说相一致的情况下，他不得不说，一个实际存在体系的法律在通过规范性科学滤净器的过滤之前，就包含了许多与该科学无关的因素。因为该科学所关注的法律的表现与描述，只涉及其严格的规范性因素；尽管阿尔夫·罗斯教授提出抗议，但它仍然被恰当地称为“规范性科学”，而不仅仅是规范的科学。我认为这意味着，在法学定义中可以使用的许可性因素（permitted elements），是那些凯尔森主张的，包含在法律表现之正统形式中的因素：它们是这样的陈述，即如果满足了这

㉓ Kelsen, *General Theory of Law and State*, at 54.

㉔ Ibid.

㉕ Ibid., at 51.

㉖ Ibid.

㉗ Ibid., at 54.

样或那样的条件，那么这样或那样的制裁就会随之而来。这些是
299 凯尔森用来描述或表现法律规范性科学的陈述。它们是“将特定后果附在特定条件上的假设性判断”[28]：如果A如何，B应该如何。因此对法律目的的说明性陈述可能会让边沁高兴，即便它被包括在制定法文本之中，但它与规范性科学几乎无关。

在这一点上，可以看出，凯尔森对法学定义的限制性观念，与美国法律现实主义的一些主题有一些联系之处。我们必须将凯尔森所坚持的限制与霍姆斯的“坏人”理论[29]相比较，即我们应该在我们的定义中（例如义务的定义），仅将“坏人”想要知道的因素包含进去。当然，在两种理论的情况下，许可性要素有些许不同。现实主义者只许可与制裁的**预测**有关的因素；而凯尔森只许可这些因素：根据法律规则这些因素是一些条件，在这些条件下惩罚“应当”适用。但是尽管存在这些差异，这种比较确实暗示了对凯尔森不法行为定义的批评，实际上也暗示了对其严格的限制性法学定义的整个方案的批评。

简言之，该批评认为，这些定义无论在理论上还是实践上，都无助于任何有用的目的，而且还会在某些方面造成混淆。也许从以下的简单例子中，可以看出那种混淆的产生。制裁可以采取强制性金钱支付的方式，例如罚款，但是征税也同样采取这种形式。两种情形非常相似，用凯尔森的术语来说，主体的特定行为是一个条件，在这种条件下，某体系的官员或机关应该要求该主体给付金

[28] Kelsen, *General Theory of Law and State*, at 45.

[29] Holmes, “The Path of Law”, in *Collected Legal Papers* 171(1920).

钱。因此，如果我们将注意力局限在“如果A如何，B应该如何”的正统形式所表现的法律内容中，就不可能区分以罚款惩罚行为的刑法与对某些活动征税的税法。无论个体被征税还是被罚款，法律条款在表达凯尔森的正统形式时都是相同的。因此，这两种情况都是不法行为的情况，除非我们通过参照一些逃出正统形式之网的东西来区分它们，如罚款是对官方谴责之活动的惩罚，而税收不是。也许会有人反对说，尽管征税与某些制裁一样，都由强制性金钱给付构成，但它不是一种“制裁”，而凯尔森对不法行为的法学 300
定义是指“制裁”。但这并未真正避开困难，而只是将它延后了；因为，我们必须跳出法学定义的限制，以决定强制性金钱支付是什么时候是制裁，什么时候不是。当它意图作为一种惩罚或被假定为一种惩罚，以阻碍其所附带的“社会所不希望的行为”[30]时，那么推定它是制裁；但是这正是凯尔森认为被排除在不法行为定义之外的因素。

很明显，凯尔森自己也意识到了这些困难，因为他承认，法学定义仅在这种预设下才成立：作为制裁条件的行为，被认为对社会有害。但是这种让步能否表明，严格限制的法学定义不仅无用而且令人困惑呢？这里需要重点强调一下，纯粹理论中许多极富启发性的定义，不是也不可能成为凯尔森想要的严格限制意义上的

[30] Kelsen, *General Theory of Law and State*, 53. 在《美国宪法》第1条第8款中，将罚款与税收分开所存在的困难已经众所周知。参见例如：*Steward Mach. Co. v. Davis*, 301 U. S. 548(1937).

法学定义。很明显，根据上述理由，制裁的定义不是这种法学定义。[31] 甚至可以怀疑，法律规范的定义（除非它依赖于制裁的定义），是否与法学定义的严格要求相一致。因为凯尔森告诉我们，规范“表示这样的观念：某件事应当发生，特别是，一个人应当在一定方式下行为”[32]。但是，尽管规范可能**是**观念的表示，但并不清楚“表示”“观念”或“观念的表示”是规范的**内容**或**要素**，还是适合于凯尔森给出的其他任何描述，即什么可用于严格法学定义的描述。因此，我们也许应该将纯粹理论的最基本定义突出为“元法学”（metajuristic）定义，即实现规范法律科学的法学家，在表现某特定体系的法律时将会**遵从**该定义，以标出“元法学”定义与法学定义之间的区别。在后者，法学家在表现特定体系的法律时将会 301 实际地**使用**该定义。他在表现法律体系时不会使用“制裁”或“法律规则”的定义，而是视其为理所当然，但是他会使用不法行为的定义。也许，任何对法律的分析性说明，都需要对元法学定义与法学定义作出区分。

在我们的辩论中，我向凯尔森提出了这些要点，但我不能说他让步或被我的主张打动，因为我说他的不法行为定义的是基于“原则上的假设，即制裁所针对的行为，对社会有害或被认为对社会有害”。不过，我从我们的讨论中的确学到了两件重要的事情。第一是凯尔森有一个有趣的、可能是很好的理由，他不仅谈论规范的科

---

[31] 参见对强制以及民事与刑事惩罚之间区别的讨论。载：Kelsen，*General Theory of Law and State*，18-19，50-51.

[32] Ibid.，36.

学，而且谈论法律的“规范”科学，罗斯教授无法攻击凯尔森这一点，对于其他人来说也一样。第二是如果有人像我一样希望在犯罪或不法行为的定义中引入这样的观点：遭受制裁的行为与单纯被征税行为不一样，原因在于前者在某种程度上受到谴责，所以必须注意说明，在任何给定法律的情况下，如何确定这种谴责因素的存在。

三、法律与道德之间的关系

让我们考虑实在法规范与道德规范相冲突的情况。例如，实在法可以规定服兵役的义务，这意味着在战争中杀人的义务，而道德或某种道德秩序，却无条件地禁止杀人。在这种情况下，法学家会说，“在道德上，杀人可以被禁止，但这与法律无关”。从一个作为有效力规范体系的实在法角度来说，道德并不是这样的。或者换句话说，如果实在法被认为是一个有效力的规范体系的话，道德就根本不能算作这样一种有效的体系。如果从这种观点来看，有服兵役的义务，而不是相反的义务。同样地，道德家会说，“在法律上，有人可以有服兵役并在战争中杀人的义务，但与道德无关”。这就是说，如果我们将我们的规范考虑以道德为依据，那么，法律根本不体现为一个有效力的规范体系。从这种观点来看，有拒服兵役的义务，而不是相反的义务。无论法学家或道德家都不主张这两种规范体系是有效力的。法学家之无视道德是一个有效力规范体系，正如道德家无视实在法是这样一个体系一样。无论 302

从这一观点还是从另一观点来看，都不同时存在彼此矛盾的两种义务。不存在第三种观点。[33]

在反对我们关于两种矛盾的规范不能都有效力的论题上，有人也许会争辩说，毕竟还有诸如义务的冲突这样的情况。我们的回答是："规范"和"义务"之类的词是意义混乱的。一方面，它们具有一种应然陈述（主要意义）来表达的意义。另一方面，它们又被用来指可以用一种"是然陈述"（is-statement）（次要意义）来加以说明的事实，也即这样一个心理学上的事实：一个人有一个规范观念，他相信自己受一个（主要意义上的）义务的约束，而这种观念或这种信念（次要意义的规范或义务）使他遵循某种行为方向。同一个人在同一时间具有两种规范观念，他相信自己受两种相互矛盾并从而在逻辑上相互排斥的义务的约束，这是可能的。例如，一个使他负有服兵役的义务的实在法规范的观念，以及一个使他负有拒服兵役义务的道德规范的观念。然而，描述这种心理事实的陈述，并不比诸如两个相反的力作用在同一点上的说法更矛盾。一个逻辑上的矛盾关系总是几种判断或陈述的意义之间的一种关系，而绝不会是几个事实之间的一种关系。规范或义务的所谓冲突的概念，是指这样一种心理学上的事实：一个人处于被推向相反方向的两种观念的影响下，而不是指两个相互矛盾的规范同时具有效力。[34]

---

[33] Kelsen, *General Theory of Law and State*, at 374.

[34] Ibid., at 375.

在我看来，这些在《一般理论》中关注法律与道德之间关系的段落，是这本难读的书中最难的部分。对于许多人而言，这也是令人震惊的，因为像“法学家无视作为有效规范体系的道德，就像道德家无视作为这种体系的实在法一样”这样的陈述，似乎排除了对法律进行道德批评的可能性，而这当然一直都是法律“实证主义”的反对者不分青红皂白地归咎于法律实证主义的错误甚至是罪过之一。

这些段落中还涉及一些复杂的问题，它们源于凯尔森高度特异的观点，这种观点关注有效规范集(sets of valid norms)之间可能的关系，并关注效力观念。我在这里难以处理所有这些观点，在我们的辩论中，我对凯尔森处理这些问题的进路只做了肤浅的研究，我认为，凯尔森的进路具有启发性，但却是错误的。我在这里

要像在辩论时那样，通过指出在这些段落中我们发现的两个主要 303
原则，跟进以上问题。首先是一种解构性学说，即与人们的通常信念相反，在法律与道德之间**不**存在关系，因此一条有效的法律规则，就如凯尔森所言，与道德规则相冲突或相“矛盾”；其次，是一种对“义务冲撞”观念的建构性说明，目的是与解构性学说相协调。为了便于说明，我先考虑建构性说明。

凯尔森指出一种针对其理论的可能反对意见，即两条相互矛盾的规范不可能有效，因为存在义务“冲撞”这件事。人们确实把这些(通常称它们为“义务的冲突”)作为生活的重要特征来思考或谈论。但是他并未提到另一种法律与道德被认为相互冲突的情况，这种情况同样重要，即法律的道德批评的情况。这种情况与义

务冲突的情况一样，要求任何像凯尔森那样主张“两条相互矛盾的规范不可能有效”[35]的人作出解释。这两种情况的区别如下所述。当一个人意识到他被自己国家的一项有效法律规则要求去做某事，例如杀掉另外一个人，而他同时意识到他所接受的道德规则或原则不允许去做这件事时，我们就会谈及义务的冲撞，或更通常的说法是义务的冲突。但是在法律的道德批评的情况中，法律与道德的冲突就无须因此影响到特定的人或他的行为。因此，一个本身不需要服兵役的英国人（我们姑且称他为“批评者”），不仅可以以任何人都不应该杀人为由，在道德上谴责英国关于服兵役的法律，而且可以谴责当代美国法以及古代罗马法。在每一种情况下，他都认为相关法律有效，但与道德相冲突。然而，在这种情况下，对于批评者自己或任何英国人、美国人或古罗马人而言，都不存在义务冲突，除了那些**既**负有服兵役义务，**又**对之持有道德异议的人。显然，两种情况是如此不同，以至于需要单独考虑凯尔森的解构性学说对它们的影响。

304 对于义务之间的冲突，凯尔森的说明是，尽管我们可能天真地认为，在这些情况下，一条有效的法律规范与有效的道德规范相冲突，但情况并非如此，也不可能如此。但是，在“规范”或“义务”等语词中具有模糊性，说明情况确是如此。有时，这些语词代表着某些东西，它们能够通过“我应该服兵役”此类应然陈述来表述。这是它们的主要规范意义；但是还有一种次要意义，它们是指心理事

[35] Kelsen, *General Theory of Law and State*, at 375.

实，例如一个人相信自己有做某事的义务，并因此愿意去做。因此，我们能（根据凯尔森的说法，我们必须）将特定的人有义务冲突的陈述，简单解释为一种对心理事实的指涉：他“在两种观念的影响下，这些观念把它推向相反方向”[36]。根据凯尔森，这并不意味着两条有效的规范会同时有效；根据他的解构性学说，这在逻辑上是不可能的。以凯尔森的方式进行解释，“一个人有义务冲突”的陈述，就像两个相反的力在同一点起作用的陈述一样，只是一个事实陈述，并没有说明规范的意义或者应然陈述之间的关系。若如此解释，它就因此是可接受的，而且确实是由心理学家或社会学家作出的陈述。但是，它们并不关注法律的规范性面向。以凯尔森之见，它们根本不认为法律或道德是有效规范。他们的立场是“事实性”而非“规范性”的。[37]

对我来说，这种说明是错的，部分理由如下。如果一个人说，他的法律义务与道德义务存在冲突，而我们问他为何会这样以及如何会这样，那么，很明显，如果他回答说，他感觉想做但同时又不做某事，那么就没有充分的答案；或者，用凯尔森的话说，他感觉到被推向相反的方向。如果我们把他看作存在法律义务与道德义务冲突，就还需要更多的东西。情况肯定是，一条有效的法律规则实际上要求他做某事，而道德规则或原则又要求他不得做此事；情况也肯定是，他相信这些都正确，但对他来说不可能同时满足法律与道德规则的要求。非常重要的是注意到，如果事实证明，他错误认

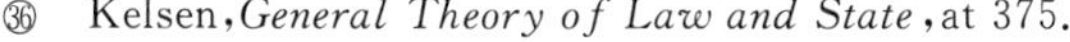

[36] Kelsen, *General Theory of Law and State*, at 375.

[37] Ibid., at 376.

305 为有效法律规则要求他做道德规则所禁止之事(比方说,假如他不知道相关法律已经被废止),那么他实际上就没有义务冲突。我们会告诉他,尽管他**相信**自己的义务相互冲突,但事实上没有冲突,因为他搞错了法律。

我希望,从上文可以清楚地看出,我们所说的义务冲突的本质性因素是,有效法律的要求应该与道德规则或原则的此项要求相冲突。因此,为了发现在特定情况下是否存在这样的冲突,我们必须考虑法律规则与道德规则的意义,为此目的,把它们视为(用凯尔森的术语)应然陈述。只有在它们不一致,即不能同时得到满足的意义上,我们才能够如实地说存在义务冲突。与凯尔森的观点相反,一个人的义务存在冲突这一断言,是“从规范性观点”提出的。这不是一个单纯的心理事实陈述,例如“他感觉自己想要以相反的方式行为”或者“他幻想自己有义务冲突”。

凯尔森对法律与道德冲突的心理分析,作为对法律的道德批评情况的说明,肯定要失败,而且也许更明显。因为一个道德批评家,他谴责自己的法律体系或其他法律体系,因为法律要求的行为与某种道德规则的要求背道而驰,那么他并未致力于任何关于某人处于“把他们推向相反方向的观念的影响之下”的心理事实陈述。显然,批评者考虑了凯尔森称为应然陈述的意义,把它们视为规范,并发现它们相互冲突。

现在我们考虑凯尔森解构性学说。为何他坚称有效规范**不能**并存,并会相互冲突?我认为,他有两个主要理由。第一个可以用他自己的话来概括:“法学家之无视道德是一个有效力规范体系,

正如道德家无视实在法是这样一个体系一样。无论从这一观点还
是另一观点来看，都不同时存在彼此矛盾的两种义务。”[38]现在，从 306
某种意义上说，这些话在我看来相当正确，但却与我们的问题无关，我们的问题是：有效的规范能否相互冲突。因为，如果凯尔森经常说的“法学家”是一个正着手描述或“表现”某一特定法律体系的法学生，那么无论非法律规范是否与法律相冲突，他都会无视这些规范；因为这些规范不在他的任务范围之内。如果道德家也是专门从事描述道德典籍的人，那么适当修改以上情况（mutatis mutandis），对于道德家来说也同样是正确的。因此，无论是**道德家**还是**法学家**都不会作出法律与道德存在冲突的陈述，这种说法是正确的。但这不能表明，这些陈述不能既是有意义的又是真实的。当凯尔森补充说“没有第三种观点”[39]时，他否认了这一点。但这只是一个苍白的论断，我没有理由接受。没有人**只是**（*just*）一名法律人（lawyer）或**只是**一位道德学家。至少会有人既考虑法律规范又考虑道德规范，并且将它们的意义视为规范，还从中发现冲突。毫无疑问，凯尔森会说，只有当他放弃“规范性”观点而采用“事实性”观点，并且像心理学家或社会学家那样，不把法律视为有效的规范，而把它视为事实时，这才是可能的。但出于已经陈述过的理由，这似乎不正确。

凯尔森第二个解构性的主张是，有效法律规则与道德原则存在冲突的陈述本身就是一个逻辑上的不可能。以他之见，这等于

[38] Kelsen, *General Theory of Law and State*, at 374.

[39] Ibid.

同时断言“应该做 A”与“不应该做 A”（此处 A 是某种人类行为）；并且他说，这就像同时断言“A 是”与“A 不是”一样，在术语上是矛盾的，并因此在逻辑上不可能。[40] 这一主张有许多反对意见，最后我将简要地总结主要的反对意见。首先，这个主张假定，一条法律规则有效的陈述仅仅意味着它所指涉的行为应该完成（“应该做A”）。但在我看来，这似乎弄混了关于法律的以下陈述：法律要么是立法者对法律的宣示，要么是法学家对其意义的陈述，又或者如凯尔森所说，是对法律的“表现”。因为由立法者所阐明或由法学家来“表现”的法律是一种应然陈述，这种理论还可以容忍（尽管我
307 认为它不是完全可以接受的）。但是法律有效的陈述，肯定不仅仅是重复法律：它是指法律在法律体系内的地位。我在此不详细阐述这一点，部分是因为我已经在其他地方详细讨论过效力的意义，[41]也是因为，即使我们放弃这个反对意见，凯尔森的结论也不会随之而来。因为，即使根据凯尔森本人对于效力的解释，一条有效的法律规则与一条有效的道德规则相**冲突**的陈述，不会等同于他对“应该做 A”与“不应该做 A”的共同断言，这是凯尔森认为存在矛盾的断言；它会等同于**关于**“应该做 A”以及“不应该做 A”的陈述，大意是它们相互冲突。这肯定不是矛盾或逻辑上的不可能，尽管凯尔森有权争辩说那是错误的。

然而，为了论证，我们还是放弃这两点，并承认有效法律规则与有效道德规则相冲突的陈述，确实与“应该做 A 和不应该做 A”

---

[40] Kelsen, *General Theory of Law and State*, at 374.

[41] *The Concept of Law*, 100-107, 245-247(1961).

的意义相同。这是什么自相矛盾吗？从技术上说，(1)“应该做 A”的矛盾对立面不是(2)“不应该做 A”，而是(3)“不是应该做 A 的情况”(It is not the case that A ought to be)；当然，(1)和(3)的共同断言听起来的确挺无聊。但如果——这已经遭到质疑——所有通常的逻辑项都适用于应然陈述，那么，“应该做 A”和“不应该做 A”恰恰是反对关系(contraries)，而非矛盾关系(contradictories)。然而这不是一个严重的反对意见，因为凯尔森很可能会说，反对关系的两种陈述的共同断言在逻辑上是不可能的。严重的反对意见是，我们可以合理地对应然陈述作出许多解释，既可以解释为何“应该做 A 与不应该做 A”表述了法律与道德的冲突，但又不等同于试图表明一种逻辑上的不可能。在此，我只提出一种可能的解释。“应该做 A”的一个直观可接受的意义是，“有好理由做 A”。如果我们将“应当”赋予这个意思，那么“从法律上 A 应该做以及从道德上 A 不应该做”就同等于“有非常好的法律依据去进行 A 这种行动，也同时有着非常好的道德依据去阻止完成 A”。这表达了一种冲突，因为一个人同时既做 A 又不做 A 是逻辑上不可能 308
的。但是就我所知，它并未断言任何自相矛盾或逻辑上不可能的事。

最后我应该交代的是，在我们的辩论中，我们并没有深入探讨关于法律与道德的逻辑关系这一相当复杂的问题。然而，凯尔森的确曾说过，他正在重新考虑在规范间可能的逻辑关系问题，特别是，一个规范可能与其他规范在逻辑上发生冲突的可能性。我记下这些，并非为了表明凯尔森受到我的主张影响，因为我认为他有完全不同的考虑。但是，我们非常希望，在这个最困难的主题上，

我们会从这个时代最具有启发性的分析法学作家那里获益更多。

附　　录

参看下列批评与评论：

J. Raz,"The Purity of the Pure Theory",138 *Revue Internationale de la Philosophie*,441(1981).

第十五篇　凯尔森的法律统一学说 309

引　　言

在这篇文章中，我拟考察凯尔森在其《法与国家的一般理论》(*General Theory of Law and State*)和最近的《纯粹法理论》(*Pure Theory of Law*)[①]中所阐发的最为引人注目的学说之一。它核心的积极论点是，所有有效的法律必然形成一个单一的体系；[②]其核心的消极论点则是，有效的法律之间不会互相冲突。[③]

① 我将《法与国家的一般理论》(Harvard，1949)引作"GT"，并且将《纯粹法理论》(University of California，1967)引作"PTL"。对于后一著作，我将其更完整并且一般而言也更准确的法语原版"*Théorie de Droit*(Dalloz，1962)"引作"TP"。

② GT，第 363 页。"在逻辑上不可能推定同时有效的规范却分属于不同的、相互独立的体系。"比较 PTL，第 328 页。

③ 凯尔森在 GT 和 PTL 中，将相互冲突的规范视为"相互矛盾"(contradictory)，并且因此将他的学说表述为有效的法律之间不会相互冲突，"两个就其重要性而言相互矛盾并且因而在逻辑上相互排斥的规范，不能被推定为同时有效"。比较 PTL，第 74 页。需要注意的是，从 PTL 第 18 页(第二段末尾)开始，译者遗漏了在 TP 第 25 页中出现的一些关键词句："我们可以认为或者这个规则是有效的，或者另外一个规则是有效的；可两个规则却不可能同时有效(on peut considerer comme valable soit l'une，soit l'autre norme；il est par contre impossible de les considerer comme valuable et l'une et l'autre *à* la fois)。"

这是凯尔森法律统一学说的最有力形式，但是在凯尔森著作中，也可发现支持这一学说的较弱形式主张，即尽管所有有效的法律未必形成一个单一体系并且不会互相冲突，但恰恰是它们的确形成了一个单一体系并且不会互相冲突。对于凯尔森来说，这个法律统一学说得出一些结论，它们关注国际法与所有国内法体系之间的可能或实际关系。[④] 根据他理论的强版本，国际法与所有国内法体系必然形成一个单一体系，[⑤]并且国际法与国内法不存在冲
310 突。[⑥] 在较弱版本中，情况恰恰是这些法律形成单一体系，并且事实上在它们之间没有冲突。[⑦] 凯尔森就法律与道德的关系提出了不同但却相似的看法。然而，他并不主张，有效的法律规范与道德规范必然或实际上形成一个单一体系。相反，他争辩说，从一种观点来看，只存在法律规范，而从另一种观点来看，只存在道德规范，这两种看法是相互排斥的；而且它们是穷尽的，因此，不存在第三种看法，这种看法认为既存在有效的法律规范，也存在有效的道德规范。[⑧]

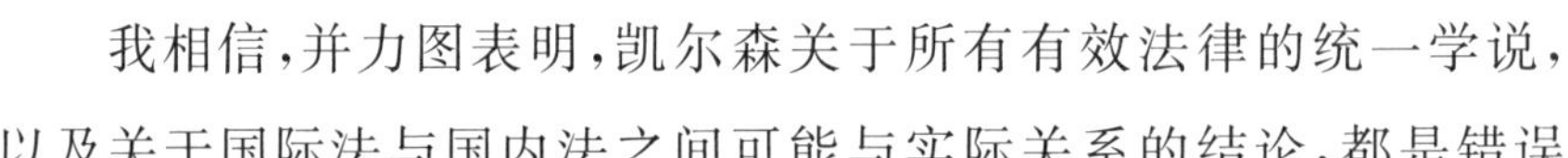

我相信，并力图表明，凯尔森关于所有有效法律的统一学说，以及关于国际法与国内法之间可能与实际关系的结论，都是错误

④　国际法与国内法统一在一个体系之中，被凯尔森称作“认识论上的假定”(epistemological postulate)。GT，第 373 页，并且认为它们的统一是“不可避免的”。PTL，第 332—333 页，也可比较 PTL，第 328 页。

⑤　PTL，第 329 页。

⑥　PTL，第 328 页。

⑦　PTL，第 330—331 页。同样的学说在 GT 中有着不同的术语表述，参见第 371—372 页。

⑧　GT，第 374 页及其后；PTL，第 329 页。

的。但我认为，出于一些不同的理由，我们可以从研究他的学说中学到很多东西。我想，批评这些棘手学说的努力是有价值的，因为它至少在两个方面带来启示。首先，它表明分析法学仍有大量未完成的工作要处理，这些工作包括：澄清法律属于或构成一个法律**体系**这个普通断言的意义；说明判定特定法律属于哪个体系的标准，以及说明什么东西使一个体系不同于另一个体系。其次，对凯尔森学说特定方面的考察，至少将我们带到规范逻辑及其相互联系的前沿，也许在前沿界限之外，还指出了比眼下熟悉的道义逻辑(deontic logic)形式更为全面的需要。

我将按照以下顺序讨论已经提到主要问题。在第一部分，我将考虑凯尔森的国际法与国内法的统一理论，先处理较弱版本，然后才处理较强版本。在第二部分，我将考虑国际法与国内法“无冲突”的理论，首先处理强版本，然后处理弱版本。在第三部分，我将试图从这些对凯尔森理论的批评中总结出某些道德，在进行如下
构建时，它们可能有助于对以下概念构建更令人满意的分析：法律 311
体系的概念，决定该体系成员之标准的性质的概念，以及法律体系个别化原则的该概念。

在这篇文章中，我不会讨论凯尔森关于法律规范与道德规范同时有效的可能性及其相互冲突的可能性的学说。我省略这个主题，不仅是因为我在其他地方讨论它的某些方面，[9]而且还因为，虽然凯尔森在其新作中重述了这一学说，但他既没有为这一学说重复以前的论证，也未提出新的论证。

---

⑨　参见本书第十四篇《凯尔森之会》。

一、国际法与国内法的统一

(A) 一元论与多元论

凯尔森将自己关于国际法与国内法构成一个体系的理论称为“一元论”,并且将之与传统那些认为它们是独立体系的理论进行对比,后者被他称为“多元论”。[10] 然而,这是凯尔森学说的复杂之处,即一元论理论有两种可能的形式[11]:“以两种不同方式将所有法律现象理解为一个单一体系的组成部分。”[12]因为根据凯尔森的观点,可以用两种方式中的任何一种,来构建或安排既包括国际法又包括所有国内法体系之单一体系的各部分。这两种方式中的一种(“国际法优先”)视国际法(或者更准确地说,国际法的基本规范)为一个单一统一体系的基础,而其他所有法律体系,包括所有国内法体系,都是这个体系的附属部分,它们最终要从这个基础中获得效力。另外一种方式(“国内法优先”)视一种(任何**一种**)国内法体系(或者更准确地说,它的基本规范)为一个单一统一体系的基础,而所有其他的法律体系——包括国际法及其他所有国内法体系,都是该体系的附属部分,它们从这个基础中获得效力。在凯
312 尔森看来,在这两种观点(国际法优先或国内法优先)之间的选择,是一个政治意识形态问题,而非法律问题,是由伦理或政治考虑因

---

⑩ GT,第 363—364 页;PTL,第 328—329 页。

⑪ GT,第 376—383 页;PTL,第 333—339 页。

⑫ GT,第 387 页。

素指导的。[13] 然而，国际法和国内法的内容完全不受这种选择的影响：无论采用哪种体系，国家与个人的权利与义务都是一样的。[14] 在这篇文章中，我不会质疑凯尔森理论的复杂性（尽管我认为它非常有问题），因为它事实上与所有法律的必然统一这一主要的一元论学说无关，而且凯尔森关于国际法与国内法关系的一元论主张，不受他这一观点的影响：在给予国际法或国内法体系优先地位之间，存在选择问题。

凯尔森主张，对实际存在的国际法体系与国内法体系的分析表明，它们构成了一个单一的体系。但是这个主张建立在对法律现象的特殊解释之上，在我看来，基于我下面即将给出的理由，这种解释根本就是错误的。但是，在我研究这种解释之前，借助一个简单的例子，使用概括性术语描述一下在我看来受凯尔森的解释影响的那种错误，可能是有帮助的。假定问题是：我，哈特，写作这篇文章是否服从了某人的命令，而根据这个命令我应该写。让我们假设有证据表明，就在我坐下写这篇文章之前，牛津大学副校长分派给我一份文件，要求我写一篇关于凯尔森法律统一学说的论文。很明显，我是否服从该命令写了这篇论文，不能通过比较命令的内容（“哈特：写一篇论述凯尔森法律统一学说的论文”）与我后来行为的真实描述（“哈特写了一篇论述凯尔森法律统一学说的论文”）来解决。这种比较的确会表明命令的内容与对我行为的描述之间的对应关系，因为命令里的行为描述相适于我随后的行动。

⑬ GT，第387—388页。

⑭ GT，第387—388页；PTL，第340—342页。

313 但是，尽管是为了确定我的确是服从命令写了这篇论文，**有必要**表明在命令内容与对我行为的描述之间的对应关系，但很明显这并**不充分**。还有必要确定某些事实，它们与命令内容无关，而是与发出和接受命令的情况有关，涉及对如下问题的考虑。哈特接到了副校长的信件吗？他是否认识到那是一个命令？是否有其他人发出这个命令？如果有的话，哈特打算服从谁的命令？命令的“纯粹理论”忽视了这些事实以及发出和接受命令的情况，只局限在命令内容与行为描述之间关系的表征上，这种理论必然无法解决是否有人遵守了特定命令的问题。然而，由于内容与行为-描述之间的对应关系是服从的必要条件，因此，该理论有能力识别命令未被服从的情况；不过，必须记住“未被服从”(not obeyed)与“不服从”(disobeyed)是两码事。

我将努力表明，通过稍微有些一样的方式(尽管并非完全一样)，纯粹法律理论也具有我想象中的命令纯粹理论的缺陷，因为它的关注点完全集中在法律内容上，而对涉及法律的创制或来源(而不是法律说了什么)，以及它们是否被承认为权威性法律与被谁承认等相关背景关注太少。当我们有些法律明显或隐含地提到其他法律或它们的存在或效力时，我们很难仅仅从这种关系中决定它们属于同一个体系还是不同体系。这取决于法律创制与承认的有关事实。纯粹法律理论过于纯粹，以至于无法关注这些事实，而且，如我想要表明的那样，通过把充其量是必要条件的东西视为属于同一体系的法律的充分条件，在国际法与国内法的统一上，纯粹法律理论得出了错误的结论。在对我认为迷恋内容的纯粹法律理论的固有错误进行概括性描述后，让我转而考察凯尔森对法律

现象的解释。

(B) 法律之间的完善关系 314

凯尔森颇具力量地抨击了国际法和国内法之间粗暴和误导性的二分法。偶尔有人说，国际法向国家施加义务和授予权利，而国内法向个人施加义务与授予权利。这种区分往往被用于支持多元论。有人说，国际法与国内法是相互独立的法律体系，因为它们调整不同主题：国际法调整国家行为而国内法调整个人行为。凯尔森从两个方面批评了这种多元主义主张。[15] 他表明，有一些国际法规则无疑是例外的，它们与国内法规则一样，直接适用于个人。这方面的例子是打击海盗的法律，以及对非法战争行为(例如不属于国家武装力量的个人敌对行为)进行惩罚的国际法规则。但是除了这些例外情况外，凯尔森坚持认为，如果我们把“国家”等表述的逻辑结构理解为一种间接指涉特定法律规则所识别的个人技术或方法，并放弃把国家视为凌驾于构成国家的个人之上的实体的错误观念，那么显然那些声称直接适用于国家的法律，事实上也适用于个人，尽管其适用方式是间接的。因此，将国际法规则描述为“适用于国家”不应该被解释为与“适用于个人”相对立；它与**直接**适用于个人相对立，即没有其他规则帮助或补充，这些规则识别了第一类规则所要适用的个人。[16] 凯尔森认为，当国际法规则声称适用于国家时，它们是“不完善的”(incomplete)：它们仅仅规定了自己应该或不应该做**什么**，但是它们把识别个体应该或不应该做

⑮　GT，第 342—348 页；PTL，第 324—328 页。

⑯　GT，第 342 页；PTL，第 325、327 页。

315 这些事情的任务留给或如凯尔森说，“委托”给了国内法规则，[17]而后者的规则识别了个人，“完善”(complete)了国际法规则。

凯尔森用以下的简单例子，阐明了国内法规则对国际法的完善：

> 普通国际法有一个由来已久的规则，大意是绝对不应不宣而战。1907 年的《海牙第三公约》(The third Hague Convention)将该规则定为条文(第一条)：敌对行为“未经明显的预先警告，不得开战。警告应采取宣战的形式，说明理由，或采取有条件宣战的最后通牒(ultimatum)。”这一规范只说明必须提出宣战，但没有说明到底由谁，也就是说，由哪一个作为国家机关的主体来提出。多数宪法授权国家元首宣战，《美国宪法》(第一条第八款)规定：“国会有宣战之权。”《美国宪法》就这样决定了属人要素(personal element)，完成了刚才述及的国际法规范。国际法“只使国家承担义务”的描述，仅仅在于：它的规范一般只决定属事要素(material element)，而将属人要素留交给国内法决定。[18]

让我们把一组规则之间关系称为“完善关系”，即其中一条规则把对第一类规则所适用的主体的识别留给另一条规则或者其他

⑰ GT，第 348—349 页；PTL，第 325 页。

⑱ GT，第 343 页。

规则，并且让我们如此相联系的一组规则称为“一组完善的规则”。
凯尔森坚持认为，许多国际法与国内法规则通过完善关系关联着，
这在许多方面富有启发性，我不会用他这种观念来攻击国际法与
国内法是相互独立的体系或者不同的体系这一粗糙而又令人困惑
的理论，因为国际法适用于国家而国际法适用于个人。然而，非常
重要的是意识到，完善关系在特定规则之间成立的事实，并不足以
表明这些规则都属于同一个体系：因为，除非能够独立地证明，存
在不同法律规则体系的观念是虚幻的，而且只有**一个**规则体系，否
则相当清楚的是，完善关系不是在同一体系的规则之间成立，就是
在属于不同体系的规则之间有效。必须强调这个事实，因为它可
能会被凯尔森常常（并且往往富有启发性）坚持的相似性所遮蔽， 316
他认为国际法与国内法之间的关系，以及国内制定法与公司章程
或条例之间的关系，两者具有相似性。[19] 这种被“国家”与“公司”
等拟人化（personifying）或具体化（reifying）术语遮蔽的相似性，存
在下述事实之中。当一条国际法规则意图将某种义务直接施加给
国家时，事实上也就间接地将这些义务施加给个人，这些个人由国
内法体系进行识别，他们的行为与义务由国家转嫁而来。相似地，
当国内法律体系的制定法将某些义务施加于一个公司时，它也间
接地将该义务施加到了个人（公司的管理人员或成员）身上，而这
些人则由公司内部的条例或章程来识别。如此，这两种情况都体
现了完善关系。

---

⑲ GT，第 349 页；PTL，第 325 页；比较 PTL，第 179 页。

> 在构成国家的整个法律秩序，所谓国家的法律或国内法律秩序，和公司法人之间的那种关系是两个法律秩序，一个整个法律秩序和一个部分法律秩序之间，国家的法律和公司的章程之间的关系。说得更具体一些，这是一个委托(delegation)的情况。[20]

在考虑国内制定法与公司章程之间的关系与国际法对国内法之间的关系这一有趣的平行关系时，重要的是不能忽视这一事实：当国内法规则，例如英国制定法，对根据英国法成立的公司施加义务时，公司的条例或章程识别了个人，作为执行这种义务的公司管理人员或成员，他们从其他英国制定法中获得效力，那些制定法决定了制定这些条例或章程的方式，并限制其内容。如凯尔森所言，构成公司的章程是由国家法律秩序决定的法律事务创制的。因此，对公司施加义务的制定法，与据以制定公司章程的早期制定法，属于同一个法律体系，它们与将义务施加于公司的制定法及其
317 章程之间的完善关系完全无关。这些制定法与规章都属于同一个体系，因为它们符合英国法院承认的标准，可以确定它们所要执行的法律。当然，英国制定法也可能会对外国公司施加义务。在这里，英国制定法与瑞典公司的章程之间的完善关系也是如此，因为后者将识别作为该公司管理人员或成员的人，必定由他们来履行

[20] GT，第100页。

义务。但是,瑞典公司的章程将以此方式完善英国制定法,其效力则来源于瑞典立法机构的制定法,这些制定法决定瑞典公司章程的制定方式。这部瑞典制定法不是作为英国法律的一部分而是作为瑞典法律的一部分而存在,因此在施加瑞典公司义务的英国制定法制定之前就已经存在,而在英国制定法施加英国公司义务的情况下,该公司的章程作为英国法律的一部分而存在。

也许值得注意的是,相同或不同法律体系之间的完善关系,并不限于我们所说的抽象法律实体,比如“国家”或“公司”的情况。因此,英国的一项制定法可能会赋予个人特定权利,例如投票权,它可能会将这些人定义为根据其他一些英国制定法有义务缴纳特定税率或税款的人,或者它会免除某些外国人的税款,因为它们根据其本国法律也承担了类似的缴税义务。在第一种情况中,完善关系在同一体系的法律中成立;在第二种情况中,完善关系在不同体系的法律中成立。

(C) 效力确认的关系

尽管语言上有些模糊,[21]但我认为,凯尔森并不认为法律之间的完善关系本身就足以表明它们属于同一个体系,因为他写道:“由于国际法律秩序不仅要求国内法律秩序作为必要补充,而且还决定了国内法律秩序在各方面的效力范围,所以,国际法和国内法构成了一个不可分割的整体。”[22]我引用的这些话介绍了凯尔森在 318
一元论中的核心论点,并且我相信这也是他的核心错误。这个论

[21] 特别注意 GT,第 349 页;以及 PTL,第 325 页。

[22] GT,第 351 页。

点归纳起来是这样的。国际法在其规则中包含了凯尔森说的“实效性原则”(principle of effectiveness),是它“决定”了国内法律命令的效力及其时空范围,或者说它“是后者的理由”。凯尔森在其最近的表述中对实效性原则作了如下阐述:

> 根据有效的宪法,普遍国际法的一个规范授权给个体或由个体组成的集体,使之能够作为正当政府来创制或适用一个规范的强制秩序。因此,该规范正当化领地内具有实效的强制秩序,使之成为有效的法律秩序,并且,正当化该强制秩序构成的共同体,使之成为国际法意义上的“国家”。㉓

由于实效性原则使得在不同领土中有效的单独强制秩序得到正当化或确认效力,实效性原则所属的国际法与它所正当化或确认效力的各种国内法律体系一起形成了单一体系。凯尔森说,它与它们一起形成了“一个可分割的整体”㉔。在考虑这个论点时,必须准确理解凯尔森的观点,在他看来,实效性原则与不同国内法体系之间的关系是什么,这些国内法体系据说得到正当化,或者说其效力是被决定的。实效性原则是说,特定类型(description)的其他规则是有效的(概括地说,在特定地域生效的强制性规则),并且事实上,有些特定规则(实际存在的国内法体系)在满足这种类

㉓　PTL,第 215 页;比较 PTL,第 336—340 页;以及 GT,第 121 页。

㉔　GT,第 351 页。(此处原文明显有误,因为原文是“a separable whole”,意谓“一个可分割的整体”。但从文意来看,这显然不合适,而且,本篇注释 22 已经出现过此一引文内容,也可佐证。——译者)

型。让我们把这个关系称为效力确认的关系。我将会论证说，上
文所说的完善关系也适用于效力确认的关系：为了确立两种规则
构成单一体系的一部分，仅仅证明其中一个规则规定了另一个规
则所满足的特定类型的规则是有效的，还不足够。我也将论证说，
当两种规则之间存在这种关系时，如果**不强调一个非常重要的限** 319
制条件，就通过表明一个规则为另外一个规则“确定有效性”或是
“其有效性的理由”来表述这一事实有着非常危险的误导性。

凯尔森的论点基于他对事实的利用，即被视为国际法规则的实效性原则与国内法体系的规则之间存在着效力确认的关系。这个论点的不充分性以及我已经提及的重要限制的特征，可以从下述假设性例子中发现。假如英国议会（或者**修正一下**，说是美国国会）通过一项法案（《苏维埃法律效力法案》(*the Soviet Laws Validity Act*，1970)），它宣称要确认苏联的法律，规定说目前在苏联领土内具有实效的法律，包括那些与立法和司法当局资格有关的法律，应该有效。这部由议会或国会签署的法案，不能成为英国（或美国）法律与苏联法律一起构成一个单一体系的理由，也不能成为不加修饰地使用凯尔森式的表达的理由，例如苏联法律从英国法律中“获得效力”或者英国法律是苏联法律“有效性之理由”的理由。拒绝赞同这些命题的理由毫无疑问是清楚并且令人信服的：苏联领土范围内的法院或其他法律执行机构，除了在某些特殊情况下，[25]不会将英国（或美国）立法机构的运作认作是识别它们要执行之法律的标准，也因此它们不会承认《苏维埃法律效力法

[25] 那些涉及“外国因素”的案件：参见本书第340—342页。

案》,尽管一部有效的英国(或美国)制定法想尽办法决定或以其他方式影响苏联法律在苏联领土上的效力。也的确,效力确认的关系在苏联立法机构所制定的法案或法律之间存在,苏联法院也承认这些法案或法律;但是因不同法律体系而对法律所作的划分,影响了效力确认的关系,因为就像上文已经考察过的完善关系一样,这个关系要么在不同的法律体系的法律之间有效,要么在同一个法律体系的法律之间有效。

非常明显,在从规则间效力确认关系的存在中总结任何结论
320 时,都必须作出一个重要的限制。在通过《苏维埃法律效力法案》的法案时,说基于英国法,或者根据英国法,苏联法律获致确认或者从英国法规中获得其效力是恰当的;并且其效力是,英国法院会适用苏联法律来判决任何交易或行为,而对于这些交易或行为,苏联当局也会适用苏联法律。《苏维埃法律效力法案》将会为此目的而使得苏联法律成为英国法律的一部分。但是有两组问题:

A1. 英国法律与苏联法律组成一个单一体系的一部分了吗?

A2. 苏联法是从英国法获得效力的吗?

以及:

B1. 英国法律视苏联法律与其一起构成一个单一体系的一部分了吗?

B2. 苏联法律的效力是根据英国法律而来吗?

这些问题都是不同种类的问题。第一组不仅仅关注法律内容的问题,因此不能通过考虑法律的表达来解决;而第二组问题关注的则是法律内容问题,可以通过这种方式来解决。

在下述两组问题中有着同样的种类上的差异:

C1. 国际法与国内法组成一个单一体系了吗？

C2. 国内法是从国际法获得效力的吗？

D1. 国际法视（比如，通过其实效性原则）国内法与其一起构成一个单一体系的一部分了吗？

D2. 国内法的效力是根据国际法（例如，通过实效性原则）而来的吗？

纯粹理论模糊了这些不同类型的问题之间的区别，它之所以这样做，是因为它过于集中于那些效力确认的法律对其他法律的
表达（*say*），对于那些不关心法律内容而涉及其承认模式的问题， 321 
却关注得太少。因此纯粹理论就有了迈达斯（Midas）* 的触觉，它将所有有关法律及其相互关系的问题统统转化成了关于法律内容以及法律如何表达的问题；但这种触觉却是不正当的，因为并非所有问题都可归于此类。

我的结论是，支持凯尔森关于国际法与国内法统一学说较弱版本的那些论证都失败了。这并不是说，与凯尔森不同的论证不能成功地确立其命题的较弱版本——，至少在某种程度是如此。因为，国际法与国际法是否统一为一个单一体系，有赖于一个特定国家承认国际法的方式和范围。如果在国际法与国内法发生冲突时，国内法院认为国内法无效或被国际法所推翻，这些情况下，这也许会是一个好的理由去说国际法与该国内法构成了一个单一法律体系的某些部分——或者至少可以说，它会类似于一个说美国

* 古希腊神话中的弗里吉亚（Phrygia，小亚细亚中西部古国）国王，为人爱财，能点物成金。——译者

州法律与联邦法律构成一个单一体系之部分的理由。但是凯尔森的论证失败了，因为这样一个事实，也即存在于实效性原则之间的效力确认关系被视为国际法的一个规则（或其他宣称要确定国内法效力的国际法规则）或者国内法规则的事实，并不能表明，后者就从前者中获得效力，也不能表明“多元论者”拒绝国际法与国内法构成一个单一体系就是错误的。[26]

现在，我将转而考察凯尔森认为国际法与国内法必须要组成一个单一体系之命题的较为强势的版本。

(D) 所有有效法律的必要统一

凯尔森较强版本的命题认为，所有有效的法律都**必然**构成一
322 个单一的体系，其推论是，国际法与国内法必然构成这样一个体系。但是，很难发现能够支持这一命题的论证。凯尔森断言说，它是一个“法律理论上的假定”[27]。“国内法和国际法的统一是认识论的假定。一个同时接受这两组关于有效的规范的法学家，就一定会试图把它们理解为一个和谐体系的各个组成部分”[28]。在逻辑必要性的术语中，这个假设经常被提及。“假设同时具有效的规范分属于不同的、相互独立的体系，在逻辑上是不可能的”[29]。

对于这些断言我仅仅只找到了两个论证。每一个都不会占用

---

[26] 我将在下文考虑为“法律体系”引入一个意义的可能性，如此一来，仅仅存在于诸法律之间效力确认的关系，就足以构成一个单一法律体系。这并不必然拒斥传统的多元论者，因为他不是在这个“体系”的意义上主张国际法与国内法是相互独立的体系的。

[27] GT，第 373 页。

[28] 同上。

[29] GT，第 363 页。

我们太多工夫。第一个可以归结为这样的观点，所有法律都如此构成一个单一体系是由于某种形式的法律知识［“法学”[30]或“法学知识”（connaissance juridique）[31]］或法律科学，是它既把国际法也把国内法归入同一个单一体系来研究，并且因此将“它的目标”表述为统一。凯尔森表述这个观点的话语如下：

> 如果国际法的规范与国内法律秩序的规范都被同时视为有效的法律规范，那么多元论的建构就是站不住脚的。这个观点已经蕴涵了认识论的假定：为了理解所有属于同一体系的法律作为一个完整的整体，将会……法理学把调整国家间关系的规范，也即国际法，与国内法律秩序一起归入一个并且同样的法律类别之中。为了做到这一点，它力图将其目标表现为统一。[32]

毫无疑问，我们也许不妨努力从历史上战争或战略学的存在中推断，所有的战争都是同一个或所有的军队都是同一支了。

第二个论证真正地表明了，凯尔森认为有效的法律必须统一

---

[30] PTL，第 328 页。

[31] TP，第 430 页。

[32] PTL，第 328 页。麦基教授向我指出，凯尔森关于有效法律体系只能有一个的主张，颇类似于康德关于空间只能存在一个的主张。“因为，……我们只能向我们自己展现一个空间；并且，如果我们谈及不同的空间时，只是意指一个空间的不同部分，并且是同一个独特的空间。”（*Critique of Pure Reason*，A25）我有一个印象，在凯尔森理论里潜在着一种**推定**，也即只有一个单一的“规范的空间”，必须用一组并且一贯的“描述意义上的规则”来描述它。（参见本书第 327 页以下。——译者）

323 的论证，是基于他的这一命题，即在有效的法律之间，不能存在任何冲突，他说：

> 如果有了两个实际上不同的、在其效力上相互独立的规范体系……但两者都关系到同一对象（在具有同一效力范围方面），那么就不能排除会在这两者之间存有难以解决的逻辑上的矛盾。一个体系的规范可以为某一个特定的人、在某一条件下、在某一时间和地点，规定A行为。另一个体系的规范则可能在同样的那些条件下，为同一个人，规定除A行为之外的其他行为（conduct non-A）。这种状态对于规范认识来说是不可能的。[33]

确定无疑地，这并未解决这样一种可能性：在不同的领土范围内可能存在两个同时有效的法律体系，在这两个体系中，冲突的可能性被排除了。因为，每一个体系的宪法都确保，凯尔森所说的“效力范围”对于每一个体系都应该是不同的。两个体系中各自的那些法律也应该是不同的。例如，根据它们的宪法，这两个体系的法律应该适用于在不同领土范围上发生的行为。凯尔森主张，[34]这样的一种限制只能够由一个单一的高级法来设定，两个范围被限制的法律体系都从属于它，并且它们与它一起构成一个单一体系。但是他并没有提出任何论证来支持这一断言，并且令人很难

[33] GT，第408页。

[34] 同上书，第407—408页。

明白的是，为何情况不能是这样的：两个共同体各自独立地选择以此方式限制其法律的基础规范？然而，所谓的冲突的不可能性的论证，尽管对这种情况并不适用，但它仍然是凯尔森对所有有效法律统一的必要性的唯一剩余论证。[35] 我将在下一个部分考察有效法律之间不可能存在冲突的命题。

二、"无冲突"理论[36] 324

凯尔森主张说，不管表象如何，在国际法与国内法之间的确不存在冲突。他承认，如果存在这些冲突的话，那么认为国际法与国内法组成一个单一体系的一元论理论就难以坚持下去：他甚至说，对于国际法与国内法在一个单一体系内的统一而言，冲突的缺乏就是一个"消极的判准"[37]。然而，根据凯尔森，如果存在这样的冲突的话，结果并不是导致如传统"多元论者"所主张的那样国际法

---

[35] 除了它不能适用于所提及的情况之外，这种认为所有有效的法律必须统一成为一个体系的论点还是不完整的，哪怕有效的法律之间的冲突被认为（与下一部分的论点相反）在逻辑上是不可能的。如要完善这个论点，就必须表明凯尔森所指称之"不能解决的逻辑上的矛盾"不可能在一个体系的情况下出现；而凯尔森认为这种矛盾会在有两个相互独立体系存在的情况下出现。

[36] 这部分关注的是凯尔森在 GT 与 PTL 中所阐明的关于冲突理论的观点。后来在《罗斯科·庞德纪念文集》（*Essays in Honour of Roscoe Pound*）中的一篇论文《废止规范》（"Derogation"）里，凯尔森承认，有效而又相互冲突的规范是有存在的逻辑可能性的。然而，他并未说明为何会放弃先前的观点或者在 GT 与 PTL 中提及对它们的解释。而且，在这些书中他所阐发之关于国际法与国内法的一元论理论，他也没有收回或者修正。参见对凯尔森这个阶段思想的考察：A. G. Conte，"In Margine All' Ultimo Kelsen", in *Studi Giuridici*（Studia Ghisleriana，Pavia，1967），113.

[37] PTL，第 328 页。

与国内法构成各自分离的有效法律体系；相反，我们将面临着一个选择：把国际法视为有效，忽略任何与之相冲突的国内法规则；或者把一个国内法体系视为有效，忽略与之相冲突的任何国际法规则。对凯尔森来说，这实际上也是有关法律与道德上的立场：当它们的规范相互冲突时，我们面临一个选择，即视法律规则有效时，忽略与之相冲突的道德规范；或者视道德规范有效时，忽略任何与之相互冲突的法律。[38]

在我们评价这些有点令人讶异的学说之前，显然，非常有必要考察一些前提性的问题。法律之间或法律体系之间的冲突是什么？法律之间的冲突是如何与逻辑上的不一致性或矛盾相互关联的？令人遗憾的是，尽管凯尔森要说的内容触及一些重要并且确有争议的逻辑问题，但在其著作中，他对法律与规范之间冲突概念的分析，仅仅由一些支离破碎的意见构成。这里不是对这些问题进行全方位探究的场合，但是在我对凯尔森学说的陈述与批评中——我会尽力做到不主观武断——我将使用一些相对简单的区
325 分，这些区分是由作家们从道义逻辑与命令逻辑（logic of imperatives）中汲取出来的，他们自己也关注过冲突的类似问题。

（A）对冲突的共同遵守在逻辑上的不可能性

许多作者都赞同这样一个观念（这在直觉上似乎是可以接受的）：对于在两种要求或禁止某些行为的规则之间存在的冲突，可以从共同服从（joint obedience）它们的逻辑可能性的角度来理解。

㊳　GT，第410页；PTL，第329页。

当且仅当对这两个规则的服从（“共同服从”）在逻辑上不可能时，这两个规则才是冲突的。这些冲突最粗略[39]的情况是，不同的规则在同一时间或同一时期各自要求或禁止同一人采取相同的行动。共同服从在逻辑上的不可能性，也许可以下述方式得以展现。[40] 对于任何一个要求或禁止某种行为的规则来说，我们可以作出一个陈述[一个“服从陈述”(obedience statement)]宣称，规则所要求的行为已经完成了，或者规则禁止的行为没有完成。如果两个这样的规则各自的服从陈述在逻辑上是不一致的，它们就会冲突，并且这两个服从陈述也因此不能同时为真。因此（举一个凯尔森的例子），假设一条规则要求一个人杀掉另一个人，而另外一条规则禁止此人杀掉那个人，那么对应这两个规则的服从陈述就会是这样的概括形式，“已杀”以及“未杀”。当然，在我们确定这两个概括形式是否具有逻辑上的不一致性之前，它们必须被行为人或受害者的详细说明以及与明示或暗示之规则相关的时间所确定。如果同样的行为人为同一个规则所要求在同样的时间去做某种同样的行为，而另外一个规则在禁止这些人做这些行为，这将会在相应的服从陈述中有所反映，而这些服从陈述也将在逻辑上不一致。因此，对这些规则的共同服从在逻辑上也是不可能的。

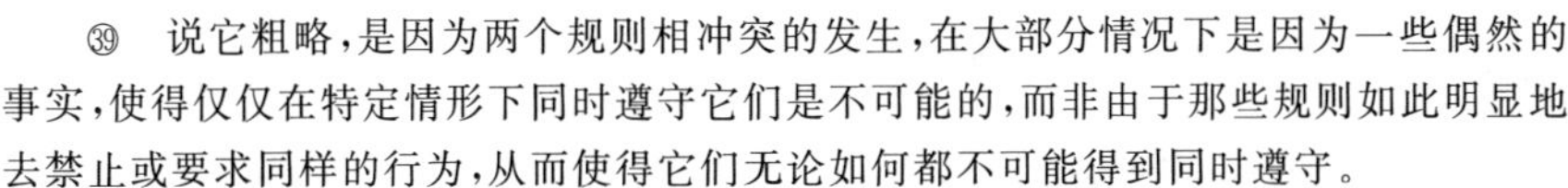

[39] 说它粗略，是因为两个规则相冲突的发生，在大部分情况下是因为一些偶然的事实，使得仅仅在特定情形下同时遵守它们是不可能的，而非由于那些规则如此明显地去禁止或要求同样的行为，从而使得它们无论如何都不可能得到同时遵守。

[40] 参见：B. A. O. Williams，“Consistency and Reslism”，*Proc. Aristiot. Soc. Suppl.*，xxxix(1965)，103. 我从此一对涉及逻辑问题的清晰阐述中获益甚多。

326　可以看到，这种对规则间冲突的定义未能彻底解答这一问题：在同一法律体系中，或是在不同法律体系中，两个相互冲突的规则作为有效的规则而共存，在逻辑上是否可能？对于绝大部分人来说，在一个法律体系中由一套立法班子所制定的法律，与另外一个法律体系中由另外一套立法班子所制定的法律相冲突，看起来完全是有可能的；而也可能同样明显的是，这样的一种法律也可能会与道德规则或原则相冲突。对这些规则的共同服从在逻辑上是不可能的，但它们作为有效的规则而共存，在逻辑上则是可能的。进而言之，尽管如果一个单个法律体系的法律相互冲突，而这一体系又不能为之提供解决之道，这在每个实践问题上肯定都是可悲可叹的，但是，说这种解决甚至不存在逻辑上的可能性则远远不能令人信服。就冲突的性质与逻辑可能性而言，在要求与禁止行为的那些规则与一个人向另外一人发布的简单第二人称命令与指令之间就没有太大的差别。如果对这两个命令（“杀”或者“不杀”）的共同服从在逻辑上是不可能的，那么它们之间就会相互冲突，而且这一点可以从逻辑形式上不一致的服从陈述的形式来证明。但毫无疑问的是，不同的人向同一个人发布相互冲突的命令在逻辑上则是可能的，并且，尽管我们可以认为一个常常向同一人发布不一致命令的人是疯子或者精神分裂或者缺乏连贯的意志而且也许需要临床治疗，但这种状况并非逻辑上不可能。最后，如果他坚持发布大量不一致的命令，而这些命令又不能得到解释，比如说记忆力减退，那么毫无疑问，我们就可以断定他根本不理解他在说什么，并且

不妨从根本上拒绝将他所说的视为能够构成命令的那一类话语。

但是，在与凯尔森理论相关的一个重要方面，在法律与其他规则之间存在的冲突比之在此类简单命令之间存在的冲突更为复杂。如凯尔森所承认的，[41]法律与规则，并不是要求和禁止行动，而是可能明示地许可某些行动，或者通过并不禁止它们的方式默许行动；并且非常明显的是，在那些禁止性的法律与明示或默许的法律或法律体系之间，可能存在冲突。为了应对这些情况，我们不 327
仅应该使用服从的概念——这个概念对于要求或禁止某种行动的那些规则是适合的，还应该使用依照许可行为或利用许可的概念。我们不妨采用一个一般性术语“遵守”(conformity)，利用这个概念，我们不仅可以理解那些要求或禁止的规则以及理解根据或利用许可行动，我们还可以采用“遵守陈述”(conformity statements)的用语，来包括所有两类相应的陈述。事实上，表明了一个许可性规则(例如，允许但并未要求去杀人)已经被履行的遵守性陈述，与对一个要求同样行为(已杀)之规则的服从性陈述，在形式上将会是一样的。因此，在同一时间对同一个人，如果一个规则禁止某种行为而另外一个规则许可同样的行为，那么在逻辑上共同服从就是不可能的，两个规则也是相互冲突的。[42]

(B) 冲突与逻辑不一致性

我想，凯尔森会接受这样一个根据共同遵守在逻辑上的不可

㊶　PTL，第16页。凯尔森将这些许可性规则(明示的或默许的)描述为对行为的“消极规制”，并且将之与积极意义上的许可相区别，此时，规则禁止对另外一个人的行为进行干预。

㊷　同上书，第18页，但应注意TP文本(本篇注释3)；同上书，第25、205页。

能而对规则间的冲突所下的定义。当然，他关于相互冲突规则的一些例子和他有时所说的“相反的”或“不相容的”行为的少数例子与这一点是一致的，他至少有一次以非正式的方式偶然地提及实质上是冲突的共同遵守测试。[43] 但是，对于在规范间的冲突和逻辑不一致两者之间的联系，凯尔森的说明是不同并且更有争议的。因为他在其著作中所阐发的学说是这样一个陈述，即两个有效的规范相互冲突是一个矛盾或会招致矛盾；对于凯尔森而言，在相同或不同的体系中共存一些有效但又相互冲突的规范，逻辑上是不可能的。而且对他来说情况还不仅如此，对这些规范的共同遵守在逻辑上也是不可能的。[44]

凯尔森对这些结论的论证，取决于他对法律权威机构制定或适用的法律（例如立法机关所制定的制定法）与描述法律内容的一类陈述（凯尔森所称为“描述意义上的法律规则”）的区别（它本身
328 就是重要的和富有启发性的）的使用，前者不能为真或假，后者可以为真或假。这些描述意义上的规则往往表述为一般形式：“根据特定实在的法律命令，某一特定后果应该发生”或“根据一个特定的法律规范，某事必须做而某事不能做”。在这些陈述中，根据凯尔森，“应然”是在描述的意义上使用的，我将把这些陈述称为“描

㊸　对冲突的“共同遵守”检验，只有对于那些所有或几乎每一个规则都要求或禁止某种行为的规则才是适用的。许可性规则不能相互冲突，但是对两个许可性规则的共同遵守在逻辑上也许是不可能的（例如，“正在打开窗户是允许的”“正在关闭窗户是允许的”）。关于这一点，我从麦基教授处获益不少。

㊹　GT，第 409 页；PTL，第 18、205—208、329 页。

述性-应然陈述”(descriptive-ought statements)。[45]

对这一学说的一个简单说明如下。如果存在一个法律秩序的话,例如英国的法律体系,在其正式颁布的制定法中,其中一项要求年满21岁的男子必须服兵役,否则就会受到刑事惩罚,这些情况就会构成这样一个描述性应然陈述的部分事实基础:“根据英国法,下列人员……应该服兵役……”如果有这样一部法律,那描述性应然陈述就是真的;如果没有,它就是假的。当考虑凯尔森的描述性应然陈述时,有三件事情必须了然于胸。

1. 凯尔森是在一个特殊的、宽泛的意义上使用“应然”的,因此“应然”陈述不仅包括对那些要求或禁止某种行为的法律的描述,还包括对那些明示或默许某些行为的法律或法律体系的描述。凯尔森对“应然”的用法是一种道义性的,它涉及他所说的规定(或指令)、许可以及授权。[46]

2. 描述性应然陈述并不限于法律。类似的陈述,同样具有真与假的可能,也可以关于非法律情况的,例如道德规范:

---

[45] PTL,第73、78页。在TP中相应的措辞是:“proposition de droit”以区别于“norme juridique”;在德语原文中则是“Rechstatz”以区别于“Rechtsnorm”。在TP第99页长长的注释中(在PTL中被译者给省略了),凯尔森引证西格瓦特(Sigwart)来支持这样的概念:“描述意义上的应然。”比较冯·赖特(von Wright)在其《规范与行动》(“Norm ande Action”,London,1963)第78页及以下论述规范陈述时的类似观点;比较卡斯塔涅达(Castañeda)在其《行动、命令与义务》(“Actions, Imperatives and Obligations”)中对“道义上可断言(“deontic assertables”)的论述,参见:*Proc. Aristot. Soc.* 1xviii(1967-1968),25.

[46] PTL,第5页。

329 伦理学用道德来描述规则，它教我们怎样根据这种道德来约束我们的言行，但是作为科学，它并没有为我们规定这样或那样的行为方式。道德学家并不是根据道德权威来提出规则，他只是将之描述为规则建议。[47]

3. 在上述引用的内容（“根据特定实在的法律命令”）里，出现在对描述性应然陈述之阐释开头中的语词，以及语词“根据道德”(selon cette moral[déterminée])，都是非常重要的，理由如下所述。有时凯尔森被指责持有某种形而上学的信念，说他相信有一个“应然”王国（包括“应然”的法律规则），这个王国不是人造的，但是等待着人类的认识和发现；并且说他相信，正是这个“应然”王国凌驾于或超越事实世界，而描述性应然陈述描述的就是它。反驳这些批评家时，凯尔森坚称，对他而言所有规范都是创制出来的而非仅仅等待被人类发现，但是如果存在给定的实在法律秩序或体系，则关于它们内容的正确描述性陈述能够以应然陈述的形式作出，但相对于所关涉的法律秩序或体系而言，这些陈述的真值并不是“绝对的”，而是相对的。[48] 的确，在支持凯尔森时，可以这样认为：只要我们记住这种对于一个给定体系之根本上的相对性，他对描述性应然陈述的说明就澄清了时常出现在法律人中的某种话

---

[47] TP，第 99 页注释（在 PTL 中被遗漏了）。（哈特在这里引用的是法语本，原文如下：“L'ethique décrit les normes d'une morale determinée, elle nous enseige comment nous devons nous conduire selon cette morale, mais, en tant que science, elle ne nous préscrit pas de nous conduire de telle ou telle facon. Le moraliste n'est pas l'autorité morale qui pose les norms qu'il décrit en propositions normatives.”——译者）

[48] PTL，第 18 页。

语。法律人经常会问“法律对服兵役的态度是什么”诸如此类的问题，并且用诸如此类的陈述来回答这些问题：凡年龄达到 21 岁的男子都必须服兵役”，并且认为答案可以有真有假。经常会有这样的一些情况，法律人要去描述他们所说的与某些主题有关的“法律地位”，而无须涉及特定的相关法律规定、规则或其他资源；尽管被如此描述的“法律地位”常常被理解为产生于特定的法律体系之下，一个包括“根据英国法律……”这个条件的更为准确的表达，可以使得这一点更为明显。

针对在诸法律间存在的冲突，凯尔森之描述性应然陈述的直接关联性，可以从下述引文中看到： 330

> 由于法律规范作为规定（那可以是指令、许可、授权），既不为真亦不为假，那么问题就出来了：如果根据传统观点，那些逻辑原则特别是矛盾不相容原则（the Principle of the Exclusion of Contradiction）和推理规则（rules of inference）原则只能够适用于那些能够为真或为假的主张（assertions）的话，那么这些原则是如何应用于法律规范之间的关系的？答案是：那些逻辑是间接地适用于法律规范的，适用的范围是那些描述法律规范的法律规则，这些规则是可以为真或为假的。如果描述两个规范的法律的规则是矛盾的话，那么如果这两个规范就也是矛盾的，并且它们就不能同时有效……[49]

---

[49] PTL，第 74 页。

凯尔森再三解释说，描述性应然陈述描述了两种法律规则，它们要求他所说的“相互背离的”(opposite)行为，将会以“A行为应该”或“A行为不应该”的方式表现，而这种形式的陈述指的是同一行为人同时要完成的行为，凯尔森说它们“相互矛盾”[50]，而且它们的共同主张被说成是无意义的：“说A行为应该，同时又不应该，正如说A是某某，同时又说A不是一样，这是无意义的。”[51]相应地，此类两个规则同时有效在逻辑上也是不可能的：它们中只能有一个被视为有效。因此，凯尔森在他的著作里通篇都在说，法律间的冲突好像是某种形式的逻辑不一致，因此相互冲突法律的共存在逻辑上是不可能的，而非仅仅是共同遵守它们在逻辑上不可能。

凯尔森的论证导致了许多的困难。[52] 幸运的是，并非所有的困难都需要在这里详细考虑。我们可暂时放下(但以后还会用到)这样的反对意见，也即，“A行为应该”与“A行为不应该”在逻辑上是不一致的，它们并非如凯尔森所言的矛盾，而是相反的。“A行为不应该进行”的矛盾说法是“不是A行为不应该进行的情况”；两个此种形式的应然陈述描述的不是两个要求与禁止同一行为的
331 规则，而是这样的两个规则：其中的一个禁止某种行为而另外一个许可同一种行为。但除此之外，说“A行为应该进行”与“A行为不应该进行”——哪怕它们描述的规则属于**同一个**体系——在逻辑

[50] PTL，第206页。

[51] 同上。

[52] 在这些困难中，最需要解释的则是对凯尔森“有效”之意义的确定。有时候，他好像写道，说一个规范是有效的，就等于是说它是一个行为的最终的和唯一正确的标准，并且由此排除了相互冲突规范的有效性。例如，GT，第410页。

上完全是不一致的，并不具有不言自明的逻辑真理。当然，需要某种论据来表明它们是那样的。毫无疑问的是，如果我们预设一些特定的前提(易言之 1.“应该”意味着可以，以及 2.“A 行为应该进行并且 A 行为不应该进行”能够推出“A 行为既应该进行又不应该进行”)，可就此推出，“A 行为应该进行”与“A 行为不应该进行”在逻辑上不能同时为真。[53] 以此方式来界定“应然”自然也是可能的，也即“A 行为应该进行”从而得出“不是 A 行为不应该进行的情况”；但是值得注意的是，著名的逻辑学家在建构道义逻辑体系时，已经考虑到了义务相互冲突的可能性(“一个人应该进行 A 行为”与“一个人不应该进行 A 行为”)。此处，好像在这个概念中并形式上的不一致，并且一个要捕捉人类实际行为准则之逻辑特性的逻辑运算，不应该通过把“一个人应该进行 A 行为”从而推出情况并非一个人不去进行 A 行为视作公理，而排除未来发生此类冲突的可能性。[54]

然而，为了评估凯尔森之国际法与国内法不可冲突的论点，没必要强调即便是同一体系的法律之间存在冲突也并非逻辑上不可能。因为，凯尔森说在国际法与国内法之间没有此类冲突的论点，以其本意，与他认为国际法与国际法构成一个单一体系的命题是无关的。[55] 凯尔森对冲突可能性的观点，完全依赖于他对描述相

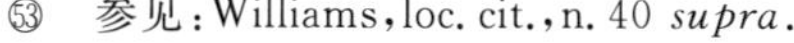

[53] 参见：Williams，loc. cit.，n. 40 *supra*.

[54] 对这一点更为清晰的讨论，参见：E. J. Lemmon，“Deontic Logic and the Logic of Imperatives”，*Logique et Analyse*(1965)，esp. 45-51.

[55] 他的立场是，如果存在这些冲突，我们就不能将国际法与国内法视为一个单一体系，冲突的缺位是体系统一的消极标准。参见本书第 324 页。

互冲突的法律的那些描述性应然陈述之间的逻辑关系的看法，并且他的观点好像受到了一个简单错误的损害。他忽略了一个重要情况：如早先他自个儿所注意到的，描述性应然陈述为真时，只是
332 相对于它们所描述的那些体系的真，准确地说，就是应该有这样话语的前缀："根据英国法律。"[56]因此，如果我们承认，由于——如凯尔森所主张的——"A 行为应该进行"与"A 行为不应该进行"在逻辑上是不一致的，或者同一体系之间的那些法律不能冲突的观点，就不能由此断定——也不可能是这样的情况——以"根据国际法 A 行为应该进行"与"根据英国法 A 行为应该进行"为形式的描述性应然陈述在逻辑上是不一致的。实际上，一旦描述性应然陈述的相对性在脑海中浮现，没有任何理由认为这两种形式的陈述能够同时为真。既然对于其国际法与国内法构成一个单一体系的说法，凯尔森因此并未能给出令人满意的理由，那么对于它们的规则不能发生冲突的论调来说，也就难有什么支持。

(C)"无冲突"理论的较弱版本

根据这些尽管有点不够牢靠但却十分必要的前提，我们可以转而评价凯尔森的主张；凯尔森主张说，事实上在国际法与国内法有效的规则之间并不存在冲突。对于在国际法与国内法之间不存在冲突的证据，他采用了下述形式。[57] 根据一个传统"多元论者"的理论，如果一个国家颁布的制定法与该国作为当事方而签署之条约的规定不相容，并且根据国际法该条约之规定是有效的，那么

---

[56] 例如，PTL，第 73、205 页。

[57] 同上书，第 330 页。

国际法与国内法之间的冲突就会产生。他应用了两个国家间一个条约的情况作为例子，这两个国家我们姑且称为 A 国和 B 国。条约规定，B 国中占人口少数的少数派成员应该与多数派享有同样的政治权利。如果 B 国不顾条约的规定，颁布了一部剥夺少数派成员政治权利的法律的话，传统多元论者的理论就会主张说，根据 B 国法律有效的这部制定法，与根据国际法而有效的这个条约，两者就是相互冲突的：同时遵守这个条约与这部制定法就是不可能的，因为，这既是允许少数派行使其某些特定权利，同时也是不允许他们行使这些权利。

凯尔森主张说，以这种方式来看待这些情况，是对国际法规则的曲解，而根据国际法，这些条约对国家有约束力。这些规则使一 333
国颁布了与其作为缔约国而签署的条约不相容的制定法之行为，是一种国际法下的犯罪或违法行为，从而使得该国面临着国际法的惩罚。尽管国际法禁止**颁布**这样的制定法，但是一旦颁布，即使是根据国际法，它也是有效的（尽管是非法的颁布），并且不会与条约相关的国际法规则相冲突；因为它们真正效力在于使国家颁布这样的一部制定法成为非法，[58]即成为违反国际法的犯罪或违规。易言之，国际法规则并不试图直接决定国内制定法的内容，而仅仅只是关注它们的颁布是合法还是非法。因此，在如此解释的国际法规则与制定法之间并不存在冲突，尽管后者的颁布违反了国际法的规则。作为比方，凯尔森引述了一个在国内法体系中对保护

[58] PTL，第 331 页；比较同书第 274 页。

基本权利之宪法规定的解释，这些宪法规定就不包含司法审查条款（judicial review）或者无效条款，因此它们是违宪的，因为它们侵犯了宪法所宣称要保护的基本权利。在这些情况中，不是司法审查而是宪法，被解释为使得官员或立法者因其在制定违宪制定法中所扮演的角色而应受惩罚。在这些情况下，宪法不直接决定制定法的内容，而只关注它们颁布的合法性；并且被如此解释的宪法与制定法之间也不存在什么冲突，该制定法依然有效，尽管它的颁布构成了一个根据宪法应受惩罚的违法行为。

这个论点极富独创性，但是即便我们接受了对关于条约的国际法规则的解释建议，它事实上依然不能消除国际法与国内法之间的冲突，它仅仅是把这种冲突定位到一个不同的方面而已，并表明它不是要求和禁止同一行为规则之间的冲突（条约与制定法），而是禁止和**许可**（*permitting*）同一行为的规则之间的冲突，即对
334 制定法的颁布。当国家颁布一个违反其条约义务的制定法时，如果根据国际法，其颁布行为违法，但根据国内法这种行为不是违法的话，此时所产生的正是上述后一种形式的冲突。这个世界上毫无疑问存在许多国内法律体系，英国的只是其中之一，根据它们，也许颁布或获得任何一部制定法都不是什么违法行为，因此是得到许可的。因此，既遵守（注意上文所示，这是一种宽泛意义上的用法）许可性的国内法规则——该规则允许颁布任何制定法，同时又遵守与条约有关的国际法规则（如果我们接受凯尔森对它们的解释）——该规则禁止这样一部制定法的颁布，并且使得它成为违法或不法行为；这在逻辑上是不可能的。情况就是这样，即使我们

接受凯尔森对国际法规则的解释，也不能确认它们与国内法没有冲突。[59]

三、法律体系的成员

在这个结论部分，我将试图从上述对凯尔森的批评中汲取一些更具建设性的观点，也许这会有助于我们理解法律体系的概念，也有助于理解在一个单一体系中不同的法律作为成员的标准。当 335
然，我并不能对这些艰涩概念的全面分析有太多推进。如我所言，这样一种分析，是分析法学尚未完成之事业的一部分，我还没有能力完成它的重任。但是，我下面的论述将至少对这种分析的一般

[59] 可以发现，通观整个这一节，我像凯尔森本人一样，都忽略了一个论点。这个论点支持较弱形式的“无冲突”理论，如果他自己对所有法律极富争议的解释被认真对待的话，这个观点就会浮现。凯尔森的这个解释，把所有的法律都解释成了“规定惩罚的规范”(sanction-stipulate norms)，这些规范向社会机关或官员宣告，以确定那些惩罚“应该”被适用的条件。根据此种解释，“只应该有作为惩罚的强制性行为”(PTL，第119页)。也即是说，根据法律唯一“应该”做事的人是“机关”或官员，而他们“应该”做的行为是在法律规定的条件满足时适用惩罚。由于在不同的国家这些机关或官员都是一些不同的人，因此在不同国家的法律之间永远不会产生冲突：对那些法律的共同服从将一直是可能的。由此，即使A国法律规定，如果特定人做了特定行为的话，该国官员就应该将惩罚适用于他们；而B国法律禁止其官员在同样条件下适用惩罚，也不会产生什么冲突，因为两国的官员是不同的人们。相似地，由于国际法的惩罚执行机构(sanction-applying agents)(根据凯尔森)都是国家的代表，反对它们就会导致一种不法行为或违法，尽管一个国家的惩罚执行机构都是它自己的官员，也不会发生什么冲突。在凯尔森对法律为何冲突的说明中，并无任何排除这个观点的东西。就我个人而言，我不接受凯尔森将法律解释为规定惩罚的规范，因此也不会认为这个观点是高明的。凯尔森可能也已经把它作为支持他自己(我认为是错误的)学说中的“无冲突”理论而使用了。也即法律上的“应然”必须[不能恶意地溯及既往(regress)]有着“被许可”(permitted)或“被授权”(authorized)的意义，而非“被命令”(commanded)的意义(PLT，第25页)。

形式或方向，投下惊鸿一瞥。

(A) 承认与效力确认

让我们再一次考虑法律之间的关系，我称之为效力确认的关系。也让我们回想一下《苏维埃法律效力法案》，这个法案是我虚构出来以表现某种看法的荒谬性的。看起来凯尔森也持有这种看法，认为效力确认的关系足以使它所包含的法律成为同一法律体系的成员。我认为这种看法是荒谬的，因为尽管《苏维埃法律效力法案》宣称要确认苏联立法者创制法律运作的有效性，但它不会被苏联的法律识别(law-identifying)与执行(law-enforcing)机构承认与苏联法律的效力有任何关系。如果没有这种承认，我们只能说《苏维埃法律效力法案》要确认苏联的法律生效，或者根据英国法律，或者为了达到英国法律的目的，苏联法律是从属于英国法律体系的一部分；除非有了这种承认，否则我们不能说苏联法律的效力来源于《苏维埃法律效力法案》，或者说苏联法律和英国法律构成了一个单一体系的组成部分。也许需要对最后的论点加一些限制。毫无疑问，我们可以把所有法律体系之间的效力确认关系收集在一起，不管它们属于哪个法律体系，并把如此收集在一起的一组法律称为“一个单一法律体系”。这就需要为“法律体系”表达引入一个新的意义，因为仅仅通过效力确认关系联系起来的一组法律，并不符合法律人和政治理论家或任何严肃的思想家实际使用的法律体系概念。如果这个新定义取代了现有意义上的法律体系概念，那么这个新定义就不会有任何效用，而且还是一种倒退，并因此阻碍我们说英国法律与苏联法律属于不同的体系，哪怕存在着《苏维埃法律效力法案》。仅仅由效力确认的关系所建构之法律

“体系”，将会无视为这一观点所引入的分界线，即在某个特定领土 336
范围内，国内法律识别或法律执行机构实际的承认，对于确定那些法律所属之体系而言是至为重要的。至为明显的是，任何卓有成效的法律理论或者政治理论，都不会忽视这些分界线。拒绝这些分界线的重要性，就等于拒绝法律人与政治理论家们在民族国家之间划分的重要性。

(B) 法律的个别化

当我们将关注点从效力确认的关系移开，转而去考虑，在各个不同的领土范围内，法院或其他执法机构的承认观念是如何发生实际作用，以此区别各个不同的法律体系，以及在一个单一法律体系之内成为确认各个不同的法律成员的标准时，有一些非常重要的方面就会呈现在我们眼前。例如在不同的法律之间进行个别化(individuating)或区分的各种方式中，现在就出现了一种新的重要对比。一方面，我们可以根据法律的内容[例如，“法律使得拥有迷幻药(LSD)成为犯罪行为”]来对法律进行区别或者个别化。然而，由于两个不同的法律具有同样的内容是非常容易理解的，我们可能——有时候确实需要——不仅根据法律的内容(即法律说了些什么或者规定了什么)，还要根据它们的制定者、颁布模式以及生效日期(例如，“英国议会于 1967 年 12 月 30 日颁布法律使得拥有迷幻药成为犯罪行为”)，来对法律进行个别化或区分。

这对于我们目前问题的相关性如下。效力确认关系是指那些要确认创制法律运作或其他法律生效的法律内容，与其他法律或运作之间的关系。对于这种关系最为重要的例子是授予人们或团体立法权的法律。对于此类授权性(power-conferring)法律，最简

单的例子是这样的：该法律授予个体X（君主或首相）权力去制定法律或规则。授予此种权力的法律实际上规定："必须遵守X颁布的法律。"用凯尔森的术语来说，此种授予立法权力的法律"授
337 权"X创制新法律，因此X的行为是"一种创制法律的行为或者事件"，而由X所创制的那些法律被认为从授予立法权力的法律"获得它们的效力"，该授权性法律则是"它们效力的理由"。显然，在这些情况中，如果授予立法权力的法律要成为其他法律有效的理由，那么非常必要的是，对那些法律的描述（在这里是"由X制定"）应该与在授予立法权的法律中所使用的描述（例如，"必须遵守X颁布的法律"）相对应。为了使得效力确认的关系能够在授权性法律与被制定的法律之间有效，那么这种对应性就不仅仅是必要的，而且也是充分的。但是，如我上文所论证的，虽然这是必要的，但仍然不足以表明由X所制定的法律实际上是从意图授予X立法权的法律中获得效力。为了我们可从"这部法律旨在使X制定的法律有效"转到"由X制定的法律实际上从这部法律获得效力"，所需要的是，有关领土范围内的法院或法律识别机关应该承认旨在授予X权力的某部法律，并且视之为承认其使之生效的法律的理由。但是，在回答这部法律是否被如此承认的问题上，我们绝对不能仅仅根据其内容来识别它——就像当我们仅仅关注效力确认的关系时所做的那样，而应根据它的制定者、制定模式，或者颁布日期，或者是所有这些。易言之，我们必须将我们的注意力从内容转移到这些其他的个别化因素。从下述考虑来看，这种注意力转移是非常有必要的。实际上的苏联宪法与《苏维埃法律效力法案》也许恰好具有同样的内容，并且两者都与苏联立法机关创

制法律的运作有效力确认的关系。但是苏联法院能够区分它们，它们只承认苏联宪法而不是《苏维埃法律效力法案》，与苏联法律的效力有关，并与这些法律一样属于同一个体系，它们是根据我上文所已提及的那些个别化因素，而非根据内容的一致性来进行区分。

(C) 效力的获得以及成员标准 338

这些考量表明，在考虑两种法律是否同属于一个单一法律体系或不同体系时，我们不能用它们一个从另一个中获得效力的情况，来作为它们属于同一个单一体系的标准。之所以如此，是因为在成员问题根据独立的承认测试(the test of recognition)得到解决以前，我们就不能发现是否其中一个法律由另一部法律中获得效力。我们仅能知道的是，一个宣称要确认另一个的效力。不同的法律属于同一个体系之成员的标准，因此就有赖于并且事实上是我们适用一部法律从另一部获得其效力之概念时的假设。只有当我们知道苏联宪法被苏联法院视为认可根据该宪法规定所制定之法律的依据，并且因此与其他法律同属于一个法律体系时，我们才能够说，后者从前者中获得其效力。在我们知道宪法被如此认可之前，所有我们能说的只是，像《苏维埃法律效力法案》一样，这部宪法宣称要确认这些法律。

(D) 作为成员标准的基础规范

凯尔森的读者应该能够忆起，在他理论的所有版本中，他都坚持这样一个看法，使得各种不同的法律统一成一个单一体系的正是基础规范，[60]并且它之所以如此，是因为对他来说，一个体系的

[60] GT，第110、367页；PTL，第195、201页。

所有实在法都直接或者间接地从基础规范中获得其效力。根据凯尔森的理论，基础规范与一个体系的其他法律不同，并非一个实在的或人为制定的规范[61]：与一个体系的所有其他法律（实在法）不同，它不从任何法律中获得其效力。它是一个“预设”（presupposed）的规范，它是宪法“有效性的依据”；它也许会被表述为“一个人应该根据宪法的规定行为”，[62]并且为任何一个视宪法为有效规范之人所预设。[63]

339　由于基础规范是宪法有效性的依据，宪法从基础规范中获得其效力，则一个体系的所有其他从宪法中直接或间接获得其效力的法律，也是间接地或最终地从基础规范中获得这种效力的。凯尔森的观点是，那些法律之所以会形成一个单一的体系，就是因为它们的效力能够被如此追溯到基础规范并且从基础规范中获取。然而，如我上文所已有所论，假使我们只能够将那些法律的效力追溯到其他法律（作为不同于效力确认关系的法律）的话，如果我们已经知道根据承认标准来识别那些法律所属的体系，它就不具有可追溯到基础规范的可追溯性，该规范告诉我们那些法律属于何种体系或者对它们统一于一个法律体系给以说明。再一次地，我们的假设性例子使得这一点更为明确。《美国宪法》的基础规范是（概而言之）：宪法是有效的；但是除非我们有某些说明法律属于同一体系的独立标准，否则我们就不能将法律的有效性追溯到宪法

[61] PTL，第 199 页。

[62] 同上书，第 201 页。如果国内法被视为国际法的从属部分的话，它的表述将会有所不同。

[63] 同上书，第 204 页，注释 72。

并且从那里追溯到其基础规范；我们只能沿循着那些效力确认的关系，并且如我们已有所见的，这些效力确认的关系将会横跨不同的法律体系。它们不仅将《美国宪法》与《苏维埃法律效力法案》联系起来，还将把它与所有《苏维埃法律效力法案》宣称要确认的苏联立法联系起来。如果我们唯一的关于法律体系的成员标准是效力确认的可追溯性，我们就不能突破那我们希望突破的分界线。我们不能像苏联法院所做的那样，停留在苏联宪法的层面上，并且把《苏维埃法律效力法案》认作属于不同的法律体系而不加理睬，尽管它宣称要确认苏联法律；我们将不得不继续，从苏联立法机构颁定的法律到《苏维埃法律效力法案》，并且从那里再到《美国宪法》，再从那里到其基础规范，根据定义，在基本规范之上就无进一步效力确认的关系可以沿循了。但是这个旅程将会毫无结果，因为它不仅难以表明这些法律从基础规范中获得其效力，也难以表明它们属于一个单一的法律体系。

四、承认的难题

如我所已有言，前一个部分无非由一个假设性的说明构成，这是个对如何确定一个法律体系之成员的标准以及如何使得各个不同的法律体系个别化以相互区别的说明。非常明显，我所强调的 340
承认概念需要在不同的方面进行精炼，并且，我将以对一些考量的简要说明作结。这些考虑使得我暂时性地表达自己。

1. 我已经谈到了在不同领土范围内实际有效的法律识别与法律执行机构的承认。非常明显的是，这正视了现代国内法律体系的安排，在那里会有许多法院与特殊的机构去执行法律。但是我们也不能无视更为原始的安排：在那里没有什么法院或专门的执法机构，对违反规则之惩罚的适用也由受害者一方或其亲属来实施，或者由整个共同体来实施。至少根据凯尔森的看法，国际法本身就是这样一个分散化的体系。也许，在这些情况中，我们将不得不利用作为我们成员标准的、由社会或共同体来进行的承认概念，在界定什么构成充分的承认时，也将面临特定的难题。

2. 即使在现代国内法律体系的情况下，由法院所进行的承认概念也不无含混。从狭义的解释而言，法院用以作为识别成员标准的承认能够意味着，除非一个规则在实际上被法院适用于个案的解决，它就不能说是属于某一个法律体系的。这个解释与格雷的理论[64]相当接近，并且也与归于后来美国法律现实主义者的一些学说相近；但毫无疑问它是非常不现实的，因为看起来没有什么理由能够拒绝说，一部由一个正常运作之法律体系的立法机构所制定的法律不是法律，哪怕是在它被法院适用于对实际案件的解决之前。然而，对于对某种承认观念之广义解释的精确阐发不可能没有争议；这种承认观念像包含那些为法院所实际上适用的规则一样，也包含那些法院可能会适用的规则。

3. 所有文明的法律体系都会包括一些特殊的规则，用来处理那些含有外国因素（例如，涉外合同或婚姻）的案件。无论就法院什么时候有权审判这些具有涉外因素的案件而言，还是就哪些法
341 律体系应该指引法院行使这种管辖权来说，都是由这些规则所决

[64] 参见：Gray, *Nature and Sources of Law*(New York, 1909).

定。这些就是以国际私法或冲突法（conflicts of law）而闻名的规则，如果我们考虑到它们，那么法院承认的概念就不得不在不同的方面作进一步精确化。如果一对夫妇的婚姻根据婚礼举行地国的法律是有效的并且他们要在许多不同的国家旅行的话，他们可以非常自信，绝大部分这些国家的法院都会认为他们是有效婚姻，至少就其婚礼的形式而言是这样的。在那些一国法院据说会承认并适用另一国法律的案件中，这仅仅是一个非常简单的例子。除非上述将承认概念视为成员标准的主张在某些方面加以限制，我们就不得不断定说，一国为另一国法院承认并适用的法律属于另一国的法律体系，正如它属于该国的法律体系一样。不同意我在表征此类案件时所使用的用语是可能的，因为据说，当一国法院，如说英国法院将一个在他国举行的婚姻，如在苏联，因该婚姻的缔结形式符合苏联法律而认作有效时——尽管苏联法律不同于英国法；这并非英国法院真的适用苏联法律，而是对其面前的当事方适用这样一个规则：这个规则在内容上非常类似于另外一个规则，这后一个规则是当苏联法院也面临着类似案件时也会向当事方适用的但具有纯粹国内法特征的规则。[65] 这将会避开尴尬以及这样一个主张的可能具有令人误导的特征：认为上述情况是一个或同样规则为不同法律体系的法院所适用；但是，在法院在此类涉外案件中给予外国法的此种承认与作为成员资格之标准的承认，两者之间的区别何在，我们仍然没有一个满意的答案。我们需要这种区

[65] 参见：W. W. Cook, *The Logical and Legal Bases of The Conflict of Laws* (Cambridge, Mass., 1942), ch. 1.

别，因为在某种含义的承认中，法院确实在某些引起国际私法问题的案件中**承认**了外国法律，即使为了尊重上述论点，我们不说它们**适用**外国法，而是适用了它们自己的法律，只是这法律在内容上与它们承认的外国法有相似之处。

通过区别那可被指称为“原生”(original)的承认与“衍生”
342 (derivative)的承认这两种承认时，这一困难也许会被解决。在一个无涉外因素的普通案件中，例如英国法院仅仅适用英国制定法的情况，法院并不会基于这样的事实来承认或适用制定法，这个事实是，其他一些国家的法院已经承认或会承认它；这就是原生的承认。但是，在那些引起国际私法问题的案件中，法院承认一部法律的部分依据是它已经被或者会被另外一个国家的法院进行原初承认，这就是对外国法的衍生承认。在这些案件中，无论我们应该说法院适用的是一部因此被衍生承认的法律，抑或说它适用的仅仅是具有相似内容的法律，我想都不会影响这种区别，尽管我承认它毫无疑问需要进一步的详细阐发。

附　　录

参看下列批评与评论：

J. Raz, The Identity of the Legal Systems, *The Authority of Law* (Oxford, 1979), 78; "The Purity of the Pure Theory", 138 *Revue Internationale de la Philosophie*, 441(1981).

第十六篇　朗·富勒:《法律的道德性》 343

这部富有想象力、原创性并发人深省的著作,[①]蕴含着丰富的主题;其中许多主题值得作者给予更充分的处理。我对这本书一再研读,百读不厌,而且我敢肯定,我还会回头思考它的智慧,并且鞭策我在自我批评中不断努力。但我发现,由于其他理由,有必要重新阅读。因为,尽管作者想要捍卫的立场清晰,表述也连贯,并且尽管这些观点也常常通过一些启发性的例子和来自科学或经济学的类比得到说明,然而在作者明确和坚定断言法理学中的正确与错误时,往往很难找到同样明确和坚定的论证来支持这些断言。可是在这样说时,我也被一种担忧所折磨,担心我们在法理学上的出发点与兴趣是如此不同,以至于我和作者注定无法相互理解彼此的作品。因此,可能在我觉得作者思想晦涩的地方,也许才是他思想深刻而我理解力无法企及之处。但愿,我敢于希望,那些他发现我的思想有误导性的地方,是我真正——或者最起码是——清晰之处。

该书的核心主题有独特的优点,它设想法律甚至是把"法律"定义为"使人类行为服从规则治理的(有目的)的事业"。这个宽泛

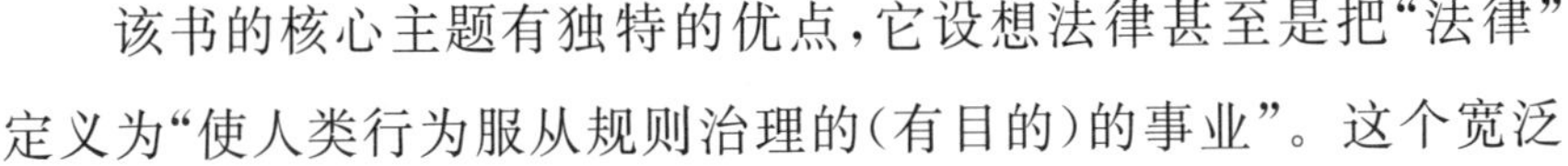

① Lon. L. Fuller, *The Morality of Law*(New Heaven, 1964).

的法律观念，明明白白又顺理成章地包括了俱乐部、教堂、学校以及“第一百零一种形式的人类组织”的规则。这个宽泛观念的外部边界无法从这本书中准确确定，因为作者没有给我们任何关于“规则”是什么的说明，而是通篇在说规则的概念好像是毫不含糊的，而且在其他方面没有问题。的确，非常清楚的是，作者会认为，更
344 精确地确定“法律”的边界何在对他来说并不重要。然而，当作者将注意力转向“事业”一词，并且告诉我们，就其价值而言，道德与法律之间存在一条虽然并不精确也不重要但却可以理解的界线，这一界线在后者而非前者的情况下，将人类行为置于服从规则治理之下的事业成为“明显责任”(explicit responsibility)的范畴。

因此，将法律设想为使人类行为服从规则治理的目的性事业的观念，揭示出了大量问题，对它们的发展就成为本书主要的建构性主题。它的论战主题是，通过提及法律的制裁规定或其规则的等级结构，或者通过提及正式渊源的概念，来区分法律与其他社会控制形式的传统努力是不充分的，实际上是恶果。诸如此类的进路，与奥斯丁或凯尔森的名字联系在一起，即便具有局部洞见的优点，但也是不被认可的。该书也没有对以下观点作出任何妥协：对各种法律体系内在结构的探究，以及旨在引出法律作为一种目的性活动含义的探究（例如作者的探究），不是法理学上的对手，而是一种互补形式。因此，这部简短的著作完成了言简意赅的工作，而这往往要由许多其他长篇大论的著作来完成。

这些最粗略的概要就是作者的建构性与解构性主题。下述内容是我对他的一些主要观点的评价。

一、义务的道德与愿望的道德

该书以一个道德哲学的贡献开篇，当然值得作为道德哲学而非仅仅作为法学思想的偶然副产品来评价；因为它第一章就反对把道德视为简单的一元概念的看法，并对道德内部评价人类行为的不同但相关的维度做了详细的辩护。作者最为坚持的区分是义务的道德（morality of duty）与“愿望的”道德（morality of “aspiration”），或“理想的”（ideals）道德。当我们参照前者判断某种行为时，我们会对其适用明确的、易于表述的规则：我们用命令 345
式或准命令式的形式[“你不应该”（thou shalt not）或其现代的相同形式]来表达，尽管偏离规则会招致惩罚或责难，但遵守规则却不会得到赞扬。我们要做的不是达到道德优越性的制高点，而是满足道德的最低限度。相反，如果我们以愿望的道德的观点来考量人类行为，我们对其施加的不是强制性规则，而是那些“良好生活”（Good Life）“什么是人类最理想的生活”或者“与人类能力不相称的生活”的观念。在这里，我们赞扬其成就但并不谴责或指控其不足，尽管我们会对不足表现出不屑。

作者在这种分离的道德观念与经济和法律之间，提出了许多有意思的比较。愿望的道德与经济学中的边际效用（marginal utility）相比，而具有互惠（reciprocity）特点的义务的道德则与经济学中的交换相比较。的确如作者所言，这个打破过于单一的道德本质观念的努力值得称道，但并不新鲜。的确，在诸如“对”（right）与“错”（wrong）等白纸黑字的规则确定词（ruledetermined words)的通常用法，与诸如“好”“更好”“最好”等相比较的程度确定词(scale-determined words)的通常用法之间存在区别，任何想要关注对比的人，都很难忽略这一点。然而，即使作者没有发现，但他肯定推进了这个更加现实主义的道德观念，即它包括不同的评价维度。

尽管如此，在第一章仍有许多让称职的道德哲学家疑惑的地方。首先是：作者最初对义务的特性描述，将其与“理性可发现的”和客观的事物紧密联系在一起，与他认为的“主观主义的适合”(subjectivism appropriate)的更高层次的愿望的道德相对比。的确，他对那些未能抓住两种道德之区别，说得好像“显而易见”的义务立基于“某些本质上不可言说的偏好”的人嗤之以鼻。然而，这幅清晰的义务的初步图景，作为理性可发现的与客观的，很难与作者所说的义务的其他方面相适合。尽管对他而言，义务的道德规定了某些基本规则，没有这些规则就不存在有秩序的社会，但这并
346 未穷尽它的作用；因为他注意到，关于哪些行为范围应分别属于义务或愿望的道德的各自领域方面，道德主义者有不同看法，而且他对那些始终尝试扩展义务的领域而不是在认识某种人类性质的理想方面邀请我们加入的道德主义者有精辟的观察。但不清楚的是，鉴于这些关于义务范围的不同观念，作者如何将其适用于他对理性可发现和非主观的最初特性描述。此外，令人惊讶的是，根据这最初的特性描述，作者不仅提到了许多可能的愿望的道德，也提及了可选择的义务的道德。他说，其中一些道德“充满了自利的味道”，而其他的则“建立在绝对命令(categorical imperative)的崇高要求之上”。

类似的困难也出现在作者的道德认识论的线索(它们不再是了)中,即他对我们如何知道和确定什么是我们的义务或者“有利于人类能力”的观点。在这里,他说了一些令人费解的话:“当我们对道德义务作出判断时,说这种义务能以某种方式,直接从事实状态的知识中流出来,似乎是荒谬的。”这与我们将愿望的道德应用于行为上的状况形成对比。作者根据事实说明了这个对比,这个事实是:在我们下结论说“一项义务应该存在”之前,无论我们对事实理解得多么透彻,都似乎会有立法判断的行为介入其中。我想,我对作者所说的理解一个人的理想和我们的赞成与不赞成之间的紧密联系有了些许了解。但最令我迷惑不解的是,他说的义务涉及“立法”。尽管义务最初的特征是可被理性发现,而且是显而易见的,那么这是否意味着,义务毕竟只是一个选择问题,即使不是“不可言说的偏好”?也许并非如此,因为当我们对义务进行道德判断时,作者跟我们说结论是它“应该”存在。然而,这种“应该”来自义务的道德,还是来自愿望的道德,抑或两者都不是呢?

我希望在该书以后的各版中,作者能够解决这些不清晰之处,因为它遮蔽了研究道德的有洞察力进路。[②]

二、法律的内在道德与外在道德 347

为了引入一个立法者雷克斯(Rex)[*],作者在设计一些有教益

② 除了在义务与愿望之间的区别之外,还必须在为社会集体所接受的道德与人们的个性化的或者批评性的道德之间作一区别。在所有这些里面,“义务”都可能出现。参见:P. F. Strawson,“Social Morality and Individual Idea”,36 *Philosophy*,1(1961).

* 在英国,“Rex”有国王之意;而且此处非常明显的是,“Rex”就是国王。——译者

的寓言上可谓匠心独运，也显示了其卓越的才华。在这些寓言中，雷克斯未能在八个显著的方面制定出适合作为其受治者(subjects)之指引的规则。与这八种形式的失败对应的是作者接着确定的八个“法律内在道德性的要求”，对于这些要求，一个规则体系的必须力求满足它们。所有的规则都应该是(1)一般性；(2)应该让受其影响的人们周知或容易获取(公布)；(3)适用于未来，不溯及既往；(4)清晰性与可理解性；(5)无矛盾；(6)不应该要求不可能之事；(7)不应该频繁修改；最后(8)法律与官方行为应该一致。

这八个用于实现使人类行为服从规则的目的性活动的原则，被作者称为“法律的内在道德”；他还为它们起了其他一些名字，诸如“使法律成为可能的道德”“法律的特殊道德”“程序自然法”以及“合法性诸原则”。我将采用最后一种，也是最为传统的称呼。因为，如我后面所论证的那样，将这八项原则分类为一种道德形式会造成混淆。应予指出的是，在作者所钟情的“内在”一词的力量在于强调这样一个事实：这些形式的法律优越性并非来自正义原则或者其他与法律的实体目标或内容相关的“外在”道德原则，而是完全通过一个现实考量来达致的，即对于有效实现引导人类行为服从规则的目的而言，什么才是有必要的。通过设身处地去理解决心实现此目的尽职立法者，我们就能理解它们是什么，而实际上它们是一些良好技艺(good craftsmanship)的本质性原则。的确，作者将它们与木工原则[他说是“自然规律”(natural laws)]相比较。它们独立于法律的实体目标，正如木工原则独立于木匠在做医用床还是制造刑具架一样。

在对这八个合法性原则的细致讨论中,作者说了一些新颖而又重要的东西。对作者来说,要求法律公布的原则是断然性 348
(peremptory)要求,它可以为受治者提出明确、易于表述的法律,剩下的要求并不能因此得到表述,因为满足它们往往是一个因情况而异的程度问题;例外是必要的,因此许多妥协与调整也是必要的。作者对这些调整(或者他称它们为“二律悖反”)的说明,充满了我认为该书最为精彩的那些篇章,这些说明用一些令人欣喜的新视角呈现出一些老问题。例如,为了弥补或回应对其他原则的侵犯,他说明了如何对禁止溯及既往之立法原则作出例外规定,以纠正或反击违反其他原则的行为;例如,当通过法律追溯性地确认过去由于未能遵守有效制定法所要求的手续而无效的婚姻,这些制定法本身未被充分公布,或者该制定法所规定的正式要求在婚姻缔结时不可能做到。他对溯及既往的一般性讨论揭示了这一概念边界的模糊性。如果溯及既往(*ex post facto*)的刑法明显违反了这一合法性原则的话,那么税法对其颁布之前所征得的税款,是否同样明显地侵犯了这一原则?作者表明,规则对受其影响的人应有可理解性的需求,在此意义上的清晰性要求,也可能会与法律体系中对技术上的系统性要素的需要发生冲突,这些要素要求法院能够一致地适用法律,并使该体系具有可预测性。他也表明,在逻辑学家对命令受治者既做“A”行为又做“非A(not-A)行为”的规则的毫不掩饰的反对之外,还需要为法律不应该自相矛盾的要求给予内容;如何能够通过不断地借助这种考量来给予内容:规则应该为公民提供一个要做什么的可理解性引导。在讨论制定法必须与司法或者其他官方行为相一致的需要中,作者发展了一套解

释制定法的理论，对解释的任务与完善一项不完整的创造，进行了有趣的比较。他在批评一些根本不健全的立法形式时[如《诈骗法》(Statute of Frauds)的第4条第5款]，展示了维持合法性原则
349 的任务所具有的合作性质；这种不良形式的立法，错误地推定，在要求履行合同的时间与证人被召集作证的时间之间存在明确的联系，因而只能产生没有可能的解决方案的困扰。③

总的来说，作者认为，法院能够也应该更多使用合法性诸原则，将其作为法律"内在逻辑"中相对客观的无争议部分。因此，他的论点在某些方面类似于韦克斯勒(Wechsler)教授对裁判"中立性原则"的辩护，④他主张，最高法院与其介入"实体正义"的有争议领域，不如参照法律的"内在道德"来处理案件。作者认为，法院对"罗宾逊诉加利福尼亚州案"(*Robinson v. California*)⑤中的主张是错误的，法院认为，一条使吸毒者面临六个月监禁的刑事惩罚的制定法，由于施加了"残酷和不寻常的惩罚"而违犯了第八修正案。相反，法庭本应在正当程序(due process)的范围内作出裁判，

---

③ 作者对严格责任的讨论比较不伶俐。他试图表明刑法中的严格责任与这样一个原则是相违反的：既然法律的目的是引导人们的行为，它们就不应该要求不可能达到的事情。但是，如果严格责任为那些它将被适用于其身上的人们所知晓的话，它们就一如那些根据"过错"来制定惩罚责任的法律一样，也能够引导行为。令人惊诧的是，尽管作者将严格责任视为在侵权法中将特定的额外处罚加于某些类型行为——例如爆破行为(blasting operations)——的法律责任之上的合情合理的方式，但他好像也把所有刑法中的严格责任都看作"要求做不可能之事"。然而，当某些偏离了该严格责任所附事业的人们不能确定其遵守"严格的"规制之能力时，为何严格责任不可以偶尔地用来"导引"人们的行为？

④ H. Wechsler, "Toward Neutral Principles of Constitutional Law", 73 *Harv. L. Rev.*, 1(1959).

⑤ 370 U.S. 660(1962).

其根据在于,刑法应该以这样的形式呈现给公民,使他们能够根据刑法塑造自己的行为。

到目前为止还算不错。但是,作者执意要将这些合法性诸原则归一种“道德”,这让他和他的读者都感到困惑。一种反对意见认为将这些原则描述成“法律的特殊道德”,这具有误导性,因为它们不仅适用于法律人所认为的法律,而且适用于任何规则指导的活动,如游戏(至少在拥有制定规则和适用规则之权威的游戏中), 350 
这种反对意见毫无疑问会遭到作者的抵制:他只会简单地诉诸作者的广义法律观念,说这种法律观念已经包括了游戏规则。但是,尽管有“内在性”的限制,但是将这些良好法律技艺的原则指示为道德,也有至关重要的反对意见:它把目的性活动的概念与道德的概念混为一谈,而分开这两个概念至关重要。毫无疑问投毒是目的性活动,但对其目的的反思表明,它也有其内在原则。(“如果毒药只会导致受害者呕吐,不管它们多么致命,都不要这样的毒药”,或者“如果它们的形状、颜色或大小容易引起注意的话,不管它们多么致命,都不要这样的毒药”。)但是,若将这些投毒者技巧的原则称为“投毒的道德”,那只会模糊目的的效率概念与那些关于活动和目的之最终判断之间的区别,伴随这些活动或目的,各种形式的道德才得到关注。

认真观察这一点非常重要:对作者将八个原则指示为道德的批评并不仅仅是言词批评;因为他对此点的坚持,使他错误地把他在第一章中所做的义务道德与愿望道德的区分,应用在这些原则之上,并且这导致了怪诞的结果。我们会回想起愿望的道德,我们将其施加于人类的行为上,它不是什么可以做什么不能做的明确

规则，而是一种良善生活或者人类能力之最佳发展的观念。当我们援引这种道德来批评人类行为时，我们不是谴责或指责，而只是表示不屑。但是，作者把合法性诸原则称为道德后，他发现自己必须讨论这个问题：它们是构成了义务道德还是愿望道德；他决定，除了要求法律必须公布这一断然性原则外，法律的道德性“在很大程度上注定”它仍然是愿望的道德而非义务的道德。

但毫无疑问的是，对此问题的讨论和达成的决定都是荒谬的。任何技艺原则都完全正确，它们被表述为断然性规则（在投毒者技艺的情况中，就是“确保毒药不要太大而难以吞咽”），而其他的原则则只是根据努力方向的指示而有所推进（“确保毒药不要太
351 贵”）。但是，这种断然性规则与单纯的指示性原则之间的区别，肯定与在义务道德和愿望道德的区别无关，其中义务道德伴随着指控与谴责，愿望的道德伴随着表扬与不屑。如果立法者肆意使用溯及既往的法律来恐吓其受治者，他只是违犯了愿望的道德吗？难道我们不能指责他违犯了道德义务（moral duty）吗？然而作者却说，尽管一项关于出版的道德义务可以轻易想象出来，但法律的内在道德主要诉诸“手艺人（crafts man）的自豪”。这些结论的确很奇怪，麻烦的根源在于多种原则的混淆，即用道德来引导任何形式目的性活动的原则。愿望的道德之所以成为一种道德，并不仅仅因为它由非断然性的指示性原则引导，走向特定目标这一事实，而在于目标是人类能力的某种理想发展，这被认为是生活中的行为的终极价值。只要使服从规则之治的目的——无论其内容如何——本身就是此种终极价值，才有理由将创制规则的原则归类为道德，并讨论它是义务的道德还是愿望的道德。

我想,如果不是因为作者自己相信,在涉及人类正义与福利的“外在”道德与他指称的“法律的内在道德”之间存在着一些重要的、必然的联系,那么作者就不会掉进自己挖的坑里。的确,他在后面一章说,论证这种联系,证成了他所指称的“道德”的八个原则。他严肃地指责我所说的,即尊重合法性诸原则非常不幸地“与巨大的不公正相容”,但是我没有找到有力的论据支持他的主张,即这些原则在善恶的实体性目标之间并不中立。的确,他对于这方面的主要论证,对我来说显然是谬误。他主张说,法律内在道德的简单要求——它应该用可理解的术语来表达——并不像其表现的那样,“在伦理上中立”。而且,他还引用了南非(South Africa)关于种族歧视立法的例子。作者认为,这种立法公然违背了法律内在道德性,因为在没有任何统一或者科学的种族分类依据的情况下,将法律后果附加在种族上的制定法,必然会引起无法解决的 352
解释困难。但这并不能说明作者的目的:它只说明,制定法律必须清晰和易于理解的原则,与模糊界定的实体性目标的追求并不相容,无论这些目标在道德上是善还是恶。尤其是,它未能说明作者的主张——清晰的规则在善恶的实体性目标之间并不是“在伦理上中立”的。因此,在清晰的规则和恶之间并没有特别的不相容。因此,清晰的法律在伦理上是中立的,尽管它们与模糊的和界定明确的目标并不相容。

作者对此论点的说明中,有一个特征实在令人惊讶。他实际上提到了所谓的“辛酸的嘲弄”,即以色列高等法院在适用给予移民犹太人以色列国籍的归化法(the Law of the Return)时,遇到了几乎无法解决的难题。当然,这部法律具有道德上良善的实体目

标，哪怕目标太模糊以至于难以通过清晰的规则来实现。把以色列与南非的制定法放在一起考虑，难道不能说明清晰性和不清晰性在伦理上的中立性吗？的确，为了肃清作者该论点上的谬误，我们需要其他的前提条件：好的目标在本质上是确定的，而坏的目标在本质上是模糊与难以明确界定的，因此不能通过明确的法律来实现。我不知道作者是否赞成这种观点，但我不赞成。

也许，作者的论证之所以这样进行，可能是因为他把我的温和评论——法律的内在道德“与巨大的不公正相容”——看作是我说它与每一种不公正目标都相容，无论是模糊的还是具体的。[⑥] 我并未这样说，因为这毫无疑问是错误的；正如说清晰的法律与每一种模糊或具体的好目标都相容一样，也是错误的。当然，如作者通篇所强调的，这完全是正确的：例如，纳粹政府为了追求邪恶的恐怖目标常常背离合法性原则，特别是在为了通过秘密立法，它们旨
353 在为大量非法行为提供溯及既往的掩护。整体而言，同样正确的是，一个决心颁布邪恶政策的政权，如果不能确定其政策会否得到普遍支持，或者认为需要平息外部意见，那么它往往希望得到秘密与模糊而不确定的法律掩护。但这是政府不同的声望或力量的问题，而不是政府根据合法性原则统治和政府根据邪恶目标统治之间之必然不相容的问题。

⑥　H. L. A. Hart，*The Concept of Law*，202(1961). 他说，我的话是一种“对在法律的内在与外在道德之间**存在任何可能的相互作用**的明确拒绝”(强调为笔者所加)。

三、争论

有许多作家的主要关注点不是那些创制与执行法律之人的目的,这点与作者不同,他对此表达了严厉的言辞。但是在某些情况下(尽管不包括我),他攻击的作家只是他树立的稻草人,因此他轻轻一推就把他们击倒,自然是不足为奇。尤其是,他最为不公正地对待这样一种理论(它并非我喜欢的理论):法律与其他社会控制形式最有用的区分在于,它拥有通过制裁来强制执行规则的有组织条款。作者写得好像提出这个理论的唯一借口就是这些陈腐事实:法律体系既然要控制暴力,那么它们必须准备着以暴力应对,而直接关注身体惩罚的刑法的实施,与法律仪式及庄重形式密切相关。但是,像奥斯丁⑦、凯尔森⑧这样的作家,选择制裁条款作为法律显著的标志,显然独立于这些考量:他们由以下信念所推动,即引入有组织的制裁,说明了法律作为区分其他社会规范类型所具有的独特命令性特征,并且带来了大量相关的不同之处。这就是为何不仅是乏味的分析法学家,而且就连马克斯·韦伯(Max Weber)、卡尔·雷纳(Karl Renner)等法律社会学家中的骄子——他们关注区辩(discriminate)以理解各种不同形式的社会过程——也同样将制裁条款视为法律的显著标志。但是,在作者的说明中,这个法律理论在被扼杀前就已经遭到了讽刺:没有阅读本

⑦ 参见:Austin, *The Province of Jurisprudence Determined*, 1-30 (5th edn., 1885).

⑧ 参见:H. Kelsen, *General Theory of Law and State*, 61(1945).

354 书的人可能想象到，这个理论对于任何人而言几乎没有用处。因为在“科学的概念”（the Concept of Science）这一扩展章节中，作者将这种法律理论与将科学简单地定义为“对特定种类工具的使用”或者（在另一个版本中）“为了测量和测试而对设备的运用”的明显荒唐定义进行比较。这种谬论据说是另一种理论的对应物，那种理论把强力的使用视为法律的识别（identifying）特征。但事实上，与这种荒谬的科学的定义相似的是一种把法律简单定义为使用强力的理论：无论奥斯丁还是凯尔森对此都是无辜的，据我所知，没有一个“实证主义者”这样做过。这些作家没有把制裁条款视为法律的识别标志，而是将之视为区分法律规则与其他形式社会规则的特点。在科学方面，与之对应的不是荒谬地把科学的特征看作是测量的使用，而是要把其特征视为通过使用测量与测试来对自然的统一性进行探索，以区别于其他此类探索。而这一点，即使不充分，也不会荒谬。

作者攻击了那种把规则的等级结构或金字塔形结构当作法律定义性特征的理论。这种攻击以笼统的术语展开，很难发现他考虑的是这一理论诸多变体的哪一个。但是，他简单地将之归为对法律内在道德之迫切需要的迷恋，对法律体系内冲突之最终解决的需要。然而在此类理论最著名阐发者凯尔森那里，对这个问题之迷恋可谓起不到什么作用。凯尔森的基本规范理论，不管在细节上多么不尽如人意，都是为了对构成法律思想框架的一系列观念提供令人满意的分析而发展起来的：其中包括法律**体系**的概念、效力的观念、委托的观念，以及对公法与私法之间的传统区别的批评。作者专注于研究法律目的，对分析实现这些目的的结构性框架不感兴趣,这是可以理解的;但令人遗憾的是,这些专注使他看不到他所攻击的那些理论的特征与目标。

我认为,同样令人遗憾的是,作者在没有意识到的情况下,通 355
过将一种不属于实证主义思想家的守法之道德义务的观点归于他们,竟然复兴了对他们的古老诽谤。他在某段文章中这样说,他批评那些与他不同的人,没有看到法律体系可以"半存在"(half exist),法律的存在只是一个规则满足法律内在道德的程度问题。他在这里主张说,那些持有相反假设的"法律学者"不仅致力于认为,纳粹违反合法性原则而制定的法律仍然是完整的法律:他们("作为该信念的怪诞苗头")还致力于这样的观念,即"一个正派的德国公民服从这些法律的道德义务,根本未受到这些法律部分向他们隐瞒的事实的影响,其中一部分法律溯及既往地'补救'了大规模屠杀……"。但是如果一个人追问什么"法律学者"如此设想服从法律的道德义务,在该书中可以发现的唯一答案是在前面一页关于于战后德国审判告密者的参考资料里。此处,我们得知,"二战"后德国法庭将纳粹法庭的裁判视为无效,不是根据他们所适用的纳粹制定法无效,而是根据纳粹法庭错误解释了这些制定法。作者责备帕普博士,说他夸大了这个区别,因为"所涉及这类制定法,好像充满了模糊的语句与无限制的权力授予,似乎不太适合表达对它们进行适当解释的问题"。但是,这如何能够表明"法律学者"也共享这样的观念,即认为正派德国人服从法律的"道德义务",根本未受纳粹政府邪恶悖离这些合法性原则的影响呢?"二战"后德国法庭面临的问题是,一个心怀不轨的告密者,他让纳粹法院对违反纳粹制定法的受害者定罪并投入监牢,是否能够根据

那些纳粹制定法向战后的法庭抗辩，因为他在行为时并不**违法**。“二战”后，一些德国法院认为他不能提出这样的根据，不是因为这些法律无效，而是因为它们被纳粹法庭错误地解释了。急于找出这一区别的“法律学者”，如何背叛了这个信念：正派的德国人有遵
356 守纳粹法的道德义务，无论其形式与内容如何不公。它至多暗示了这种信念即根据这些制定法的人被**合法地**赋予做这些行为的资格。

作者用了一些篇幅评说我的著作《法律的概念》，对于他最重要的批评，我将在下面尽可能作出回答。但是，我与其他他攻击的作家一起，遭到一个一般性的指责。他主张，我们所有人都犯了同样的根本性错误：把法律当成了“社会权力的显见事实”（或者其他版本的“社会权威或权力的显见事实”）或当作“自然的数据”（datum of nature），这与作为目的性事业的“权利”观点相反。作者意识到，在这一点上他的读者可能会发现他的论证很困难，而且他们也许会认为，他不仅将“目的”归于特定法律，也归于作为“黑格尔精神再次支配”的整体法律。对我来说，与作者的证明所展现的困难相比，黑格尔的困难简直易如儿戏，作者的证明涉及他攻击的“歪曲现实”观点，而他自己的观点，由于“它最大限度忠诚于现实”，因此是正确的观点。但是有一点是清楚的：作者未经证成，就将他对其他法理学进路高度的不宽容归于那些他批评的人身上，而这事实上是他证明这些观点错误的一部分，如果不是全部的话。因为他把这种排他性观点归结为有一条研究法律的正确方法，他讶异地说，如果我们与我们的前提保持一致，那么，尽管“我们也许为某些溯及既往的法律而悲叹……可我们甚至难以解释一个完全

溯及既往的法律体系会有什么问题”,并且我们甚至不能充分解释为何通常的法律规则都是一般性的。

这些指控意味着什么?举个最简单的例子来说,像边沁与奥斯丁这样将法律定义为命令的作家,根据法律不能为人类幸福作出贡献以及只要法律导致惩罚就会引起无用的痛苦,为什么不能反对一种完全有溯及力的法律体系?凯尔森或者我本人认为法律可以被有益地视为规则体系,为什么也不能说明法律的通常一般性是可欲的,不仅仅出于经济上的原因,也由于它会使个人能够预 357
测未来,同时也说明这是对人类的自由与幸福的极大贡献?为何在给出这些种类的说明时,作家们都与他们的分析理论不一致,或者被指责说“歪曲事实”呢?

事实上,被作者称为“法律的内在道德”的合法性诸原则,在边沁评论他同时代人的时候,也以功利的名义强烈地鼓吹过:他用了很多篇幅讨论法律的溯及既往性以及含糊性的弊端。[⑨] 无论是边沁还是与他相同传统的作家们,都不认为他们是根据作者所说的“社会权力的显见事实”来定义法律,作者的说法会使从社会学、功能或批判的角度来考虑法律变得不正当(illegitimate)。边沁不仅准许这些进路,并且命名和实践这些方法,如他说的“说明性”(expository)与“审查性”(censorial)法理学术语所展现的。[⑩] 作者对他所批评的人说,他们“既不能提出,也不能回答(他所讨论的合法性诸原则的问题)”。这毫无疑问是错误的。在此问题上,作

---

⑨　参见:Bentham, *Principles of Morals and Legislation*, in 1 *Works* Ⅰ, 144-145, 146(Bowring edn., 1838－1843)(ch. XIX, 11th, 14th paras.).

⑩　参见:Ibid., at 148 (ch. XIX, 21st-22nd paras.).

者与那些他所批评的人之间的差别在于，用规则控制人的活动与旨在使效率最大化的原则，并不能为后者重视，也不被他们冠以“道德性”的称号。只有当它们有助于幸福或法律的其他实体性道德目标时，它们才有价值。

四、法律的概念

作者以我著作《法律的概念》的书名作为他最富争论的一章的标题，这是对我的赞美。他在这一章的开头引用了尼采(Nietzsche)的一句话：“忘记目的是最常见的愚蠢形式。(Das Vergessen der Absichten ist die häufigste Dummheit，die gemacht wird.)”这句话并未完全取消赞美。因此，他对我著作的批评，由此包含了指控的细节，即说我犯了“忘记目的”这个**愚蠢**
358 (*Dummheit*)的错误。只要这个指控依赖于对我的观点的非难，即探究法律目的不正当也不重要，我也许只需要说，我把《法律的概念》一书的目标(aim)看作是对作者所探究之“目的”(purposes)的补充，而绝不是排斥。因为在我的书中，我曾试图对法律结构提出更为完善的描述方式和一个更清晰的观点，这些“目的”在此法律结构内得到追求。因此我在书中力争澄清许多作者认为理所当然的事情。在这些事情中，作者未对“**规则**”的概念进行分析，但是我发现它同样需要辨别(discrimination)、细分(subdivision)以及分析，正如作者在第一章中发现需要对“道德”所做的那样。尽管我和其他法学家都未提出适当的方法，对不同类型的法律规则以及通过规则引导或联系行为的其他不同方式进行分类，但我在施加

义务与责任的规则和授予权力的规则之间找到一个主要区别(尽管它本身还需要进一步精炼)。后者的主要例子是授予法官司法管辖权与立法者立法权威的规则,以及使个人能够改变自己和他人法律地位的规则。我认为,在这两种规则的结合中,我们就有一个有效的工具来分析构成法律思想框架的许多东西。

我对这两种规则的区分并不新鲜:大陆的法学家们早已将"权限规则"(rules of competence)从施加法律责任的规则区分出来,其他法学家也区分了"授权规则"(enabling rules)与"限制规则"(restrictive rules)。但是,我的区分观点能够为法理学中长久以来幽暗不明的地方带来一丝亮光,该观点也许是新颖的。作者自是表明了他本人对这种主张的怀疑。但是我在这本书中发现黑暗的地方,恰恰可以被这种分析方式照亮。因此,他指责我未能看到"常常被轻率地视为组织法律的机构权威的结构,本身就是法律的产物",或者(在另外一个版本中),"告诉我们什么是法律的既有法律权威,其本身就是法律的产物"。但是,作者与我的分歧,并不在于我不明白或者不同意这一点,而是我试图分析这些引文的意义,
以及分析它们如何如凯尔森所言,成为"法律规制其自身创造物" 359
的情况,但作者却未给我们这样的说明。在我的书中,我坚持认为,在每一个立法权威背后(哪怕是法律体系中最高的立法权威)都必须有规则规定立法者的身份与资格,以及它们必须做什么才能制定法律。相比之下,作者对此问题唯一的贡献,就是他再次利用他经常重复的秘方("国会立法的能力本身就是有目的性努力的成果"),并警告我们:我们在这里所拥有的"不仅仅是自然的数据"。毫无疑问,这最后一段使得讨论难以进行。什么是"数据"

(datum),是什么让它成为或不成为“自然的”?作者用这些晦暗不明的哲学解释暗示,那些像我一样试图根据规则分析立法权概念的人,致力于从他们的分析中排除对任何东西的参照,无生命的东西除外。

作者最重要的批评,是关于我在书中对“承认规则”(the rule of recognition)的讨论。如果不是被作者此处所说的话唤醒,那么我就真沉睡在教条主义中了。我用“承认规则”的表述来说明我的一般理论:一个国内法律体系是一个“开放结构”(open-textured)规则的构造物(structure),其基础是一条在法律上具有终极性的规则,因为它提供了一套标准,这些标准是评价该体系之从属性规则的最后手段。该规则本身不能被表征为法律上有效或无效——尽管它可能是道德批评、历史解释、社会学解释以及其他探究形式的主题。该规则的存在,表现在法律创制、法律适用与执法官员都承认与使用同一套法律效力标准,并普遍遵从如此识别的法律。

有些理论家更愿意将这种现象称为政治事实:视之为这样一种事实,即宪法并非作为纸上文字而存在,而毋宁是作为在法律体系下生活之共同体的生命的一部分存在。在我的著作中,我为这样一种说法提出了理由:后一种描述的适当性,并未排除将此种现象归类为一种终极法律规则,该规则为识别法律体系的从属法律
360 提供标准。然而,最重要的当然是,任何像我一样希望在此点上谈论“规则”特别是“**一条**规则”的人,都应该提出最朴素的告诫,说明这种法律上的终极规则是如何既不同于法律体系的通常从属性规则,又不同于通常那些社会惯习与习惯。为此,我在书中坚称,承认规则既复杂又具有开放结构。它之所以复杂,是因为在所有现

代法律体系中，法律效力不只使用一个标准而是数个标准。因此，即便是像英国法律体系这样的“单一”(unitary)体系中，法律的识别既要援引司法先例，也要援引议会的制定法。这些不同的标准按照相对从属和优先的顺序排列：先例从属于制定法，因为普通法规则可被制定法剥夺其作为法律的地位，尽管其法律地位并非源于制定法。之所以还在这一点上谈及“**一条**规则”，理由在于，尽管它们具有多样性，但通过它们的等级安排，这些不同标准得到统一。我关注以下事实，即影响到所有规则的开放结构的特征，在承认规则中也存在。它也同样有“暗区”(penumbral)地带，也有其确定而稳固的“核心”。因此，就是总有一些关于法律的标准或官方渊源的问题，对于这些问题，除非法庭已作出裁判，否则任何时候都没有唯一正确的答案。而当法院如此裁判时，它们就会调整或发展该法律体系的最基本规则。

439

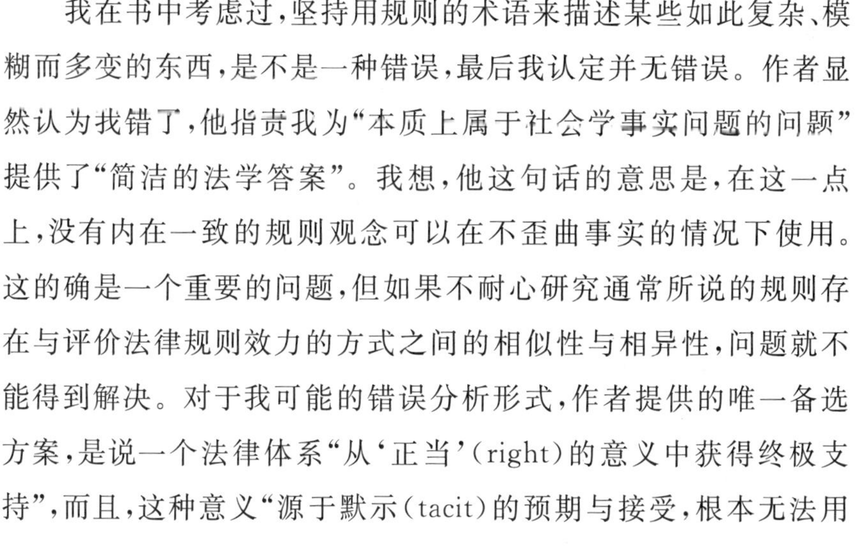

我在书中考虑过，坚持用规则的术语来描述某些如此复杂、模糊而多变的东西，是不是一种错误，最后我认定并无错误。作者显然认为我错了，他指责我为“本质上属于社会学事实问题的问题”提供了“简洁的法学答案”。我想，他这句话的意思是，在这一点上，没有内在一致的规则观念可以在不歪曲事实的情况下使用。这的确是一个重要的问题，但如果不耐心研究通常所说的规则存在与评价法律规则效力的方式之间的相似性与相异性，问题就不能得到解决。对于我可能的错误分析形式，作者提供的唯一备选方案，是说一个法律体系“从‘正当’(right)的意义中获得终极支 361
持”，而且，这种意义“源于默示(tacit)的预期与接受，根本无法用义务或者能力等术语来表述”。抛开编织幻想而言，真的不能比这

更具体吗？

我不会在一些细节[11]问题上去烦读者说作者误解了我。但在一个主要的话题上，我认为他的批评有失偏颇，因为某种意义上，它的批评不够根本。因此他说，作为“逻辑思维的必要性”，我假定我的承认规则必须是无条件的，而且立法权威**不能**成为“因滥用”而撤销的明示或默示条款的主题。然而在我的理论中，没有任何东西能够导致这一结果。对我来说，在承认规则的内容上，没有任何逻辑限制：就“逻辑”而言，它可以明示地或默示地规定，如果根据这些标准识别的法律被证明在道德上令人反感，那么确定从属性法律效力的标准就应该停止识别其为法律。因此宪法对立法权的限制，哪怕是对最高立法权的限制，不仅要符合正当程序（due process），而且要有一个完整的一般性规定：如果其颁布的法律与道德或正义原则相冲突，那么该立法权就应该失效。反对这种特殊安排的不是“逻辑”，而是此种法律效力标准的巨大不确定性。宪法采取这种形式不会招惹麻烦。因此，通常情况下，“这是一部有效的法律吗？”，以及“它在道德上是如此邪恶，我是否必须撤回我对那些制定它的人们的权威的承认？”，这两个问题是不同的。但在我的书中，没有任何地方暗示，后一个问题不具有重要性。在这里，如果我可以这样说的话，作者的目标应该是我的主张，即把对规定法律效力标准的法律体系内的法律终极规则的普遍接受，

[11] 由此他错误地认为，在我的看法里“将法律主权（legal sovereignty）归于女王议会的承认规则能够……总结与吸收所有小的规则，正是这些小规则使得法律人能够认可法律”。这忽视了——哪怕是在英国——那些我在书中已经给出并在上文已经说明过的承认规则的复杂性。

与个人在决定他们是否以及在多大程度上有道德义务遵守法律时所依据的任何道德原则或规则区分开来,既是可理解的也是重要的。同样,在作出这个区别上我可能又犯下了错误,而在认为对法 362
律权威的任何承认都暗含道德上的限制方面,作者可能是正确的。但是,如果这是我的错误,那就需要比作者在此处所提出的进行更为直接和详细的攻击。

最后,作者主张,我的方法的"基本错误"表现在我的理论不能充分说明为何即使在一场革命之后,旧政权所颁布的大量私法在新政权下继续有效。在我的书里,我讨论了我在那里所说的"法律的持续性"。但是我没有处理这种革命现象,因为我的关注点是展示奥斯丁理论的不足,即法律是"被习惯性服从"的主权者命令。我争辩说,这难以解决为何一个已经死去早已不再被习惯地服从的主权者的命令依然是法律。我主张说,如果我们不是服从习惯而是从承认规则来考虑——一般性地指向立法者而不是个别化地指向其现在的在位者——那么这种法律持续性的现象就能很容易获得充分说明。据此观点,过去立法者的立法之所以仍然被接受为法律,是因为根据当下被接受的承认规则识别它为法律。然而,这并不能解决如作者所虚构的革命爆发的可能性:雷克斯二世根据当下被接受的继承规则成功地继承了雷克斯一世,接着本没有资格的布鲁特斯(Brutus)* 违犯了这些规则夺取了王座。这里,旧政权下颁布的大量私法依然持续被承认为法律。

* 布鲁特斯,原指古罗马共和派首领,暗杀恺撒团成员;此处应为一个虚拟的篡权者。——译者

尽管我并未在书中解决这种情况，但我依然不认为用承认规则来分析这种境状有任何大的困难。我的说明将在很大程度上与凯尔森在其《法与国家的一般理论》[12]中所给出的说明是相似的。在如作者所设想的那样，一场革命爆发之后，在相当长的一段时间里，法院最终用何种判准来确定法律将是不确定的。法院、立法者以及其他官方机构若要在实践中发展出一种充分的一致性，以使
363 得能够对此问题给出一个答案，肯定需要一定时间。但是，一旦事态平静下来之后，很明显在接受“布鲁特斯制定的法律”作为有效法律的标志的同时，法院也会承认大量的旧政权所制定的私法。在对革命后法庭确定法律所用之判准所作的任何完整叙述中，过去的立法都会被以该名义（*eo nomine*）被特别提及。即使没有发生革命，它也会根据一般性的授予正常继位的立法者资格的条款而被识别出来。因此，在革命之后，旧立法的效力将根据与前不同的承认规则而得到恢复。

五、结论

对于这本小书，我这里还有大量的地方未予考虑。它以一些出色的篇幅作为结尾，作者称为“制度设计的问题”。此处，他考虑了不同类型问题在不同裁判程序的适当性，其中包括判决与多数人投票。他富于启发性地表明使用这些方法“自然”受到的限制，以及在一个单一法律体系内协调不同程序的问题。在一篇附录

[12] Kelsen, op. cit., *supra* n. 8, at 117-118.

中,有一个例子充分体现了作者的神话力量,其中“心怀不轨的告密者”问题以及溯及既往的立法问题都通过五个代表得到讨论。这与作者著名的“斯派伦辛探险者案”(*Case of Speluncean Explorer*)有着异曲同工的魅力和揭示力。[13] 在本文的结尾,我想说的是:该书对我而言,其优点与缺点同出一个单一的来源。作者终其一生都热爱着目的观念,这种激情与其他激情一样,既能激励人,也能使人蒙蔽。我曾力图表明,我不希望他中止对这种主导理念(idée maîtresse)的不懈追求。但是,我希望这种高涨的浪漫情绪能够平息下来,从而以更冷静的情绪思虑。如果能够这样的话,

⑬　62 *Harv. L. Rev.*,616(1949).(富勒教授为挑战对法律的原教旨解释而假设出了该案,目的是提倡对法律的背景解释:背景是一个运动和变化的过程,法律的效力来自产生法律的背景;脱离背景而适用法律,必定导致荒谬结果,法律解释的一个目标就是避免这种荒谬结果;如果创制法律的理由消失了,法律也就不复存在。富勒在此文中阐述了背景解释的理由,内容大致如下:

在某年某月,S 国的几名探险者在一个数千米深的岩洞中遇险。陷入困境二十多天之后,通过无线电和外界取得联系,他们得到通知:至少还要等候 10 天才有希望获救,除非他们杀死其中一人,分食他的血肉;否则,所有的人都会在救援到来之前死亡。于是,探险者抽签决定,谁应当自愿被他人杀害。一人中签,众人将其杀害而分食血肉。探险者获救之后,检察官以故意杀人罪对之提起公诉,按照 S 国法律,故意杀人者当处死刑。陪审团和法官共同给最高行政当局写信,请求豁免被告。

请求豁免的理由是:被告在几千米深的岩洞中陷入困境,处于远离法治社会的场景之中。一个主权国家的法律不可能干预在几千米之下的、与世隔绝的环境中发生的事情。在那里,不是政府制定的法律,而是自然状态在支配整个秩序。因此,刑法不应当适用于一个远离文明世界的、处于自然状态的社会。即使在文明社会,每个国家都在放纵和鼓励一些必定导致一些人死亡的行为。例如,汽车必定会导致致命交通事故,但是没有一个国家因此而禁止汽车生产;抽烟必定会导致癌症,但是没有一个国家禁止香烟生产;任何大型建筑都会造成工伤事故,但是……为了某些所谓在一定时期被认为正当的公共利益,法律是允许剥夺无辜者生命的。在岩洞绝境下,探险者自愿决定自己的命运,受害人参与了抽签,这属于一种自我拯救。(参见方流芳:《罗伊判例:关于司法和政治分界的争辩—— 堕胎和美国宪法第 14 修正案的司法解释》。——译者)

作者的许多读者将会感觉到温度的缓缓下降，但是他们将会由于增加了光亮而得到足够的补偿。

364

附　　录

参看下列批评与评论：

1. P. Nicholson, "The Internal Morality of Law: Fuller and his Critics", *Ethics*, 307(1974).

2. K. I. Winston, *The Principles of Social Order* (Selected Essays of Lon L. Fuller), 33ff. (Durham. NC., 1981).

3. R. A. Duff, "Legal Obligation and the Moral Nature of Law", *Juridical Review*, 61(1980), 73-79.

第六部分

第十七篇　英国议会上院论不能犯未遂 367

一

1973年，在“霍顿诉史密斯案”（*Haughton v. Smith*）中，[①]英国议会上院重新阐述了与犯罪未遂有关的法律，其中非常清楚地推翻了下级法院的两个裁判，驳回了其他裁判。这个一致通过的裁判是这样的：一个处理货物的人，在处理货物时错误地认为它们在那时依然是赃物（stolen goods），不能被判定为销赃罪未遂。[②]

---

① ［1975］A. C. 476. 此文完成之后，英国法律委员会（the Law Commission）已经发表了《关于犯罪未遂以及与未遂犯罪行为、密谋与煽动有关的不可能性的报告》（*Report on Attempt and Impossibility in Relation to Attempt, Conspiracy and Incitement*, Law Com. no. 102, HMSO, 1980）。这个报告包括了对“霍顿诉史密斯案”的一个详细评论，我整体上同意他们的看法。

② 这个案件的相关情况是：利物浦的一家货栈有一大批咸牛肉失窃。其后，警察在高速公路上发现一辆装有许多箱失窃咸牛肉的篷车。警察决定派两名警员登车，并任由该篷车驶到伦敦，与那些接收赃物并处理的人接头。当篷车到达后，被告作为接应者在安排处理赃物中起到了主要作用。接着，警察弄清楚了他们的身份，于是被告被捕，并以销赃未遂被起诉。尽管刑事法庭（the Crown）承认在犯罪发生时，货物处于警察的合法保管之下，根据《1968年盗窃罪法》第24条第3款［s. 24(3) of the Theft Act 1968］之规定，该货物已经不再是赃物。（《1968年盗窃罪法》第24条第3款的规定是：“物品在归还被盗者、物品的合法占有人或者保管人以后，或者这些物品的权利人或其他任何人自己声称已经停止行使要求归还被盗物品的权利以后，（该物品）不应当继续被视为赃物。”——译者）

在关于犯罪未遂的众多英美法文献中，此类案件常常被描述为“法律上的不可能”(legal impossibility)[*]案件；在这些案件中，被告实施的对象根据法律规则不具备某些特定的法律特征（如“被盗的”或“是另外一个人的财产”），而如果他的行为要构成其意图实施的犯罪行为时，这些特征就是必备的。我认为，在此语境下所用之“不可能”(impossibility)术语是含混的，理由我将在下文给出。我将把这些案件简称为“伞型”案件（umbrella-type cases），这是模仿布拉姆维尔男爵(Baron Bramwell)在1864年③提出的一个著名假设而来的，他假设一个人本来想要偷窃一把伞，结果误把自己的伞当作了别人的伞而将其偷走。

368 1975年，在“帕廷顿诉威廉斯案”(*Partington v. Williams*)④中，高等法院分庭（Divisional Court）认为只需要贯彻英国议会上院所阐明的原则即可，特别是遵循上院大法官(Lord Chancellor)[*]

---

* 根据《元照英美法词典》的解释，“legal impossibility”译为“法律上的不可能”。意为：“指被告人实施的或意图实施的行为，即使完全按其意愿实施完毕，也不是非法的或构成犯罪。可以作为对未遂犯罪(crime of attempt)指控的辩护理由。法律上的不可能是建立在法未禁止的行为不能犯罪这一原则之上的。”但谢望原教授认为将之译为“法定不能犯”似更合适，译者认为谢先生的意见也很有道理。但由于译者对英美刑法素无研究，根据本文语境沿循了《元照英美法词典》的译法，并且未加处理，同时也特别提请读者注意谢教授的译法。译者对谢教授的批评致以诚挚的感谢。——译者

③ 参见：*R v. Collins*(1864) 9 Cox. C. C. 497, at 498.

④ (1975) 62 Cr. App. Rep. 220.

* 议会上院大法官也为议会议长，另外还兼任内阁的司法大臣（因而也是执政党的要员，须与政府共同进退）。他一身兼具了立法、司法、行政三种权力。不过，经过时任英国首相布莱尔的改革，这个状况已经得到了改变。2003年6月12日，布莱尔宣布：大法官欧文(Irvine)勋爵退休，福尔克纳(Falconer)勋爵出任新设立的宪政事务大臣职务，并且在一个过渡期内担任最后一任大法官，直到正式撤销这个职位——这意味着“Lord Chancellor”在英国长达1398年历史的终结。——译者

在此前类似案件中所总结的经验。它们由此认为，一个职员意图盗窃金钱，在这种意图的驱使下在办公室打开她雇主的抽屉并取出钱包，结果发现是空的。根据那些事实，该职员不能被判定为盗窃罪未遂。那一种类的案件，在文献中被描述为“实际的”(factual)或“客观的”(physical)不可能性*案件：在此类案件中，被指控的对象致力于进行某项犯罪行为的适当时刻，相信某个地方有或会有某个具有一些物理特征的物体，但当他针对该物体行动时，实际上该物体并不存在。根据我所已提及之理由，我将模仿真实的“R 诉柯林斯案”(*R v. Collins*)⑤，把这些案件简称为“空口袋型”案件；在该案中，法院认为一个意图盗窃钱物的人，将手伸入另一人的口袋，如果当时那个口袋实际上是空的，那么这个人就不能被判定为盗窃罪未遂。在“R 诉柯林斯案”中的裁判，毫无疑问令外行人惊诧莫名，在之后的两个案件中被认为是坏法，⑥但是在后

* 《元照英美法词典》将“factual impossibility”或者“physical impossibility”译为“事实上的不可能性”。意为.“因某一非法行为在事实上不能完成或不能达到目的而产生的不可能性，例如扒窃空钱包。事实上的不可能性不能用作犯罪未遂的辩护理由。”但谢望原教授认为将之译为“事实不能犯”更为贴切，译者认为谢教授的译法也很有道理。但由于译者对英美刑法素无研究，根据本文语境沿循了《元照英美法词典》的译法，并且未加处理，同时提请读者特别关注谢教授的译法。译者对谢教授的批评致以诚挚的感谢。——译者

⑤　(1864) 9 Cox. C. C. 497. 刑事上诉法院(the Court of Criminal Appeal)在本案中接受了对一个有罪判决的上诉请求。被告被指控将手伸入一个女士外罩的口袋中，“明显是图谋该女士的钱财，想从该女士的该外罩口袋中偷窃”。这个判决最终被撤销，因为该女士的外罩口袋中并无什么钱财。

⑥　*R v. Brown*(1889) 24 Q. B. D. 357, and *R v. Ring*(1892) 17 Cox. C. C. 491. 在这两个案件中，没有一个给出理由。并且，至少直到英国议会上院在“霍顿诉史密斯案”中宣布要推翻“R 诉柯林斯案”时，所有上院的法官才表达对它们的反对。

来议会上院对它的讨论以及关于空钱包的“帕廷顿诉威廉斯案”[7]中，经过修改后它好像获得了一致的赞同。在“帕廷顿诉威廉斯案”中，最高法院的首席法官(lord Chief Justice)企图忠实地沿循由上院所指出的道路，说它是这样的一个案件，它的事实“与‘柯林斯案’中的事实几乎完全一致(on all fours)”[8]。

然而，1978年英国议会上院在“检察长诉诺克案”(*Director of Public Prosecutions v. Nock*)中[9]认为，协商去做某种“客观上
369 不可能”做到的行为(在那个案件中，是从某种混合物中析取该混合物并不包含的某种物质)不能构成一个犯罪的共犯，两位上诉法官[迪普洛克法官(Diplock)与斯卡曼(Scarman)法官]在**附论**(*obiter*)发表了大量有分量的意见，至少就“空口袋型”案件而言，这些意见冲淡了霍顿诉史密斯的影响力。这两位法官都认为，在“帕廷顿诉威廉斯案”中，法院在解释议会上院所阐发的原则中犯了错，特别是他们这样的主张更是误入歧途：无论何时，当一个意图扒窃的被告将他的手伸入某个有东西值得盗窃的地方，他应承担的责任基于指控能够证明，那个值得盗窃的东西在盗窃时的确在特定的地方。因此这种认识在迪普洛克看来，至少在关于扒手方面而言，将是“对常识与共同正义的冒犯”[10]。由于扒手所意图进行的犯罪通常不限于从特定的人或特定的口袋或者容器窃取，在这些情况下，根据适当的起诉书，他应该被判定未遂。这个在有

---

[7] (1975) 62 Cr. App. Rep. 220.

[8] Ibid., at 223.

[9] [1978] A. C. 979.

[10] Ibid., at 993.

关扒手方面，意在限制“R诉柯林斯案”的适用范围的新颖而富于智慧的努力，也许是为了打消检控机关的疑虑；据说，由于在没有任何对之加以限制之暗示的情况下，“R诉柯林斯案”为议会上院所核准，后者被吓了一跳。然而，对于那些认为在“R诉柯林斯案”中对被告的无罪释放或在“帕廷顿诉威廉斯案”中的不诚实职员有违“常识与共同正义”[11]的人来说，这似乎不能提供什么安慰。

二

我之所以要逐一检视那些学院派法律人会感到极端熟悉，并且实际上也的确曾被审慎耕耘过的领域，是出于想要做两件事的动机。第一件事，是要表达我的关注。也即议会上院在一个有意识地重新阐述法律、推翻一些裁决并从相互冲突的观点中作出选择的案件中，几乎没有试图表明它所赞同的法律观点在便利、正义 370
或道德方面优于其他观点，或者更符合它对惩罚犯罪未遂的要旨或目的的合理观念。我说“实际上”时并未对这些问题做过任何探讨，因为一个这样的论题主要是由里德法官（Lord Reid）提出的。他辩争说，根据“霍顿诉史密斯案”或任何其他“伞型”案件中的情况，支持判定被告犯有未遂罪，将意味着是对一个原则的放弃。这

[11] 在关于什么原则与“R诉柯林斯案”中的裁判相一致时，迪普洛克法官的意见也是不清晰的。在“R诉柯林斯案”中，一个扒手他把手伸向一个实际上空空如也的口袋以图扒窃钱财，他会不断地把手伸向许多不同人的口袋，直到发现钱财为止。在此情况下，可以判定该扒手盗窃罪未遂，而无须证据证明这些口袋中的某一个真的有钱财。

个原则规定，对于构成一个犯罪而言，犯罪行为将与**犯罪意图**(*mens rea*)一样都是必要的。根据他的观点，如此坚持就等同于"因为人们的意图而惩罚他们"[12]。无论对这个论点将会有什么看法——这些看法我将在下文予以考量。毫无疑问的是，它都提出了一个原则性的问题。

的确，在"霍顿诉史密斯案"中，所有法官都承认，很多时候，那些根据他们对法律的认识在"空口袋型"或"伞型"案件中应被无罪开释的被告，从道义上则是当受谴责的，并且其对社会的巨大危害也正如那些根据其对法律的认识，法律根据其他条件将判定其为同样犯罪的未遂罪的被告。"当然是真的，至少理论上如此，"黑尔什姆(Hailsham)法官说道，"有些恶棍将会利用这个途径逃避处罚。"[13]在提及这些问题时，法官向批评者提供了一些安慰：在许多被告可以逃避被定为未遂罪的案件中，根据拟定恰当的起诉，他可以被根据其他实体法上的犯罪而定罪。但是，他们非常明显地认为这些问题与他们所阐发或重新阐发法律的事业无甚关联。如果议会上院被未遂概念如此束缚，从而他们别无选择只能如此的话，此类在一个法律有争议的方面，就何者与法律裁判概念有关何者与法律裁判概念无关的看法，将至少会是非常易于理解的。但看起来不大可能的是，法官们会碰上许多坚定而清晰的学说，这些学说迫使他们作出裁判。如某些其他法官所偶尔为之的那样，他们

---

⑫ *Haughton v. Smith* [1975] A. C. 476, at 500. 根据博思和格斯特(Borth-Y-Gest)法官莫里斯(Morris)的意见，也是如此。同上，第511页："将一个企图处理赃物(的被告)判为有罪，将不是因为其作为来判其有罪，而是仅仅是由于他有犯罪的意图。"

⑬ Ibid., at 497.

也不会被问及，“犯罪未遂”一词在通常的、非法律语境下的意义是 371
什么，以及能否假设，“犯罪未遂”（attempting）与“试图”（making an attempt）（去做某事）或“力图”（trying）（去做或不做某事）等的通常意义，要求的那些裁判是为上院所赞同的？事实上，里德法官的确说过，普通人在论及“空口袋型”案件中的扒手时，将会说“他当然是在企图盗窃”[14]。“但是，”里德法官也说，“普通人也许会这样说而不进一步思考。”然而那些从此处继续思考的人（也即是法官）能看到普通人看不到的地方：“此处所涉及的理论，认为可以有某种犯罪行为的犯罪未遂，尽管事实上该罪行并未被实际犯下”[15]，应该是错误的。因此，它是一个站不住脚的“理论”，尽管是一个“普通人”会认同的理论。

三

我的第二个抱怨要申述的理由将占用这篇论文余下的篇幅。正是议会上院在“霍顿诉史密斯案”中所提出来的那些用来确定何种行为构成一种未遂犯罪的一般性导引的原则，堪称既不充分，也无任何支撑。也即没有任何可以称为推理而与对其他法官言论不加选择的人云亦云不同的东西来支撑它们。说它们不充分，是由于这些原则仅只适合于一种特殊种类的不成功的犯罪未遂。也就是说，它未能成为犯罪仅仅是对一系列事件的**中断**（*interruption*），如

---

[14] *Haughton v. Smith*［1975］A. C. 476，at 499.

[15] Ibid.，at 498.

果不被中断它会构成所欲犯罪的犯罪行为。对于那些正好与此种模式相符合的犯罪未遂行为,一些简单的例子是这样的:一个意图射杀另一个人的人,仅仅由于一阵风吹偏了他的子弹而失败的情况,或者那些如一个夜贼已经成功打开保险箱就被抓住并且正当他的手捂住里面的钻石时行动终止的情况。当然,如果仅有的犯罪未遂行为是那些由于中断而失败的情况,那么"空口袋型"与"伞型"案件就不能构成犯罪未遂。但正是根据这种犯罪未遂行为的模式(我将称之为中断模式),议会上院所阐发的一般性原则才得以拟就,这种模式根本不适合去解释许多非常清楚的犯罪未遂案
372 件,更毋论那些有争议的并已为此一模式所排除的"空口袋型"与"伞型"案件。因为,除了这些有争议的案件以外,还有许多种类的未遂行为,它们失败并非由于**中断**,而是一开始注定会失败,这是由于意图实施(intended)犯罪行为而选择的手段是误导性与不充分的。这些案件包括那些肯定属于最普通形式之一的没有得逞的未遂谋杀或伤害行为。也就是说,一个人想要射杀或伤害另一人,但他的手枪角度偏了,以至于子弹虽然毫无障碍地发出但只是毫无损害地通过空气而已,并未射中原定的受害者。但是那些挫败其努力的因素不是"中断"——哪怕是根据对这一词语最为夸张的解释——的案件,也包括黑尔什姆与里德法官所明确提及的那些案件,例如,毒药剂量不够的案件,或夜贼发现自己的撬棍太小或他自己太弱不能打开保险箱的案件等。[16] 据两位议会上院的高级法官说,这些构成了未遂犯罪,但无论他们任何一个,都没有说

[16] *Haughton v. Smith*[1975]A. C. 476, at 493-494 and 500.

明有什么能够与他们所支持的中断模式相适合。黑尔什姆法官的确提及了对“决疑论”[17]的需要但未作任何说明，而同时，里德法官说这些案件是“边缘”(borderline)案件[18]，似乎可以通过对陪审团适用议会上院所阐述的原则而对模式进行一些微调或扩展来解决。然而，这些案件与“边缘”案件丝毫不搭边，相反它们都属于最为清晰的犯罪未遂案件。

为何中断模式难以解决这些由于误导性及不充分手段而未得逞的案件，对这一点作出准确认识是非常重要的。它并非由于某些不重要的细节或者某些通过对“中断”观念做一宽泛解释就能矫正的特征。那是因为，这些与模式不适合的案件都缺乏其核心特征，这一点议会上院已经强调过，那就是，实际上由被告公然的行为而肇始的那些事件，直到中断的那一点上，实际上“一步步走向”(steps on the way)(用司法上的修辞语来说)犯罪；因此，若不是中
断，这些较先的步骤将会被沿循，并且将会完成所欲犯之罪的犯罪 373
行为。相反，在那些由于误导性或不充分的手段而使得中断模式不能满足它们的案件中，公然的犯罪行为及其所肇始的事件并非犯罪之“实际的步骤”，而只是在他们想要完成犯罪时预定的步骤。被告之方向错误的射击或分量不足的下毒，实际上并非一系列行为中的早期部分，如果其他人沿循着这个行为系列就能够构成其对受害者的杀害；它们仅仅是一些一开始就注定了失败的步骤，被告**意图实施**并且相信这些步骤会成为或可能成为此一行为系列中

⑰ *Haughton v. Smith*［1975］A. C. 476，at 494.

⑱ Ibid.，at 500.

的这样的部分。

相应地，若要说明此类犯罪未遂行为，所需要的是一个不同的模式，我们可称之为“蓄意步骤模式”(intended Steps Model)。根据这个模式，一种企图犯下某一特定之罪的犯罪未遂将被界定为(不算相近性问题)一种行为，完成这个行为具有某种意图，也即它应该能够导致一系列的事件或行为，并且如果这些事件都完成的话，它们将会构成那特定之罪的**犯罪行为**。在欧洲大陆人的司法中，在两种模式之间的反差是根据充满麻烦的“客观”与“主观”理论术语来作出的；但是我认为，在英国的语境下，我所选择的那些术语，更为清晰地，也更好地展现出了议会上院认识的不足。我将暂停对蓄意步骤模式的进一步考量，目的是，首先，探究是何种推理过程使得上院去接受中断模式的，这个模式必定要排除将对“空口袋型”与“伞型”案件的认可作为犯罪未遂之例证的可能，然而蓄意步骤模式却不如此。

四

我认为，正是对黑尔什姆法官在“霍顿诉史密斯案”中言说的一个非常清楚的描述，说明了它对未遂罪法律陈述的主要贡献在于对议会上院对中断模式两次表述的权威的推崇，它们是由较早和较下级的意见经过稍稍言词上的修改而来的。这两个表述中的第一个好像是[不算公然犯罪行为的“最近性”(proximacy)问题]
374 要表明构成未犯罪未遂的充要条件：“除了目的与犯罪意图之外，还必须有这样一种公然的犯罪行为，它想要构成一个行为系列中的部分，并且**的确构成了这样一个部分**。如果不被中断的话，这些行为将真正构成实际的犯罪。”⑲据黑尔什姆法官说，它源自于一些较早的“定义”，1894 年在斯蒂芬（Stephen）的《法律汇编》（*Digest*）中给出了一些“更现代”的因素，并于 1968 年为帕凯尔（Paker）大法官在一个案件中所采纳。⑳

黑尔什姆法官对中断模式的第二次表述，除了根据积极的“一步步走向”而对犯罪未遂所作的描述外，这个表述还判别了两种单独不能构成未遂罪的行为，从而使得一个消极的必要条件变得清楚明确。它主要由对伯基特（Birkett）法官在一个较早的“伞型”案件㉑中意见的征引所构成，并且赞同这个意见。据说在那个案件中，被告打算以远远超过当时法定上限的价格出售梨子，但实际上的出售价格却在法律允许的范围之内，因为他误以为在待结算日结账时他的叫价是超过法定上限的。黑尔什姆法官从伯基特法官在那个案件中的判决引述道：

> 一步步走向某种可能会成为某种犯罪的不法行为，如果完成某些行动，就意味着该罪的犯罪未遂，如果不是被中断这些行为就会导致犯下该罪。但是，一直去做某种此后才会完毕并且其中没有犯罪的事情，这不能被视为某罪的未遂。㉒

---

⑲ [1975]A. C. 476，at 492（强调为笔者所加）。

⑳ *Davey v. Lee* [1968]1 Q. B. 366，at 370.

㉑ *R v. Percy Dalton*（1949） 33 Cr. App. Rep. 102，at 110.

㉒ *Haughton v. Smith*[1975]A. C. 476，at 497.

黑尔什姆法官还在此后加上了他自己的附言："一直去做某事，该事此后未完成，但即使完成也不会构成某种犯罪，那么做此事的行为不能被视为该罪的犯罪未遂。"[23]毫无疑问，黑尔什姆法官从中获取其对中断模式的两个表述的那些权威是值得尊重的。但令人不解的是，他在表明为何这些权威应被接受为对有关犯罪未遂法律的充分表述时，并未给出自己的理由。然而，在讨论"空
375 口袋型"案件时，他"未表达"任何结论性"意见"就说："大体上，我认为在'R 诉麦克弗森案'(*R v. M'Pherson*)以及'R 诉柯林斯案'中的推理是正确的。"[24]于是，在一个多世纪以后，有人怀着巨大的热情去检索这两个分别发生于1857年和1864年的案件那稀疏的文献，希望检索到其因之而被上院核准的"推理"。这一检索无甚回报。除了在布拉姆维尔男爵[25]论点中的假设案件之外，所有在这两个案件的判决与司法调解的论点中能够发现的只是四类可相互区别的意见，它们中没有一种可以被描述为"推理"，更毋宁说什么"正确"。

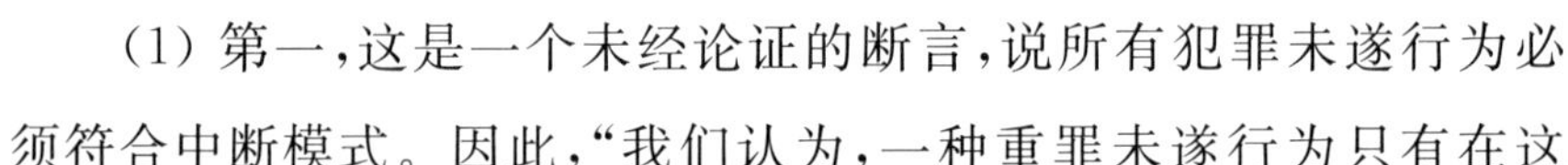

(1) 第一，这是一个未经论证的断言，说所有犯罪未遂行为必须符合中断模式。因此，"我们认为，一种重罪未遂行为只有在这

---

[23] *Haughton v. Smith*[1975]A. C. 476, at 497.

[24] 同上，第495页。在"麦克弗森案"[(*M'Pherson*)(1857) Dears and B 197]中，被告被指控潜入一处居所，要窃取某些物品，这些物品由此被列入了起诉书。在潜入居所时，被列入的物品并不在屋内。因此有人主张，由于该被告没有被控重罪的犯罪未遂行为，他不能被判定为盗窃未遂。在赞同该案的推理时，黑尔什姆法官在"霍顿诉史密斯案"([1975]A. C. 476, at 494)中说，这个案子只能这样看待：一个人被指控的是一个罪，而被判的却是另外一个罪。

[25] *R v. M'Pherson* (1857) Dears and B 197, at 281, and *R v. Collins*(1864) 9 Cox. C. C. 497, at 498.

一时刻下才能够被认为成立：如果不是有中断发生的话，犯罪未遂行为本会得逞”[由科克布恩(Cockburn)法官在“R 诉柯林斯案”㉖中提出]。

(2) 第二，是一些关于“犯罪未遂”(attempt)一词意义的说法。因此，“犯罪未遂行为本身已经清晰地传到了它的观念，也即是如果犯罪未遂行为成功地达成被控犯罪的话，它本可成为既遂的犯罪”，以及“一个未遂的犯罪行为必须是想要完成某种行为，一旦成功就意味着犯了被控重罪”(由科克布恩法官在“麦克弗森案”中提出)㉗。科克布恩法官的这些陈述都是正确的，的确是公认的常识，但它们也肯定与这样一种“观念”和谐一致：能够构成犯罪未遂的行为已经是成功的了；哪怕是某些情况下，在此行为不能构成犯罪未遂的案件中，例如“空口袋型”案件，也是如此。因为这些正确的陈述在关于成功的可能性与不可能性方面毫无建树，而只能去说，如果一个犯罪未遂行为成功了，案子将会如何，以及这里的“如果”可以是“如果**根据不可能**(*per impossible*)”的话，案子将会如何。然而，在其判决中，科克布恩法官好像把它们当成了意味着或 376
必然暗含着的是，进行一个犯罪未遂行为时，要做的必须是那能够成功完成的行为；因为在作出这些正确的陈述之后，他立即补充道：“但是这个犯罪未遂行为永远也不会得逞。”㉘好像与那些正确的陈述一道，这一点证实了在他面前的案件中不能有任何犯罪未遂行为。但很明显，由于那公认的常识中所存在的含混，这是一个

㉖ *R v. Collins* (1864) 9 Cox. C. C. 497, at 499.

㉗ *R v. M'Pherson* (1857) Dears and B 197, at 202.

㉘ Ibid., at 202.

不合逻辑的推论（*non sequitur*）。也即如果一个要为某种行为的犯罪未遂行为得逞的话，意味着做了那种行为。而且，这个不合理推论还有一个虚假的前提。即如果一种行为可能成功的话，那么这种行为只能构成某种要为特定行为的犯罪未遂。

（3）第三，在这些古老的案例中重复着一些警示，也即努力做某事与意图做某事是不同的："你一定不能把努力尝试混同于意图"[由柯尔律治（Coleridge）法官在"R 诉麦克弗森案"的论述中提出][29]，并且"某个重罪未遂与意图犯下这个重罪是有明显区别的"（由科克布恩法官在同一个案件中提出）。[30] 照字面意思而言，这些警示看起来无甚关联可言，如在"R 诉麦克弗森案"中检诉意见所提出的，定罪的论据并非是认为犯罪未遂与仅仅打算犯罪为同一回事，因为共同点正是在于，对于一个犯罪未遂行为来说，有意地进行某个公认行为是必须的。因此，这些含糊不清的警示必须要解释的是，在仅仅**做**（*doing*）某一事并有着做其他事的**意图**（*with intention of*）或使某些其他后果发生，与**为了**（*in attempt to*）做其他事或使得某些后果发生而在**做**某一事，这两者之间是有差异的。若不是所有法官都说，并无什么可以表明，此一偏差存在于那些犯罪未遂案件中，而非存在于那些目的性行为案件中，公认的违法行为肯定已经超出了陪审团所指称之"仅仅是预备"的范围。如法官们在"R 诉麦克弗森案"中所推定的，的确没有什么可以表明差异事实上必须存在于那后一种案件中，如果不是由于某种中断因

[29] *R v. M'Pherson* (1857) Dears and B 197, at 200.

[30] Ibid.

素，原定的犯罪就会实现，尽管在前一种案件中并不需要这样。

(4) 从这些案件中可发现之第四种意见，与前三种相比，也不 377
具有黑尔什姆法官所描述的“推理”。它包括如下内容：

(a)“在那个案件中，不会有什么会被犯下的盗窃罪，因此就不能有什么盗窃罪未遂。”(由科克布恩法官在“R 诉柯林斯案”中提出)[31]

(b)“当他到达时，起诉书里列举的那些物品并不在那个地方。那么他如何可能偷窃这些物品未遂？除非有什么**可被运走**(*asportare*)的东西，否则就不会有什么**运走**(*asportare*)未遂。”(由科克布恩法官在“R 诉麦克弗森案”中提出)[32]

(c)“谬误在于，他没有也不可能偷窃起诉书中所列物品未遂，因为那里本就没有这些物品。”(由布拉姆维尔男爵在“R 诉麦克弗森案”中提出)[33]

最后这三段引述好像意味着这样一个断言，如果因为被告所欲窃取的物品不在有关的地点，因而他未能成功地完成意图实施的盗窃罪的话，那么就可由此推断出不会有关于该罪的犯罪未遂。但是为什么要接受这样一个推论？毫无疑问的是，那以“他从一个实际上不存在那些物品的地方弄走了那些物品”或“他从一个当时实际上空着的口袋中偷走了钱财”的形式表述的案件，不能被用于作出正确的陈述，而只能是那些必定错误的陈述。之所以如此，是因为类似于“带走”(take from)(以及许多其他类似的词，如“杀

[31] *R v. Collins*(1864)9 Cox. C. C. 497，at 499.

[32] (1857)Dears and B 197，at 201.

[33] Ibid.，at 203.

掉""击伤""攻击"等)等及物动词的**意义**(*meaning*)是这样的:如果它们作为主要动词的陈述是正确的话,它们的语法对象应该在相关的时间与地点存在。一个逻辑学家也许会说,这些如此构成的动词,在它们的意义上要求一种**外在对象**(*extensional object*)的存在。也就是说,一种实际上存在的对象,尽管类似于"搜寻"(hunt for)、"寻找"(look for)等动词只要求一种内在对象(*intensional object*)。也就是说,该动词的主语相信——尽管是错误的——在适当的时间或地点存在着的或可能存在的物体。因
378 此,"史密斯在琼的动物园区杀死了一些狮子",就意味着必定真实地存在着被他杀掉的那些狮子;但是"史密斯搜寻(或寻找)那里的狮子",就未必意味着真的存在他所要搜寻的狮子,而仅仅是史密斯相信那里可能会有狮子。对简单语义学的这种简短补充,其适当性在于:如果上述最后一段的引述意味着任何形式上的推理,它也是一个基于虚假的普遍原则而作出的推论,这是由于像"带走"或"杀"这些简单构成的动词都要求一种外在对象,而所有那些嵌入了这些简单构成的复杂构成如"企图取走"或"企图杀掉"等也是如此。

如果类似于"在那个案件中,不会有什么盗窃罪能被犯下,**因此**就不能有什么盗窃罪未遂"。这样的一些陈述,能有什么推理形式可以凭借的话,好像只能是这样一个脆弱不堪的推论。但这个推论所依据的普遍原则不可能是真的;因为有太多太多涉及这些动词的复杂构成,即使由于它们语法上的对象并不存在,而只能为一些内在对象所满足,它们也可能是正确的。这些包括"他想(intended to)偷走史密斯口袋里的钱财","他把手伸入史密斯的

口袋，想要偷走钱财”。在这些陈述的任何一个之后，都能够加上“但实际上里面并没有钱”，而无须顾及它的虚假或矛盾。因此，如果真的如法官所认为的，“他企图（attempted to）从史密斯的口袋里偷走钱财，但实际上里面并没有钱”，只能是虚假的和矛盾的而不能正确的话，那一定是因为与“企图”（attempt）有关的什么特殊原因。但这种特殊的因素是什么？它是否如里德法官所言，尽管一个淳朴的人会不假思索认为“空口袋型”案件中的被告“当然企图偷窃”，而在深沉省思的法官们耳朵里**听起来**却是错误的？抑或由于，我们所面临的词语“企图”追溯到了其与“攻击”一词在语源学上的联系，后者在类似于“他们企图夺取城市的防御工事”的军事语境下依然有效？还是仅仅由于，“空口袋型”案件与“伞型”案件都是少见之事，绝大部分企图所针对的对象，在种类与特征上都

是实现原定的犯罪所必须的，而且在恰当的时间和地点它们都是 463
真正地存在而非仅仅是被认为存在？对于认为在这些案件中被告
的行为不能构成一个犯罪未遂（attempt）而言，所有这些理由看起 379
来都是那么苍白。

无论在法官们的脑海中起作用的究竟是什么，毫无疑问这种坚持（hold）的力量已经超出了他们的想象；这种坚持认为，类似于攻击，对这种企图的描述是它针对一种实际存在的东西。法官对于犯罪未遂的本质最明显的感觉（如果不是思索的话），最生动的表述是在一个“伞型”案件（*R v. Osborn*）[34]中由罗拉特（Rowlatt）法官所作出的。在那个案件中，他认为，有人把一种无害的物质给

[34]　(1919) 84 J. P. 63.

一个孕妇，其实他错误地认为它是有害的，此人不能被判定为提供有害物质未遂罪。他在那个案件中说，如果被告“未能足够地接近于实现他所企图干的那件事(job)”[35]，或者“尽管他认为自己是在干坏事，但实际上不是”[36]，或者“某人从根本上就没有干那件事——它不是一个关于不可能性的问题”[37]，那么其行为就不等于是犯罪未遂行为。相反，一个夜贼，完全由于其工具不得力而尽其全力也未能打开保险箱，就是盗窃罪未遂，尽管这件事根本不可能成功；以罗拉特法官的观点，他之所以构成未遂罪，就是由于“你就在干那个，你在干的就是那件事”[38]。看起来，类似于“没在那里(not on the job)”这样的短语，以概括但却充分的语言，表述了同样的条件，这就是某种行为能构成犯罪未遂的条件，而逻辑学家会根据对外在对象的要求来表达它。并且，由罗拉特法官所总结出的在该条件的失败与不可能性之间的区别，如我下文所要讨论的，是正确的和重要的。但是，无论是在其判决中，还是议会上院中，抑或在此处所援引的那些权威意见中，对于这样一种坚持，没有给出任何理由：那能够构成犯罪未遂的行为，是受到这个条件限制的。

五

迄今为止，我们所揭示的不是**原因**而是两个教条。议会上院

---

[35] (1919) 84 J. P. 63, at 64.

[36] Ibid.

[37] Ibid.

[38] Ibid.

所阐发的那些原则，就建立在这两个教条之上。第一个是中断模式，另一个是这样的教条：企图做某事需要有一个外在对象［“在那 380
里”(being on the job)］。这是两个虽然相关但却并不相同的教条。中断模式预设，需要有外在对象的要求被满足。因为，如果在适当的时间与地点没有什么外在对象存在的话，这里不会有该模式所要求之实际的“一步步走向”原定的犯罪。但是接受条件需要一个外在对象，并不能由此得出也要接受中断模式，如我们已经看到的，这种模式难以解释那些非因任何**中断**，倒是因选择了不得力或不得法的工具而失败的企图。对条件的接受可以与说明那些案例的蓄意步骤模式结合起来，但它会限制其范围，并且在缺乏任何接受一个外在对象的积极理由时，这种限制将会相当武断。蓄意步骤模式能解释所有中断模式所能解释的案件，但它也能解释那些工具不得力或者工具不得法，而后者有未能说明的案件。如果不是为一种外在对象的要求所限制，蓄意步骤模式也将把那些“空口袋型”案件或“伞型”案件包括进来作为未得逞犯罪未遂的案件，尽管中断模式因视它们未构成犯罪未遂而将其从根本上加以排除。对于未加限制的蓄意步骤模式而言，有三种主要类型的未得逞企图，这是因为，由被告的公然犯罪行为所肇始的一个实际的事件系列可能会由于下列三种原因中的任何一个而偏离这个系列：(1)所选择工具的不得力或不得法；(2)中断；(3)完成原定犯罪所需要之特定种类或特征的对象，在相关的适当时刻与地点并不存在。

上述对那些案例的讨论也许已经能充分地说明，除了正义、道德或者刑事政策(我将在本文结尾处加以讨论)等问题之外，还有

一个非常强烈地要求去采纳未限制的蓄意步骤模式并因此视那些“空口袋型”与“伞型”案件为犯罪未遂案件的情况。但仍然有一些附带的论点既在对这些案件——特别是“伞型”案件——的司法讨论中重复出现,又在对这些案件的学术讨论中重复出现,这些论点
381 要求,评价它们必须先要探察“不可能性”这一难以捉摸的概念。现在,我将转而讨论这一点。

我曾经说过,将“空口袋型”案件与“伞型”案件分别描述为“实际的”(或“客观的”)不可能与法律上的不可能,是非常不合宜的。事实上这可以从两个方面来看。因为,首先,“不可能”的一个意义就在于,说许多简单清晰的犯罪未遂案件,在当时的环境下不可能得逞是正确的。一个人想射杀别人,但子弹却被受害者胸前的香烟盒挡住了;或者一个夜贼企图用撬棍撬开保险箱,但撬棍却被柜门弄断了。这就是“实际地”或“客观地”(或者,也许更明显地说是“有原因地”不可能),也即是恰好在那种情况子弹不可能射杀受害者,或者夜贼不可能撬开保险箱。但是在“空口袋型”案件由于“实际的”或“客观的”不可能而被特意地单独列出时,如何将这种不可能与这些普通未遂案件中成功的不可能性相区别,仍然是相当不清楚的。毫无疑问,在这些直接针对某些实际存在着的人或某恰当种类对象的案件中,如果用其他工具或在其他情况下,针对同一个人或同一对象的企图本会得逞。例如,如果没有香烟盒的阻挡或者撬棍得力的话。因此,对于这些案件中,得逞只能被描述为“相对地”不可能;尽管,如果被告直接针对的人或者对之有企图的对象在适当的时间和地点未能出现,被说成是“绝对地不可能”。在文献中,有些此类区别已是有迹可循,但事实上,这种区别是主

观的并且未有任何说明。因为，如果得逞的可能性在不同于实际的情况下，被用来在子弹被阻挡的射击案或在撬棍不得力的夜贼案中表明得逞只是“相对地不可能”的话，那么它为什么不能被用于“空口袋型”案件中呢？另外，“在其他情况下”，也即如果口袋里有硬币的话，那么得逞就是可能的。

正如罗拉特法官在讨论一个夜贼明显犯有未遂罪的假设性案件时所言，[39]尽管以其不得力的撬棍他不可能撬开保险箱，但无论 382
“绝对的”还是“相对的”，它都不是“实际的”或“客观的”不可能，这种不可能性使得那些罗拉特所提出的“他以为在干那件事，但实际上绝非如此”的案件不能得逞。的确，“实际的”或“客观的”不可能性术语都是具有误导性的，这正是由于它们暗示：在（A1）从一个实际上空着的空袋中掏钱或（A2）杀一个事实上已经死了的人这种逻辑的不可能，与（B1）在特定射程内，要命的一枪不偏不倚，正好射中了具有特定强度与构造的胸铠上或（B2）一个夜贼在用给定规格与重量的工具开启保险箱时之客观的或因果性的不可能，两者之间存在某种关系。从第四部分对某些案件的行为动词要有一种特定外在对象存在的要求的讨论中，应该已经明显的是，若要论证（A1）与（A2）的不可能性，所需要的仅仅是诉诸用语构成的意义；然而在（B1）与（B2）的案件中，就必须诉诸一种论证充分的经验总结或科学规律。第二个对将“空口袋型”案件与“伞型”案件分别描述为“实际的”（或“客观的”）不可能与法律上的不可能的反对意见在于，这种对比掩盖了在两种案件中所谓“不可能”的实质上

[39] (1920)84 J. P. 63, at 64.

的一致性。无论在两类案件中的哪一种，其“不可能”都产生于某种（例如硬币）或具有某种特征（例如属于另外一个人）之恰当对象的缺失，并且根据法律对构成意图实施犯罪的规定，这种对象的存在是必须的。无论在“他从一个口袋中取走钱财，但实际上它是空的”还是在“他偷了一把伞，但这实际上是他自己的伞”的案件中，从逻辑上说，这些陈述宣称所描述的行为都不可能实现，因为根据它们的意义，它们所包括的行为动词（“取走”或“窃取”）都要求一种适当的外在对象之存在，而已经表明的是，这种对象在恰当的时间与场合并不存在。

尽管这里犯罪的不可能性是一个逻辑问题，因为这有赖于那些描述法定犯罪所需之用语的意义，但无论在所有两种案件中，它都能被认为是法律上的不可能——尽管不是很明显。用罗拉特法官的话来说，这两种案件中被告“根本未在做什么”。也即是没有
383 适当的对象。并且如他所认识到的，把它们分成客观不可能对法律上的不可能的对比也是一种误导。如他所言，“客观不可能性”的用语仅仅适合于描述普通的未得逞犯罪未遂。例如，想要撬开保险箱的撬箱者，用一个不得力的工具去企图打开保险箱。

对于误导性的把“空口袋型”案件与“伞型”案件对比为客观不可能对法律上的不可能来说，真正的并且能够对它加以说明的是，在某些案件中，比如假设性的“伞型”案件以及实际的“霍顿诉史密斯案”，被告企图运作的对象之所以不适当，并非因为它缺乏任何物理特性，而是缺乏达成意图实施的犯罪所需要的非物理特性。例如“属于另外一个人”或“被窃”。由于这些特性，经营此一对象的被告可以达到所有他通过其行为而欲达到的物理后果；尽管在

“空口袋型”案件中，由于没有具备恰当物理特性的对象在适当的时机与场合出现，他难以达致其所欲得到的任何物理后果。

这种差异不仅能够解释将客观不可能与法律上的不可能的误导性对比，也能解释关于论点的一个奇怪界限——这个论点经常出现于对绝大部分“伞型”案件的司法讨论之中。尽管对这种论点有许多不同的阐述形式，但通过下述的一种简单形式它可以得到最为清晰的表述：“被告打算去犯下某种罪行，但是，尽管他做了所有他打算的行为，他也认为他的行为构成了所意图实施犯罪的**犯罪行为**，但实际上并非如此。它并不能构成所意图实施的犯罪的未遂。”㊵

正是根据这一点，那误以为拿了别人伞的案例，那处理物品时误以为在处理赃物的案例，才都不能构成犯罪未遂。当然，一个人做了他意图去做的所有事情，就不能说他在做这些事情的时候，如果不是因为未能做到什么事情的话，他就已经得逞了；但是，对于用这个论点去表明那些“伞型”案件不能构成未得逞犯罪未遂来说，最奇怪的就是这样一个陈述的矛盾之处：在这些案件中被告已 384
经成功地做了**所有**他打算的事情。因为，如果一个人想拿走属于别人的伞，但他实际上拿走的却是他自己的伞，很明显，他并未成功地做到所有他的打算。真正的是，他想拿走特定的一把伞并且去做了，但这只是他的意图之一。为何不能说在此案中，被告既有

㊵　比较：*R v. Donnelly* [1970] N. Z. L. R., 980-987. 由特纳(Turner)法官所确立。特纳法官根据这样一个案子：某人有效地去做“他计划做的每一个行为而未遇到任何中断，但他可能免于任何刑事责任。因为实际上，他所认为自己在做的与他实际上已经做的恰恰相反，根本算不上犯罪”。

一个偷伞的意图，又有一个拿走特定伞的意图呢？而且他的确已经拿走了伞。并且，后一个意图由于其错误的认识是源于前者的。作另外一个选择，可以说被告有一个单一但却属于两个不同但又相互联系着的种类的意图。正如一个射击并因此杀人的人，他做了一个行为但这个行为却属于两个种类（射击以及杀人），而不是做了两个不同行为。对于目前的语境——据此这些备选的评价或判别意图的方式得以选择——而言所获甚少；因为说被告完成了"所有"他打算的事情是错误的。

这些为议会上院所采纳的奇怪论点，在某些特定的复杂的方面需要着力修正，这些复杂性里有一些涉及意图的陈述。对于眼下而言，最重要的方面如下。

如果一个人误以为一个他想要通过其行为来影响的对象具有某些特殊的性质，那么无论以第一人称（first-person）还是以第三人称（third-person）关于其意图的陈述来看，都有许多种方式来表征其意图。有的这些表征可能会与对对象的这样一种描述相一致，这种描述根据的是他误以为对象所具有的性质而进行的；另外的表征可能会与一些不包含那种性质的描述相一致；或者在一个有限制的情况下，就对象而言，一个对其意图的正确表征可能与任何描述都不一致，而仅仅是参考性的并且通过指代来起作用。因此，在"霍顿诉史密斯案"中，被告本可至少老实交代出三个方面：（1）"我打算弄到从北方窃来的咸牛肉"，或者（2）"我打算弄走从北
385 方来的咸牛肉"，或者（3）"我打算弄到那个"（指代）。相应地，关于被告第三者陈述本也能够作出。

也的确，相对于后两个对其意图的表征（也即那些与误信不一

致的表征），行为者的所作所为引起了所有他的打算；或者如法官所说的，整个原定的一系列事件——他的行为只是完成这些事件的一个步骤，已经被完成了：没有出现中断，没有出现停止，没有遗漏一项；所有原定的物理后果都达到了。鉴于对其意图的**那种**表征，所发生的事情包括了所有原定的东西。但说他完成了“**所有**”原定的计划仍然是错误的；它意味着所发生的后果无论作何表征都不符合原告的意图。但事实上，相对于对那与误信相一致的对其意图的表征而言，所发生的后果的确与意图不相符合，因为它打算影响某一具有特定性质的对象，实际上却未达到。

六

这里仍然有两个需要考虑的论点，一些法官认为它们能够支持这样的一种看法：“伞型”案件中的行为不能构成未遂罪。里德法官在“霍顿诉史密斯案”中，对这两种观点都有最为清晰的表述。根据这两种观点中的第一个，英国刑法的基本原则排除了法院判定这样一个人为未遂罪：此人打算偷窃，却误把自己的财产当成了别人的财产而偷回了家；或者是“霍顿诉史密斯案”中的被告，他处理的是已非赃物的物品，但却误以为它们是赃物。据说，惩罚他们就等于是“因为人们的犯意而加以惩罚”，因为他们打算做的与已经做的“并未构成某种罪的犯罪行为”。[41] 我们可以不计最后所引

[41] *Haughton v. Smith*［1975］A. C. 476.

述话语中的误差，这些误差忽略了由黑尔什姆法官所指出的事实，[42]也即这些案件中的行为就像在“霍顿诉史密斯案”中一样完全可以构成犯罪，哪怕构成的并非被告被控所企图犯下的特定犯
386 罪。但是，除了这个瑕疵之外，里德法官所提出的观点仍然相当错误。将这些行为作为未遂罪行为来惩罚，并非仅仅是根据被告的犯意或思想，而是由于他为了执行其犯罪意图所作出了某些公然的犯罪行为，并且他认为这样做可能或会达成犯罪。如果行为进行时不具有某种犯罪意图，那么这里的所作所为就不会构成该罪的犯罪行为，根据此一事实并不能得出这样的结论：如果行为被如此进行，那么它就不能构成该罪的犯罪行为。

至少可以有两个理由来反驳里德法官的结论。第一个理由来自于对一些比较清楚的案件的考量，在这些案件中，犯罪未遂之所以未得逞，不是因为中断而是由于工具的不得力或不得法，因此被告的所作所为（给剂量不足的毒药或者准头不对而对目标毫无损伤的射击）并不构成其原定犯罪的犯罪行为，并且在其他案件中可能不构成任何犯罪的犯罪行为，但是作为一种未遂罪行为被告的行为仍然是要加以惩罚的，因为这样做是为了实现一种犯罪意图：正是这一点使得其行为构成了该罪的犯罪行为。里德法官论点的支持者可能会力图将此种案件区别于“伞型”案件，他们的根据是在这些案件中被告“并未完成他所打算的全部行为”。但是，这种区别的错误性与荒谬性也早已有人讨论；即使能够作出这种区别，但依然不清楚的是，它如何能够支持这样一种认识：在此一案件而

---

[42] *Haughton v. Smith*[1975]A. C. 476, at 497.

非另一案件中，惩罚一个被告的犯罪未遂等于是惩罚他的犯意。

第二，里德法官的认识好像是建立在一个错误的观念之上，这是一个关于在**犯罪行为**与**意图**之间可能存在的相互关系的观念。在这里，澄清混淆真正所需的是一个简单的看法，也即刑法至少有两种不同的方式去判定出它所需要的犯罪行为。举个例子，在谋杀或袭击案中，它可以直接这么判定从而描述出特定的外在行为；尽管对于应负责任而言也要求有犯罪意图，但对于判定一种能构成此类指控的犯罪行为的外在行为而言，不需要更多的“精神因素”。然而，在包括犯罪未遂案件在内的其他案件中，犯罪行为并不能被如此直接地判定，而是通过参考被告的意图而间接地判定。387
在这些案件中，意图扮演了双重的角色：它确定什么能算作犯罪行为，而它本身又属于分配责任所需要的犯罪意图的一个因素。如果连这种双重角色都是不可接受的，就根本不可能存在关于犯罪未遂的法律。

第二个也是最后一个要考虑的论点提出了一个关于某种要求的困难，或者说至少是关于它的一个方面。这个要求是，一种能够构成犯罪未遂的公然犯罪行为必须与原定的犯罪是“最接近的”。尽管里德法官没有在这个方面进行发挥，但他说，在诸如“空口袋型”案件或“伞型”案件中，当被告根本“不可能”达致意图实施的犯罪时，“没有什么最接近的行为”[43]。黑尔什姆法官好像并不同意这一点，因为他明确地说，“伞型”案件中的行为不能构成未遂的理由，并非由于这里不存在足够接近的行为，而是由于“这些行为不

[43] *Haughton v. Smith*[1975]A. C. 476，at 500.

是一个系列中的一环，如果此系列不被中断的话，它们将会构成犯罪”[44]。毫无疑问，这仅仅是依据于中断模式的，好像只有适合此种模式的行为才能够构成一种犯罪未遂。

里德法官的意见至今仍有影响，因此需要加以考量。毫无疑问，“最接近性”要求的含糊性早已声名狼藉。法官们被告知，一个犯罪未遂行为肯定是超过了“准备阶段”的，并且他们可自主地利用其常识去判断已经发生之行为是否足够地近于犯罪。但如果陪审团认为一个扒手将手伸入别人口袋，或者销赃者处理他认为是被窃物的物品“仅仅是准备”犯罪，那的确就令人奇怪了。根据他们的观点，他们所正在做的必须是行为的最后步骤，而不仅仅是启动计划的准备。

事实上，对于认为此类行为并不能足够地“最接近”于犯罪未遂的论辩而言，唯一的理由就是对中断模式的盲目坚持。这的确要求（以黑尔什姆法官为榜样）有一个“最接近的”公然犯罪行为作为走向（并非仅仅是被告**打算**或**认为**在走向）犯罪的实际的步骤；并且，对于在“空口袋型”或“伞型”案件中的公然犯罪行为而言，则毫无疑问是不正确的。但是，如果这是一个认为公然犯罪行为不
388 可能足够地最近的理由，那么所有那些非因中断而是因为工具的不得力或不得法才未得逞的犯罪未遂，就不能满足对“最接近”行为的要求。然而，给想要加害的受害者投放剂量不足的毒药，或者想开枪杀人但由于目标偏离而注定不能成功的，毫无疑问都是足够地最接近的行为；之所以如此，不是因为如果没有中断它就会最

[44] *Haughton v. Smith*[1975]A. C. 476, at 491.

终导致被害者的死亡，而是由于在原定的阴谋之内它最接近于所欲的后果，这个后果被认为超过了仅仅去做准备。[45]

七

什么时候法律是最为愚笨的？当它采取了一种狭义的犯罪未遂观念时——该观念导致了在“柯林斯案”中的扒手，在“帕廷顿诉威廉斯案”中那不诚实的职员，以及在“霍顿诉史密斯案”中那自认为在处理赃物之人的无罪释放，它是不是愚蠢的？如果它采取了那蓄意步骤模式中所包括的关于犯罪未遂的广义观念——这将不仅会导致那些案件中的被告将会被宣告有罪，也会导致一个自认为在射杀其敌人但实际上只是在射杀一具尸体的人，以及那自认为盗窃了别人的雨伞其实窃走的只是自己雨伞的人被宣告有罪——的话，它是不是如里德法官所认为的更加愚蠢？

有两个更重要的考量能够支持广义观念。第一个是，如果对未得逞的犯罪未遂的惩罚从根本上说是有道德理由的，那么对同样的威慑或报应的证成，就像在普通犯罪未遂案件中一样，也可以在不可能性案件中获致。在不可能性案件中竭尽全力去实现其原

㊺　比较，美国法学会的《刑法范典》(ATI Model Penal Code，Proposed Official Draft，art. 5. s. 501)，它把这样一种刑事责任规定为犯罪未遂的一个条件，这种条件是，某人“有意地去做或不做某些事情，并且他认为这些都是最终实现其原定计划所要犯罪的实际性步骤”。《刑法范典》的计划是从关于犯罪未遂的法律中把其所指称之“对不可能的辩护”连根消除，而实际上它却采取了我所指称的蓄意步骤模式。在美国的许多司法辖区里，关于犯罪未遂的法律已经是与那个模式相一致了。在纽约，立法机构于1967年修订了法律。

定犯罪意图的被告，与在普通案件中的被告一样都是应予惩罚的。389 并且，对于一般的与个别的阻碍，同样的考量要适用同样的力量，无论被告想要去经营的对象是否在适当的时间适当的地点存在以及它是否拥有实现其犯罪所需要的性质。

第二，不管是为议会上院所赞同的狭义犯罪未遂概念，还是包括在蓄意步骤模式之内的广义观念，都有附带的但相对的弊端。如黑尔什姆所说的，如果采纳较狭义观念的话，有些“恶棍”就可能从被判为未遂罪逃脱；然而如果广义的观念被接受，就有可能会使得一些可能不具有伤害性的人被判罪。例如一个单相思的女孩，通过将别针刺入其情敌的蜡像中来试图杀她或毁她容貌。这些人，对因果律或物理过程有着错误的或者迷信的认识，他们往往不大可能寻找其他更为危险的方式来达致他们的目的，并且因此被认为不大可能损害别人。在这两个相对的弊端中，对我来说，倒不用过多担心第二个，而且它更可能服从理性的法律控制。因为，当有机会去探究与评估他们伤害意图的坚定性以及寻求危险方式的可能性时，对于这些对他人不会造成损害的冒犯者而言，法官在判决阶段会根据其自由裁量权而为他们找出合理的适用条款的。

相反，唯一能够减轻较狭义观念弊端的考量，是在不可能性案件中可能会宣告无罪的被告被判其他罪名的可能性。但是，这完全是偶然之事。在许多案件中可能不会出现其他指控，甚至在可能会出现其他指控的时候，它们可能只算得上较小的违法，其严重性并不能与犯罪未遂相比。在任何案件中，要倚赖提出其他指控的可能性，都是太过高估了我们检控当局的机智。在“霍顿诉史密斯案”中，检控当局就没有发现，被无罪释放的被告及其同伙，毫无

疑问应该被判为盗窃罪以及共同销赃罪，并且还有可能被判为其他罪名。

与这两种支持较广义观念的考量相反，唯一支持较狭义观念的考量，由一个对所谓“常识”的直觉的高度选择性诉求构成，这个 390
常识未被任何关于理想社会目标或刑事政策的考量所败坏。这就好像我们能够不假思索地认为，将一个拿走自己伞（不管他过去偷了多少伞，以后还会再偷多少伞）的自充窃贼判为有罪是“荒唐的”；并且将一个自充谋杀者但却把死人当成了活人的人判定为有罪是“愚蠢的”——不管下次他有多大的可能制造受害者——一样。当法官告诉我们，普通人的认识——一个将手伸入他人空口袋的扒手已经盗窃得逞——由于他“未能进一步思考”因而是应予反驳的时，这种诉诸“常识”的反复无常而又不值得信任的本质，极端地明显。

最后，在“霍顿诉史密斯案”中，议会上院所陈述的英国法，现在处于实质上起作用的地位，并且在我看来，也是不光彩孤立的状态。它与大部分欧洲国家的法律是不一致的，与英联邦大部分国家的法律也是不一致的，与美国的许多法典及主要的裁判趋势也不一致。纽约的“雅费案”（*The People v. Jaffé*）[46]在事实与判决的基础方面都与“霍顿诉史密斯案”有相似之处，并且因在那个案件中为黑尔什姆法官用作支持其法律观[47]而被赞同，但当纽约立法机构于 1967 年修订法律的时候就已经对它表示反对了。实际

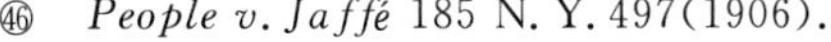

[46] *People v. Jaffé* 185 N. Y. 497(1906).

[47] [1975]A. C. 476, at 497.

上，美国法学会的《刑法范典》[48]就与我所指称的蓄意步骤模式非常相近。在这个国家，自从在“霍顿诉史密斯案”的判决以来，就有一些司法努力[49]——其中有一种是议会上院的，想要起冲淡或限制上院所阐明的某些一般原则或视其为**赘言**；但好像这些只是徒增法律的复杂性、困扰以及主观性而已。人们迫切地渴望，立法机
391 关能很快地会被引入，从而将所谓的“不可能”学说从有关犯罪未遂的法律中清理出去。[50]

⑱ 参见本篇注释5。

⑲ 参见：*DPP v. Nock*[1978] A. C. 979. 本篇注释9已有讨论。也可参见：*Re A-G's Reference*(*Nos.* 1 *and* 2 *of* 1979)[1979]3 All E. R. 143 and *R v. Bayley* and *Easterbrook*[1980] Crim. L. R. 503, and comment thereon.

⑳ 法律委员会及其报告已经提出这个建议(本篇注释1)，报告还包括一个设计用来实现此点的草案。内政大臣业已把一个方案(no. 21 of 1980)引介给议会下院，清单声称要实现法律委员会的许多建议。作为最开始起草的方案，该清单好像想维护在“霍顿诉史密斯案”中的判决(参见：Glanville Williams，“The Government's Proposals on Criminal Attempts”，1981，N. L. J. 80 ff. and 104ff.)。但是整个“不可能学说”已经为1981年《犯罪未遂法》所清除。

致　　谢

Essay 1. Reprinted from *Law Quarterly Review*, vol. 70 (Jan., 1954), by permission of Sweet Maxwell Ltd.

Essay 2. Reprinted with permission from *Harvard Law Review*, vol. 71(Feb., 1958). Copyright ©1958 Harvard Law Review Association, Cambridge, Mass.

Essay 3. Reprinted by permission of the publisher from the *Encyclopedia of Philosophy*, Paul Edwards, Editor in Chief, vol. 6, pp. 264-276. Copyright ©1967 by Macmillan, Inc.

Essay 4. This article was originally published in 11 *Georgia Law Review*, No. 5 and is reprinted by permission.

Essay 5. Reprinted by permission from 1776-1976, 51 *New York Law Review*, 538(1976).

Essay 6. Reprinted by permission of Cambridge University Press from *Cambridge Law Journal*, vol. 17(1959), pp. 233-240.

Essay 7. Reprinted by permission of Norstedts, Stockholm, Sweden from *Festskrift till Karl Olivecrona*, pp. 307-316 (1964).

Essay 8. Reprinted by permission of the Tulane Law Review Association from *Tulane Law Review*, vol. 53, No. 3 (April, 1979).

Essay 9. Copyright ©1983 by the Directors of the Columbia Law Review Association, Inc., all rights reserved. This article originally appeared at 79 *Col. L. Rev.*, 828-846 (1979). Reprinted by permission.

Essay 10. Copyright ©1973 The University of Chicago Law Review. Reprinted with permission from 40 *U. Chi. L. Rev.*, 534-555(1973).

Essay 11. Copyright ©1967 The University of Chicago Law Review. Reprinted

with permission from 35 *U. Chi. L. Rev.*, 1-13(1967).

Essay 12. Reprinted by permission of Vandenhoeck & Ruprecht Verlag. from *Jherings Erbe*, *Göttinger Symposium zur* 150 *Wiederkehr des Geburtstags von Rudolph von Ihering*, ed. F. Wieacker and Chr. Wollschläger (1970).

Essay 13. Reprinted with permission from *The New York Review of Books*. Copyright ©1963 Nyrev, Inc.

Essay 14. Reprinted with permission from *UCLA Law Review*, vol. 10 (1963), pp. 709-728. ©1963 The Regents of the University of California.

Essay 15. Reprinted from *Ethics and Social Justice*, edited by Howard E. Kiefer and Milton K. Munitz, by permission of the publisher. ©1968, 1970, State University of New York Press, Albany, New York. All rights reserved.

Essay 16. Reprinted with permission from *Harvard Law Review*, vol. 78 (1965), pp. 1281-1296. Copyright ©1965 Harvard Law Review Association, Cambridge, Mass.

Essay 17. Reprinted by permission of the publisher from *Crime, Proof and Punishment*: *Essays in Memory of Sir Rupert Cross*, edited by Colin Tapper (Butterworth, 1981).

人名索引

（索引页码为原书页码，即本书边码）

N

O

P

R

S

T

V

主题索引

（索引页码为原书页码，即本书边码）

L

M

N

O

P

R

S

U

V

W

修订译本后记

18 年前，在撰写硕士毕业论文过程中，我首次接触本书，并决定翻译。受益于法律出版社袁方、易明群两位女士的大力襄助，中译本于 2005 年首次出版。那时，我已到中国社会科学院研究生院攻读法学理论博士学位，继续研究哈特的法实证主义哲学。但限于个人的学术能力以及当时的学术环境，译本存在不少错舛。感谢学术同道的宽宏，给了我这个初译者及不成熟的译本以最大的包容；同时也感谢各位学友的批评砥砺，特别是吴彦教授的玉成，使我再作冯妇，决心修订。

本书的修订主要是由我的学生叶子豪完成的，我负责审订。叶子豪是我在中国社会科学院研究生院指导的硕士生，现在中国政法大学攻读法学博士学位，致力于英美法哲学研究。初译和修订本跨越了 18 年。子豪修订此书时的年龄与年级均和我当时相仿，这种学术上跨越时空的接力与传承十分奇妙，也颇显意趣。近年来，我的学术兴趣已经发生了很大变化，但看到子豪有志于在英美法哲学领域继续耕耘，我十分欣慰，也特别高兴。

感谢商务印书馆的雅意，也感谢责任编辑的辛苦，使得修订译本能够顺利出版。虽然我们特别希望师生跨越 18 年的接力能够提供一个更高质量的译本，但临到付梓，仍不免心下惴惴。十几年的翻译经验告诉我，即便是修订译本，也可能仍然存在诸多错谬之处。* 唯望各位博雅君子不吝赐教，多予理解。当然，所有翻译责任，概由译者承担。

支振锋

2021 年 3 月 9 日

* 实际上，本书英文原版存在某些印刷错误或者疏忽，笔者虽尽力做了一些校正，但由于能力、精力与时间所限，并未能全部校正，有些地方可能对译文产生了不利影响，译者特此申明，并致歉意。

图书在版编目(CIP)数据

法理学与哲学论文集：修订译本/(英)H. L. A. 哈特著；支振锋，叶子豪译. —北京：商务印书馆，2024
(汉译世界学术名著丛书：120年纪念版：珍藏本：增订本)
ISBN 978-7-100-23752-9

Ⅰ. ①法… Ⅱ. ①H… ②支… ③叶… Ⅲ. ①法理学—文集 ②法哲学—文集 Ⅳ. ①D903-53

中国国家版本馆 CIP 数据核字(2024)第 076929 号

汉译世界学术名著丛书
(120 年纪念版 · 珍藏本 · 增订本)
法理学与哲学论文集
(修订译本)
〔英〕H. L. A. 哈特 著
支振锋 叶子豪 译

商 务 印 书 馆 出 版
(北京王府井大街 36 号 邮政编码 100710)
商 务 印 书 馆 发 行
北京市十月印刷有限公司印刷
ISBN 978-7-100-23752-9

2024 年 5 月第 1 版　　开本 710×1000 1/16
2024 年 5 月北京第 1 次印刷　　印张 31
定价：166.00 元